금융기관론

금융기관론

Financial Institutions Management and Theory

신인석 지음

율곡출판사

들어가는 글

이 책은 코로나19 사태의 부산물이다. 수년의 외부활동을 마치고 3년 전인 2020년 학교에 복귀하니 미증유의 비대면 강의를 진행하여야 하였다. 비대면 강의에 필요한 컴퓨터 소프트웨어와 하드웨어를 갖추는 것도 챙겨야 할 일이었지만, 교감 없이 진행되는 강의로 학습 내용을 얼마나 효율적으로 학생들에게 전달할 수 있을지가 걱정이었다. 나름대로 생각해낸 방안이 강의 노트를 만들어 학생들에게 나누어주는 것이었다. 첫해 학생들의 반응이 긍정적이어서 2021년과 2022년에도 노트를 만들었고, 자연스레 매해 조금씩 양이 늘었다. 그렇게 3번의 노트 작성을 하고 나니 제법 체계가 만들어졌다. 2022년 2학기가 끝날 무렵에는 이왕 여기까지 왔으니 좀 더 보완해서 책으로 완성하자는 욕심이 생겼고 그 결과물이 이 책이다.

이 책에는 세 가지 특색을 주고자 노력하였다. 기존 교과서가 있음에도 강의 노트를 만들게 된 동기이기도 하다. 첫째, 금융기관 경영에 필요한 실무지식과 금융기관 이론을 균형되게 소개하였다. 본래 금융기관론 과목은 미국의 MBA 과정에 기원을 두고 있다. 그 영향으로 대부분 교과서는 실무지식 소개에 치중하는 경향이 있다. 이 책에서는 실무지식과 더불어 금융기관에 대한 이론의 소개에도 같은 무게의 중점을 두었다. 금융기관에 대한 이론적인 이해가 뒷받침되지 않은 실무지식 학습은 한계가 분명하기 때문이다. 둘째, '한국' 금융기관론이 되도록 노력하였다. 현대 금융기관의 역사는 주지하듯이 영미에서 시작되었고, 20세기 후반 비로소 본격적인 시장경제 발전이 시작된 우리나라에서는 영미 제도의 이식으로 금융기관의 역사가 전개되었다. 따라서 금융기관의 경영실무와 이론의 학습은 영미 금융기관의 행태와 학계의 논의를 준거로 삼게 된다. 그렇지만 한국에서 활동하는 금융기관은 그 존재 형태의 기원이 영미에 있어도 한국적인 변형을 보이기 마련이다. 입체적인 조망을 위해서는 원형을 기준으로 한 영미 이론의 학습에 더하여, 한국 금융기관으로서의 고유한 변형에 대한 학습도 필요하다. 이에 가능한 한 필요할 때마다 한국 금융기관으로서의 특성을 추가로 설명하면서 책을 진행하였다. 셋째, 2008년 세계 금융위기 이후 최근의 제도변화와 학계 동향을 담았다. 세계 금융위기는 바젤 협약 3(Basel Accord 3)을 매개로 금융기관 규제환경의 새로운 전기를 가져왔다. 동시에 20세기 후반 학계를 지배하였던 합리적 경제주체와 효율적 시장의 패러다임을 흔들어 놓았다. 이 변화의 폭이 커서 이에 대한 인식 없이 금융기관의 경영과 행태를 논의하는 것은 의미 없는 상황이 되고 있다. 이 책에서는 가능한 한 세계 금융위기 이후 빠르게 진화하고 있는 현재형 지식을 전달하는 데 방점을 두었다.

이 책의 난이도는 경제원론을 학습한 2학년 이상의 상경계열 전공 학생들에게 맞추어져 있다. 경제원론 이상의 심화 과목 이수가 필수는 아니다. 그렇지만 미시경제학과 재무관리를 학습한 학생이라면 좀 더 편하게 읽어나갈 수 있을 것이다. 경제원론을 다소 넘는 지식으로서 최소 필요사항은 관련된 장에 부록으로 첨부하였으므로 이를 학습하면 될 것이다. 이 책의 주된 독자층은 대학의 전공 학생들일 것으로 예상하지만, 전체 금융산업에 대한 조망을 원하는 금융기관 종사자가 참고서로 활용할 수도 있을 것이다. 이 점을 염두에 두고 본문의 '좀 더 알아보기' 박스와 연습문제에서 주제와 관련된 현안을 언급해 두었다.

이 책을 한 학기의 교과서로 사용한다면 강의목표에 따라 다양한 구성이 가능하다. 금융기관 경영에 중점을 두는 경우라면 1~4장을 학습한 뒤 5장과 6장의 이론은 2022년 노벨 경제학상 수상으로 고전이 된 다이아몬드-디빅(Diamond-Dybvig) 모형의 학습에 한정하기를 권한다. 2부의 자본시장의 금융중개기관 학습에서는 6~7장, 9장에 초점을 두고 8장의 증권사 이론, 10~11장의 펀드 이론은 취사선택하면 될 것이다. 금융기관 이론에 중점을 둔다면 반대 구성을 택하면 된다. 예금금융기관의 경영, 증권사 경영, 펀드의 사업 모형을 논의한 3장, 7장, 9장을 간략히 다루고 나머지 장에 좀 더 시간을 사용하는 방법이다. 추가적으로는 1부 예금금융중개기관이나 2부 자본시장의 금융중개기관 중 하나에 주안을 두고 학습을 진행하는 강의 구성도 있을 수 있겠다.

이 책의 완성은 많은 분의 도움으로 가능하였다. 저자가 금융분야의 전문가로 행세할 수 있게 된 계기는 한국개발연구원(KDI)에서의 정책연구 수행이었다. 이후 자본시장연구원 원장, 한국은행 금융통화위원으로 근무하며 한국 금융시장과 금융기관에 대한 이해를 깊이 할 수 있었다. 저자가 세 기관에 근무하며 인연을 맺었던 모든 분에게 감사한다. 이 책이 교과서라는 점을 생각하면 가장 큰 고마움은 아무래도 그동안 저자에게 금융기관론 과목을 수강한 중앙대학교 경영학부 학생들에게 표시하고 싶다. 부실한 강의 노트에도 다음 노트를 재촉하고, 또 강의평가에서 감사의 글을 남겨준 학생들 덕에 이 책이 있게 되었다. 특히 김지현, 박상준, 박종혁, 조재윤은 교정작업까지 참여하여 도움을 주었다. 마지막으로 저자가 이 원고가 책이 될 수 있을까 주저하고 있을 때 직접 찾아와 출간을 권유한 율곡출판사의 박기남 사장, 편집과정을 꼼꼼하게 살펴준 방조일 편집장에게 감사의 말씀을 드린다.

2023년 2월

신인석

차 례

제3장 예금금융중개기관의 경영

제4장 예금금융중개기관의 이론

제5장 은행위기 이론

제2부 자본시장의 금융중개기관

제6장 자본시장의 역사적 사실

제7장 증권사의 경영

금융기관의 기초 1장

1. 금융기관의 정의 / 2. 금융중개기관의 유형 / 3. 금융중개기관의 존재 이유 / 부록 위험에 대한 선호

1. 금융기관의 정의

가장 간단한 금융기관의 정의는 다음과 같다. 금융기관은 '금융시장의 작동을 촉진하는 모든 기관'을 말한다. 여기서 시장의 작동을 '촉진'하는 기관이란 금융시장의 자금수요자와 공급자가 아닌 경제주체로서 원활한 시장 작동을 돕는 기관이라는 뜻이다. 그러므로 금융기관을 달리 정의하면 "금융시장에서 활동하는 경제주체 중 자금공급자 및 자금수요자가 아닌 경제주체"라고도 할 수 있다. 그러면 금융시장은 무엇인가? 금융기관에 대한 논의를 진행하기 위해서는 먼저 금융시장에 대한 기초 논의가 필요하다.

1.1 금융시장의 정의

(1) 정의 ① : 자금이 거래되는 시장

일반적으로 시장은 경제적 가치가 있는 재화나 용역이 거래되는 구체적인 장소 또는 추상적인 체계를 말한다. 예를 들어 '노량진 수산물시장'은 수산물이 거래되는 구체적 장소이며, 인터넷 등 각종 커뮤니케이션 매체를 통한 '알바 시장'은 각종 단기용역이 거래되는 추상적인 체계이다. 거래가 구체적 장소에서 이루어지든, 추상적인 체계를 통해 이루어지든 이들 시장에는 거래대상인 재화와 용역을 소비하거나 생산에 사용할 목적으로 경제주체들이 참여한다. 학자들은 소비 또는 생산에 사용되는 재화와 용역이 거래되는 모든 시장을 통칭하여 '실물시장'이라고 부른다.

시장경제에는 재화와 용역은 아니지만 경제적 가치가 있는 다른 범주의 대상이 있다. 바로 '돈' 또는 '자금'[1]이다. 돈은 그 자체가 소비되거나 생산에 투입될 수 있는

1. 네이버 국어사전은 '자금'을 "1. 사업을 경영하는 데에 쓰는 돈, 2. 특정한 목적에 쓰는 돈"으로 정의한다.

자원은 아니다. 그렇지만 재화와 용역과 교환될 수 있으므로 경제적 가치를 지니고 있다. 경제적 가치가 있으므로 돈 또는 자금은 거래의 대상이 될 수 있고, 실제로 거래되어 왔다. 자금이 거래되는 이 시장이 바로 금융시장이다.

(2) 정의 ② : 금융수단이 거래되는 시장

금융시장의 자금거래는 반드시 자금거래를 증빙하는 징표의 교환을 수반한다. 예를 들어 자금을 대여할 경우 자금대여자는 그 증빙으로서 대출계약서를 차입자로부터 받는다. 또 현대 자본시장에서 기업은 자금을 공급받을 때 자금공급자에게 주식, 채권 등 증권을 제공한다. 대출계약서, 주식, 채권 등은 모두 자금거래의 징표이다. 이와 같은 자금거래의 징표를 학계에서는 '금융수단(financial instrument)'이라 부른다.[2] 종종 '금융상품(financial product)', '금융자산(financial asset)'이라는 용어도 사용되는데, '금융수단'의 다른 이름이다.[3]

금융시장은 본원적으로는 자금거래시장이지만, 거래마다 금융수단의 교환이 수반되므로 금융수단의 시장이기도 하다. 거래대상이 금융수단이고 그에 대한 대가로 자금이 지불되는 것으로 볼 수도 있기 때문이다. 바꿔 말하면 경제주체들이 금융시장에 참여하는 목적은 자금의 거래에 있을 수도 있고, 금융수단의 거래에 있을 수도 있다. 경제주체들은 자금이 필요하거나 남아돌아 금융시장에 수요자 또는 공급자로 참여하기도 하겠지만, 주식, 채권 등 특정 금융수단을 얻기 위하여 금융시장에 참여하는 것일 수도 있다.

오늘날 우리가 알고 있는 주요 금융기관인 은행, 증권사, 보험사 등은 시장경제의 선진국인 영미에서 20세기 초반에 이미 등장하였다. 이후 지난 100년간 금융시장의 발전은 새로운 형태의 금융기관 등장이 아니라 다양한 금융수단의 등장이 주도하는 모습이다. 특히 20세기 말 이후 최근 30년은 새로운 금융수단의 등장이 현대

2. '금융청구권(financial claim)'이라는 용어를 쓰는 경우도 있다.

3. 이하에서는 주로 '금융수단'을 사용하기로 한다.

금융시장의 성장경로를 결정지은 핵심 혁신이라고 학자들은 보고 있다.[4] 금융시장이 새로운 금융수단을 만들어낸 배경에는 경제주체들의 수요가 있었을 것이므로, 이 관점에 의하면 현대 시장경제에서 경제주체의 금융시장 참가 목적은 자금거래가 아니라 금융수단의 거래에 보다 중점이 있다는 것이 된다.

(3) 정의 ③ : 금융자원이 거래되는 시장

자금 그 자체는 소비 또는 생산에 사용될 수 없지만 재화와 용역과 교환될 수 있어 경제적 가치가 있듯이, 금융수단 역시 궁극적으로 재화와 용역과 교환될 수 있으므로 경제적 가치를 지니고 있다. 최종 소비 또는 생산에 사용될 수 있는 대상은 아니지만 경제적 가치가 있는 자금과 금융수단을 학자들은 '금융자원(financial resource)'이라고 부른다. 광의의 금융시장은 자금과 금융수단 등 실물이 아닌 경제적 가치가 있는 모든 금융자원이 거래되는 시장으로 정의할 수 있다.

시장경제는 재화와 용역이 거래되는 '실물시장'과 금융자원이 거래되는 '금융시장'으로 구성된다고 하겠다.

1.2 금융시장의 존재 이유

(1) 소비평탄화

시장경제에서 금융시장이 존재하는 이유는 무엇일까? 모든 시장의 존재 이유는 당연하게도 그 시장의 거래대상에 대한 수요자와 공급자가 존재하기 때문이다. 금융시장의 존재 이유도 마찬가지이다. 금융자원에 대한 수요자와 공급자가 존재하기 때문이다. 경제주체들은 왜 금융자원을 수요하고 공급하며 금융시장에 참여하게 되는

---

4. Allen, F., and A. Santomero, (1998), "The Theory of Financial Intermediation," *Journal of Banking & Finance* 21, 1461-1485.

것일까? 금융시장은 자금과 금융수단이 동시에 거래되는 시장이라 하였다. 그러므로 금융시장 참여는 자금수요와 자금공급이 유인이기도 하고, 동시에 금융수단의 수요와 공급이 유인이기도 하다. 두 측면이 공존한다.

먼저 자금의 수요와 공급에 대하여 생각해 보자. 다음 사례를 살펴보자.

[예제 1] 금융시장 참여의 편익—소비평탄화

다음은 어느 가상경제이다. 모든 경제주체들은 두 기간을 산다. 경제주체들은 A, B 두 그룹이다. A그룹 경제주체들은 1기에 1, 2기에 9의 소득을 얻는다. B그룹 경제주체들은 1기에 9, 2기에 1의 소득을 얻는다. 이 경제의 경제주체들은 모두 한계효용 체감의 일반적인 선호체계를 갖고 있다. 이 경제에서 금융시장이 형성되어 자금이 거래될 유인이 있는가? 자금수요자와 자금공급자는 누구인가?

해답 A, B는 한계효용 체감 선호의 경제주체이므로 1기와 2기에 균등한 소비를 하여 1기와 2기의 한계효용이 균등할 때 효용이 극대화된다. A, B 모두 (1기 소비, 2기 소비)가 (5, 5)일 때 최적이다. 그러므로 A그룹 경제주체는 자금수요자, B그룹 경제주체는 자금공급자로서 시장에 참여하는 자금거래 유인이 있다.

이 사례는 경제에서 자금의 수요자와 공급자가 발생하는 이유를 보여준다. 위 사례를 찬찬히 살펴보면 경제주체의 자금거래 유인은 두 가지이다. '소비평탄화' 욕구와 '소득의 불규칙'이다. 자금의 수요자는 현재 원하는 소비 대비 보유 자금이 부족한 경제주체('적자 경제주체'라고 한다)이다. 반대로 자금의 공급자는 현재 원하는 소비 대비 보유 자금이 과잉인 경제주체('흑자 경제주체'라고 한다)이다. 경제에서 적자 경제주체와 흑자 경제주체 두 그룹이 발생하는 근본 이유가 '소비평탄화' 선호와 '소득불규칙'이다.

소비평탄화의 욕구는 경제주체들이 생애주기 동안 일정 수준의 소비를 지속하기를 원한다는 것을 뜻한다. 학자들은 일반적인 사람들의 선호체계는 한계효용 체감의 법칙이 적용된다고 믿고 있다. 한계효용 체감의 선호체계를 가진 경제주체들은 소비평탄화의 욕구를 갖게 된다. 일정한 소비흐름이 효용극대화를 달성할 수 있는 최적의 소비흐름이기 때문이다.

시장경제에서 우리들이 살아가는 동안 소득이 항상 일정하다면 소비평탄화를 위한 별도의 자금거래 유인은 없을 것이다. 각자 매 기간 자신의 소득을 소비하면 일정한 소비흐름이 얻어질 것이기 때문이다. 그러나 잘 알려진 사실은 우리들의 생애주기(life-cycle) 소득은 역U자(字)의 모양이라는 것이다. 경제주체들의 소득은 경제활동을 시작하는 청년기부터 점차 높아지기 시작해 중년에 정점에 도달하고, 경제활동에서 은퇴하는 노년에는 감소하는 것이 일반적인 패턴이다. 적자 경제주체에서 흑자 경제주체로 이동해 가는 것이 일반적인 경제주체의 인생이다. [그림 1-1]은 우리나라 가계의 생애주기 소득이다. 역U자(字)의 소득흐름을 확인할 수 있다.

그림 1-1 우리나라 가계의 생애주기 소득(2003~2016년)

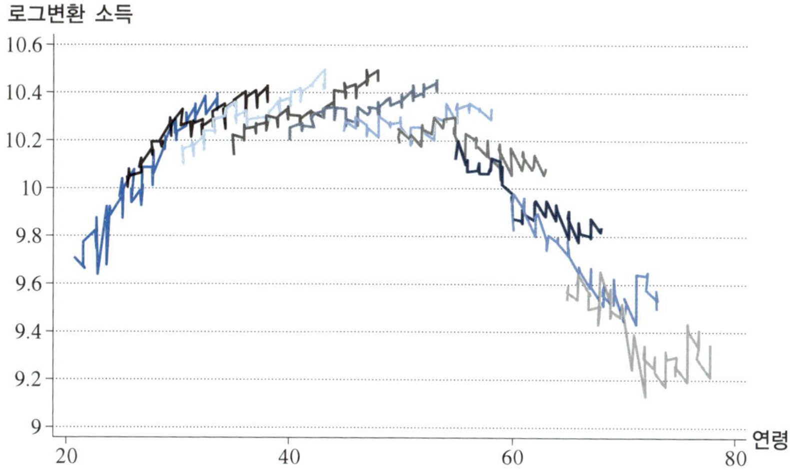

주 : 전체 가계를 2003년 가구주의 연령을 기준으로 10개의 그룹으로 나누고 각 그룹 평균 소득의 14년간 추이를 보인 것임. 소득의 단위는 2015년 소비자물가지수로 조정한 실질 소득 1,000원이며 로그변환된 수치임. 즉, 그림에서 10은 약 2,200만 원에 해당됨.

자료 : 통계청, "가계동향조사"

'소득의 불규칙'으로 인해 생애주기의 어느 시점에 있는지에 따라 소득의 수준이 다른데, 이때 '소비평탄화'를 가능하게 해주는 것이 금융시장에서의 자금거래이다.

이렇게 보면 금융시장에서 자금거래의 본질은 '현재 소비와 미래 소비의 교환'이라 하겠다. 현재 불필요한 소비를 미래 부족한 소비로 넘겨주거나, 또는 그 반대의 거래가 이루어진다는 뜻이다.

(2) 최적 위험구조의 선택

금융시장에서는 자금의 거래와 동시에 금융수단의 거래가 이루어진다고 하였다. 이제 금융수단 시장의 관점에서 금융시장의 존재 이유를 생각해 보자. 자금거래에는 반드시 금융수단이 수반되지만, 당연히 그 금융수단은 다양한 조건으로 설계될 수 있다. 흑자 경제주체와 적자 경제주체의 자금거래가 대출계약을 매개로 이루어질 수도 있고, 주식이나 채권이 거래의 수단이 될 수도 있다. 나아가 대출, 주식, 채권 등 전통적인 금융수단만이 아니라 복잡한 구조의 미래 현금흐름을 약속하는 전혀 새로운 금융수단이 자금거래에 사용될 수도 있다.

그러면 경제주체들이 가능한 다양한 금융수단 중에서 특정한 금융수단을 수요하고 공급하게 되는 것은 무슨 이유에서일까? 금융시장에서의 자금거래는 내가 갖고 있는 현재의 자금을 타인이 약속하는 미래의 현금흐름과 교환하는 것이다. 타인이 약속하는 미래의 현금흐름은 확실할 수가 없다. 금융이론에서 이 '불확실성'은 '위험'이라 부른다. 즉, 금융시장의 자금거래는 '위험'에 노출될 수밖에 없다. 금융시장의 거래는 항상 '위험'이 수반된 거래라는 점이 일반 실물시장에서의 거래와 다른 점이다. 그러므로 금융시장의 자금거래에서 경제주체들은 항상 자신의 위험에 대한 선호체계에 비추어 최적인 거래를 선택하기 마련이다. 각 경제주체들이 어떤 조건의 금융수단을 수요하고 공급할 것인지는 각자의 위험에 대한 선호체계에 달려 있다. 다음 사례를 살펴보자.

[예제 2] 금융시장 참여의 편익—최적 위험구조의 선택

어느 나라의 경제주체들은 모두 두 기간만을 산다. A라는 경제주체가 있다. 1기에 100이라는 소득이 있다. 2기에는 소득이 없다. 이 나라의 금융시장에는 두 가지 종류의 금융수단이 있다. 첫 번째 금융수단('안전자산'이라고 부르자)은 1기에 50을 투자하면 2기에 똑같은 금액인 50을 확실히 상환한다. 다른 금융수단('위험자산'이라고 부르자)은 50을 투자하면 2기에 $\frac{2}{3}$의 확률로 99를 받고, 반대로 $\frac{1}{3}$ 확률로는 투자금을 모두 잃는다. A는 두 번째 금융수단에서 더 높은 효용을 느껴 이 금융수단에 투자하였다. 옆집의 B는 첫 번째 금융수단에 투자하였다고 한다. A와 B는 모두 기대효용의 극대화를 추구하는 합리적인 경제주체라고 할 때, A와 B의 금융수단 선택을 위험에 대한 선호의 관점에서 설명하라.

해답 A는 '위험중립', B는 '위험기피' 선호인 경우 각자의 선택이 쉽게 설명된다. 구체적으로 A의 효용함수는 $U(c) = c$, B의 효용함수는 $U(c) = \sqrt{c}$라고 하자. A가 안전자산과 위험자산에 투자할 때 얻는 기대효용은 각각 50, $\left(\frac{1}{3} \times 0 + \frac{2}{3} \times 99\right) = 66$이다. 따라서 그의 최적 선택은 위험자산이다. B의 기대효용은 안전자산 투자 $\sqrt{50} = 7.07$, 위험자산 투자 $\left(\frac{1}{3} \times 0 + \frac{2}{3} \times \sqrt{99}\right) = 6.63$이다. 안전자산 투자의 기대효용이 크므로 그의 최적 선택은 안전자산이다.

금융학자들은 일반적인 경제주체들은 '위험기피자', 즉 '위험기피'의 선호체계를 지닌 경제주체라고 믿고 있다.[5] 그렇지만 같은 위험기피의 선호체계라 하여도 위험기피의 정도는 차이가 있기 마련이다. 그에 따라 각자 원하는 적정 위험-수익구조가 달라지게 된다. 금융학자들은 경제주체들이 금융시장에 참여할 때 각기 다른 금융수단을 선택하게 되는 이유가 각자의 위험에 대한 선호체계에 차이가 있기 때문으로 보고 있다. 각자 자신에 맞는 금융수단 교환에 의해 최적의 위험-수익구조를 추구하기 때문에 다양한 금융수단이 존재하게 된다는 것이다.

이처럼 금융시장을 금융수단의 거래라는 관점에서 보면, 금융시장의 존재 이유

5. 위험기피, 위험중립, 위험추구 등 경제주체의 위험에 대한 선호 개념이 낯설다면, 1장의 부록을 참조하기 바란다.

는 위험기피도에 차이가 있는 경제주체 사이의 최적 위험구조 선택을 위한 '위험교환'에 있다고 하겠다.

(3) 최적 생산기회로의 자원배분

현대 시장경제에서 생산단위는 기업이다. 또 금융시장에 자금수요자로 참여하는 경제주체는 흔히 기업이다. 앞의 두 설명은 기업이 없는 경제에도 적용되는 금융시장의 존재 이유이고 그만큼 본질적인 금융시장의 존재 이유이기도 하다. 이제 마지막 금융시장의 존재 이유는 생산주체인 기업이 흔히 금융시장에 자금수요자로 참여하는 것과 관련된다. 다음 사례를 살펴보자.

[예제 3] 금융시장 참여의 편익—최적 생산기회로의 자원배분

어느 경제에 A, B, C, D 네 명의 경제주체가 있다. 각자 1기에 10의 소득이 있고, 2기에는 소득이 없다. 1기 생존을 위해서는 각자 5를 소비하여야 한다. C와 D가 1기에 각자 사업구상을 하고 나머지 3명의 경제주체에게 자기에게 남는 소득 5를 투자하라고 권유하고 있다. C는 사실 사업재능이 없어서 그에게 투자하면 모든 투자금은 사라질 것이다. D는 유능한 사업가여서 20의 사업자금이 있으면 2기에 30으로 늘릴 능력이 있다. 이 경제에서는 어떤 일이 벌어질까? D에게 제대로 자원이 공급되는 경우와 그렇지 않은 경우의 차이를 가져오는 요인들은 무엇일까 생각해 보라.

현대 경제성장이론은 경제성장의 핵심 조건이 '혁신'에 있다고 보고 있다. 혁신이 현실화되기 위해서는 혁신 아이디어가 있는 경제주체, 즉 혁신 기업가에게 다른 경제주체들이 어떤 방식으로든 자금을 공급하는 금융시장에서의 자금거래가 있어야 한다. 시장경제 체제가 확산되면서 세계 경제는 20세기 후반 이후 인류 역사의 어느 시기보다 급속한 성장을 달성하였다. 이 같은 급속한 경제성장을 가능하게 한 데에는 여러 요인이 작용하였겠지만, 그중 한 요인은 금융시장을 통하여 자원이 최적 생산기

회로 적절히 배분될 수 있었기 때문이다. 최적 생산기회로의 자원배분과 경제성장의 촉진이 금융시장의 마지막 존재 이유이다.

1.3 금융기관, 금융중개기관, 금융인프라기관

앞에서 금융기관은 '금융시장의 작동을 촉진하는 모든 기관'이라 하였다. 금융시장의 원활한 작동을 돕는 기관에는 이질적인 두 종류가 있다. 첫 번째 종류의 금융기관은 '금융중개기관(financial intermediary)'이다. 금융중개기관은 금융시장에서 자금수요자와 공급자 간 자금거래가 이루어지도록 거래과정의 전부 또는 일부에 관여하면서, 그로부터 이익을 추구하는 사업체를 말한다. 우리가 일상에서 만나는 은행, 증권사, 보험사 등이 모두 여기에 속한다. 흔히 일상 경제생활에서 금융기관이라고 말할 때에는 금융중개기관을 의미하는 경우가 많다. 이 책에서도 달리 정하지 않고 금융기관을 말할 때에는 금융중개기관을 뜻한다. 이런 의미에서 '협의의 금융기관'을 '금융중개기관'이라 정의하기도 한다.

두 번째 종류의 금융기관은 '금융인프라기관(금융하부구조기관)'이다. 금융인프라기관은 금융중개기관이 아니면서 금융시장의 작동을 지원하는 나머지 모든 금융기관을 말한다. 여기에는 공적 목적을 위하여 공적 법규에 근거해 공적 기구로 운영되는 '공적 금융인프라기관'과 (국가에 따라서는 공적 기구로 운영되기도 하지만 금융시장의 선발국인 영미를 기준으로 할 경우) 영리기업이 운영하는 '사적 금융인프라기관'이 있다.

공적 금융인프라기관에는 중앙은행, 금융감독기구, 예금보험기구 등이 있다. 이들 기관은 금융안정, 금융소비자 보호 등의 공적 목적 달성을 목표로 설립되어 운영되고 있고, 흔히 '금융안전망(financial safety net)'이라 통칭되는 기구들이다. 공적 금융인프라기관의 운영은 공적 법규에 의한다. 공적 규제를 근거로 공적 인프라기관이 금융기관의 경영에 개입하므로 금융시장은 실물시장과 달리 정부의 개입이 큰 시장이고 규제가 많은 시장이다. 공적 인프라기구의 존재와 정부의 광범위한 시장개입은 금융시장과 실물시장을 차별짓는 제도적인 요소이기도 하다. 이는 금융시장의 특수성, 그리고 금융시장에서 활동하는 금융중개기관의 특수성을 시사한다. 즉, 금융시장과 금융중개기관의 속성에는 정부의 시장개입을 정당화하는 요소가 있다. 이 주제는 앞으로 세부 금융기관의 학습에서 반복하여 나올 사항이다.

한편 사적 금융인프라기관은 금융중개기관과 모든 금융시장 참가자들에게 시장활동에 도움이 되는 서비스를 제공하는 사업체를 말한다. 지급결제제도 관련 기구, 신용정보 및 신용평가회사, 증권거래소, 증권예탁원 등이 여기에 해당한다. 사적 금융인프라기관의 소유지배구조는 시장경제의 역사에 따라 나라마다 차이가 있다. 우리나라를 포함하여 시장경제의 발전이 20세기 후반에 시작된 신흥경제의 경우 국가주도 금융발전이라는 역사적 특성으로 인해 금융선진국에서는 사적 금융인프라기관에 속하는 기관들이 공적 인프라기관으로 운영되는 예가 많다.

2. 금융중개기관의 유형

2.1 직접금융과 간접금융

(1) 금융시장의 두 가지 거래방식

금융시장의 거래방식은 개념적으로는 최종 자금공급자와 자금수요자의 경제적 관계를 기준으로 '직접금융'과 '간접금융'으로 구분할 수 있다. 직접금융은 최종 자금공급자와 최종 자금수요자가 거래상대방이 되는 거래방식이다. 간접금융은 최종 자금공급자와 최종 자금수요자가 거래상대방이 되는 것이 아니라, 금융중개기관을 매개로 하여 거래하는 방식이다. 간접금융에서 최종 자금공급자와 자금수요자의 거래상대방은 금융중개기관이다.

▪ 직접금융의 금융수단

직접금융 방식의 자금거래를 매개하는 금융수단은 자본시장의 금융수단, 즉 주식 · 채권 등의 '증권'이다. 증권은 자금수요자가 다수로부터 대규모 자금을 공급받을 목적으로 만든 금융수단이다. 증권은 액면에 발행조건이 명시된 청구권 증서이며, 이 증서를 소유한 사람이 누구든 그 소유자에게 청구권이 인정된다. 자금이 필요한 자금수요자는 필요한 만큼의 증권을 발행해 원하는 투자자에게 판매하고 자금을 모집한다. 증권은 최초에 발행되어 자금거래가 이루어진 후에도 자유로이 유통거래가 이루어진다. 주식의 경우 만기가 없으므로 발행기업이 존속하는 한 유통거래가 이루어지고, 채권도 만기 이전에는 채권 보유자가 새로운 채권수요자와 매매할 수 있다. 증권은 발행 후에도 시장에서 거래가 가능하므로 '시장성' 금융수단이라고 부르기도 한다.

〈좀 더 알아보기 1-1〉 자본시장

증권은 다수의 자금공급자로부터 일시에 자금을 모집하는 것을 가능하게 하기 때문에 거대사업에 필요한 대규모 자금의 모집에 유리하다. 주식이나 만기가 장기인 채권으로 자금을 조달하면 장기간 자금상환의 부담 없이 자금을 사용할 수 있으므로 장기사업자금의 조달에 유리하다. 이에 주식과 채권 등의 증권을 매개로 하여 자금거래가 이루어지는 금융시장은 영미에서 대규모 자금시장이라는 뜻의 '자본시장(capital market)'이라는 이름으로 불려 왔고, 우리나라에서도 그러하다.

▪ 발행시장과 유통시장

자본시장은 시장성 금융수단인 증권이 발행 · 유통되는 시장이므로 이와 관련해 몇 가지 시장구조에 대한 용어가 있다. 증권이 발행되어 최초로 거래되는 시장을 '발행시장(primary market)'이라고 한다. 또 발행된 증권이 거래되는 시장을 '유통시장(secondary market)'이라 부른다.

▪ 단기금융시장

영미에서는 역사적으로 만기가 1년 미만인 증권이 발행되어 자금이 거래되는 단기자본시장을 화폐처럼 유동성이 높은 증권이 거래되는 시장이라고 하여 '화폐시장(money market)'이라 부르고, 1년 만기 이상의 증권이 발행되고 유통되는 장기자본시장만을 '자본시장'이라 부르기도 한다.[1] 우리나라에서는 '화폐시장'이 단기자금시장, 단기금융시장 등으로 불려왔는데, 최근 '단기금융시장'의 명칭이 많이 쓰이고 있다. 단기금융시장에서 발행되는 증권은 만기가 단기일 뿐 경제적 속성으로는 대부분 채권에 해당된다. 그렇지만 나라마다 발전과정의 특성을 반영해 별도의 금융수단들이 존재한다. 우리나라의 경우 은행 간 초단기 자금이 거래되는 '콜(Call) 시장', 증권사 등 자본시장 금융기관 간 초단기 자금이 거래되는 '환매조건부매매(RP) 시장', 은행의 단기자금 조달이 이루어지는 '양도성예금증서(CD) 시장', 기업 및 비은행금융기관의 단기자금 조달이 이루어지는 '기업어음(CP) 시장', '단기사채 시장' 등이 있다.

■ **파생금융상품 시장**

전통적인 자본시장은 자금거래가 기본 목적이다. 20세기 후반 이후 자금거래보다는 위험거래를 목적으로 한 '파생금융상품(derivative)'이 등장하였다. 파생금융상품은 자신의 가격이 다른 자산('기초자산'이라고 한다)의 가격에 연계되어 결정되는 금융수단을 말한다. 흔히 선물, 옵션, 스왑 등의 3가지 범주로 분류된다. 개별 주식의 가격, 주가지수 등 주식을 기초자산으로 한 선물, 옵션은 대표적인 파생금융상품이다. 파생금융상품의 기초자산은 전통적인 자본시장의 증권에 한정되지 않는다. 오늘날 외환, 실물자산(주로 석유 등 원자재)은 자본시장의 유가증권이 아니지만 활발하게 거래되어 매일매일의 가격이 존재한다. 이들 자산을 기초자산으로 한 파생금융상품은 전체 파생금융상품 시장의 큰 부분을 차지한다. 이처럼 파생금융상품 시장은 자본시장과 구분되는 시장이다. 그렇지만 실물자산을 기초자산으로 한 파생금융상품 시장에서도 자본시장의 금융기관들이 중개 역할을 담당한다. 이에 자본시장과 파생금융상품 시장은 금융기관을 매개로 하여 연계되어 있다,

* **참고자료** : 한국은행(2021), 『한국의 금융시장』.

1) 이 점은 '자본시장'이라는 용어가 혼란을 주는 대목이다. 영미에서 자본시장은 직접금융시장 전체를 뜻하기도 하고, 화폐시장에 대비되는 장기자본시장의 의미로도 사용된다.

■ 간접금융의 금융수단

자본시장의 금융수단은 간접금융에서도 사용된다. 그러나 역사적으로 간접금융 거래에는 보통 특정인과의 거래만을 목적으로 만들어진 '비시장성 금융계약'이 널리 사용되어 왔다. 간접금융을 매개하는 대표적인 금융중개기관인 은행을 생각해 보자.

은행의 주된 자금조달 수단은 예금이다.[6] 예금은 예금자와 은행 사이의 비시장성 금융계약이다. 또 은행은 모집된 자금을 주로 대출에 운용하는데, 대출도 은행과 차입자 사이의 비시장성 계약이다. 비시장성 금융계약의 특성은 계약당사자의 특성에 따라 조건이 달라지고 고유하다는 점이다. 이 점은 은행의 대출에서 보다 선명하다. 은행과 차입자의 대출계약은 차입자의 속성에 따라 금리, 만기 등 대출조건이 다르다. 양자 간의 1대 1 금융계약 형식이므로 시장거래가 어려운 것이다. 이러한 비시장성 금융계약에서 자금회수 방법은 계약상대방으로부터 자금을 상환받는 것이 유일하다.[7] 시장에 해당 금융수단을 매각할 수가 없기 때문이다. 은행이 대출계약에서 자금을 회수하려면 당사자인 차입자에게서 자금을 받아야 하고, 예금자가 자금을 회수하려면 은행으로부터 예금을 상환하여야 한다. 비시장성 금융계약의 가장 중요한 특성이다. 이처럼 은행이 매개가 된 간접금융거래의 경우 은행은 자금공급자와의 거래도 주로 비시장성 금융계약(예금)을 사용하고, 자금수요자와의 거래도 주로 비시장성 금융계약(대출)에 의존한다.

▪ 간접금융과 자본시장

간접금융 방식의 금융시장 거래를 담당해 온 은행은 대부분의 시장경제에서 가장 역사도 길고, 전체 금융시장에서 차지하는 비중도 큰 금융중개기관이다. 때문에 '간접금융'과 '은행'은 흔히 동일시되는 경향이 있다. 하지만 유의해야 할 점은 '간접금융'을 매개하는 금융중개기관은 은행에 한정되지 않으며, 이들 금융중개기관은 자본시장의 금융수단을 활용한다는 사실이다. 자본시장을 활용해 간접금융을 매개하는 금융중개기관들은 자금조달 또는 자금운용의 한 측면에서 자본시장 금융수단을 사용한다.

---

6. 은행은 보통 주식회사의 구조로 설립·운영된다. 일반 주식회사 구조의 기업이 그렇듯이 은행도 주식, 채권을 발행하여 자금을 마련한다. 따라서 예금 이외에 주식, 채권도 은행의 자금조달 수단이다. 그렇지만 주된 자금조달은 예금에 의해서이다.
7. 최근 '유동화' 또는 '증권화'가 대출자산을 조기에 현금화하는 방법으로 등장하였다. 이에 대해서는 6장에서 살펴본다.

보험사는 시장경제의 초기부터 자본시장 금융수단을 활용하여 간접금융에 종사하여 온 금융중개기관이다. 보험사는 비시장성 금융계약(보험계약)으로 자금공급자와 거래하지만, 조달된 자금은 주로 주식, 채권 등 증권에 운용한다. 자본시장이 간접금융에 활용되는 현상은 20세기 후반 이후 더욱 강화되고 있다. 금융시스템에서 비중이 커지고 있는 신용카드사, 캐피탈 등 '여신전문금융기관'은 채권 등 증권으로 자금을 조달하고, 자금은 주로 비시장성 금융계약(대출)으로 운용한다. 또 '펀드'는 비시장성 금융계약(수익증권)[8]으로 자금을 조달하고, 자금은 주로 증권에 운용한다.[9]

2.2 금융중개기관의 유형

(1) 직접금융 및 간접금융 금융중개기관

금융시장의 거래방식에 직접금융과 간접금융이 있으므로 이를 기준으로 금융중개기관을 두 유형으로 구분할 수 있다. 즉, 직접금융 방식 거래에 관여해 금융시장의 작동을 원활하게 하는 금융중개기관과 간접금융 방식 거래에 종사하는 금융중개기관으로 구분할 수 있다.

간접금융의 경우 금융중개기관이 금융수단을 발행하여 자금공급자로부터 자금을 조달하고, 이 자금을 자금수요자가 발행한 금융수단에 운용한다. 최종 자금수요자와 최종 자금공급자는 거래의 상대방이 아니고 각자 금융중개기관과 거래하므로, 간접금융거래에서는 금융중개기관을 제거하면 최종 자금공급자와 자금수요자의 거래는 성립될 수 없다. 그러므로 간접금융 방식 거래의 금융시장에서는 금융중개기관이 시장 자체라고 할 수 있다. 간접금융 방식 금융거래에서 금융중개기관이 담당하

---

8. 수익증권은 법적으로는 자본시장의 증권에 해당한다. 그렇지만 수익증권은 시장성 금융수단이 아니다. 수익증권은 매매되지 않으며 수익증권을 매개로 펀드에 자금을 제공한 투자자가 자금을 회수하려면 해당 펀드에 수익증권을 환매하여야만 한다. 펀드의 구조에 대해서는 9장에서 자세히 살펴본다.
9. 21세기 금융시스템에서 자본시장의 역할이 확대되고 있는 이 현상은 6장에서 좀 더 자세히 살펴볼 것이다.

는 역할을 '자산변환'이라고 하기도 한다.

직접금융의 경우 최종 자금수요자가 발행한 금융수단을 최종 자금공급자가 매입한다. 최종 자금수요자와 자금공급자가 거래상대방이므로 언뜻 금융중개기관의 역할이 없을 듯하지만, 실제 금융의 역사를 보면 직접금융 방식의 금융거래에서도 항상 금융중개기관의 '중개' 역할이 개입되어 있었다. 그 역할을 담당하여 온 금융중개기관이 바로 '증권사'이다.

〈좀 더 알아보기 1-2〉 중개와 자산변환

■ **중개**(Brokerage)

중개는 직접금융 관련 금융중개기관, 즉 증권사가 수행해 온 전통적인 역할이다. 금융수단이 자금공급자와 수요자 사이에 거래될 수 있도록 주선하는 역할을 말한다. 발행시장과 유통시장에서 증권의 거래는 항상 증권사의 중개 서비스를 매개로 하여 이루어진다. 자세한 증권사의 발행시장과 유통시장에서의 중개 기능은 7장에서 다룬다.

직접금융시장의 거래

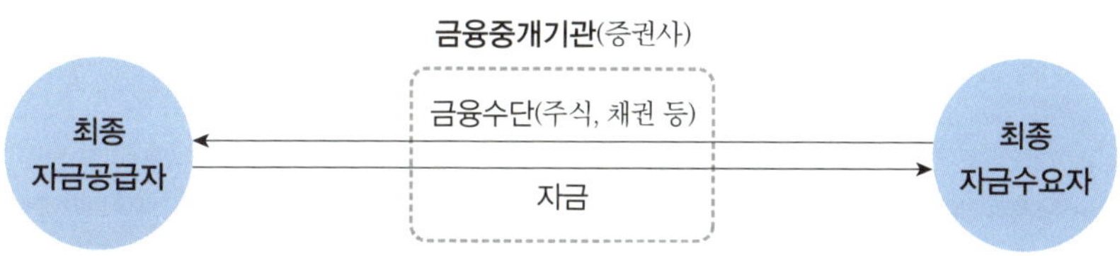

■ **자산변환**(Asset Transformation)

자산변환은 자금수요자가 제공한 금융수단을 금융중개기관이 다른 금융수단으로 변환하여 자금공급자에게 제공하는 기능을 말한다. 간접금융 관련 금융중개기관은 항상 이 기능을 수행한다. 예를 들어 은행은 대출이라는 금융수단(자산)을 예금이라는 다른 금융수단(자산)으로 변환한다. 보험사는 대출, 증권 등의 금융자산을 보험계약이라는 다른 금융수단으로 변환한다. 펀드는 각종 다양한 증권을 수익증권으로 변환한다.

금융중개기관의 자산변환은 위험-수익구조가 '다른' 금융자산으로의 변환을 뜻한다. 따라서 금융중개기관의 자산변환은 자금공급자에게 새로운 위험-수익구조의 금융상품 보유를 가능하게 한다. 이러한 의미에서 자산변환을 '위험변환'이라 부르기도 한다.

간접금융시장의 거래

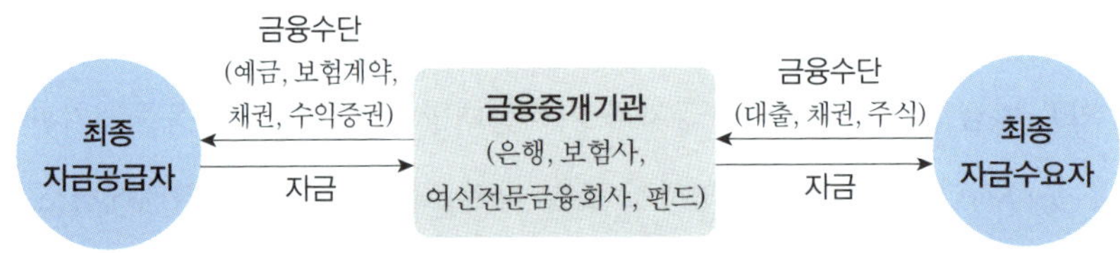

(2) 금융중개기관의 존재 형태

직접금융 금융중개기관은 '증권사'가 유일하다. 간접금융 관련 금융중개기관은 다양하며, 자금조달 수단과 자금운용 수단별로 구분된다(〈표 1-1〉 참조). 먼저 단기 유동성 부채인 예금으로 자금을 조달하여 주로 대출에 운용하는 '예금금융중개기관'이 있다. 은행이 여기에 속한다. 또 나라마다 은행은 아니지만 은행과 마찬가지로 예금에 의해 자금을 조달하여 대출에 운용하는, 즉 경제적 기능으로 보면 예금금융중개기관에 해당되는 금융기관들도 있다. '비은행 예금금융중개기관'이라 불리는 금융기관들이다. 우리나라의 경우 상호저축은행, 신용협동기구가 여기에 해당된다.[10]

표 1-1 우리나라 금융중개기관의 유형

<table>
<tr><th rowspan="2"></th><th colspan="2">간접금융 금융기관</th><th rowspan="2">직접금융 금융기관</th></tr>
<tr><th>자금조달 수단</th><th>자금운용 수단</th></tr>
<tr><td>은행</td><td>예금</td><td>대출</td><td rowspan="5">금융투자업자
(증권사)</td></tr>
<tr><td>비은행예금금융기관
(상호저축은행,신용협동기구)</td><td>예금</td><td>대출</td></tr>
<tr><td>보험회사</td><td>보험계약</td><td>주식, 채권 등</td></tr>
<tr><td>여신전문금융회사</td><td>채권</td><td>대출</td></tr>
<tr><td>펀드(집합투자기구)</td><td>수익증권</td><td>주식, 채권 등</td></tr>
</table>

10. 신용협동기구는 신용협동조합, 새마을금고, 상호금융을 통칭한다.

다음으로 장기계약부채인 보험계약으로 자금을 조달하여 자본시장의 채권 등에 운용하는 보험사가 있다. 보험사는 생명보험사와 손해보험사를 포함한다. 한편 비교적 최근에 등장한 간접금융 종사 금융중개기관으로 신용카드사, 리스사, 캐피탈 등의 여신전문금융기관이 있다. 그리고 마지막으로 자본시장 증권에 자금운용을 목적으로 하는 '펀드'(집합투자기구)가 있다.

표 1-2 유형별 금융중개기관의 자산 (단위 : 10억 원, %)

	1995		2000		2010		2017	
	금액	구성비	금액	구성비	금액	구성비	금액	구성비
은행	595,826	66.6	982,178	62.1	1,884,114	53.7	2,983,132	50.4
저축은행	32,612	3.7	24,196	1.5	91,271	2.6	62,422	1.1
신협기구	75,910	8.5	145,065	9.2	360,863	10.3	575,444	9.7
보험사	86,584	9.7	163,562	10.3	539,291	15.4	1,161,097	19.6
여신전문	–	–	78,963	5.0	118,113	3.4	245,015	4.1
자산운용	75,972	8.5	146,717	9.3	325,279	9.3	497,192	8.4
증권사	27,801	3.1	42,033	2.7	189,384	5.4	393,367	6.7
합계	894,705	100.0	1,582,714	100.0	3,508,315	100.0	5,917,669	100.0

자료 : 한국은행(2018), 『한국의 금융제도』.

유형별 금융중개기관의 자산 추이를 보면 우리나라는 예금금융중개기관의 비중이 압도적으로 높다. 은행과 비은행 예금금융중개기관을 합하면 지난 20년 전체 금융기관 자산의 60~70%를 차지하여 왔다. 다음으로는 보험사인데 최근 증가하여 20%에 근접한 수준이다. 그러므로 보험사의 비중이 다소 높아졌지만 우리나라의 대표 간접금융 금융기관은 예금금융중개기관이라 하겠다. 한편 〈표 1-2〉에서 편의상 증권사의 자산규모를 같이 보였는데, 증권사의 본업무는 중개업무이므로 보유자산이 간접금융 금융중개기관에 비해 크게 작은 것은 자연스럽다. 또한 증권사의 자산규모로 자본시장 거래규모를 파악할 수는 없다.[11]

11. 기업 등 경제의 자금수요자들의 자금조달에서 간접금융시장과 자본시장이 차지하는 상대적 역할은 3장

3. 금융중개기관의 존재 이유

역사적으로 금융시장의 존재는 금융중개기관의 존재와 궤를 같이 하였다. 즉, 금융시장의 역사는 금융중개기관의 역사이다. 이 역사적 사실은 금융시장의 존재와 금융중개기관의 존재가 동일시됨을 말해 준다. 이를 전제로 한다면, 다음의 질문이 있게 된다. 금융시장에서 금융중개기관은 왜 필요한 것일까? 금융중개기관은 왜 존재하는 것일까? 앞에서 금융시장의 존재 이유는 경제주체의 소비평탄화와 최적 위험-수익구조 달성, 최적 생산기회로의 자원배분에 있다고 하였다. 금융시장이 이 경제적 기능을 수행하는 데 금융중개기관은 왜 필요한 것일까? 왜 증권의 발행과 유통에는 증권사의 중개 기능이 필요하고, 대부분의 금융거래는 금융중개기관을 매개로 하여 간접적으로 이루어지는 것일까?

1980년대 이전까지의 금융이론은 금융중개기관의 시장경제에서의 기능을 주로 거래비용의 절감으로 설명하였다.[12] 그러나 1980년대 이후 현대 금융이론에서는 금융중개기관의 핵심적인 경제적 기능을 거래비용 절감보다는 정보비대칭성 완화로 보고 있다. 금융중개기관의 존재 이유를 정보비대칭성 완화로 보고 다양한 금융중개기관이 어떤 방식으로 그 역할을 수행하는지를 연구하여 온 것이 지난 30여 년 금융이론의 여정이었다. 그 대표적인 이론들이 앞으로 학습할 주제이다. 여기서는 일단 그 서론적인 논의를 제공한다.

에서 좀 더 자세히 다룬다.

12. 대표적으로 다음을 참조하라. Benston, G. and C. Smith, (1976), "A Transactions Cost Approach to the Theory of Financial Intermediation," *Journal of Finance* 31, 215–231.

3.1 완전시장, 거래비용, 불완전정보

(1) 완전시장

금융이론에는 '완전시장(complete market)'이라는 개념이 있다. 20세기 중반 정보경제학의 기반을 놓은 애로우(K. Arrow)와 드브뢰(G. Debreu)에 의해 만들어진 개념이다. 이들은 다음 두 가지 조건이 성립하면 경제주체들이 각자 증권을 발행하여 원하는 자금흐름과 위험-수익구조를 성취할 수 있음을 보였다. 그 두 조건은 바로 무시할 정도로 낮은 거래비용, 완전정보의 존재이다.[13] 그들은 이 두 조건이 만족되는 상황을 '완전시장'이라 정의하였다. 애로우(Arrow), 드브뢰(Debreu)에 의하면 만일 금융시장이 완전시장 상황이라면 금융중개기관은 필요하지 않다. 금융시장 중에서 간접금융시장은 전혀 필요하지 않고 직접금융시장만 있으면 된다. 또 직접금융시장에서도 금융중개기관은 필요 없고 경제주체들이 각자 직접 증권을 발행하여 서로 직접 교환하면 된다.

물론 현실의 금융시장에서 이러한 현상은 관찰되지 않는다. 그렇다면 이는 금융시장이 완전시장이 아니기 때문일 것이다. 현실의 금융시장에서는 애로우(Arrow), 드브뢰(Debreu)가 말한 완전시장의 두 조건인 무거래비용, 완전정보의 존재가 성립하지 않기 때문에 금융중개기관이 존재하는 것이라고 추론할 수 있다. 그러므로 여기서 다음 논의로 넘어가려면 거래비용, 완전정보의 의미가 무엇인지를 명확히 할 필요가 있다.

13. 엄밀하게 말하면 한 가지 조건이 더 있다. 미래의 '모든 상황에 대한 증권(state securities)'이 존재한다는 것인데, 이는 대학원 수준의 논의이므로 여기서는 생략한다.

(2) 거래비용

거래비용은 거래의 성립과 완결을 위해 필요한 모든 비용을 말한다. 단, 정보비대칭성에 따른 정보비용은 제외한다. 거래비용은 대체로 탐색비용과 계약비용으로 나누어진다. 탐색비용은 말 그대로 내가 원하는 재화와 용역을 찾는 데 소요되는 시간비용, 물적비용을 말하며, 계약비용은 해당 재화와 용역의 거래계약에 소요되는 비용을 말한다. 부동산 거래를 생각해 보자. 원하는 집을 찾는 데 소요되는 모든 비용은 탐색비용, 원하는 집의 매매계약에 소요되는 중개수수료, 각종 세금은 계약비용이다.

(3) 불완전정보

완전정보는 경제주체들이 최적의 의사결정에 필요한 모든 정보를 보유한 상태를 말한다. 현실 경제에서 완전정보 조건이 위반되면 이를 '불완전정보' 상황이라고 한다. 거래당사자들이 최적 의사결정에 필요한 정보를 모두 갖고 있지 못함을 뜻한다.

불완전정보는 정도의 차이일 뿐 모든 시장에서 만나게 되는 일반적인 현상이다. 완전정보 상황은 이론적 가정일 뿐 현실의 묘사는 아니다. 과일을 살 때, 자동차를 살 때, 컴퓨터를 살 때 등 모든 재화와 용역의 시장에는 불완전정보 문제가 있다. 각 재화의 생산자라 하여도 재화의 최종 품질에 대하여 알지 못하는 점이 있기 마련이다. 알 수 없는 요인에 의한 불량률은 항상 존재한다. 이러한 불완정정보 문제를 해소하기 위하여 만들어낸 대표적인 장치가 '보증제도'이다. 흔히 고가의 물건을 판매할 때 제조사 또는 판매사는 일정 기간 동안 보증서를 제공한다. 보증기간 내에 품질에 문제가 발생하면 즉시 환불 내지는 교환을 약속한다.

또 재화와 용역의 경험은 각 소비자마다 다를 수밖에 없으므로 정보가 활발히 교환되고 거짓 없이 전달된다 하여도 완전정보에 도달하는 것은 어렵다. 수많은 광고, 블로거, 유투버의 존재는 역설적으로 불완전정보 문제가 얼마나 만연해 있는지, 그리고 이를 해결하는 데 우리가 얼마나 관심이 많은지를 말해 준다.

그런데 '불완전정보' 상황에도 보다 특수한 경우가 있다. 바로 금융시장과 금융중개기관 논의에서 핵심이 되는 '정보비대칭성'이다.

3.2 금융시장의 정보비대칭성 문제

(1) 금융시장의 역선택 문제

정보비대칭성은 거래상대방인 두 경제주체가 있을 때 상호 갖고 있는 정보가 다른 상태를 말한다. 거래계약 시점을 기준으로 두 가지 종류의 정보비대칭성이 있다. '사전적 정보비대칭'과 '사후적 정보비대칭'이다. '사전적 정보비대칭'은 거래 이전에 이미 두 거래주체 사이에 정보가 다른 상태이며, 한 쪽에는 숨겨진 정보가 있다는 의미에서 '숨겨진 정보(hidden information)'라 말하기도 한다. 이 정보비대칭 상황에서 정보가 상대적으로 열위인 경제주체는 불리한 거래조건을 선택할 위험이 높아진다. 쉽게 말해 품질보다 비싼 가격에 거래를 할 위험이 크다. 이를 '역선택(adverse selection)' 위험이라고 한다. 역선택 위험이 크면 경제주체들이 거래 참가를 꺼리게 되어 시장이 성립하지 않을 위험이 있다.

금융시장에 자금수요자로 참여하는 경제주체 중에는 이미 어려운 재무적 상황임에도 이를 숨기거나 좋지 않은 사기적 의도를 지닌 이들이 있다. 사실 금융시장에 자금수요자로 참여할 유인이 가장 큰 경제주체는 사기 의도가 있는 사람들이다. '사전적 정보비대칭성'의 상황이다. 금융시장에서 폰지(Ponzi)와 같은 경제주체는 역사를 통해 끊임없이 등장하고 있다. 금융시장에서 사기사건은 시대와 장소를 가리지 않고 쉽게 찾아볼 수 있다. 금융시장에서 자금공급자는 항상 역선택의 위험에 놓여 있음을 말해 준다.

[예제 4] 신용할당(credit rationing) 현상

일반적인 시장에서는 높은 가격을 지불할 용의가 있는 수요자에게 먼저 재화를 공급한다. 금융시장에서는 일정 수준을 넘는 금리에서는 자금을 제공하려 하지 않는 현상이 발생하곤 한다. 이를 신용할당 현상이라고 한다. 왜 이런 현상이 발생하는 것일까? 역선택의 관점에서 설명해 보라.

해답 금융기관에서 차입하고자 하는 경제주체에 두 그룹이 있다고 해보자. 자금을 사업에 투자하여 수익을 얻고, 이 수익으로 차입 이자와 원금을 상환할 의지가 있는 경제주체가 한 그룹이다. 다른 그룹은 자금을 받아 소비에 사용할 목적으로 대출을 받으려는 경제주체들이다. 이들은 상환의지가 없다. 금융기관과 경제주체 사이에는 정보비대칭성이 있다. 경제주체들은 자신이 어떤 목적으로 자금을 차입하려는지 알고 있지만, 금융기관은 이에 대한 정보가 없다. 차입금리가 높아질수록 차입수요자 중에서 전자의 그룹에 속하는 경제주체들의 비중은 감소할 것이다. 차입금리가 높아질수록 사업의 수익성은 감소할 것이기 때문이다. 반면 후자 그룹에 속하는 경제주체들은 차입금리가 높아진다고 해서 차입수요를 줄일 유인이 없다. 이를 아는 금융기관은 일정 수준이 넘는 금리수준에서는 대출을 실행하지 않는 편이 수익극대화에 유리하다고 판단할 수 있다. 금리가 높을수록 '역선택' 문제가 심화될 것이기 때문이다.

(2) 금융시장의 도덕적 해이 문제

'사후적 정보비대칭'은 거래 이후 거래당사자 중 한 편의 행동이 거래의 경제적 가치를 결정하지만 다른 한 편은 그 행동을 관찰할 수 없는 상황을 말한다. '숨겨진 행동(hidden action)'이라 지칭되기도 한다. 정보 우위인 행위자는 자신의 이익을 추구할 유인이 있으므로 정보가 열위인 주체는 결과적으로 불리한 거래를 한 상황이 될 수 있다. 이를 '도덕적 해이(moral hazard)' 위험이라고 하며, 역선택과 마찬가지로 시장의 위축을 가져올 수 있다.

정보경제학에서 사후적 정보비대칭 상황은 '주인-대리인(principal-agent)' 관계라는 개념으로 알려져 있기도 하다. 이 용어를 사용하여 도덕적 해이 위험은 '대리인 문제(agency problem)'로도 불린다. 노동시장에서는 고용자–피고용자 관계에 적용된다. 금융시상으로 오면 모든 금융거래가 이 사후적 정보비대칭 상황에 해당된다. 일단 자금을 받은 자금수요자는 자신의 이익을 극대화할 유인이 있기 때문이다. 즉, 자금대출 계약이 성립하는 순간, 자금공급자가 이후 자금수요자의 모든 행동에 대해 알지 못하는 한, 자금수요자는 도덕적 해이의 유인을 갖게 된다. 예를 들어 사업 아이디어가 있는 A가 B로부터 사업자금의 절반을 투자받았다고 하자. A는 사업이 성공하면 이익을 나누어야 한다. 그런데 사업 내용과 성과에 대해 B는 알지 못한다. 정보비대칭 상황이다. A의 최적 행동은 사업이 성공하더라도 이를 사실대로 B에게 알리지 않는 것이다. 사실 주식시장에서 기업(경영자)의 주주에 대한 도덕적 해이 문제는 기업 재무의 큰 주제이기도 하다. 그만큼 금융시장에 도덕적 해이 문제가 광범위하다고 볼 수 있다.

(3) 금융시장의 불완전성 원인

그러므로 금융시장은 불완전시장이고, 그 고유한 원인은 정보비대칭성이다. 애로우(Arrow)와 드브뢰(Debreu)의 완전시장 조건은 대부분의 시장에서 성립하지 않는다. 그 이유는 거래비용의 존재이다. 이것은 금융시장에만 해당되는 고유한 이유가 아니다. 거래비용은 모든 재화와 용역의 시장에도 존재하고 따라서 현실의 모든 실물시장도 불완전시장이다. 그래서 모든 재화와 용역시장에도 각각의 중개기관과 중개인이 쉽게 발견된다. 백화점, 대형 마트, 편의점, 각종 도소매시장 등은 다양한 재화를 모아 놓은 중개기관이다. 또 실물경제에는 가구골목, 먹자골목과 같은 동일한 재화를 판매하는 상점들이 모여 있는 집합단지도 즐비하다. 이들 실물경제의 중개기관과 집합단지는 거래비용의 축소[14]가 경제적 기능이다. 금융시장의 금융중개기관도 일차적인 경제적 기능은 거래비용의 절감이다. 특히 계약비용의 절감은 쉽게

14. 특히 탐색비용의 절감이 기능일 것이다.

예상할 수 있다.[15]

금융시장이 완전시장이 아닌 이유는 완전정보의 조건이 성립하지 않기 때문이다. 그러나 단순한 불완전정보는 금융시장만의 현상이 아니다. 금융시장의 특수성은 '정보비대칭성'과 그로 인한 부작용에 있다. 실물시장에 비하여 정보비대칭성으로 인한 역선택과 도덕적 해이 문제가 상대적으로 크다는 것이 금융시장의 특수성이다. 자금공급자의 입장에서 금융거래는 다른 경제주체의 재무적 상황, 의도, 능력 등 속성상 모두 정보비대칭성이 높은 요인들에 장기간 투자하는 것이기 때문이다. 이러한 정보비대칭성을 해소하는 데는 비용이 소요되며 이를 정보비용이라고 한다. 본래의 거래비용과 정보비용을 모두 포괄하여 광의의 거래비용이라 부르기도 한다. 이 개념을 이용하면 금융시장은 정보비용을 핵심 요소로 하는 광의의 거래비용으로 인하여 불완전시장이라 하겠다.

3.3 금융중개기관의 존재 이유

(1) 법제도의 역할과 한계

정보비대칭성 문제는 자신의 경제적 이익을 우선하여 추구하는 합리적 경제주체의 본성에 기인한다. 그러므로 시장경제에 내재된 문제이다. 역사적으로 시장경제의 발전과정은 정보비대칭성의 완화를 위한 제도적 혁신의 과정이기도 하였다. 특히 금융시장의 발전은 금융시장의 법규 개선과 밀접한 관련이 있었다는 것이 금융학자들의 견해이다. 다음 사례를 살펴보자.

15. A기업이 100만 원을 차입할 때 100명과 각각 계약서를 작성하는 경우와 1명과 대표로 작성하는 경우의 비용을 생각해 보아라.

〈좀 더 알아보기 1-3〉 영국 자본시장 탄생의 조건

금융사학자들은 최초의 자본시장으로 17세기 네덜란드와 영국의 국채시장을 지목한다. 특히 근대적인 자본시장은 영국의 국채시장 탄생이 시초인 것으로 보고 있다. 노벨 경제학상 수상자인 노쓰(D. North)는 영국 국채시장의 탄생은 1688년 명예혁명이 가져온 법제도의 혁신이 전제조건이었다고 주장하였다. 1688년 명예혁명 이전 영국 국왕은 가장 다루기 어려운 채무자였다. 국왕의 채무상환은 누구도 강요할 수가 없었다. 오로지 국왕 마음에 달려 있었다. 채권자가 상환을 강요할 수 없다 보니 영국 국왕은 가장 골치 아픈 채무자였다. 재정상황이 어려워 채무상환이 어렵다고 선언하면 채권자는 더 이상 어쩔 방법이 없었다. 국왕의 채무불이행은 사실 유럽 전제군주 국가에 공통된 문제이기도 하였다. 1688년 명예혁명으로 제정된 영국 헌법은 국왕으로부터 법원과 재판관의 독립을 강화하였고, 국왕도 금융계약에 충실하여야 하는 법률환경을 만들어냈다. 더불어 의회의 권한 강화로 국왕이라 하여도 법을 준수하지 않을 수 없는 정치환경이 조성되었다. 그 결과 영국 정부(국왕)의 채무불이행 문제가 통제되었고, 이를 계기로 국왕이 발행하는 국채에 대한 수요가 형성되어 국채 발행이 활발해진다. 이후 1720년까지 영국 국채 발행은 잔액이 50배 성장하였고, 반면 발행금리는 절반으로 하락하였다. 국채시장의 발전을 토대로 금융시장 전체의 성장이 시작되었다. 영국의 산업혁명은 이 같은 금융발전을 기반으로 한 것이었다.

* **참고자료** : North, D. and B. Weingast, (1989), "Constitutions and Commitment : The Evolution of Institutions Governing Public Choice in Seventeenth-Century England," *Journal of Economic History* 49, 803–832.

노쓰(North)의 논점은 법률환경 변화로 정보비대칭성 상황이 사라졌다는 것이 아니다. 여전히 왕실의 재정상황 정보는 채권자보다는 국왕이 가지고 있었다. 달라진 것은 도덕적 해이의 비용이다. 국왕이 채무상환이 가능함에도 상환을 불이행하면 그에 따른 벌칙을 감당해야 한다. 이처럼 법환경은 정보비대칭성에 기인한 역선택과 도덕적 해이 위험을 완화할 수 있는 중요한 제도적 장치이다. 역선택과 도덕적 해이의 비용을 높이는 방향으로 법환경을 개선하면 금융시장의 작동이 원활해진다.

더불어 근본적으로 정보비대칭성을 줄이는 법제도의 도입도 가능하다. 오늘날에도 자본시장의 작동과 관련하여 끊임없이 논의되는 기업회계제도가 대표적이다. 법에 의해 일정 규모 이상 기업은 재무상황을 정해진 회계장부로 정리하고, 외부 전문가(회계법인)의 감사를 받아 주기적으로 공표하여야 한다. 정보비대칭성을 줄이는 역사적인 제도 개선의 결과이다.

금융시장의 법환경 개선은 정보비대칭성 및 그에 기인한 역선택과 도덕적 해이 문제 완화에 중요한 역할을 하였지만, 시장경제의 역사를 볼 때 충분하지는 않았던 것으로 보인다. 시장경제의 역사는 여전히 금융시장은 금융중개기관의 역할이 없으면 작동할 수 없음을 말하고 있기 때문이다. 역선택 문제를 야기하는 사전적 정보비대칭의 최종 완화방법은 '사전심사(screening)'이다. 도덕적 해이를 초래하는 사후적 정보비대칭의 최종 완화방법은 '사후감시(monitoring)'이다. 법규는 사전심사와 사후감시를 용이하게 하는 환경을 만들어낼 뿐 정보비대칭성 자체를 해소하지는 못한다. 기업회계제도는 정보비대칭성을 낮추지만 여전히 한계가 있다. 누군가는 직접 추가 정보를 찾아내고, 주어진 정보를 분석하며 사전심사자와 사후감시자의 역할을 수행하여야 한다.

(2) 정보 생산 및 사후감시 시장의 한계

금융시장의 정보비대칭성 문제가 시장 메커니즘에 의해 해결될 수는 없는 것일까? 정보 생산에 특화된 기업이 등장하여 자금수요가 있는 개인과 기업에 대한 정보를 수집하고 분석해서 제공한다면 사전적 정보비대칭성이 극복되고 역선택 문제가 해소될 수 있지 않을까? 또 자금을 공급받은 개인과 기업의 행태를 사후감시하는 데 특화된 기업이 등장하여 이들의 도덕적 해이를 방지할 수 있지 않을까?

실제로 우리 주변에는 이러한 기능을 수행하는 사업체들이 존재한다. 개인과 기업의 신용위험을 평가해 점수와 등급을 부여해서 이를 금융회사 또는 필요로 하는 이에게 대가를 받고 제공하는 신용평가업체들이 다수 있다. 또 차입금을 상환하지 않는 부실 차입자들을 추적해 상환이 과연 불가능한지를 확인하고 가능한 한 상환을 유도하는 채권추심업체들도 다수 있다. 이들은 모두 금융중개기관은 아니고 금융시장의 인프라 기관에 해당한다. 이들을 통칭해 정보업체라고 할 때, 이들에 의해 정보비대칭성 문제가 완화되고 금융시장이 금융중개기관의 개입 없이 작동할 수는 없는 것일까? 금융의 역사를 보면 이들 정보업체는 금융중개기관을 대체하기보다는 금융중개기관의 성장을 보완하는 역할을 하여 왔다. 마치 법규제도의 개선이 그러했던 것처럼 금융중개기관의 정보비대칭성 완화가 용이한 환경을 조성하는 역할을 하였던 것으로 보인다. 좋은 예는 개인신용평가기관의 등장과 개인의 대출 활성화이다.

정보업체만으로 금융시장의 정보비대칭성 문제가 해소되지 못하는 현상에 대하여 금융경제학자들은 두 가지 원인이 작용한 것으로 보고 있다.

먼저 정보는 소비의 '경합성(rivalry)'이 없기 때문이다. 정보생산업체 A가 기업 B의 가치에 대해 분석하여 정보를 생산하여 B에게 자금 제공 여부를 검토하고 있는 다수의 경제주체들에게 이를 제공하는 사업 모형을 고려하고 있다고 해보자. 이 사업 모형에서 난점은 과연 자금공급 경제주체들이 이 정보를 가격을 지불하고 살 유인이 있는지에 있다. 경제주체들은 A에게서 정보를 구입한 뒤 이를 A보다 싼 가격에 다른 경제주체들에게 재판매할 유인이 있다. 소비의 경합성이 없으므로 정보는 반복하여 사용할 수 있기 때문이다.

다음으로는 '정보업체'의 대리인 문제이다. B에게 자금 제공을 검토하고 있는 모든 경제주체들이 상호 적절히 협력하여 정보업체에게 사전심사와 사후감시를 위탁하는 계약을 맺었다고 하자. 이 같은 계약을 맺는 순간 그 경제주체들과 정보업체 사이에는 '대리인' 관계가 성립한다. 이에 정보업체의 도덕적 해이를 방지해야 하는 과제가 발생한다. 요컨대 정보비대칭성에 따른 역선택과 대리인 문제를 대리인을 고용하여 해결하는 것은 어렵다.

(3) 금융중개기관의 존재 이유

결국 금융시장의 정보비대칭성 문제와 정보비용으로 인한 불완전시장의 문제를 해결하기 위해서는 금융중개기관의 존재가 필요하였다는 것이 현재 금융학계의 해석이다. 법규제도의 혁신, 정보인프라 기관의 진화는 모두 금융시장의 정보환경을 개선하는 효과가 있다. 그렇지만 그 자체가 금융시장의 정보비대칭성 해소를 가능하게 하지는 않았다는 해석이다. 금융시장의 원활한 작동과 발전은 금융중개기관의 정보비대칭성 완화 기능의 진화로 가능하였다는 것이 현대 금융기관 이론의 핵심이다.

요약

1. 금융기관은 '금융시장의 작동을 촉진하는 모든 기관'을 말한다. 즉, 금융시장의 자금 수요자와 공급자가 아닌 경제주체로서 원활한 시장 작동을 돕는 기관을 말한다. 금융기관에는 금융중개기관과 금융인프라기관이 있다. 협의의 금융기관은 금융중개기관이다.

2. 금융시장은 자금과 금융수단이 거래되는 시장이다. 금융시장의 존재 이유는 소비평탄화, 최적위험구조 선택, 최적 생산기회에 대한 자원배분이다.

3. 금융시장의 거래방식에는 직접금융과 간접금융이 있다. 이를 기준으로 금융중개기관은 직접금융 방식 거래에 관여하여 금융시장의 작동을 원활하게 하는 금융중개기관과 간접금융 방식 거래에 종사하는 금융중개기관으로 구분된다.

4. 간접금융 관련 금융중개기관의 실제 존재 형태는 자금조달 수단과 자금운용 수단별로 구분된다. 예금으로 자금을 조달하고 대출에 운용하는 은행, 보험계약으로 자금을 조달하여 주로 증권에 운용하는 보험사, 수익증권으로 자금을 조달하여 주로 증권에 운용하는 펀드 등이 있다.

5. 1980년대 이전까지의 금융이론은 금융중개기관의 시장경제에서의 기능을 주로 거래비용의 절감으로 설명하였다. 1980년대 이후 현대 금융이론에서는 금융중개기관의 핵심 기능을 정보비대칭성 완화로 보고 있다.

6. 법제도의 혁신, 정보인프라 기관의 진화는 금융시장의 정보환경을 개선하여 왔다. 그렇지만 그 자체로 완전하지 않으며 금융시장의 원활한 작동과 발전은 금융중개기관의 정보비대칭성 완화 기능의 진화로 가능하였다는 것이 현대 금융이론이다.

부록 위험에 대한 선호

(1) 위험기피 선호 · 위험중립 선호 · 위험추구 선호

어떤 주식을 지금 100원에 살 수 있다고 하자. 1년 뒤 가격은 알 수 없지만, 105원이 될 확률은 $\frac{1}{2}$, 101원이 될 확률은 $\frac{1}{2}$이라고 하자. 반면 지금 국채에 100원을 투자하면 1년 뒤 안전하게 103원을 받을 수 있다고 하자. 여러분은 어느 금융자산에 투자하겠는가?

경제학자들은 이 질문에 대한 답을 기준으로 경제주체들의 위험에 대한 선호체계를 위험기피, 위험중립, 위험추구의 세 가지 유형으로 구분한다. 국채를 택하는 경제주체는 '위험기피', 두 금융자산 중 어느 자산을 택하든 효용에 차이가 없는 경제주체는 '위험중립', 주식을 택하는 경제주체는 '위험추구'이다. 이렇게 구분하는 논리를 살펴보자.

주식과 국채에 투자할 때 차이가 무엇인지 생각해 보자. 기대수익은 똑같다. 주식의 1년 뒤 예상가격은 $\left(\frac{1}{2}\times 105\right)+\left(\frac{1}{2}\times 101\right)=103$으로 기대수익은 3원이다. 국채의 기대수익과 동일하다. 차이는 '위험'이다. 주식에 투자할 경우 기대수익은 불확실하고, 국채의 기대수익은 확실하다. 동일한 기대수익을 제공하는 투자기회 중 위험이 없는 투자기회를 선택한다면 그 경제주체의 선호는 위험기피 선호로 보아야 할 것이다. 반대로 위험이 있는 투자기회를 선택한다면 위험추구 선호로 보아야 할 것이다. 마지막으로 위험과는 관계없이 오로지 기대수익이 높은 투자기회를 찾는 경제주체도 있을 수 있다. 이 경제주체는 위험중립 선호로 구분하는 것이 적절할 것이다.

이 논리에 따라 경제주체의 위험선호 유형이 정의된다.

위험기피 : 동일한 기대수익을 제공하는 안전자산을 선호하는 선호체계

위험추구 : 동일한 기대수익을 제공하는 위험자산을 선호하는 선호체계

위험중립 : 수익의 위험 여부와 관계없이 기대수익이 큰 자산을 선호하는 선호 체계

(2) 기대효용함수

경제주체의 선호체계를 효용함수로 표시할 수 있다면, 위 정의는 수식으로 표현할 수 있다. 이를 위해 경제학자들은 '기대효용함수'를 정의한다.

$$\textbf{기대효용함수} : E[U(\tilde{c})] = \sum_{i=1}^{N} p_i U(c_i)$$

얼핏 복잡해 보이지만 의미는 단순하다. 어떤 금융자산의 미래수익에 N가지 가능성이 있고, 각 가능성의 확률이 p_i이다. 각 가능성에 대응되는 수익이 c_i이다. 이 경우 이 경제주체는 선택을 위해 효용을 계산하여야 한다. 어떤 방법으로 효용을 계산할까? '기대효용'을 구하는 방법을 사용한다는 것이 경제학자들의 가정이다. '기대효용'은 각 가능성의 확률 p_i에 각 가능성의 수익에서 얻는 효용 $U(c_i)$를 곱한 합이다. 이를 표시한 것이다.

(3) 기대효용함수에 의한 위험선호 정의

기대효용함수를 기준으로 위험기피·위험중립·위험추구 선호를 정의하면 다음과 같다.

$$\textbf{위험기피 선호} : E[U(\tilde{c})] < U[E(\tilde{c})]$$

$$\textbf{위험중립 선호} : E[U(\tilde{c})] = U[E(\tilde{c})]$$

$$\textbf{위험추구 선호} : E[U(\tilde{c})] > U[E(\tilde{c})]$$

위의 예에서 주식에 대해 확인해 보자. 주식의 기대수익과 기대효용이 다음과 같다.

주식의 기대수익 : $E(\tilde{c}) = \left(\frac{1}{2} \times 101\right) + \left(\frac{1}{2} \times 105\right) - 100 = 3$

주식의 기대효용 : $E[U(\tilde{c})] = \frac{1}{2}U(1) + \frac{1}{2}U(5)$

국채의 기대효용 : $E[U(\tilde{c})] = U(3)$

주식보다 국채를 선호하는 경제주체는 국채의 기대효용이 주식의 기대효용보다 높은 경제주체이다. 그런데 국채의 기대효용 $U(3)$은 바로 주식의 기대수익이 주는 효용과 같다. 그러므로 이 경제주체의 경우 주식에 대해서 $E[U(\tilde{c})] < U[E(\tilde{c})]$이 성립한다. 위험추구의 경우는 반대이다.

(4) 위험선호와 효용함수의 형태

효용함수의 형태와 위험선호는 서로 연관되어 있다. 어떤 경제주체가 위험기피의 선호라고 하자. 그러면 이 경제주체의 효용함수는 정의에 따라 $E[U(\tilde{c})] > U[E(\tilde{c})]$이어야 한다. 이러한 효용함수는 '위로 볼록(concave)'한 모양의 형태를 지닌 함수라는 것이 수학에서 알려진 성질이다. 반대로 위험추구 효용함수는 '아래로 볼록(convex)'한 모양의 함수이다. 위험중립은 선형함수이다. 그러므로 효용함수가 주어져 있을 때, 그 형태만으로도 경제주체의 위험선호를 추정할 수 있다. 예를 들어 다음은 차례대로 위험기피·위험중립·위험추구 선호 효용함수이다.

위험기피 선호 효용함수 : $U(c) = \sqrt{c}$

위험중립 선호 효용함수 : $U(c) = c$

위험추구 선호 효용함수 : $U(c) = c^2$

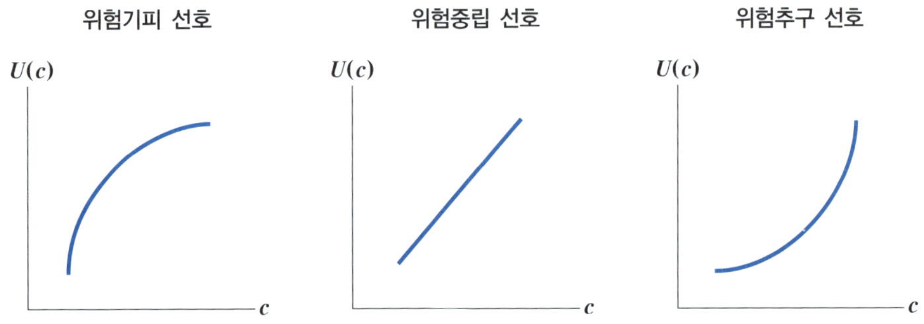

자주 사용되는 위험기피 선호 효용함수로는 $U(c) = \sqrt{c}$ 이외에도 $U(c) = 1 - \frac{1}{c}$, $U(c) = \ln(c)$ 등이 있다.

(5) 위험선호와 한계효용

위험선호 체계와 효용함수의 형태가 대응된다는 성질에서 도출되는 또 하나의 흥미로운 성질이 있다. 위험선호 체계와 한계효용의 관계이다. 위험기피 선호의 효용함수는 '한계효용 체감'임을 쉽게 알 수 있다. 위험중립 선호는 '한계효용 불변'이다. 마지막으로 위험추구 선호는 '한계효용 체증'이다. 대부분의 경제주체는 한계효용 체감의 선호이다. 그러므로 대부분 경제주체의 위험선호 체계는 위험기피 선호라고 학자들은 생각한다.

연습문제*

1. 다음 개념을 설명하여라.

(1) 금융기관

(2) 금융인프라 기관

* 부록을 학습한 뒤 풀기를 권함.

(3) 직접금융과 간접금융

(4) 자산변환

2. 위험기피 선호, 위험중립 선호

어느 경제에 두 그룹의 경제주체가 있다. 각 그룹의 효용함수는 다음과 같다.

$$A\text{그룹 } U(c) = 1 - \frac{1}{c},\ B\text{그룹 } U(c) = c$$

A그룹 경제주체는 위험기피 선호, B그룹 경제주체는 위험중립 선호임을 보여라. 단, 두 개의 투자기회 L1, L2가 다음과 같을 때 어느 투자기회를 선호하는지를 보이는 방식으로 답을 구하라.

L1 : 각각 $\frac{1}{2}$의 확률로 2와 10의 소득이 발생

L2 : 항상 6의 소득이 발생

3. 소비평탄화 유인의 금융시장 참여

(2번 문제에서 이어짐) 두 그룹 경제주체들은 두 기간을 산다. 본래 모두 1기와 2기에 각각 5의 소득을 얻었다. 그 이외에 다른 소득이나 자산은 없다. 그러던 중 경제에 큰 변화가 발생하여 일부 경제주체들은 1기에 1, 2기에 9의 소득을 얻게 되었고, 나머지 경제주체들은 1기에 9, 2기에 1의 소득을 얻게 되었다.

(1) 큰 변화가 발생하기 이전 경제주체들은 각 기간에 얻은 소득을 그 기간에 소비하였다. A, B그룹 경제주체들의 '인생 소비효용'을 각각 구하라. 단, '인생 소비효용'은 1기 소비의 효용과 2기 효용의 합으로 계산된다고 가정하라.

(2) 변화 이전 이 경제의 금융시장에 참여하여 거래를 할 유인이 있는(효용이 높아질) 경제주체가 있는지 설명하라.

(3) 변화 이후에는 어떠한가? A그룹 경제주체들 사이 금융거래 계약을 맺을 유인이 있는가? B그룹 경제주체들은 어떤가? A와 B그룹 경제주체들 사이에는 어떤가?

(4) A(또는 B)그룹 경제주체들 사이 금융거래가 이루어진다면 선호체계의 어떤 특성 때문인지, A그룹 경제주체와 B그룹 경제주체 사이 금융거래가 이루어지는 경우에는 또 선호체계의 어떤 특성 때문인지 논하라.

4. 최적 위험구조 선택 유인의 금융시장 참여

(3번 문제에서 이어짐) 새로운 변화가 또 발생하였다. B그룹은 원래대로 1, 2기에 각각 5의 소득을 얻게 되었다. 그러나 A그룹은 1기에는 5를 얻지만, 2기에는 $\frac{1}{2}$의 확률로는 11, $\frac{1}{2}$의 확률로는 1의 소득을 얻게 되었다. 즉, A그룹의 2기 소득은 기대소득은 6이지만 확실하지가 않다.

(1) 새로운 변화 이후 A그룹과 B그룹 경제주체들의 인생 동안 소비효용을 구하라. 애초 각각 5의 소득을 매 기간 얻을 때와 비교해 보아라.

(2) 새로운 변화 이후 A그룹과 B그룹 경제주체들 사이 금융거래 계약을 맺을 유인이 있는가? 두 그룹 사이에 정보비대칭성은 없다.

5. 정보비대칭성

(4번 문제에서 이어짐) A그룹 경제주체들이 2기에 얼마의 소득을 얻었는지는 A그룹 경제주체들만이 알고 있다고 하자. 즉, A그룹과 B그룹 경제주체 사이에는 정보비대칭성이 있다. 금융거래가 이루어질 수 있을 것인지 논하라.

1부

예금금융중개기관

시장경제의 금융시스템에서 가장 중요한 지위에 있는 금융중개기관은 예금금융중개기관이다. 은행으로 대표되는 예금금융중개기관은 다른 금융중개기관과 구별되는 독특한 특성이 있다. 자본시장과 가장 관련이 적은 금융중개기관이라는 점이다. 은행은 주로 예금으로 자금을 조달하고, 조달된 자금은 주로 대출에 운용한다. 자금조달 측면과 자금운용 측면에서 모두 비시장성 금융수단 또는 금융자산이 활용된다. 다른 금융중개기관은 최소한 한 측면은 자본시장의 금융수단을 활용한다. 그러므로 예금금융중개기관은 그 자체가 금융시장인 유일한 금융중개기관이라고도 하겠다. 자금공급자와 자금수요자의 자금거래가 시장과 관련 없이(또는 시장의 도움 없이) 이루어지므로, 예금금융중개기관 자체가 온전히 금융시장의 기능을 모두 수행하는 것이기 때문이다. 이에 1부에서는 예금금융중개기관에 대해 논의한다.

1부는 2장에서 5장까지 4개의 장으로 구성되어 있다. 2장에서는 예금금융중개기관의 역사적 사실을 살펴본다. 학자들은 이론이나 실증분석에 앞서 연구대상의 특성을 시사하는 통계적 패턴에 주목한다. 학계에서는 '정형화된 사실(Stylized fact)'로 지칭되기도 하는데, 이론적 설명이 필요한 사실을 말한다. 3장에서는 예금금융중개기관의 사업 모형과 경영원리를 살펴본다. 예금금융중개기관은 금융중개기관으로서 하나의 사업체이다. 그러므로 그에 대한 모든 논의는 일단 그 사업 모형과 실제 작동원리에 대한 심화 지식을 필요로 한다. 예금금융중개기관 경영과 관련된 실무지식의 학습에 해당하기도 한다. 2장과 3장의 논의를 바탕으로 4장과 5장에서는 예금금융중개기관에 대한 금융이론을 학습한다. 3장에서 학습한 예금금융중개기관의 경영원리에 대한 실무지식을 전제한 상태에서 2장에서 살펴본 예금금융중개기관의 역사적 사실에 대한 현재 금융학계의 이론을 심도 있게 논의한다. 예금의 이론, 대출의 이론, 예금과 대출을 결합한 예금금융중개기관 사업 모형이 지니는 경제적 편익이 4장의 주제이다. 마지막으로 예금금융중개기관의 위기이론이 5장의 주제이다.

예금금융중개기관의 역사적 사실

2장

1. 역사적 사실 / 2. 역사적 사실에서 유추되는 예금금융중개기관의 경제적 특성

1. 역사적 사실

1.1 역사적 사실 ① : 가계 보유 금융자산으로서 예금의 보편성

▶ 예금은 자금공급자 경제주체인 가계의 주된 보유 금융자산이다.

시장경제에서 최종 자금공급자는 가계이다. 은행의 자금조달 수단인 예금은 금융시장에서 최종 자금공급자가 가장 많이 보유하고 있는 금융자산이다. 바꿔 말하면 예금은 자금공급자가 금융시장에서 자금공급 거래에서 주로 사용하는 금융수단이다.

한 국민경제에서 발생하는 금융시장의 거래를 경제주체별, 금융수단별로 일목요연하게 정리한 통계가 있다. 바로 중앙은행이 집계하는 "자금순환통계"이다.[1] 자금순환통계는 국민경제의 경제주체를 정부, 기업, 가계 등 세 부문으로 분류하고, 각 경제부문 간의 모든 금융시장 거래, 즉 자금흐름을 체계적으로 정리한 통계이다. 이 통계를 참조하면 각 경제부문이 금융시장에 자금수요자로 참가하여 자금을 조달한 행태내역, 또 자금공급자로 참가하여 자금을 제공한 행태내역을 파악할 수 있다.

"자금순환통계"에서는 각 경제부문의 자금수요내역을 '자금조달', 자금공급내역을 '자금운용'이라고 지칭한다. 자금운용액과 자금조달액의 차액, 즉 (자금운용액 − 자금조달액)을 각 경제부문별로 계산하는데, 이 수치가 양(+)인 경우 '순자금운용(net lending)', 음(−)인 경우 '순자금조달(net borrowing)'이라 정의한다. 순자금운용

1. 각국의 "자금순환통계"는 중앙은행이 작성한다. 우리나라도 한국은행에서 매분기마다 통계를 작성하여 공표한다. 한국은행 웹사이트에서 최근 통계 및 과거 통계를 모두 찾아볼 수 있다. 자금순환통계에 대한 자세한 설명과 우리나라 자금순환의 역사적 추이, 나아가 주요 선진국 자금순환의 역사적 추이에 대해서는 한국은행이 발간한 『우리나라 자금순환계정의 이해』가 좋은 참고자료이다.

경제부문은 금융시장에 해당 기간에 순자금공급자로 참여한 것이고, 순자금조달 경제부문은 순자금수요자로 참여한 것이 된다.

〈표 2-1〉은 2019~2021년 3년간 우리나라의 경제부문별 순자금운용을 나타낸 것이다. 가계는 항상 순자금운용이 양(+)임을 알 수 있다. 반면 기업의 순자금운용은 항상 음(−)이다. 가계는 자금공급자, 기업은 자금수요자로 주로 금융시장에 참여함을 알려준다. 정부는 순자금운용이 2019년에는 양(+)이었고, 나머지 두 연도에는 음(−)이었다. 정부는 자금공급자로 참여하기도 하고 자금수요자로 참여하기도 함을 시사한다.

표 2-1 우리나라 경제부문별 순자금운용 (단위 : 조 원)

	2019	2020	2021
가계 및 비영리단체	92.5	189.9	141.2
일반기업	−52.9	−89.6	−74.3
정부	18.6	−20.6	−12.7
금융기관	3.6	4.2	32.7

자료 : 한국은행(2022), 『2021년 자금순환』.

"자금순환통계"는 각 경제부문의 금융시장 참여 현황을 알려줄 뿐 아니라 보유 금융자산의 내역도 알려준다. 다음 [그림 2-1]은 우리나라 가계가 보유한 전체 금융자산의 금융수단별 구성이다. 지난 20년간 예금이 항상 전체 금융자산의 40% 이상을 안정적으로 차지하여 왔다. 이 통계적 사실은 우리나라만이 아니라 대체로 모든 시장경제에서 확인된다. 예금은 시장경제에서 최종 자금공급자인 가계가 주로 보유하는 금융수단이다.[2]

2. 주요 국가의 자금순환통계는 OECD stat. Financial account에 정리되어 있다. 주요국 가계의 금융자산 보유 추이를 보면, 미국의 경우 MMF가 보다 광범위한 가계 보유 금융자산인 것으로 나타난다. 미국의 MMF는 손실 없이 즉시 현금화할 수 있다는 경제적 속성이 있다. 예금과 유사한 금융수단이다. MMF의 예금 대비 속성에 대해서는 10장을 참조하기 바란다.

그림 2-1 가계 금융자산의 구성

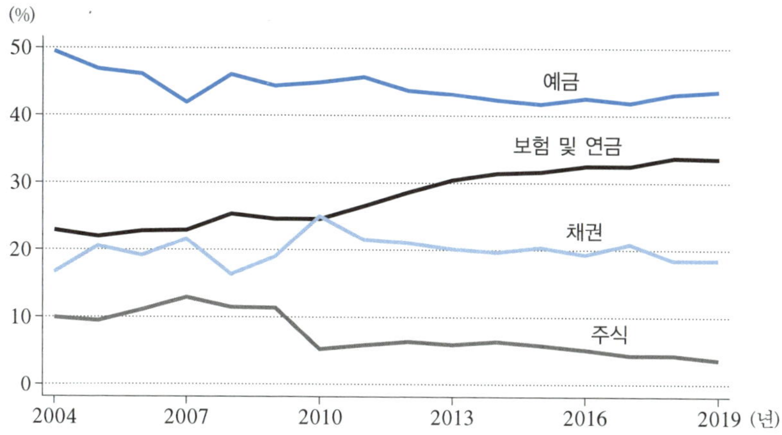

자료 : 한국은행, 『자금순환통계』.

1.2 역사적 사실 ② : 자금조달 수단으로서 대출의 보편성

▶ 대출은 자금수요 경제주체인 기업과 가계의 주된 자금조달 수단이다.

(1) 기업의 자금조달 수단

시장경제의 역사에서 금융시장에 주로 자금수요자로 참가하여 왔던 경제주체는 기업이다. 금융시장에서 기업의 자금조달 경로는 두 가지이다. 직접금융시장인 자본시장에서 유가증권을 발행하는 경로, 그리고 간접금융시장에서 금융중개기관으로부터 대출을 받는 경로이다. 두 가지 중 역사적으로 기업이 주로 의존하여 온 것은 금융중개기관으로부터의 대출이었다.

다음 〈표 2-2〉는 1980년부터 최근까지 40년간 우리나라 기업의 외부자금 조달액을 자금조달 수단별로 구분하여 그 구성 추이를 보인 것이다. 〈표 2-2〉는 먼저 자금조달액 비중을 대출과 자본시장에서의 조달(직접금융)로 구분하고, 자본시장의 조달액 비중을 다시 주식과 채권으로 구분한 것이다. 대출과 자본시장의 구성비 추이를 보면 시기에 따라 상당한 변동이 있었다. 특히 외환위기가 발생한 1997년이 포함된 1996~2000년 기간에는 대출에 의한 자금조달 비중이 급격히 하락하였다. 변동성이 높은 가운데 전체적으로는 대출에 의한 자금조달과 자본시장을 통한 자금조달이 대체로 비슷하였다. 그런 가운데 최근 10년은 대출에 의한 자금조달 비중이 좀 더 높았다.

표 2-2 **우리나라 기업의 자금조달 : 금융수단별 구성** (단위 : %)

	1981~1985	1986~1990	1991~1995	1996~2000	2001~2005	2006~2010	2011~2015	2016~2020
대출	39.7	35.4	37.0	6.0	25.3	37.2	40.0	55.0
직접금융	31.5	42.7	41.9	66.9	46.6	41.4	30.3	22.4
주식	16.0	23.1	16.5	39.1	41.2	18.9	15.7	19.9
채권	15.6	19.7	25.4	27.8	5.4	27.7	14.6	2.4
해외	1.9	2.2	6.0	6.3	5.7	3.6	13.3	9.5
기타	26.9	19.7	15.1	20.8	22.4	17.8	16.4	11.7
합계	100.0	100.0	100.0	100.0	100.0	100.0	100.0	100.0

자료 : 한국은행, 『자금순환통계』.

그러므로 우리나라에 한정한다면 대출과 자본시장의 금융수단은 기업의 자금조달 수단과 비슷한 역할을 하였다고 하겠다. 그런데 좀 더 시야를 넓혀 선진국을 포함하면 기업의 자금조달 수단으로서 대출의 우위가 좀 더 명확해진다. 〈표 2-3〉은 1970년에서 1994년까지 25년간 미국 이외에 영국, 독일, 일본에서 기업의 금융시장을 통한 자금조달을 금융수단별로 구분한 것이다. 〈표 2-3〉을 보면 4개 선진국에서 대출이 기업의 금융시장에서의 압도적인 자금조달 수단이라는 점을 확인할 수 있다. 이 통계는 1990년대 중반까지를 분석한 연구자료에 의거한 것이라 이후 최근까지의 자금순환에 나타난 변화를 반영하지는 못한다. 그렇지만 최근 자료를 보면 〈표

2-3〉의 추이는 현재까지도 지속되고 있음을 확인할 수 있다.[3]

표 2-3 주요국 기업 자금조달의 금융수단별 구성 : 1970~1994 (단위 : %)

	미국	영국	독일	일본
대출	91.74	109.77	106.25	88.41
직접금융	64.46	−3.01	−8.04	24.83
(채권)	(127.27)	(31.58)	(−8.93)	(13.25)
(주식)	(−62.81)	(−34.59)	(0.89)	(11.59)
기타	−56.20	−6.77	1.79	−13.25

자료 : Corbett, J., and T. Jenkinson, (2002), "How is Investement Financed? A Study of Germany, Japan, the United Kingdom and the United States," *The Manchester School*, 69-93에서 수정 작성.

(2) 가계의 자금조달 수단

20세기 후반까지 각국의 가계는 금융시장에 자금공급자로 참여하여 왔다. 가계는 국민경제에서 매기 소득이 지출을 초과하는 흑자 단위로서 여유자금을 금융수단에 운용하고, 이 자금은 기업이 조달하여 실물투자의 재원으로 사용하는 것이 시장경제의 전형적인 자원배분 체계의 모습이었다. 20세기 후반 이후 선진국을 중심으로 이 그림에 변화가 있었다. 가계는 부문 전체로는 여전히 금융시장의 자금공급자이다. 이는 앞의 〈표 2-1〉에서 확인한 바이다. 하지만 최근 상당수 가계는 자금공급자가 아니라 자금수요자로 금융시장에 참여하고 있다.

금융시장의 역사에서 아직까지는 가계가 유가증권을 발행하여 자본시장에서 자

3. 〈표 2-3〉에서 미국과 영국 기업의 자금조달 구성을 보면 흥미로운 점이 발견된다. 두 나라에서 주식에 의한 자금조달은 음(−)이다. 즉, 두 나라에서 기업은 분석기간 동안 주식 발행으로 조달한 자금액보다 주주에게 상환한 자금액이 더 많았다. 이 현상은 2000년대 들어서면 한층 심화된다. '자사주 매입'이 그 경로이다. 전통적으로 기업의 주주에 대한 이익환원의 경로는 배당금 지급이었다. 그런데 최근 미국 상장기업은 자사주 매입에 의한 이익환원을 보다 많이 사용하고 있다. 그 이유는 현대 기업 재무이론의 쟁점 중 하나이다.

금을 조달한 일은 없다. 가계의 금융시장에서의 자금조달은 항상 대출에 의존하여 왔다. 때문에 가계가 자금수요자로서 금융시장에 참가하는 새로운 현상은 금융시장에서 자금조달 수단으로서 대출의 중요성을 더욱 높이는 요인이 되었다. 즉, 가계가 자금수요자로 금융시장에 참여하는 방식은 대부분 금융기관에서 차입을 하는 방식이다. 그 결과 1990년대 이후 가계부채의 꾸준한 증가는 우리나라를 비롯하여 주요국 금융시장에서 나타난 새로운 패턴이다. 이것이 과도하여 급기야는 가계부채가 미국 등 주요 선진국에서 2008년 세계 금융위기의 원인이 되었음은 널리 알려진 사실이다.

우리나라의 경우 가계가 금융시장에 자금수요자로 본격 참여하기 시작한 것은 1997년 외환위기 이후이다. 외환위기 이전에는 은행을 비롯한 금융기관의 가계에 대한 대출은 규제에 의하여 억제되었다. 경제성장을 위해서는 기업에 자원배분이 우선되어야 한다는 정책방향에 의한 것이었다. 이후 규제가 사라지며 은행을 비롯한 금융기관의 가계대출이 지속적으로 증가하였다. 그 결과 이제 우리나라 은행의 주된 대출 운용처가 [그림 2-2]가 보여주듯이 기업에서 가계로 역전된 상황이다.

그림 2-2 우리나라 은행의 대출 구성 : 대기업, 중소기업, 가계

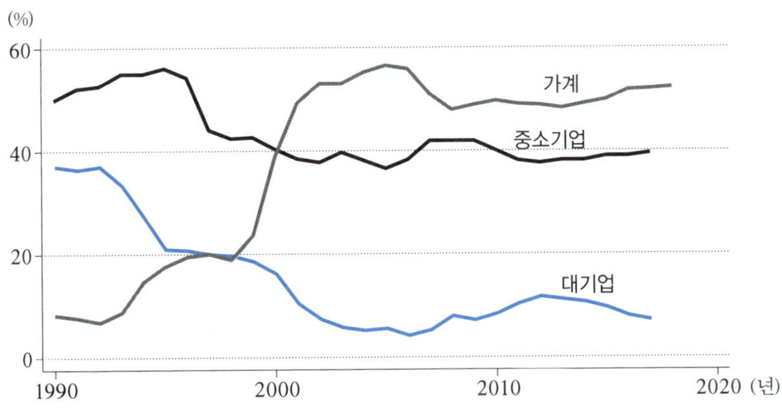

자료 : 은행연합회, 『은행경영통계』.

1.3 역사적 사실 ③ : 은행위기

▶ 은행은 제도 등장 이후 현재까지 종종 다수 은행이 동시에 파산위험에 처하는 은행위기를 겪어 왔다.

은행위기는 다수 은행들이 동시에 지불불능 상태에 처하면서 파산위험에 직면하는 현상을 말한다. 다수 은행들이 파산위험에 처하면, 이들의 대출공급이 급격히 감소하면서 다수 기업이 자금조달 경색으로 부도위험에 처하게 된다. 이에 주식시장, 채권시장 등 금융시장의 자산 가격이 폭락하며 금융시장이 패닉 상태에 빠지게 된다. 더불어 거시경제의 성장률도 급락하여 실물경제 위기가 동반된다.

(1) 초기 은행산업의 인출사태

인출사태(Bank Run)는 어느 시점 갑작스레 다수 예금자들의 예금의 안전성에 대한 불안감이 높아지면서, 이들이 동시에 예금 인출을 요구하는 사태를 말한다. 인출사태가 벌어지면 은행은 갑작스런 대규모 현금상환 요구에 부응하지 못할 가능성이 크다. 은행이 예금자의 인출 요구에 맞추어 예금상환을 못하게 되면 은행은 파산위험에 직면하기 마련이다. 역사적으로 은행제도의 선발국인 영국과 미국의 초기 은행산업은 '인출사태'로 촉발된 '은행위기'를 주기적으로 겪었다.

영국에서 은행제도의 확산은 18세기 중반부터 19세기 후반에 걸쳐 진행되었다. 이 기간 은행의 수가 급증하였고 금융자산 중 은행 예금의 비중이 급성장한다.[4] 은행제도가 시장경제에 정착된 첫 국민경제의 사례이다. 그런데 은행제도의 확산은 인출

4. 경제사학자 카메론(R. Cameron)의 추정에 의하면, 영국 경제의 통화(M1)에서 은행 예금의 비중은 1801년 10%에 불과하였으나 1844년 55%, 1885년 77%로 크게 늘어났다. 반면 그때까지 주요 금융자산의 역할을 하였던 금화는 1775년 68%에서 1885년 18%로 감소한다.(Cameron, R., (1967), *Banking in the Early Stages of Industrialization*, New York : Oxford University Press.)

사태와 은행위기를 동반하였다. 기록에 의하면 영국 경제는 1825년, 1836년, 1839년, 1847년, 1857년, 1866년에 은행의 대량파산과 실물경제의 침체를 겪는다.[5]

미국의 금융 역사에서도 비슷한 현상이 관찰된다. 고튼(G. Gorton)은 19세기 후반에서 20세기 초반을 기간으로 미국 경제의 경기침체기 은행위기의 발발 여부와 각 은행위기 시점 인출사태의 동반 여부를 분석하였다. 〈표 2-4〉는 그 결과를 정리한 것인데, 거의 매번 경기침체가 도래할 때마다 은행위기가 있었음을 알 수 있다. 또 모든 은행위기는 예금 대비 현금의 비중이 급격히 높아지는 현상을 동반하였는데, 이는 인출사태가 있었음을 시사한다.[6]

표 2-4 19세기 후반 미국의 은행위기와 인출사태 (단위 : %)

경제순환 주기 경기정점-경기저점	은행위기-인출사태	'현금/예금' 비율의 변동
1873.10-1879.03	1873.09	14.53
1882.03-1885.05	1884.06	8.80
1887.03-1888.04	없었음	3.00
1890.07-1891.05	1890.11	9.00
1893.01-1894.06	1893.05	16.00
1895.12-1897.06	1896.10	14.30
1899.06-1900.12	없었음	2.78
1902.09-1904.08	없었음	-4.13
1907.05-1908.06	1907.10	11.45
1910.01-1912.01	없었음	-2.64
1913.01-1914.12	1914.08	10.39

주 : '현금/예금' 비율의 변동은 인출사태 후 수치와 그 전년도 평균 수치 사이의 차이임.
자료 : Gorton, G., (1988), "Banking Panics and Business Cycles," *Oxford Economic Papers* 40, 751-781에서 수정 작성.

5. Clapham, J., (1945), *The Bank of England : A History*, New York : The Macmillan Company.
6. 예금자의 인출 요구가 급증하면 예금액이 감소하므로 '현금/예금' 비율이 상승할 것이다. 또 인출사태에 대비하기 위하여 은행이 자산구성에서 현금 비중을 높일 것이므로 역시 '현금/예금' 비중이 상승할 것이다.

(2) 금융인프라의 진화

은행위기는 실물경기의 위축을 동반하였다. 그중 정점은 1929년 미국 주식시장의 폭락을 기점으로 한 '대공황(Great Depression)'이었다. 경제학자 루카스(R. Lucas)는 18~19세기 산업혁명을 완수하여 근대적인 시장경제체제로 이행한 선진 국가로서 유럽의 13개국과 미국, 캐나다를 지목한 바 있다.[7] 이들 선진 시장경제 국가 15개 중 절반인 미국, 독일, 프랑스, 이탈리아, 오스트리아, 벨기에, 스위스 등 7개국이 1930년대 대규모 은행위기를 겪었다.[8] 주요국에서 동시에 발생한 은행위기로 인해 각국 실물경제활동은 크게 위축되었고 실업자가 유례없는 규모로 증가하였다. 은행위기가 국민경제의 안정성을 심각히 위협할 수 있다는 사실에 직면하여 각국에서 은행의 불안정성을 통제하기 위한 제도적 장치를 마련하자는 사회적 여론이 비등하였고, 결국 다양한 제도를 탄생시킨다. 그중 두 가지는 오늘날 '금융안전망(Financial safety net)'으로 불리며 금융시스템의 필수 인프라 기구로 자리 잡는다. 중앙은행의 '최종대부자(Lender of last resort)' 제도와 공적 기구에 의한 '예금보험'이다.

〈좀 더 알아보기 2-1〉 중앙은행의 최종대부자 기능

금융안전망을 구성하는 제도 중 가장 먼저 등장하여 역사가 가장 길면서 현재 모든 시장경제에서 공통된 제도로 자리 잡은 것이 중앙은행 제도이다. 중앙은행은 통화발행의 독점적 권한을 부여받은 공적 기구를 말한다. 현대 중앙은행은 이 독점적 권한을 물가안정과 금융안정이라는 목표 달성에 맞추어 행사하도록 되어 있다. 이에 현대 중앙은행 제도는 '물가안정과 금융안정을 목표로 통화발행의 독점 권한을 행사하는 공적 기구'로 정의된다. 물가안정을 목표로 하여 운영되는 중앙은행의 정책은 '통화정책'으로 지칭되는데, 아마도 이 통화정책의 운용이 현대 중앙은행이 경제주체들에게 보여지는 주된 모습일 것이다. 그러나 본래 중앙은행의 역할은 '최

7. Lucas, R., (2002), "The Industrial Revolution : Past and Present," in *Lectures on Economic Growth*, Cambridge : Harvard University Press.

8. Bernanke, B., (1995), "The Macroeconomics of the Great Depression : A Comparative Approach," *Journal of Money, Credit, and Banking* 27, 1–28.

종대부자(lender of last resort)' 기능에 있었다는 것이 금융학자들이 공감하는 의견이다.

'최종대부자'는 시장이 패닉 상태가 되어 금융시장의 어느 누구도 은행 등 금융기관에 자금을 공급하려 하지 않을 때 금융기관이 자금을 공급받을 수 있는 마지막 주체를 말한다. 은행위기를 배경으로 등장한 개념이자 용어이다. 어떤 이유로 은행의 건전성에 대한 시장의 신뢰가 사라지면, 예금자들은 은행에서 자금을 인출하려 할 것이고 은행에 자금유동성을 제공하려는 경제주체는 쉽게 나타나지 않을 것이다. 심지어 은행이 보유한 자산이 사실은 건전하다 하여도 은행은 시장에서 자금 제공자를 찾지 못할 수 있다. 바람직하지 않은 은행위기이다. 금융학자들은 순자산이 양(+)인 상태에서 인출사태가 야기한 일시적인 유동성 압박으로 은행이 위기에 처할 경우 이를 '유동성 위기'라고 지칭하고 '비효율적 위기'로 정의한다.

이 상황에서 통화발행권을 갖고 있어 유동성을 창조할 수 있는 중앙은행은 '최종대부자'로서 대출 등의 방법으로 해당 은행에 자금을 제공할 수 있다. 통화발행권이 있으므로 중앙은행의 자금공급은 무제한이 될 수도 있다. 필요한 자금을 얼마든지 제공하는 '최종대부자'가 이 은행에 자금을 제공하기 시작하였다는 사실을 시장이 알게 되면, 그 순간 시장패닉은 진정되고 은행위기는 예방될 수 있다. 금융학의 역사에서 최종대부자 개념이 등장한 것은 은행제도의 등장과 함께 은행위기의 주기적 발생을 경험한 19세기 영국에서이다. 쏜튼(H. Thornton), 베저트(W. Bagehot)가 이 개념의 창시자로 거론된다.

* **참고자료** : Goodhart, C., (1988), *The Evolution of Central Banks*, Cambridge : The MIT Press ; 신인석(2005), 「Bagehot의 진의 : 역사적 맥락에 의한 최종대부자론의 재해석」, 『정책연구 시리즈』 2005-01, 한국개발연구원.

중앙은행의 최종대부자 기능은 지금은 시장경제의 필수 제도로 인식되지만, 20세기 초반까지만 해도 그 필요성은 논란의 대상이었고 제도로서 확립되어 있지 못하였다. 최종대부자의 선발국은 금융선진국 영국이었다. 1694년 주식회사로 설립된 '영국은행(Bank of England)'이 점진적인 진화과정을 거쳐 최종대부자 기능을 수행하게 되었고 결국은 공적 기능만을 수행하는 중앙은행으로 변신하는 과정을 거쳤다. 금융사학자들은 '영국은행'이 본격적으로 최종대부자 기능을 발휘하기 시작한 것이 1870년대 무렵이라고 본다. 반면 미국은 대공황을 거치며 1930년대에 이르러서야 비로소 최종대부자 제도에 대한 사회적 합의가 이루어진다. 미국의 중앙은행 제도인 '연방준비제도(Federal Reserve System)'는 1913년 법이 제정되며 탄생하였지만, 사회적 합의의 미비로 최종대부자 기능을 적극적으로 수행하지는 못했다. 대공황을 거치며 미국은 대대적으로 금융시스템 개혁을 단행하였는데, 연방준비제도의 최종대부자 기능 강화가 핵심 개혁안의 하나였다.[9] 시장경제의 선도국으로 부상하고 있던 미국에서 최종대부자 제도가 정착하면서 중앙은행의 최종대부자 기능은 시장경제체제를 택한 모든 국민경제의 필수적인 금융인프라 제도로 인식되게 되었다.

공적 예금보험제도 역시 대공황의 산물로 미국에서 탄생한 제도적 혁신이었다. 1933년 수많은 은행에서 인출사태가 발생하자 이를 막기 위하여 미국은 공적 예금보험제도를 도입하였는데, 1935년 영구제도로 법이 개정되었다. 이후 현재까지 공적 예금보험제도는 연방준비제도와 함께 인출사태와 은행위기를 통제하는 미국 금융안전망의 두 축으로 기능하고 있다.[10] 다른 나라들로의 공적 예금보험제도 전파는 중앙은행 제도에 비해서는 그 속도가 완만하였는데, 20세기 후반에 이르면서 대부분의 시장경제 국가에서 찾아볼 수 있게 되었다.

(3) 금융통제기의 안정

1930년대 대공황기가 가져온 금융시장의 환경변화는 최종대부자 제도와 공적 예금보험제도 등 금융안전망 인프라의 등장에 그치지 않았다. 보다 근본적인 변화는 그동안 선발 시장경제 국가의 학계와 정책입안자들의 지배적인 사고체계였던 '자유방임주의(laissez-faire)'의 퇴조와 '개입주의'의 부상이었다. 1930년대 중반 이후 세계 시장경제는 금융통제의 시대로 이행하였다.

금융통제의 두 축은 대내적으로는 금융기관의 자유로운 영업의 제한, 대외적으로는 국제자본이동의 통제였다. 대표적인 자유주의적 경제체제인 미국에서도 은행

---

9. 놀랍게도 미국은 선진 시장경제 국가 중에서 중앙은행 제도의 탄생이 가장 늦었던 나라이다.

10. 미국의 공적 예금보험제도 탄생에 대한 자세한 설명은 White, E., (1997), "The Legacy of Deposit Insurance : The Growth, Spread and Cost of Insuring Financial Intermediaties," *NBER Working Paper* 6062를 참조하라.

의 예금금리가 공적 규제로 통제된다. 유럽 국가들에서 국가의 은행영업 개입은 보다 강도가 강하였다. 예금금리와 대출금리가 모두 통제되고, 은행업으로의 자유로운 진입과 경쟁이 제한된다. 대외적으로는 자유로운 국제자금이동이 제한되었다. 수출입거래에 대한 자금결제 목적을 제외하면 자본이동이 금지되어 외국 자본시장이나 금융수단에 투자하기 위한 목적의 자본이동은 불가능하게 되었다.

사실 1930년대는 단지 금융시장의 제도환경만이 변화한 것이 아니었다. 개입주의는 경제 전체에 영향을 미쳤다. 자유로운 자원배분을 대신한 공공부문의 개입은 주요 기간산업에도 적용되었고, 국제이동의 제한규제는 자본시장만이 아니라 노동시장에도 도입되었다. 이에 경제사학자들은 1930년대를 선진 시장경제가 그 이전 자유주의 경제철학을 배경으로 세계화된 경제체제에서 개입주의와 보호주의 철학을 기반으로 한 개별 국가체제로의 대이행기로 기록한다. 금융통제기의 도래와 함께 시장경제에서 은행위기는 사라졌다.

(4) 금융자유화, 금융세계화와 은행위기의 복귀

1970년대 영미를 선두로 금융자유화와 금융세계화의 시대가 시작되었다. 금리 및 영업행위에 대한 규제가 사라졌다. 국제자본이동에 대한 규제도 점진적으로 철폐되었다. 오늘날 20세기 말 이후의 이 기간을 흔히 금융자유화, 금융세계화 시대라 부른다. 경제사학자들은 19세기 말에서 1930년대 이전을 '세계화의 1차 물결' 시대라고 부르고, 이에 대비해 1980년대 이후를 '세계화의 2차 물결' 시대로 구별하기도 한다.[11]

금융 자유화와 세계화가 복귀하자 은행위기도 다시 등장한다. 1970년대 중반 영국은 "소형 은행 위기(Secondary Banking Crisis)"를 겪었고, 미국 역시 1980년대 소형 은행 위기에 해당하는 "저축대부조합 위기(Savings&Loans Association Crisis)"를

11. 양동휴(2004), 「세계화의 역사적 조망」, 『경제발전연구』, 제10권 제1호, 1-31.

겪는다. 대형 은행의 위기는 개발도상국인 이른바 신흥경제에서 먼저 발발하였다. 1970~1980년대 남미 국가들은 주기적인 은행위기로 국가 경제가 장기간의 침체에 빠진다. 1990년대 들어서는 남미에 국한되었던 대형 은행 위기가 세계의 다른 지역에서도 나타나기 시작한다. 1990년을 전후하여 노르웨이, 스웨덴 등 북유럽 국가들에서 "북유럽 은행위기(Scandinavian Banking Crisis)"가 발생하였다. 1997~1998년에는 우리나라를 비롯한 아시아 개발도상국들에서 "아시아 금융위기(Asian Financial Crisis)"가 발발하였다.

그럼에도 이때까지 은행위기는 저개발국과 개발도상국, 그리고 선진국 중에서는 국가의 시장개입이 상대적으로 강한 국가의 문제로 간주하는 시각이 학계에 팽배하였다. 자유화와 세계화 시대 금융불안정성의 보편적 복귀를 각인한 사건은 2008년 미국이 진원지였던 "세계 금융위기(Global Financial Crisis)"였다. 1929년 대공황 이후 처음으로 미국과 선진국의 거의 모든 대형 은행이 파산위기에 직면한다. 그 이후 세계 경제는 대공황에는 미치지 못하지만 가장 광범위하고 심각한 '대침체(Great Recession)'를 겪었다.

1929년 대공황이 그러하였듯이 2008년 세계 금융위기는 자유화 및 세계화된 금융시장 환경에서 불안정성이 은행의 본질적 속성임을 강하게 시사한 사건이었다. IMF가 작성한 데이터베이스에 따르면 1970년에서 2017년 사이 세계 전체에서 151건의 은행위기가 발생하였다.[12] 이 데이터베이스에 따르면 은행위기는 저개발국에서보다 자주 발생하였지만, 선진국도 예외가 아닌 시장경제의 보편적 현상이었다.

12. Laeven, L., and F. Valencia, (2018), "Systemic Banking Crises Revisited," *IMF Working Paper*, WP/18/206.

1.4 역사적 사실 ④ : 규제

▶ 은행은 여러 금융중개기관 중에서도 가장 많은 금융규제가 적용되는 금융기관이다. 은행규제는 은행위기에 대한 대응장치로서 진화해 왔다. 현재 은행산업은 건전성 규제의 글로벌 협약(바젤 협약, Basel Accord)이 존재하는 유일한 금융산업이다.

은행규제는 은행위기가 촉발한 인프라 제도에 수반되어 골격과 주요 내용이 형성되어 왔다. 여기에는 세 가지 부류가 있다. 중앙은행 제도와 연관된 규제, 공적 예금보험제도와 연관되어 등장한 규제, 그리고 마지막으로 최근 은행 건전성 규제의 국제 모범 기준으로 자리 잡은 바젤 협약에 의한 규제이다. 모든 나라에 공통되는 이 세 부류의 규제에 더하여 우리나라의 경우 은행 및 다른 금융기관의 사업 모형에 중요한 영향을 미치는 규제로서 업무범위 규제가 있다.

(1) 중앙은행의 지불준비금 규제

중앙은행 제도와 연관되어 은행의 사업 모형에 밀접한 영향을 주는 규제는 지불준비금 규제이다. '지불준비금(reserve)' 규제는 은행이 자신의 예금부채에 대하여 정해진 비율에 해당하는 금액을 현금 또는 중앙은행 예치금으로 적립할 것을 요구하는 규제이다. 적립대상 예금부채 대비 적립의무 지불준비금의 비율을 '지불준비율'이라고 하며, 규제는 적립대상 예금부채별 지불준비율을 정하는 방식으로 실행된다.

1980년대까지 중앙은행의 지불준비율 규제는 은행의 사업 모형에 중요한 영향을 미쳤다. 은행의 대출역량을 제한하는 효과가 있어 국민경제의 통화량 크기를 좌우할 수 있는 변수로 여겨졌다. 이 때문에 과거의 전통적인 경제원론 및 화폐금융론 교과서에서는 통화량 결정의 중요 정책변수로 지불준비율을 언급하여 왔다.[13] 그러

13. 경제원론에서 배웠던 통화량 공식을 상기해 보자. 어떤 경제에서 경제주체들은 모든 현금을 은행에 예금

나 2000년대 들어서 중앙은행의 지불준비율 규제는 은행의 경영에 미치는 제약효과가 거의 없는 것으로 평가되고 있다. 여기에는 몇 가지 이유가 같이 작용하였다. 첫째로는 중앙은행의 통화정책 운용체계의 변화이다. 1990년대 이후 중앙은행의 통화정책 운용방식이 지불준비율 조정을 통한 직접적인 통화량 조절에서 금리조정을 통한 간접적인 조절로 바뀌었다. 통화정책의 운용변수가 지불준비율에서 기준금리로 변경되면서 지불준비율 규제는 통화정책의 목적에서는 필요성을 상실하였다. 둘째로는 바젤 협약 등 건전성 규제의 등장이다. 본래 지급준비제도는 은행의 인출사태 위험에 대한 유동성 준비를 강제하는 기능이 있었다. 중앙은행은 지급준비율 규제를 통하여 은행의 유동성 상황을 파악할 수 있었기 때문이다. 그러나 은행의 유동성 준비를 강제하는 별도의 규제가 20세기 후반 속속 등장하였다.[14] 이에 유동성 규제 장치로서도 지급준비율 규제는 필요성이 반감되었다.

(2) 예금보험제도와 적기시정조치

공적 예금보험제도와 연관되어 창안된 규제로서 중요한 것은 '적기시정조치(Prompt corrective action)'이다. 공적 예금보험제도는 앞에서 언급하였듯이 1933년 미국이 인출사태에 대한 대응장치로 마련한 제도이다. '적기시정조치' 역시 미국의 제도적 혁신이다. 1933년 예금보험제도가 도입된 이후 미국에서 인출사태는 사라진다. 그러나 1970년대 금융자유화 이후 은행위기가 재등장한다. 은행위기의 원인에 대한 사회적 논란 중에서, 공적 예금보험기구가 적기에 부실 금융기관의 처리를 단행하지 못했기 때문이라는 견해가 있었다. 이른바 공적 예금보험기구의 '도덕적 해이'

하고, 은행은 법정 지급준비금을 제외한 모든 예금을 대출에 운용한다고 가정하면, 통화량 = $\frac{1}{\text{지급준비율}}$ × 본원통화이다. 즉, 지급준비율과 통화량은 반비례한다.

14. 현재 은행의 자산운용전략에서 유동성 자산의 보유 비중 결정에 가장 큰 영향을 미치는 규제는 바젤 협약에 의한 유동성 커버리지 비율(LCR) 규제와 순안정자금조달비율(NSFR) 규제이다. 이는 3장에서 설명한다.

에 대한 문제제기였다. 그 개요는 다음과 같다.[15]

1933년 도입된 미국의 예금보험제도는 공적 예금보장의 제공으로 금융패닉의 위험을 제거하는 것이 기본 목적이었다. 예금보험의 존재는 일차적으로 예금자에게 은행 감시를 소홀히 하는 도덕적 해이를 가져올 수 있고, 채권자의 경영감시 소홀은 은행의 주주 및 경영자의 건전성 관리 소홀이라는 도덕적 해이를 야기할 수 있다. 이에 현재 공적 예금보험제도는 보장범위를 소액예금으로 한정하는 '부분보장'을 특징으로 한다. 비효율적인 인출사태를 야기할 수 있는 소액예금자들에게는 100% 보험을 제공해 패닉의 위험은 제거하되 거액예금자에게는 은행 건전성 감시 유인을 남겨두어 도덕적 해이를 통제하겠다는 취지이다.[16] 그런데 1970년대 금융자유화 이후 은행위기 사례가 재발하면서 취지대로 예금보험제도가 기능하지 못하고 있다는 인식이 확산된다. 그리고 그 이유로 공적 감독기구의 도덕적 해이 문제가 지적되었다.

예금보험제도의 취지대로 하면 은행이 파산위기에 처했을 때 은행은 파산처리를 하고 예금자에게는 보장금액만큼 보험금을 지급하는 식으로 진행을 해야 한다. 그런데 실제로 1980년대 대형 은행의 부실화 사례가 발생하자 미국 예금보험기구인 FDIC(Federal Deposit Insurance Corporation)는 대형 은행이 실물경제에 미치는 부정적 효과를 감안할 때 파산방식으로 처리하기 어렵다는 정책태도를 취한다. 파산이 아니라 3자 매각 등 사업체로서의 영업연속성은 유지하면서 부실을 처리하는 방식을 선택하는 것이 전체 경제의 관점에서 바람직하다는 입장이었다. 대형 은행에 대해서는 "대마불사(Too Big To Fail)"가 적용된다는 것이었다. 이로 인해 이들 은행의 주주 및 경영자에게 초래될 수 있는 도덕적 해이 문제는 어떻게 통제되어야 할 것인지가 논쟁이 되었다.

대마불사와 함께 1980년대 미국에서 공적 예금보험제도의 도덕적 해이 초래 경로로 지적된 것이 공적 감독기구의 "기준완화 정책"이었다. 미국은 1970~1980년대

---

15. 이하 공적 예금보험제도의 부작용과 적기시정조치에 대한 서술은 신인석(2000)(신인석(2000), 「금융구조조정과 공적 자금」, 『국가예산과 정책목표』, 한국개발연구원)을 참조하였다.

16. '비효율적 인출사태'의 이론적 정의와 논의는 5장을 참조하라.

에 걸쳐 소형 은행에 해당하는 저축대부조합(Savings & Loans Association)의 대량 파산을 겪는다. 저축대부조합의 감독기구는 일부 저축대부조합의 부실이 발생하자 즉각적인 대처보다는 감독기준을 완화하고 자체 회생을 도모하는 기준완화 정책을 채택하였다. 결과는 부실규모의 확대와 그에 따른 납세자 부담의 증가였다는 것이 대체로의 평가였다. 이에 감독당국 자신도 당장의 책임회피를 위하여 요행수를 기대하며 문제를 외면하는 유인구조, 즉 도덕적 해이에 노출되어 있는 것이 아니냐에 대한 사회적 문제의식이 대두되었다.

이상의 문제의식에 근거하여 미국에서 1991년 공적 예금보험제도의 개혁이 추진되었는데, 주요 개혁조치로 도입된 것이 '적기시정조치(Prompt Corrective Action)' 제도이다.[17] 적기시정조치는 은행이 파산상태에 도달하기 이전 부실징후가 나타날 때 미리 부실시정조치를 강제하여 실제 파산상태로의 돌입을 예방하겠다는 취지의 제도이다. 일반 기업의 파산은 부채가 자산가치를 초과할 때, 즉 자본금의 시장가치가 0 이하로 하락하는 것을 말한다. 파산 이전에는, 즉 자본금이 고갈되기 전에는 주주와 경영진이 기업의 경영권을 행사한다. '적기시정조치' 규제는 은행에 대해서는 자본금의 가치가 고갈되기 이전에 경영에 개입하여 부실을 예방하기 위한 조치를 취하도록 강제할 수 있는 권한을 감독기구에 부여하는 것이다.

미국의 제도 도입 이후 적기시정조치를 받아들이는 나라들이 늘어났는데, 우리나라가 여기에 해당된다. 우리나라에서 은행은 자산 대비 자본금 비율이 8% 미만으로 하락하면 인력 및 조직 운영, 지점관리, 자산투자, 배당금 관리 등 경영영역 전체에 걸쳐 금융감독기구의 '경영개선 권고'를 받게 된다. 이어 자본금 비율이 추가 하락하면 금융감독기구의 경영개입 강도도 단계별로 강화된다. 적기시정조치의 취지는 두 가지이다. 은행이 부실징후를 보일 때 경영개입 권한을 감독기구에 부여함으로써 은행의 예금자 및 주주-경영자의 도덕적 해이를 통제하려는 목적이 하나이고, 사전에 정해진 기준에 따라 부실 여부를 판단하고 의무적으로 법에 규정된 조치를 감독

17. 1991년 제정된 "FDIC Improvement Act"에 의해서 도입된 방안이다.

기구가 취하도록 함으로써 감독기구가 부실은행에 대하여 기준완화 정책을 사용할 여지를 배제하고자 함이 또 다른 목적이다.

(3) 바젤 협약(Basel Accord)의 건전성 규제

은행규제의 세 번째 축은 BIS(Bank for International Settlements)의 BCBS(Basel Committee on Bank Supervision)가 주도하고 있는 바젤 협약(Basel Accord) 또는 BIS 규제이다.[18]

1970년대 선진국에서 금융자유화가 추진되고 대외 자본통제도 점차 철폐되면서 은행위기가 재발하자, 1982년 선진국 10개 중앙은행의 협의체인 BIS가 논의의 중심이 되어 은행위기 위험에 대한 대응방안 논의를 시작하였다. 1988년 그 결과물로 탄생한 것이 오늘날 '바젤 1'으로 불리는 '바젤 자본협약(Basel Capital Accord)'이다. 금융기관과 금융시장의 활동은 기본적으로는 시장 자율 원칙에 의해야 하되, 금융위기의 위험을 예방하기 위한 목적의 공적 규제와 개입은 필요하다는 태도가 정책입안자들의 사고체계로 정리되는 계기였다. 이후 바젤 1의 문제점을 보완하여 2004년 바젤 2가 마련되었고, 2008년 세계 금융위기를 거치며 보다 강화된 바젤 3가 채택되었다.

역사적으로 보면 중앙은행의 업무와 관련된 은행규제는 20세기 초반에 형성된 것이고, 공적 예금보험제도의 적기시정조치 규제는 1990년대 이후 미국을 효시[19]로 하여 일부 국가에서만 도입된 규제이다. 바젤 협약에 의한 규제는 20세기 말 이후 현재 진행형의 규제이면서, 주요국이 모두 받아들이고 있는 국제규범의 지위에 있는 규제이다. 이에 오늘날 우리나라를 포함하여 각국 은행규제의 논리와 체계는 바젤 협약이 주도하고 있다.

---

18. Basel accord는 '바젤 협약'으로 번역되기도 하고 '바젤 규범'으로 번역되기도 한다. 또 BIS가 사무기관임에 따라 'BIS 규제'로 불리기도 한다. 이하 세 용어를 혼용하여 사용한다.
19. 덴마크가 최초의 제도개발국이라는 기록도 있지만, 국제적으로 적기시정조치를 알린 계기는 미국의 도입이다.

바젤 협약에 의한 규제내용은 현재 은행의 사업 모형과 실제 행태에 중요한 영향을 미치고 있으므로 은행의 사업 모형 논의에서 필수적인 항목이 되었다. 그러므로 자세한 내용은 3장에서 설명하도록 한다. 여기서는 바젤 협약의 큰 논리체계만을 소개한다.

바젤 협약의 논리체계는 금융위기의 위험을 뜻하는 '시스템 위험(systemic risk)'에서 출발한다. '(금융)시스템 위험'이라는 용어는 은행위기의 빈발과 함께 20세기 말 학계에서 사용되기 시작하였다. 2008년 세계 금융위기를 겪은 뒤에는 BIS, IMF 등 국제기구에서 금융시장 및 금융기관에 대한 규제의 정당한 근거로서 공식화되었다. 예를 들어 G-20에 제출한 BIS와 IMF의 공동보고서[20]는 '시스템 위험'을 "금융시스템 전체 또는 부분의 기능이 손상되어 금융서비스 제공이 중단되고 실물경제에 심각한 부정적 결과를 초래할 가능성이 있는 위험"으로 정의한다. 보고서는 시스템 위험의 정의에는 실물경제 활동에 야기할 수 있는 "부정적인 외부효과"라는 의미가 내재되어 있음을 강조한다. 경제이론에서 외부효과의 존재는 시장경제의 자율적인 작동에 공적 기구가 개입하여 규제할 수 있는 이론적 근거가 된다. 시스템 위험은 금융위기의 위험인데, 이 위험은 외부효과가 관련되어 있으므로 시장 자율로 적절히 관리되기 어려우므로 규제가 필요하다는 논리체계를 국제기구가 20개 주요 시장경제 국의 협의체인 G-20에 보고하여 국제규범으로 공식화한 셈이다.

이 시스템 위험 관리라는 목적을 달성하기 위하여 어떤 방식의 규제가 적절한가? 이에 대한 대답이 바젤 협약의 자본비율 규제이다. 은행의 파산은 부정적인 외부효과가 있으므로, 외부효과의 존재를 감안하여 은행 스스로의 파산위험 관리를 능가하는 보다 강화된 파산위험 관리를 규제에 의하여 강제할 필요가 있다. 이를 위해 채택한 직접적인 방식의 규제가 위험자산 대비 자본금의 상대적 규모에 최소 수준을 설정하고, 그 이상으로 자본금이 유지되도록 강제하는 것이다. 이것이 바젤 협약의 핵심인 'BIS 자본비율' 규제이다.

---

20. BIS, IMF, (2009), *Report to the G-20 Finance Ministers and Central Bank Governors.*

바젤 협약은 기본적으로 자본금 규제로 출범하였고 이 골격은 지금까지 유지되고 있다. 은행이 보유하고 있는 자산의 위험을 측정해서 그에 비례하여 적정 자본금을 쌓도록 감독기구가 강제한다는 것이 규제의 기본 개념이다. 보유자산의 위험이 커진다 해도 은행이 질서 있는 청산에 충분한 자본금을 보유하도록 하여, 은행 파산의 부정적인 경제적 파급효과를 관리하겠다는 것이 규제의 의도이다. 자본금 규제의 기본 내용은 다음의 식에 의해 계산된 은행의 자기자본비율이 최소 8%를 넘어야 한다는 것이다.

$$\text{BIS 자기자본비율} = \frac{\text{BIS 자기자본}}{\text{위험가중자산}} \geq 8\%$$

BIS 자기자본비율은 분모가 자산, 분자가 자본인 '자기자본비율'의 형태지만 자산이 회계적 자산이 아니라 '위험가중자산'이고, 자본은 회계적 자본이 아니라 'BIS 자기자본'이라는 점에 유의해야 한다. '위험가중자산'은 모든 자산을 자산의 속성에 따라 BIS가 정한 방식으로 위험가중치를 부여하고 이를 자산에 곱해서 산정한다. BIS 자기자본은 BIS가 정한 자기자본의 범위에 합당한 항목들을 합산하여 산정한다. 위험가중치 부여방법, 자기자본의 범위는 바젤 협약의 변천을 가져온 핵심 사항이다.

바젤 협약의 핵심은 자기자본비율 규제이지만, 자본금의 정의와 위험가중자산의 계산 방법이 결국 은행의 자산부채 항목 모두에 영향을 미치게 되면서 은행업무 전반에 걸친 규제효과를 낳게 되었다. 과거 금융통제 시대의 금리규제 등과 구별하기 위하여 시스템 위험 관리라는 목적을 위하여 부과된 바젤 협약에 의한 규제는 '건전성 규제(prudential regulation)'로 불리고 있다.

(4) 업무범위 규제 : 전업주의와 겸업주의

업무범위 규제는 모든 국가에서 발견되는 것은 아니다. 업무범위 규제의 기원은 1933년 미국의 '전업주의' 규제체계 제정이었다. 대공황이 촉발한 미국 금융제도 개혁방안의 하나로 은행업과 증권업의 분리조치가 있었다. 1933년 "글래스-스테갈법(Glass-Steagall Act)"에 포함된 개혁방안 중 하나였는데, 미국에서 보험업은 이미 과거 다른 금융업과의 업무영역 분리조치가 있었다. 그 결과 1933년 조치로 은행업, 증권업, 보험업 등 3대 금융업을 영위하는 금융기관은 각각 하나의 업무에만 종사하여야 한다는 규제체계가 정립되었다. 그 근저에는 은행업과 증권업의 겸영이 대공황을 유발한 한 원인이라는 문제의식이 있었다. 이를 '전업주의' 규제체계라고 한다.

영국 및 유럽대륙 국가의 경우 미국과는 달리 전업주의 규제체계를 도입하지 않았다. 따라서 이들 국가에서는 모든 금융업무의 동시 수행이 계속 가능하였다. 이들 국가의 규제체계를 미국의 '전업주의'에 대비하여 '겸업주의' 규제체계로 지칭하게 되었다. 또 모든 금융업무, 특히 은행업과 증권업을 동시에 수행하는 금융기관은 '겸업은행(Universal banking institution)'이라 불린다.

미국의 전업주의 규제체계는 제2차 세계대전 후 일본으로 이식되었다. 우리나라의 금융제도는 식민지 시대는 물론이고 해방 이후에도 일본에서 이식되었는데, 이로 인해 우리나라는 미국의 전업주의 규제체계를 일본을 거쳐 간접적으로 수입하게 되었다. 그렇지만 우리나라의 전업주의 규제는 미국에 비해 느슨하였다. 미국의 본래 전업주의 규제는 어떤 방식에 의하든 은행은 증권업 또는 보험업을 겸영할 수 없도록 엄격히 금지하였다. 은행이 본체에서 다른 금융업을 수행할 수 없음은 물론이고, 은행의 자회사 또는 지주회사 등 별개의 회사조직이라 하여도 소유지배구조상 은행과 연계된 조직이면 비은행 금융업의 겸영 또는 겸업은 금지되었다. 그러나 우리나라에서는 1980년대 은행의 증권업 자회사가 널리 허가되어, 은행이 자회사를 통해 증권업에 진출하였다. 그러므로 미국의 기준으로 보면 우리나라에서 전업주의는 이무렵에 폐기되었다고도 볼 수 있다.

그런데 전업주의 규제체계의 기원국인 미국은 1999년 "그램-리치-블라일리법(Gramm-Leach-Bliley Act)"에 의해 전업주의 규제체계의 폐기를 선언하였다. 단, 은행업과 다른 금융업의 겸영은 반드시 지주회사 방식의 조직구조를 갖출 것을 조건으로 요구하였다. 은행은 본체에서 증권업이나 보험업을 겸영할 수는 없으며, 반드시 지주회사의 자회사 형식으로 각 금융업을 영위하여야 한다는 것이다. 은행업을 영위하는 은행과 다른 금융업 영위기관이 지배구조에서는 연계된다 하여도, 재무적으로는 분리시켜 다른 금융업의 부실이 은행으로 직접 전이되는 위험을 줄이겠다는 취지였다. 이를 '방화벽(fire wall)' 규제라고 부른다.

이후 우리나라도 금융지주회사 제도를 도입하였고, 미국과 같은 방식으로 은행업과 다른 금융업을 겸영하는 체제를 갖출 것을 금융기관에 요구하였다. 이에 현재 우리나라의 주요 은행은 모두 지주회사 체제로 은행업, 증권업, 보험업, 기타 금융업을 겸영하는 사업 모형을 취하게 되었다. 이에 따라 현재에도 존속되는 업무범위 규제는 동일 사업체의 은행업, 증권업, 보험업 겸영 금지인 셈이다.

2. 역사적 사실에서 유추되는 예금금융중개기관의 경제적 특성

이상 은행과 관련된 역사적 사실들을 일관되게 설명할 수 있는 논리체계 개발은 20세기 중반 이후 금융학의 과제였고, 그 개발과정에서 예금금융중개기관, 즉 은행에 대한 금융이론의 진화가 있었다.

2.1 예금의 보편성

금융시장의 역사에서 예금이 가계가 보유하는 대표적인 금융수단이었다는 사실을 설명하기 위하여 학자들은 먼저 예금의 특성에 주목하였다.

예금은 투자수익이 없는 금융수단이다. 많은 나라의 경우 예금에 대한 이자지급이 없고 오히려 수수료를 예금자에게 부과하기도 한다. 그러므로 경제주체들이 예금을 보유하는 이유는 투자수익의 기대일 수가 없다. 다른 금융수단에 비하여 예금이 제공하는 상대적 이점은 언제든지 가치의 손실 없이 현금화가 가능하다는 점이다.

학자들은 어떤 자산이 경제적 가치를 유지하면서 현금으로 전환되기 용이한 정도를 '유동성'이라고 정의한다. 우리가 예금에 투자하여 얻는 편익은 높은 유동성이라고 보아야 할 것이다. '유동성'과 동전의 양면 관계에 있는 개념은 '유동성 위험'이다. 유동성 위험은 어느 자산이 현금으로 전환될 때 경제적 가치를 상실할 위험을 말한다. 이제 역사적으로 경제주체들이 예금 보유를 선호해 왔다는 사실을 금융이론의 용어를 빌려 해석하면, 대부분의 경제주체들은 유동성 위험을 회피하고 싶어한다는 것이 된다.

이상의 논의를 염두에 둘 때, 은행 예금에 대한 수요가 시장경제의 역사에서 항상 존속되었다는 사실은 일반 경제주체들에게 있어 은행 예금이 유동성 위험을 회피하는 최적의 방법임을 시사한다. 현대 금융시장에는 다양한 금융수단이 있다. 그럼에도 은행 예금이 가장 보편적인 자산보유수단이라는 점은 예금이 제공하는 유동성 편익이 다양한 금융수단 중 최적임을 말한다. 그렇지 않다면 굳이 예금을 보유할 필요가 없을 것이기 때문이다. 이에 은행 예금이 어떤 방법으로 유동성 위험을 회피하는 최적 수단이 되는지에 대한 금융이론이 등장하였다. 이에 대해서는 4장 1절에서 학습하기로 한다.

2.2 대출의 보편성

금융시장의 역사에서 대출이 보편적인 자금조달 수단이었다는 사실을 설명하기 위하여 금융학자들은 먼저 금융시장의 자금조달 수단이 크게 두 유형으로 구분된다는 점을 주목하였다. 부채형 금융수단과 주식형 금융수단이다. 부채형 금융수단은 자금수요자, 즉 차입자가 정해진 미래 현금흐름을 약속하고 자금을 제공받는 방식의 거래를 매개하는 금융수단이다. 대출이나 채권이 여기에 속한다. 원금, 만기, 원금에 대한 이자율, 이자지급 방식 등을 정하고 이를 표시한 증서가 금융수단이 된다. 자금제공자가 채권자, 자금수요자가 채무자 또는 차입자가 된다. 대출의 경우 채권자와 차입자가 1대 1 계약을 맺어 거래가 이루어지고, 대출계약 증서가 금융수단이 된다.

채권의 경우 채무자가 되는 기업이 자본시장에서 채권을 발행하고, 이 채권을 시장에서 매입한 경제주체가 채권자가 된다. 원금, 이자율, 만기 등 거래조건을 표기한 증서가 채권이다. 반면 주식형 금융수단은 부채형 금융수단과는 달리 주식의 보유자인 주주에게 발행기업의 순자산에 대한 권리를 부여할 뿐 정해진 미래 현금흐름을 약속하지는 않는다. 대신 주주는 기업 경영에 참여할 수 있는 권리를 얻는다.

대출이 가계는 물론 기업의 보편적인 자금조달 수단이라는 역사적 사실을 설명하기 위해서는 먼저 채권 또는 대출계약과 같은 부채형 금융수단이 주식형 금융수단에 비하여 지배적인 자금조달 수단이 되어 온 이유를 금융이론의 관점에서 설명하여야 한다.

다음으로는 부채형 금융수단 중에서도 자본시장의 금융수단인 채권에 비해 대출이 자금조달 수단으로 주로 사용되는 이유에 대한 설명이 필요하다. 역사적으로 보면 자본시장에서 채권을 발행하여 온 경제주체는 정부 및 대기업이었다. 중소기업과 가계가 채권 발행으로 자금을 조달하는 예는 찾아볼 수 없다. 금융학자들은 이 현상을 대출이 주로 정보비대칭성이 보다 높은 경제주체들의 자금조달 수단임을 의미하는 것으로 해석하고 있다. 대출의 만기는 채권에 비해 단기이고 소액의 자금조달에 사용된다. 또한 대출은 대부분 담보가 요구된다. 모두 정보비대칭성과 관련된 특성으로 볼 수 있다. 이 관점에서 금융학자들은 대출의 자금조달 수단으로서의 보편성을 정보비대칭성과 연관하여 설명하는 이론을 개발하여 왔다. 4장 2절에서 이 이론을 학습하도록 한다.

2.3 예금과 대출 결합의 장점

은행은 예금으로 자금을 조달하여 대출에 운용하는 금융중개기관이다. 그러므로 가계보유자산으로서 예금의 보편성과 자금조달 수단으로서 대출의 보편성을 인식한 뒤, 추가로 필요한 과제는 어째서 은행이 예금이라는 금융수단과 대출이라는 금융수단을 결합한 사업 모형을 취하고 있는지에 대해 이해해야 한다. 유동성 측면에서 예금과 대출은 대조되는 금융수단이다. 대출은 만기가 존재하고 대출채권의 보유자는 만기가 도달하기 이전에는 현금으로 상환받을 수가 없다. 또 대출은 일반적으로 거래되지도 않는다. 현금으로의 전환이 어려우므로 대출 보유자 입장에서 대출은 유동성이 가장 낮은 금융상품이다. 은행은 유동성이 가장 낮은 대출자산에 투자하면서 유동성이 가장 높은 예금을 부채로 갖고 있다. 예금자에게 유동성 위험의 축소를 제공하면서 스스로 유동성 위험을 부담하고 있는 구조이다. 이 자산부채 구조와 사업모형의 장점이 있으므로 이 사업 모형이 장기간 유지되어 왔을 것이다. 그 장점에 대한 금융이론은 4장에서 학습할 마지막 주제이다.

2.4 은행의 불안정성

마지막으로 은행위기의 고질적인 발생이라는 역사적 사실은 금융학자들이 관심을 두어 온 주제이다. 이 주제에 대한 금융이론은 은행위기의 발생 상황과 연계되어 전개되어 왔다. 1930년대 이전 인출사태를 동반한 은행위기가 빈발하였고, 이 문제가 중앙은행의 최종대부자 제도, 공적 예금보험제도의 탄생을 가져왔음은 앞에서 살펴보았다. 시기적으로 선행한 사실이므로 20세기 말 이전 금융학의 관심은 이 현상에 두어졌다. 그 결과 1980년대 은행의 사업 모형에 인출사태 발생 위험이 내재되어 있으며, 이를 막기 위한 장치로서 최종대부자 제도 또는 공적 예금보험제도가 필요하다는 이론이 널리 받아들여지는 설명으로 등장하였다.

이후 금융자유화와 세계화가 진전되면서 재차 은행위기가 주기적으로 발생하자 이를 설명하려는 노력이 계속되고 있다. 특히 2008년 세계 금융위기로 금융선진국으로 간주되는 미국에서 1929년 대공황 이후 최대 금융위기가 발생하자 학자들의 금융위기에 대한 관심이 고조되었다. 20세기 말 이후의 은행위기는 최종대부자 제도와 예금보험제도가 존재하는 상황에서의 위기이므로 이전의 이론으로는 설명하기가 어렵다. 이에 새로운 금융위기 이론의 개발이 현재 진행 중이다. 5장에서 이들 유형별 위기이론을 학습한다.

2.5 은행의 사업 모형과 경영원리

은행은 간접금융을 담당하는 주요 금융제도이기도 하지만 금융중개기관으로서 하나의 사업체이다. 그러므로 '은행'이라는 금융중개기관의 정의와 이해는 그 사업 모형(Business model)의 정의와 이해에서 출발하여야 한다. 19세기에 등장하여 현재까지 각국 금융시스템의 중추를 차지하고 있으므로, 은행이라는 사업체는 시장경제의 역사를 관통하여 지속 가능할 수 있었던 사업 모형을 지니고 있었다고 하겠다. 그렇지만 다른 한편으로는 위기의 반복을 겪어왔다는 점은 은행의 사업 모형에 내재되어 있는 구조적인 사업위험이 있음을 시사한다. 은행 예금과 대출의 금융이론을 논의하기에 앞서 무엇보다도 사업체로서 은행에 대한 심화된 이해가 필요하다. 은행의 경영이론이 되겠는데, 3장에서 먼저 이 주제를 다룬다.

요약

1. 예금은 자금공급자 경제주체인 가계의 주된 보유 금융자산이다.
2. 대출은 자금수요자 경제주체인 기업과 가계의 주된 자금조달 금융수단이다.
3. 은행은 제도 등장 이후 현재까지 종종 다수 은행이 동시에 파산위험에 처하는 은행위기를 겪어 왔다.
4. 은행은 여러 금융중개기관 중에서도 가장 많은 금융규제가 적용되는 금융기관이다. 은행규제는 은행위기에 대한 대응장치로서 진화하여 왔다. 현재 은행산업은 건전성 규제의 글로벌 협약(바젤 협약, Basel Accord)이 존재하는 유일한 금융산업이다.

연습문제

1. 다음 개념을 설명하라.

(1) 금융안전망

(2) 최종대부자

(3) 전업주의 규제

(4) 바젤 협약

2. 다음은 한국은행이 발표한 「2021년 중 자금순환」에서 가계부문의 자금운용과 자금조달의 내역이다.

가계 및 비영리단체의 자금 운용 및 조달 추이 (단위 : 조 원)

	2019	2020	2021
자금운용(A)	**181.6**	**363.8**	**333.3**
금융기관 예치금	125.2	174.4	156.8
보험 및 연금 준비금	72.0	73.0	70.2
채권[1]	−18.7	10.8	−31.2
지분증권 및 투자펀드[2]	−5.9	55.6	92.5
국외운용[3]	4.2	19.8	22.6
기타[4]	4.8	30.2	22.3
자금조달(B)	**89.2**	**173.9**	**192.1**
금융기관 차입	84.4	171.7	189.6
▪예금취급기관	73.0	132.7	143.5
▪기타금융기관[5]	11.4	38.9	46.0
기타[6]	4.8	2.2	2.5
자금 운용 및 조달 차액 (A − B)	**92.5**	**189.9**	**141.2**

주 : 1) 해외채권 제외 2) 비거주자 발행 주식 제외
3) 해외채권, 비거주자 발행 주식, 직접투자, 기타대외채권
4) 현금 등 5) 증권기관, 여신전문기관 등 기타금융중개기관, SPC · 대부업외감법인 등
6) 정부융자, 상거래신용 등

(1) 가계의 주된 보유 금융자산 2가지는 무엇인가?

(2) '지분증권 및 투자펀드'는 주식과 유가증권에 투자하는 펀드를 말한다. 가계의 이 금융자산 투자액이 2019년 감소했다가 2020~2021년 급증한 원인은 무엇인지 논하라.

(3) 가계의 금융기관 차입이 2020~2021년 증가한 원인은 무엇인지 논하라.

3. 본문의 〈표 2-3〉을 참조하여 다음에 답하라.

(1) 미국 기업의 금융수단별 자금조달 구성을 보면 주식은 자금조달이 아니라 자금상환 수단의 역할을 했음을 알 수 있다. 2000년대 이 현상이 지속되고 있는지 조사하라.

(2) 주식이 기업의 자금조달이 아니라 자금상환 수단으로 작동하는 경로를 논하라. (힌트 : 자사주 매입)

4. 우리나라의 지급준비율 규제

현재 한국은행의 예금별 지불준비율을 조사하라.

5. 우리나라의 예금보험제도와 적기시정조치

(1) 우리나라 예금보험제도의 보장범위를 조사하라.

(2) 우리나라 은행에 대한 적기시정조치의 기준과 기준별 조치내용을 조사하라.

예금금융중개기관의 경영

3장

1. 개요 / 2. 사업 모형 / 3. 수익구조 / 4. 위험관리 / 5. 사업환경

1. 개요

이 장에서는 예금금융중개기관의 사업 모형, 수익구조, 위험관리 및 사업환경에 대해 살펴본다. 예금금융중개기관의 경영 관점에서 중요한 학습주제들이다. 자본시장의 금융중개기관, 예를 들어 증권사나 펀드 관련 금융기관에 비하여 예금금융중개기관의 사업 모형 정의는 용이하다. 먼저 2절에서 사업 모형을 정의하고, 3절에서 수익구조를 설명한다. 수익구조 설명에서 은행 수익의 결정요인은 위험부담에 있음을 강조한다. 이에 4절에서는 위험관리 주제를 다룬다. 마지막으로 5절에서 사업환경을 논의한다.

실제 일상 경제생활에서 예금금융중개기관에 해당되는 금융기관의 대표적인 존재 형태는 '은행'이다. '은행'은 엄밀하게는 법규제 기준의 금융기관 분류 용어이다. 그런데 '은행'이 아니지만 예금금융중개기관에 해당되는 금융기관은 많다. 이른바 '비은행 예금금융중개기관'이다. 예금으로 자금을 조달하고 대출에 운용한다는 점에서 예금금융중개기관의 사업 모형을 지닌 금융기관들이다. 우리나라의 경우 상호저축은행, 신용협동기구 등이 있다. 이들 비은행 예금금융중개기관이 있지만, 아래 서술에서 통계와 규제 등은 대표적인 예금금융중개기관인 은행을 기준으로 하였음에 유의하기 바란다. 규모상 비은행 예금금융중개기관이 우리나라 금융시스템에서 차지하는 위상은 은행에 비해 작다는 점을 고려하였다.[1] 그렇지만 이론적인 서술내용은 이들 금융기관에도 대체로 적용된다.

1. 1장의 〈표 1-2〉를 참조하기 바란다. 2017년 현재 우리나라 일반은행의 자산이 약 2,980조 원이다. 이에 비해 상호저축은행의 자산은 62조 원, 신협기구의 자산은 575조 원이다.

2. 사업 모형

2.1 사업 모형

금융수단 중 우리가 가장 자주 이용하는 것은 무엇일까? 아마도 예금과 대출일 것이다. 우리의 일상생활은 거의 매일 예금과 연관되어 있다. 여윳돈을 맡기기 위해서, 반대로 쓸 돈을 찾기 위해서 예금을 이용한다. 또 살면서 소액이라도 대출을 한 번도 이용하지 않은 사람도 드물 것이다. 그만큼 예금과 대출이라는 두 금융수단이 없는 생활은 상상하기 힘들다. 금융이론에서는 이 두 금융수단으로 사업을 영위하는 금융중개기관을 '예금금융중개기관'이라고 부른다. 정확하게는 주로 예금이라는 금융수단으로 자금을 조달하고, 조달된 자금은 대출이라는 금융수단에 운용하는 사업 모형의 금융기관을 말한다.

2.2 존재 형태

예금금융중개기관은 일상 경제생활에서 보통 '은행(Bank)'이라고 불린다. 이에 흔히 '예금금융중개기관'과 '은행'의 용어는 혼용된다. 그렇지만 각국에서 예금금융중개기관의 사업 모형을 추구하는 금융기관의 실제 존재 형태는 역사와 법체계에 따라 다양하다. 우리나라의 경우에도 '은행'의 이름이 없지만 사업 모형으로 보면 예금금융중개기관인 금융기관이 있다. 이들은 '비은행 예금금융중개기관'으로 불린다. 또 '은행'의 명칭을 지니고 있지만 실제 사업 모형은 예금금융중개기관이 아닌 금융기관도 있다. 혼동을 피하기 위해 금융이론의 관점에서 예금금융중개기관과 실제 존재 형태 사이의 차이를 〈좀 더 알아보기 3-1〉에 정리해 둔다.

〈좀 더 알아보기 3-1〉 우리나라의 예금금융중개기관

우리나라에서 '은행'이라는 단어가 포함된 금융기관은 모두 예금금융중개기관일까? 또 '은행'이 포함되지 않은 이름을 가진 금융기관 중 예금금융중개기관은 없는 것일까?

최신 『은행경영통계』[1]를 찾아보자. 이 통계에는 '일반은행', '특수은행'의 두 범주가 있다. '일반은행'은 다시 시중은행, 지방은행, 인터넷전문은행의 세 그룹으로 구분되어 있다. 왜 이런 구분이 있는 것일까? 또 이들 은행들은 모두 예금금융중개기관인 것일까?

▪ 특수은행

먼저 특수은행에 대해 살펴보자. 『은행경영통계』를 보면 특수은행 범주에 산업은행, 수출입은행, 기업은행, 농협은행, 수협은행 등 5개 은행이 있다. 우리나라는 정부 주도의 경제발전 역사를 지닌 국가이다. 금융시장과 금융중개기관의 탄생과 발전이 시장 자율의 과정이었던 영미 선진국과는 결정적으로 다른 점이다. 행정부에 의한 금융자원 배분 결정이 상당 기간 중요하였고 이를 실행할 기구로서 각각 '특별법'에 의해 설립된 금융기관들이 있다. 산업은행, 수출입은행, 기업은행 등이다. 농협과 수협도 과거 국가 주도로 특별법에 의해 설립되었는데, 사실상 은행 기능을 수행하던 금융부문이 지금은 농협은행, 수협은행으로 독립되었다. 이들 중 산업은행, 수출입은행은 여전히 정부의 직접 소유지배 아래 정책 목적 달성을 위해 경영된다. 이 두 은행은 '은행'이라는 이름을 달고 있지만 예금금융중개기관이 아니다. 주된 자금조달 수단은 예금이 아니라 채권이다. 금융중개기관이되 은행의 사업 모형과는 구분된다. 반면 기업은행, 농협은행, 수협은행은 이제 사업 모형과 경제적 기능에서 통상의 예금금융중개기관과 거의 차이가 없어진 상태이다. 그럼에도 여전히 별도의 특별법에 의해 각 기관이 규제되고 있어 여전히 '특수은행'으로 분류되고 있다.

▪ 일반은행 : 시중은행, 지방은행, 인터넷전문은행

'일반은행'은 말 그대로 일반 은행을 특수은행과 대비하여 통칭하는 용어이다. 법적으로는 "은행법"에 의해 설립되고 규제되는 은행을 뜻한다. 『은행경영통계』를 보면 일반은행 범주 안에 다시 '시중은행', '지방은행', 그리고 '인터넷전문은행'의 소그룹이 있다. 우리나라에는 역사적으로 은행의 업무영역을 지역별로 제한하는 지역별 업무영역규제가 있어 왔다. 이를 반영하여 '시중은행'과 '지방은행'의 개념이 탄생하였다. 시중은행은 전국이 영업범위인 전국은행이고, 지방은행은 특정 지역에 영업범위가 한정된 은행이다. 이에 일반은행은 시중은행, 지방은행으로 구분되기도 한다. 마지막으로 일반은행의 한 그룹인 인터넷전문은행은 가장 최근 설립된 은행이다.

1) 아래 〈좀 더 알아보기 3-2〉을 참조하라.

디지털 기반 금융혁신 촉진이 정책목표로 논의되면서 그 취지로 디지털 기술 기반 기업의 은행업 진출이 "인터넷전문은행법" 제정으로 허용되었다. 기존의 "은행법"에 의해 설립되지 않았으므로 인터넷(전문)은행으로 따로 분류되고 있다. 기능에서는 보통 은행과 다르지 않다.

■ **비은행 예금금융중개기관**

마지막으로 경제적 기능상 예금금융중개기관에 해당하는 금융기관들로 '비은행 예금금융중개기관'이 있다. "은행법"이 아니라 별도의 법에 의해 설립된 금융기관이되, 사업 모형에서는 은행과 동일하게 예금으로 자금을 조달하여 대출에 운용하는 금융기관이다. 상호저축은행, 신용협동기구가 여기에 속한다. 신용협동기구는 다시 신용협동조합, 새마을금고, 상호금융으로 구분된다. 이들은 각각의 개별업법이 따로 있어 규제와 감독이 별도 체계에 의한다. 통계도 은행과는 별도로 수집되고 관리된다. 그렇지만 금융이론의 관점에서 보면 일반은행과 마찬가지로 예금금융중개기관이다. "은행법"에 의해 규제되지 않는다는 의미에서 '비은행'을 앞에 붙여 구분한다. '비은행 예금금융중개기관'은 일반은행에 비하면 소규모이다. 소규모지만 그 수가 많아서 전체 자산규모는 일반은행 전체 자산규모의 20% 내외에 이른다(1장의 〈표 1-2〉 참조).

다음 표는 이상을 정리해 우리나라의 예금금융중개기관을 망라한 것이다. '일반은행' 15개, '특수은행' 중 3개, 그리고 상당수의 비은행 예금금융중개기관 등 세 개의 그룹으로 구성된다.

우리나라의 예금금융중개기관(2020년 기준)

예금금융중개기관	비고
– **일반은행**(15개) 시중은행(6개), 지방은행(6개), 인터넷전문은행 (3개) – **특수은행 중 예금금융중개기관**(3개) 기업은행, 농협은행, 수협은행 – **비은행 예금금융중개기관** 상호저축은행(79개) 신용협동기구 : 신용협동조합(873개), 새마을금고(1,295개), 상호금융	특수은행 중 산업은행, 수출입은행은 예금금융중개기관이 아님.

2.3 일반은행의 자금 조달과 운용 현황

2020년 현재 우리나라 일반은행의 자금 조달과 운용 현황을 살펴보자(〈표 3-1〉 참조). 자금조달 측면을 먼저 보자. 우리나라 일반은행은 모두 주식회사 구조의 사업체이다. 주식 발행과 잉여금 등 자본금이 있고, 이 자본금이 일차적인 은행의 자금조달원이다. 그렇지만 자본금의 비중은 7% 내외에 불과하다. 나머지 93%는 부채이다. 높은 부채의존도 또는 낮은 자기자본비율(자산 대비 자본금의 비율)은 일반 기업에 대비되는 은행의 특징이다. 부채 항목 중에는 은행채가 있다. 은행이 발행하는 회사채를 말한다. 장기자금조달에 해당하는 은행채도 비중은 6% 내외로 크지 않다. 전체 자금조달의 75%로서 절대적인 비중을 차지하는 항목은 예금이다. 예금이 은행의 주된 자금조달원임이 확인된다.

표 3-1 **우리나라 일반은행의 재무상태표**(2020년 기준) (단위 : 억 원, %)

자산			부채 및 자본		
과목	금액	구성비	과목	금액	구성비
현금	101,217	0.5	예금	14,340,485	74.8
예금	884,448	4.6	차입	878,147	4.6
증권	3,096,564	16.0	은행채	1,176,257	6.1
대출	13,556,651	70.2	기타부채	1,396,259	7.3
기타	1,674,405	8.7	자본금	1,375,071	7.2
총자산	19,166,219	100.0	부채 및 자본 총계	19,166,219	100.0

자료 : 은행연합회, 『은행경영통계』.

다음으로 자금운용 측면을 보자. 자산에서는 대출이 차지하는 지위가 자금조달에서 예금의 그것과 유사하다. 20세기 후반 이후 자본시장의 성장이 두드러지면서 많은 나라에서 은행의 증권투자가 증가 추세를 보였다. 우리나라 일반은행도 16% 내외 예금금융중개기관의 자산은 증권으로 보유하고 있다. 그러나 대출이 은행의 기본 자산운용 수단인 점은 과거부터 현재까지 변함이 없다. 2020년 현재 우리나라 일반은행은 보유자산의 70%를 대출에 운용하고 있음을 확인할 수 있다.

〈좀 더 알아보기 3-2〉 우리나라 은행의 경영자료 찾아보기

우리나라 은행의 경영상황 자료로는 두 종류가 있다. 먼저 모든 일반은행이 주식회사이므로 주식회사로서 정해진 법규에 따라 정기 공시하는 재무제표 자료가 있다. 이들 자료는 일반 기업과 차이가 없고 각 은행의 웹사이트나 금융감독원의 관련 웹사이트에서 찾을 수 있다. 다음으로는 은행연합회가 은행산업 전체를 포괄하여 정기적으로 주요 통계를 수집·정리하여 작성하고 있는 『은행경영통계』가 있다. 이 자료는 우리나라 전체 은행을 시중은행, 지방은행, 일반은행, 특수은행으로 분류한 뒤 각 그룹별로 재무상태표, 손익계산서 등 재무제표를 정리한 공식 통계이다. 개별 은행에 대한 자료도 같이 있다. 금융감독원 『금융통계정보시스템』(https://fisis.fss.or.kr/fss/fsiview/indexw.html)에서 찾을 수 있다.

3. 수익구조

3.1 수익의 회계구조

일반 기업과 마찬가지로 주식회사 구조인 일반은행의 경영목표는 주주의 이익극대화이다. 주식회사 구조 기업에서 주주에게 귀속될 이익을 보여주는 경영지표로서 가장 널리 사용되고 있는 것은 'ROE(자기자본순이익률)'이다. 은행의 경영분석에서도 ROE는 가장 기본적인 지표이다. ROE를 수익성의 지표로 상정할 때, 수익성의 결정요인을 분석하기 위해 일반적으로 사용되는 간단한 분석틀이 있다. 아래의 '듀퐁 항등식(DuPont identity)'이다.

$$ROE = \frac{\text{순이익}}{\text{자기자본}} = \frac{\text{순이익}}{\text{매출액}} \times \frac{\text{매출액}}{\text{자산}} \times \frac{\text{자산}}{\text{자기자본}} \quad (3.1)$$
$$= \text{순이익률} \times \text{총자산회전율} \times \text{자기자본승수}$$

'듀퐁 항등식'은 본래 재화를 생산하여 판매하고 그로부터 발생한 매출액이 이익의 원천인 제조업체의 수익구조 분석을 위해 개발된 공식이다. 은행은 제조업 기업과는 달리 재화를 생산하여 판매함으로써 발생하는 매출액은 없다. 은행의 사업 모형은 주로 예금으로 자금을 조달하여 이를 대출에 운용하여 이익을 얻는 것이다. 따라서 은행의 주된 수익원은 대출로부터의 이자수익이고 주된 비용은 예금에 대한 이자비용이다. 실제 우리나라 은행의 손익계산서를 살펴보자.

[예제 1] 우리나라 은행의 손익계산서

다음 표는 『은행경영통계』에서 가져온 우리나라 6개 시중은행의 2016~2020년 기간 손익계산서이다. 이 손익계산서를 보고 질문에 답하라.

우리나라 시중은행의 손익계산서

(단위 : 억 원)

계정과목	2016년	2017년	2018년	2019년	2020년
Ⅰ. 이자수익	318,412	330,804	381,658	412,916	366,375
1. 예치금이자	2,197	2,497	2,963	3,739	1,408
2. 당기손익인식증권이자	1,391	1,732	2,449	2,979	2,907
3. 매도 가능, 만기보유증권이자	29,656	29,233	35,808	41,110	36,100
4. 대출채권이자	282,852	295,420	338,593	363,268	324,417
5. 기타이자수익	2,315	1,923	1,845	1,820	1,544
Ⅱ. 이자비용	127,453	123,939	156,405	179,915	133,868
1. 예수금이자	97,350	93,270	118,071	136,517	102,395
2. 차입금이자	7,259	8,751	11,556	12,761	7,913
3. 사채이자	19,931	19,158	23,251	26,552	21,544
4. 기타이자비용	2,913	2,759	3,527	4,085	2,016
Ⅲ. 이자손익(Ⅰ－Ⅱ)	190,958	206,866	225,253	233,002	232,507
Ⅳ. 비이자손익	38,218	48,659	37,958	43,070	44,906
1. 수수료순수익	30,085	31,706	32,593	33,537	32,012

2. 신탁 관련 손익	5,796	9,075	9,931	10,680	7,507
3. 유가증권손익	12,763	8,101	5,643	8,925	14,132
4. 외환 · 파생 관련 손익	12,765	21,247	15,761	19,706	21,340
5. 종금계정손익	483	604	705	721	1,151
6. 기타손익	−23,674	−22,072	−26,675	−30,499	−31,235
Ⅴ. 총이익(Ⅲ + Ⅳ)	229,176	255,525	263,211	276,071	277,413
Ⅵ. 판매비와 관리비	146,114	141,176	140,609	146,159	145,532
Ⅶ. 충당금전입	22,573	17,788	6,528	10,015	23,039
Ⅷ. 영업손익(Ⅴ − Ⅵ − Ⅶ)	60,490	96,561	116,074	119,898	108,842
Ⅸ. 영업외손익	3,976	−1,691	1,647	23	−4,783
Ⅹ. 세전이익(Ⅷ + Ⅸ)	64,465	94,870	117,721	119,920	104,060
Ⅺ. 법인세비용	9,704	18,648	31,291	30,330	27,003
Ⅻ. 당기순이익(Ⅹ − Ⅺ)	54,761	76,222	86,430	89,590	77,057

(1) 제조업 기업 손익계산서와의 차이점을 설명하라.
(2) 전체 영업이익(영업손익)에서 이자손익(이자수익 − 이자비용)의 비중과 비이자손익의 비중을 비교하라.
(3) 비이자손익의 구성요소가 무엇인지 알아보아라.

첫 번째 질문에 대해 생각해 보자. 두 가지 차이가 있다. 첫째, 비금융업 기업의 손익계산서는 매출액, 매출원가, 영업비용, 영업외비용(이자비용 포함), 법인세의 항목이 있고, 이를 바탕으로 영업이익과 순이익이 계산된다. 제조업 기업의 수익원천은 재화의 생산과 판매에 있기 때문이다. 은행은 수익원천이 매출이 아니라 대출이자에 있으므로 이자수익, 그리고 자금조달에 소요되는 이자비용을 중심으로 손익계산서가 작성되어 있다. 둘째, 은행의 비용 항목에는 비금융업 기업의 손익계산서에서는 별다른 역할이 없는 '충당금' 항목이 상당한 비중을 차지하고 있다.[2]

2. '충당금'에 대해서는 〈좀 더 알아보기 3−4〉를 참조하라.

두 번째와 세 번째 질문에 대해 생각해 보자. 총손익 중 이자손익이 80% 내외, 비이자손익이 20% 내외이다. 비이자손익이 적지 않지만 이자손익이 절대적으로 높은 비중이다. 비이자손익의 가장 큰 항목은 수수료손익이다. 송금수수료, 환전수수료 등이 있다. 또 은행은 펀드 판매 등 증권업에 해당하는 일부 업무를 수행하고 있고, 그로부터 발생하는 수익증권 판매 수수료 수입도 적지 않은데, 이 역시 수수료손익에 포함된다. 비이자손익은 예금과 대출이라는 본래의 은행업이 아닌 비은행업무에서 발생한다. 우리나라에서는 '부수업무'라 불리기도 한다. 비은행업무의 수익이므로 은행에 대한 업무규제에 따라 나라마다, 또 시대에 따라 비이자수익원이 차지하는 은행 수익에서의 중요성은 다르다. 겸업주의 규제체계인 유럽 국가의 은행, 또 최근 은행의 비은행업 겸영업무가 강화된 미국의 은행에서는 비이자수익의 비중이 우리나라 은행에 비하여 한층 높다.

이처럼 사업 모형과 그에 따른 손익구조가 다르므로 은행에 대해서는 은행의 사업 모형에 맞는 ROE 분해가 필요하다. 이 맥락에서 다음과 같은 ROE 분해식을 생각해 보자.

$$ROE = \frac{\text{순이익}}{(\text{이자수익} + \text{비이자수익})} \times \frac{(\text{이자수익} + \text{비이자수익})}{\text{자산}} \times \frac{\text{자산}}{\text{자기자본}} \quad (3.2)$$

식 (3.2)는 은행의 '듀퐁 항등식'에서 매출액을 '이자수익'과 '비이자수익'으로 대체한 것이다. 은행의 사업 모형에서는 매출액에 해당하는 항목이 없기 때문이다. '이자수익'은 은행의 주된 수익원인 대출이자 수익을 말한다. 여기서는 본래의 은행업에 집중하기 위해 비이자수익은 없다고 가정하도록 하자. 이자비용 이외에 다른 영업비용과 세금도 무시하도록 하자. 은행업에서 중요한 회계적 비용 항목으로 '충당금'이 있지만, 여기서는 충당금도 무시하도록 하자. '은행 순이익 = (이자수익 + 비이자수익) – 이자비용 – 기타영업비용 – 충당금'인데, 비이자수익, 기타영업비용, 충당금을 무시하면 '순이익 = 이자수익 – 이자비용'이 된다. 그러면 식 (3.2)는 다음과 같이 변형된다.

$$ROE = \frac{\text{이자수익} - \text{이자비용}}{\text{이자수익}} \times \frac{\text{이자수익}}{\text{자산}} \times \frac{\text{자산}}{\text{자기자본}} \quad (3.3)$$

$$= \frac{\text{이자수익} - \text{이자비용}}{\text{자산}} \times \frac{\text{자산}}{\text{자기자본}}$$

$$= \frac{\text{순이자마진}}{\text{자기자본비율}}$$

식 (3.3)은 예금–대출의 사업 모형에만 초점을 둘 때 은행의 수익구조가 어떤 요인에 의존하는지를 간명하게 보여준다. 두 변수가 결정요인이다. 첫 번째 변수는 이자수익과 이자비용 차이의 자산에 대한 비율로서 '순이자마진(net interest margin ; NIM)'이라 정의된다. 금융이론에서 자주 거론되는 은행의 수익성 결정요인이다.

순이자마진과 유사한 개념으로 '예대금리차'가 있다. 예대금리차는 예금부채의 평균금리와 대출자산 평균금리의 차이이다. 은행의 주된 영업비용이 예금이자이고 주된 영업수익이 대출이자라는 전제 아래 고안된 개념이다. 순이자마진은 은행의 모든 순이자수익의 이자수익자산에 대한 비율[3]이다. 만일 은행의 모든 이자수익이 대출 이자수익이고 모든 이자비용이 예금 이자비용이라면 순이자마진과 예대금리차는 거의 동일하다.[4] 현실에서는 대출과 예금 이외에 유가증권 관련 이자수입과 비용도 있으므로 순이자마진이 예대금리차에 비하여 보다 포괄적인 개념이다.

두 번째 변수는 '자기자본비율'이다. 총자산에 대한 자기자본의 비중을 말한다. 식 (3.3)은 자기자본비율이 낮을수록 은행의 ROE가 높아짐을 보여준다. 재무상태표에서 총자산은 부채와 자기자본으로 구성되므로 '자기자본비율'은 부채의 자산에 대한 비중인 '부채의존도'에 대칭되는 수치이기도 하다.

사실 은행만이 아니라 모든 기업이 다른 조건이 일정할 때 부채의존도를 높여 자

---

3. 엄밀하게는 $100 \times \frac{\text{총이자수익} - \text{총이자비용}}{\text{이자수익 발생 자산}}$

4. 이 경우에도 완전히 같지는 않다. 예를 들어 자기자본비율이 $a\%$인 경우를 보자. 모든 자산을 대출에 운용하여 총자산이 대출자산과 같고, 이를 예금 90%, 자기자본 10%로 조달한 경우이다. NIM = [(대출이자율 × 대출자산) − (예금이자율 × 예금)]/자산 = 대출이자율 − 예금이자율 × $(1-a)$.

기자본이익률을 낮출 수 있고, 이때 ROE는 높아진다는 것이 재무관리의 기초지식이다. 이 관계는 모든 기업에 대해 성립하는 다음의 식에서도 도출할 수 있다.

$$ROE = \frac{순이익}{자기자본} = \frac{순이익}{자산} \times \frac{자산}{자기자본} = \frac{ROA}{자기자본비율} \qquad (3.4)$$

이 식은 은행에 고유한 것은 아니지만 은행 수익의 회계장부상 일차적인 결정요인이 모든 일반 기업과 마찬가지로 ROA라는 점을 상기시켜 준다. 이 가상의 은행은 오로지 이자수익으로만 수익이 구성된다고 하였으므로 순이자마진과 ROA가 같다. 하지만 현실의 은행은 비이자수익원도 보유하고 있으므로, ROA는 당연히 비중은 작아도 이자수익만이 아니라 비이자수익도 포괄한다. 따라서 현실의 은행을 생각하면 순이자마진은 이자수익에만 초점을 둔 협의의 자산수익성 지표이고, ROA는 광의의 자산수익성 지표라고 하겠다.

3.2 수익의 경제적 결정요인

은행의 수익이 순이자마진과 자기자본비율로 분해된다는 것은 회계적인 분석이다. 자기자본비율이 고정되어 있다고 하면 은행 수익은 순이자마진에 의해 결정되는 것이 된다. 순이자마진의 결정요인은 무엇일까? 그 결정요인이 회계적 분석으로는 드러나지 않는 은행 수익의 경제적인 결정요인이다. 은행의 자산부채 구조의 경제적 속성에 내재된 결정요인이다. 그 결정요인이 무엇인지 생각해 보기 위해 가상 A은행의 재무상태표를 살펴보자. 이 은행의 경영진은 다음의 네 가지 자산부채 구조의 방안을 놓고 각 방안의 장단점을 평가하고 있는 상황이다.

(1안)

A은행의 재무상태표

자산			부채 및 자본		
2년 만기 대출	100	(금리 7%)	보통예금	90	(금리 0%)
			자본금	10	

1년 순이자마진 : $\dfrac{\text{이자수익} - \text{이자비용}}{\text{이자 발생 자산}} = \dfrac{7}{100} = 0.070$

노출된 위험 : 유동성 위험, 신용위험

(2안)

A은행의 재무상태표

자산			부채 및 자본		
2년 만기 대출	100	(금리 7%)	1년 정기예금	50	(금리 2%)
			2년 정기예금	40	(금리 4%)
			자본금	10	

1년 순이자마진 : $\dfrac{\text{이자수익} - \text{이자비용}}{\text{이자 발생 자산}} = \dfrac{7-(1.0+1.6)}{100} = 0.044$

노출된 위험 : 금리위험, 신용위험

(3안)

A은행의 재무상태표

자산			부채 및 자본		
2년 만기 대출	100	(금리 7%)	2년 정기예금	90	(금리 4%)
			자본금	10	

1년 순이자마진 : $\dfrac{\text{이자수익} - \text{이자비용}}{\text{이자 발생 자산}} = \dfrac{7-3.6}{100} = 0.034$

노출된 위험 : 신용위험

(4안)

A은행의 재무상태표

자산			부채 및 자본		
2년 만기 대출	100	(금리 10%)	2년 정기예금	90	(금리 4%)
			자본금	10	

$$1년\ 순이자마진 : \frac{이자수익 - 이자비용}{이자\ 발생\ 자산} = \frac{10 - 3.6}{100} = 0.064$$

노출된 위험 : 큰 신용위험

네 가지 방안 모두 10원의 자본금과 예금으로 90원을 조달하여 100원을 대출에 운용하는 계획이다. 차이는 (1안)~(3안)의 경우 자금조달 구조에 있다. (1안)은 전액 보통예금으로 조달하는 방안, (2안)은 1년 만기 정기예금과 2년 만기 정기예금으로 조달하는 방안, (3안)은 2년 만기 정기예금으로 조달하는 방안이다. 대출자산은 (1안)~(3안) 세 방안에서 동일하다. 2년 만기 연 7%의 금리를 수취할 수 있는 대출에 운용한다. 마지막 (4안)은 연 10%의 대출이자율을 받을 수 있는 대출자산이다.

(1) 유동성 위험

이제 (1안)~(3안)을 비교하면 (1안)의 순이자마진이 가장 높고, (3안)이 가장 낮다. 이로부터 순이자마진의 첫 번째 결정요인을 짐작할 수 있다. (1안)의 순이자마진이 가장 높은 이유는 보통예금 금리가 정기예금 금리에 비해 낮기 때문이다. A은행이 보통예금으로 자금을 조달하면 보다 높은 순이자마진을 기대할 수 있지만, 그에 대한 대가는 무엇일까? '유동성 위험'이다. 보통예금은 언제든지 예금자의 인출 요구가 있으면 상환하여야 한다. A은행은 상환을 위해 인출금액에 해당되는 현금을 즉시 조달할 수 있어야 한다. 인출금액에 해당하는 보통예금을 다시 발행하여 다른 예금자에게서 자금을 조달할 수 있다면 최선이다. 그렇지 못할 경우 급박하게 보다 높은 비용을 지불하고 자금을 조달하여야 할 상황이 발생할 수 있다. 이처럼 보통예금에 의한 자금조달로 A은행은 유동성 위험에 노출된다. 정기예금 대비 보통예금의 낮은 금리는 은행이 유동성 위험에 노출되기 때문이다. 바꿔 말하면 '유동성 위험'이 순이자마진의 첫 번째 결정요인이다. 유동성 위험이 보다 큰 자금조달 구성을 택하면 높은 순이자마진을 기대할 수 있다. 현재 순이자마진 0.050은 보통예금의 유동성 위험이 실현되지 않는다는 가정하에 계산된 것이다. 유동성 위험이 실현되면 하락한다.

(2) 금리위험

다음으로 (2안)과 (3안)을 비교해 보자. 모든 자금조달을 2년 만기 정기예금에 의존하는 (3안) 대비 (2안)의 순이자마진이 높다. 그 이유는 1년 만기 정기예금 금리가 2년 만기 정기예금에 비하여 낮기 때문이다. 이때 은행이 부담하는 위험은 무엇일까? '금리위험'이다.[5] (2안)의 경우 1년 뒤 A은행은 다시 1년 정기예금을 발행하여 100원을 조달하여야 한다. 1년 뒤 정기예금 금리로 얼마를 지급하여야 할 것인지는 1년 뒤 시장상황에 달려 있으며, 따라서 불확실하다. 만일 1년 뒤 정기예금 금리가 상승한다면 (2안)의 순이자마진은 하락한다. 금리위험이 순이자마진의 두 번째 결정요인이다.

(3) 신용위험

마지막 순이자마진 결정요인은 신용위험이다. (3안)과 (4안)을 비교하면 알 수 있다. 두 방안은 자금조달 구조가 동일하다. 차이는 대출자산이다. (4안)의 대출자산은 보다 높은 금리를 수취할 수 있는 자산이다. 두 대출자산이 만기가 동일한데 대출금리에 차이가 발생할 수 있는 경우는 신용위험에 차이가 있을 때이다. 보다 높은 대출금리를 책정하려면 부도 가능성이 보다 높은 기업에 대출하여야 한다. 즉, 은행은

5. 정확하게는 금리변경 위험이다. 금리변경 위험은 자산부채의 만기가 달라 시장의 금리수준이 변동할 때 이자비용 증가액이 이자수익 증가액을 초과할 위험을 말한다.

보다 높은 신용위험을 감수하여야 한다. (4안)에서의 보다 높은 순이자마진은 보다 높은 신용위험에 기인한다. 만일 신용위험이 실현되어 대출자산 중 일부에서 부도가 발생한다면 순이자마진은 하락할 것이다.

한편 위 (1안)~(4안)의 말미에 각 경영전략이 노출된 위험을 정리해 두었는데, 모든 안이 공통되게 신용위험에 노출되어 있음을 알 수 있다. 은행 대출자산은 항상 차입자의 상환 여부에서 불확실성을 갖고 있다. 그러므로 어떤 방식으로 자금부채 구조를 설계하든, 신용위험의 정도에는 차이가 있다 해도 신용위험 자체를 제거할 수는 없다.

(4) 기타 위험

위의 간단한 사례는 은행 수익이 '유동성 위험', '금리위험', '신용위험'에 노출되어 있으며 이 위험이 수익 크기의 결정요인임을 보여준다. 물론 현실에서 은행의 자산부채 구조는 위의 사례에 비해 보다 복잡하다. 은행의 대출자산은 다양하게 구성되며, 대출자산의 분산도에 따라 신용위험이 달라진다. 예를 들어 특정 산업과 특정 기업에 대출자산이 집중된 대출자산 구성은 보다 분산된 자산구성에 비해 신용위험이 높다. 이를 '신용편중 위험'이라고 한다. 또 은행은 대출자산 이외에 유가증권, 외환자산 등 시장성 자산도 보유한다. 그래서 은행의 전체 자산은 '신용위험' 이외에 자산의 기본 가격 변동에 따라 자산가치가 변동할 위험, 즉 '시장위험'에도 노출되어 있다. 또 모든 기업이 그렇듯이 '운영위험'도 은행의 수익변동을 야기하는 위험이다.

(5) 정리

이상 총 6가지 위험[6]은 은행을 비롯한 모든 금융기관의 수익이 직면하는 변동위

6. 신용편중 위험은 신용위험의 일종이므로 따로 분류하지 않기도 한다. 이 경우 6가지가 아니라 5가지 위험이다.

험이다. 모든 기업은 사업 모형의 성격에 따라 수익변동에 영향을 주는 요인들이 달라진다. 우산산업은 날씨가 가장 중요한 수익변동 요인이다. 금융중개기관은 금융상품과 자금의 거래에 종사하므로 금융적 사건이 수익의 변동을 가져온다. 그러한 사건들을 통칭하여 금융중개기관의 수익변동 위험이라 한다. 과거 금융기관의 수익변동 위험은 논자에 따라 조금씩 다르게 정의되기도 하였는데, 이제 바젤 규범을 매개로 각국 금융감독당국에서 통일된 정의를 제시하고 있다. 우리나라 금융감독기구인 금융감독원의 정의는 다음과 같다.

표 3-2 금융중개기관의 수익변동 위험

구분	정의
신용위험	채무자의 부도, 거래상대방의 계약불이행 등 채무불이행으로 인하여 발생할 수 있는 잠재적인 경제적 손실 위험
시장위험	금융기관의 시장성 자산부채계정(trading book)에서 발생할 수 있는 시장가격의 변동으로 인한 손실위험으로 일반 시장위험과 개별 위험으로 구분 (1) 일반 시장위험 : 금리, 주가, 환율, 일반 상품의 시가 등 시장가격의 일반적 수준 변화에 따른 금융기관의 손실위험 (2) 개별 위험 : 일반적인 시장가격의 변화 외에 채권 및 주식 발행자 등의 신용위험의 변동 등에 의한 금융기관의 손실위험
금리위험	금리변동에 따른 은행의 시장성 자산부채를 제외한 자산부채, 즉 전통적인 은행업무 관련 자산부채계정(banking book)에서 발생하는 수익 및 순자산가치의 손실위험
유동성 위험	'조달유동성 위험'과 '시장유동성 위험'으로 구분 (1) 조달유동성 위험 : 은행이 현재 또는 미래의 지급의무를 이행하지 못할 위험 (2) 시장유동성 위험 : 거래량 부족, 시장 붕괴 등에 의한 시장가격 하락으로 은행 자산의 현금화 과정에서 손실 발생이 불가피해지는 위험
신용편중 위험	단일차주에 대한 거액 대출자산 혹은 공통의 요인(국가, 산업, 지역, 상품유형 등)에 의해 부도율이 영향을 받는 차주 집합에 대한 상당한 대출자산 보유로 야기되는 신용위험
운영위험	부적절하거나 잘못된 내부의 절차, 인력 및 시스템 또는 외부의 사건으로 인해 발생할 수 있는 손실위험을 말하며, 법률리스크를 포함하되 전략 및 평판 리스크는 제외

자료 : 금융감독원, "은행업감독업무시행세칙".

4. 위험관리

4.1 위험관리의 의의

은행은 주식회사 구조의 기업이다. 그러므로 은행의 경영목표는 일반 주식회사 기업과 마찬가지로 주주가치, 즉 자본금의 시장가치 극대화이다. 주주가치의 극대화를 위해 은행 경영에서는 위험관리가 중요하다. 은행은 단순한 '기대이익의 극대화'가 아니라 '위험이 적절히 조정된 기대이익의 극대화'를 추구하여야 한다. 다음 예를 통해 그 이유를 살펴보자. 논의를 간단히 하기 위해 신용위험이 유일한 차이인 두 경영전략에 초점을 맞추었다.

[예제 2] 기대이익 극대화와 주주가치

앞서 3.2절에서 예로 든 A은행이 세부 경영전략 수립의 최종 단계에 와 있다. 유동성 위험과 금리위험을 최소화하기 위해 현재 자본금 10원 이외 90원은 1년 정기예금으로 조달하고, 대출자산의 만기도 예금 만기에 맞추어 1년으로 운영하기로 하였다. 설명을 쉽게 하기 위해 1년 만기 정기예금 이자율은 0%라고 하자. 대출자산의 구성에 대해 (3안)과 (4안)의 두 전략을 놓고 최종 선택을 고심하고 있다.

편의상 두 전략을 '고위험 전략'과 '저위험 전략'으로 부르기로 하였다. 저위험 전략은 우량기업 위주로 대출자산이 구성된다. 고위험 전략은 비우량기업 위주 대출자산 구성이다. 저위험 전략의 대출자산에는 1년 7%의 금리를 적용할 수 있고, 고위험 전략 대출자산에는 10%의 금리를 적용할 수 있다.

내부 위험관리 부서의 분석에 의하면 고위험 전략의 대출자산에서 높은 금리를 받을 수 있는 이유는 차입기업의 부도위험이 높기 때문이다. 비우량기업 위주로 대출자산이 구성되는 고위험 전략의 경우 60%의 확률로 정상회수, 40%의 확률로 부도가 발생한다. 부도가 발생하면 원금만 회수하고 이자는 받지 못한다. 우량기업 위주 대출자산인 저위험 전략의 경우 20%의 확률로 부도가 발생한다. 부도가 발생하면 역시 이자를 받지 못한다.

A은행은 다른 비용은 없으며 대출이자가 유일한 수익원이다. 법인세는 없다. 충당금도 없다. 은행 경영진의 목표 경영계획기간은 향후 1년이다.

(1) 두 전략의 기대이익과 기대 순이자마진을 구하라. 기대이익 극대화가 목표라면 어느 전략을 택해야 하는가?
(2) 당신이 이 은행의 주주이고 위험기피 선호를 지닌 합리적 경제주체라고 하자. 효용함수는 $U(W) = \sqrt{W}$ 이다. 은행의 이익은 모두 배당된다. 두 경영전략에 따른 당신의 기대효용은 얼마인가?
(3) 두 전략의 기대효용을 고려할 때 각 전략이 실행될 경우 이 은행 자본금의 시장가치에 어떤 변동이 발생할지 예측해 보아라.

A은행은 예금이자가 유일한 비용이고 대출이자가 유일한 수입이다. 그러므로 이 은행의 기대이익은 기대 이자수익과 기대 이자비용의 차이와 같다. 두 전략의 이자비용은 $90 \times 0.00 = 0$으로 동일하다. 기대 이자수익은 두 전략에 따라 차이가 있다.

$$\text{저위험 전략 기대 이자수익} : 0.8 \times (100 \times 0.07) + 0.2 \times 0 = 5.6 \qquad (3.5)$$
$$\text{고위험 전략 기대 이자수익} : 0.6 \times (100 \times 0.1) + 0.4 \times 0 = 6.0$$

저위험 전략은 80%의 확률로는 100원의 대출자산에서 7원의 이자수익이 발생하지만, 20%의 확률로는 0원의 이자수익이 발생한다. 고위험 전략은 60%의 확률로는 10원의 이자수익, 40%의 확률로는 0원의 이자수익이 발생한다. 기대 순이자마진은 기대 이자수익에서 이자비용을 제한 금액을 대출자산으로 나누면 얻어진다.

$$\text{저위험 전략 기대 순이자마진} : \frac{5.6}{100} = 0.056 \qquad (3.6)$$
$$\text{고위험 전략 기대 순이자마진} : \frac{6.0}{100} = 0.060$$

A은행이 기대이익 또는 순이자마진 극대화를 경영목표로 한다면 '고위험 전략'을

택하여야 한다. 그런데 이 은행의 주주는 위험기피 경제주체이다. 주어진 효용함수를 사용하여 두 전략의 기대효용을 구하면 다음과 같다.

$$\text{저위험 전략 기대효용}: E[U(W)] = 0.8 \times \sqrt{7} = 2.11 \qquad (3.7)$$
$$\text{고위험 전략 기대효용}: E[U(W)] = 0.6 \times \sqrt{10} = 1.89$$

저위험 전략의 경우 주주는 80%의 확률로 7원의 배당금을 받을 수 있지만, 20%의 확률로는 배당을 받지 못한다. 은행의 이익이 없기 때문이다. 고위험 전략은 60%의 확률로 10원의 배당금을 받지만, 20% 확률로는 배당금이 없다. 각 배당금의 효용을 구해서 확률로 곱해 주면 기대효용이 얻어진다. 식 (3.7)은 저위험 전략의 기대효용이 보다 높음을 보여준다. 기대이익이나 순이자마진과는 반대이다. 기대효용이 낮으므로 주주는 저위험 전략을 선호한다. 따라서 은행이 고위험 전략을 택한 경우 저위험 전략을 택한 경우에 비해 이 은행의 주가는 하락할 것이다.[7] 주가가 하락하므로 자본금의 시장가치도 하락한다.

이 예제에서 주주가 저위험 전략을 선호하는 이유는 수익의 변동성 때문이다. 고위험 전략은 기대수익은 높지만 수익의 변동성이 높다.[8] 위험기피 주주는 기대수익만이 아니라 수익의 변동성에도 효용이 영향을 받는다. 예제에서 고위험 전략은 기대이익이 높지만, 기대이익의 차이가 높은 변동성을 보상할 정도가 되지 못한 것이다.

따라서 주주가치 극대화를 추구하는 은행 경영진은 이익이나 순이자마진의 극대화가 아니라 위험을 적절히 고려한 이익극대화를 추구해야 한다. 순이자마진과 대출자산의 신용위험 사이에는 상충관계(trade-off)가 있기 마련이다. 주주가치의 극대화에 부합되는 경영을 위해서는 위험관리와 순이자마진 책정이 조화를 이루어야 한다.

7. 두 은행이 있고, 각각 고위험 전략과 저위험 전략을 택했다고 가정해 보자. 주주의 효용함수 등 모든 다른 조건은 동일하다고 하자. 그러면 고위험 전략 은행의 주주는 고위험 전략 은행의 주식을 매도하고 보다 높은 기대효용을 주는 저위험 전략의 은행 주식을 사려 할 것이다. 그 결과 고위험 전략 은행의 주가는 하락하고 저위험 전략 은행의 주가는 상승할 것이다.

8. 이를 확인하려면 두 전략 수익의 분산(표준편차)을 구해 보면 된다. 각자 확인해 보기 바란다.

4.2 위험조정 성과평가지표

은행 경영진은 적정 위험관리라는 제약조건 아래 기대이익 극대화를 추구하여야 한다. 앞의 예제에서처럼 주주의 효용함수를 알고 있다면, 주주의 기대효용 극대화를 기준으로 하여 경영전략을 선택할 수 있을 것이다. 그러나 현실에서 주주의 효용함수는 알 수 없다. 그러므로 현실의 은행 경영에서는 기대이익을 위험으로 조정한 지표가 대용지표로서 사용된다. 위험조정 성과평가지표이다.

미국을 기준으로 할 때 1980년대 이후 금융시장의 자유화로 금융자산의 가격변동성이 높아지면서 은행 경영에서 위험관리가 차지하는 중요성이 크게 부각되었다. 이후 실무진들에 의해 다양한 위험 반영 경영지표들이 개발되어 왔다. 이들 지표를 통칭하여 '위험조정 성과평가지표(Risk Adjusted Performance Measure ; RAPM)'라고 한다. 그중에서 현재 우리나라 은행들도 사용하고 있는 두 가지 지표를 학습하도록 한다. '위험조정자본수익률(Risk adjusted return on capital ; RAROC)'과 '위험가중자산수익률(Return on risk-weighted asset ; RORWA)'이다.[9]

(1) 위험조정자본수익률(RAROC)

가. RAROC의 정의

앞의 예제에서 기대이익만으로는 위험기피 주주의 선호가 제대로 반영되지 못함을 보았다. 기대이익은 위험으로 조정되어야 한다. 일반적으로 기업의 성과지표로 사용되는 회계장부 ROE는 이 목적에 부합되지 않는다. 기대이익과도 거리가 있고 위험도 결여된 지표이기 때문이다. ROE를 기준으로 변형하여 새로운 지표를 만든다면 이익지표는 미래 기대이익이 감안된 다른 지표로 대체되어야 하고, 그 다음에

9. 이 외 위험조정 성과평가에서 자주 거론되는 지표로 '경제적 부가가치(Economic Value Added ; EVA)'가 있다.

는 어떤 방식이든 위험으로 이 기대이익이 조정되어야 한다. 이 맥락에서 탄생한 개념이 '위험조정자본수익률(risk adjusted return on capital ; RAROC)'이다. RAROC는 ROE와 유사하되 분자에는 미래 기대이익에 부합되는 이익지표를, 분모에는 회계적 자본이 아니라 위험을 반영한 '경제적 자본'이라는 지표를 사용한다.

RAROC는 본래 1980년 전후 '뱅커스 트러스트(Bankers Trust)'에서 만들어졌다.[10] 학계가 아니라 금융업 실무종사자들에 의해 만들어진 개념이다. 실무적인 유용성으로 인해 그 활용이 1990년대 이후 세계 유수 은행으로 확산되었고, 이제는 은행만이 아니라 모든 금융기관 위험조정 성과평가지표의 도구로 자리 잡았다.[11] 실무에서 개발된 개념이므로 경제적 자본과 RAROC의 정의는 역사적으로 변천해 왔고 단일하지 않다. 그렇지만 오랜 기간 사용되면서 최근 실무에서 통용되는 정의는 어느 정도 수렴되었다.[12] 그 대표적인 정의식은 다음과 같다.

$$RAROC = \frac{\text{기대이익}}{\text{경제적 자본}} \qquad (3.8)$$

기대이익(위험조정이익) : 총수익 – 총비용 – 기대손실 – 법인세

경제적 자본 : 향후 일정 기간(대체로 1년) 정해진 신뢰수준 아래 발생할 수 있는 '예상치 못한 손실'(최대 손실 – 기대손실)의 최대치

나. 기대이익

먼저 RAROC의 분자에 해당하는 기대이익은 '총수익 – 총비용 – 기대손실 – 법인세'로 정의된다. 모든 자산이 대출자산인 은행을 생각해 보면 총수익은 대출자산

10. Guill, G., (2016), "Bankers Trust and the Birth of Modern Risk Management," *Journal of Applied Corporate Finance* 28, 19–29.

11. 금융이론의 관점에서는 내적 정합성이 결여되어 있다는 지적도 있다. 그러나 금융학계에서 이를 대체할 만한 간편한 지표를 내놓지 못하고 있어 RAROC는 널리 사용되고 있다.

12. 예컨대 대표적인 컨설팅기업인 McKinsey 자료에서 같은 정의를 찾을 수 있다. McKinsey, (2011), *The Use of Economic Capital in Performance Management for Banks*, McKinsey&Company.

의 수익, 총비용은 예금부채 등의 이자비용과 기타 영업비용이다. 손실은 대출자산의 부실화로 인한 이자수입과 원금손실이다. 예를 들어 어느 은행의 올해 말 대출자산이 1,000원이고 총이자수익과 총이자비용이 각각 100원, 50원이었다고 하자. 향후 1년 뒤 이익을 구하려고 하면 불확실성은 1,000원의 대출자산 중 부실화로 발생할 이자수입과 원금손실의 크기에 있다. 예금부채에 대한 이자비용은 불확실성이 거의 없다. 이를 반영하여 기대이익 공식은 이익 항목 중 손실만을 확률변수로 취급한 것이다. 기대손실 추정을 위해서는 손실의 확률분포를 추정한다. 이로부터 기대손실이 얻어진다.

은행 경영진은 이 기대손실에 대해서는 '충당금'을 적립할 것이다. 충당금은 대출자산 부실화에 대비해 예상되는 손실 흡수를 위한 적립금을 말한다. 이 점을 분명히 하기 위해 '대손충당금'이라고도 한다. 통상적으로 예상되는 손실이므로 미리 손실을 흡수할 수 있는 필요자금(충당금)을 준비한다는 의미이다. 은행 경영에서 일부 대출자산의 부실화로 발생하는 손실은 일상적이므로 다른 업종과는 달리 은행은 규제에 의해 충당금을 적립할 것이 요구되기도 한다. 규제에 의한 의무충당금은 최소 충당금에 해당한다. 만일 은행의 자체 추정에 의한 기대손실이 규제 기준 의무충당금을 넘어설 것으로 예상한다면, 은행이 실제로 적립하는 충당금은 이 수준을 초과할 것이다.

〈좀 더 알아보기 3-3〉 충당금 규제

은행은 규제에 의해 대출자산을 부실 가능성에 따라 구분하고 충당금을 적립하여야 한다. 규제에 의한 충당금은 최소 충당금이 되는 셈이다. 우리나라 은행감독 규정은 대출자산을 정상(0.85%), 요주의(7%), 고정(20%), 회수의문(50%), 추정손실(100%)로 분류하고 정해진 기준(괄호 안의 수치) 이상의 대손충당금을 적립하도록 되어 있다. 은행의 순이익은 이 규제에 의한 충당금을 공제한 뒤 정의된다. 2020년도 우리나라 시중은행 전체의 충당금 공제 이전 영업이익이 13.2조 원이고 충당금이 2.3조 원이므로, 충당금은 은행 순이익에 상당한 영향을 미친다. 은행 경영에서 신용위험의 중요성을 보여주는 단적인 지표이다.

* **참고자료** : 금융감독원, "은행업감독규정" 27조, 29조.

다. 경제적 자본

RAROC의 분모에 사용되는 경제적 자본은 향후 일정 기간 정해진 신뢰수준에서 발생할 수 있는 '예상치 못한 최대 손실'로 정의된다. 여기서 '예상치 못한 최대 손실'은 '정해진 신뢰수준 아래 발생할 수 있는 최대 손실 – 기대손실(예상손실)'로 정의된다. 언뜻 복잡해 보이는데 예를 가지고 이해해 보자.

어느 은행의 대출자산이 1,000원이다. 다른 자산은 없다. 기대손실은 50원이다. 은행은 기대손실 흡수를 위하여 같은 금액의 '충당금'을 적립할 것이다. 그런데 손실의 확률분포를 추정하였더니 손실이 150원 이하일 확률이 99%라고 하자. 바꿔 말해 손실이 150원을 초과할 확률은 1%이다. 또 손실이 200원을 넘을 확률은 0.5%로 추정되었고, 손실이 이보다 더 큰 300원을 넘을 확률은 0.1%로 추정되었다. 마지막으로 손실이 400원을 넘을 확률은 0%로 추정되었다.

만일 이 은행의 손실이 150원으로 실현되었다고 해보자. 어떤 일이 벌어질까? 50원의 손실은 적립된 충당금으로 흡수하겠지만, 100원의 손실에 대해서는 준비된 자금이 없다면 이 은행은 예금 등 자신의 부채에 대해 지불불능이 되어 파산에 처하게 된다. 파산을 피하기 위해서는 기대손실을 넘어서는 '예상치 못한 손실'을 흡수할 수 있는 자본금이 준비되어 있어야 한다. 어느 수준의 자본금을 준비하여야 할까? 그것은 은행 경영진의 선택이다. 완벽히 파산위험을 피하려면 (400원 – 50원), 즉 350원의 자본금이 있어야 한다. 파산위험을 1% 이하로 통제하려면 (150원 – 50원), 즉 100원의 자본금을 마련하면 된다. 자본금은 비용이 소요되므로 이 은행의 자금조달비용, 그리고 은행 주주의 위험기피도를 감안하여 파산위험을 어느 정도의 신뢰구간에서 통제할 것인지가 선택되어야 한다. 바로 신뢰수준의 선택이다. 높은 신뢰수준은 보수적인 위험관리 태도, 즉 높은 위험기피도에 해당한다. 이상의 논리에 의해 경제적 자본의 개념이 도출되었다. 은행의 파산위험에 대비한 지급능력(청산능력)이라는 의미에서 '자본'이다. 그런데 회계장부의 자본금이 아니고, 경제적 관점에서 위험관리를 위하여 설정된 개념적인 자본이므로 '경제적 자본'이다.

■ 경제적 자본과 VaR

경제적 자본은 위험관리 분야에서 널리 사용되는 'VaR(Value at Risk)' 개념과 연관되어 있다. VaR은 '위험가치' 또는 '최대 손실 예상액'으로 번역되는데, 어떤 금융자산이 있을 때 향후 일정 기간 그 자산가치의 가능한 최대 손실 예상액으로 정의된다.[13] 예를 들어 현재 시장가격이 100원인 금융자산이 향후 1년 중 가격이 80원으로 하락할 확률은 1%라고 하자. 그러면 99% 신뢰수준 아래 가능한 '최대 손실 예상액'은 20원이다. 은행 경영에서 정의되는 경제적 자본은 은행 자산을 기준으로 정의된 VaR과 연관되어 있다. [그림 3-1]에서 주어진 신뢰수준에서 신뢰구간의 경계값이 VaR이다. VaR에서 기대손실을 제한 값이 예상치 못한 손실이고, 이것이 경제적 자본이다. 즉, 경제적 자본은 'VaR – 기대손실'이다.

그림 3-1 경제적 자본과 VaR

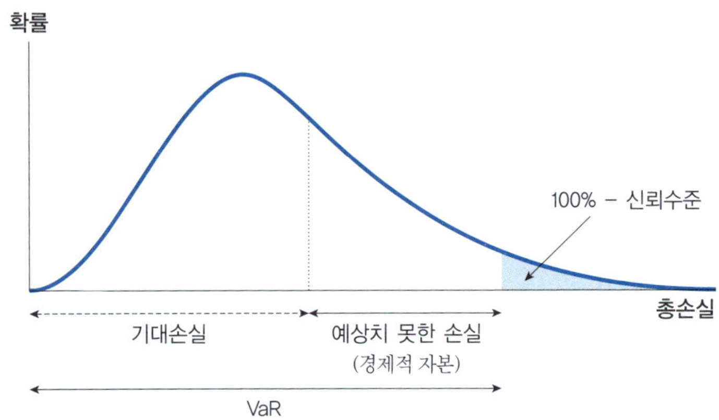

■ 경제적 자본의 결정요인

경제적 자본의 크기는 두 가지 요인에 의해 결정된다. 대출자산의 신용위험과 경영진의 위험에 대한 태도이다. 경제적 자본이 (VaR – 기대손실)이라는 점을 염두에

13. VaR 개념은 7장의 증권사 위험관리에서 좀 더 자세히 설명된다.

두면 그 관계가 쉽게 이해된다. 다음 사례를 통해 알아보자.

[예제 3] 경제적 자본의 결정요인

은행 A, B가 있다. A은행은 우량기업 위주이다. B은행은 비우량기업 위주이다. 두 은행이 예금이자비용은 똑같지만, B은행의 대출이자율이 높아서 B은행의 순이자마진이 높다. 그 결과 현재 A은행의 총이자수입은 200, 총이자비용은 80이다. B은행은 총이자수입 220, 총이자비용 80이다. 두 은행은 대출자산 이외에 다른 자산은 없다. 법인세는 없다고 가정하자. 두 은행의 경영진은 위험을 감안한 수익성 지표로서 RAROC를 계산하기 위해 현재 대출자산의 향후 1년 손실분포를 추정하였다. 두 은행의 손실분포는 정규분포로 추정되었으며 A은행의 경우 평균 20, 표준편차 5로 평가되었다. B은행은 평균 20, 표준편차 10으로 평가되었다.

(1) 신뢰수준 95% 아래 두 은행의 RAROC를 구하라.

해답 주어진 정보를 가지고 RAROC의 정의식에 대입하면 아래와 같다.

$$\text{A은행 95\% 신뢰수준 RAROC} = \frac{(200-80-20)}{1.65\times 5} = 12.12$$

$$\text{B은행 95\% 신뢰수준 RAROC} = \frac{(220-80-20)}{1.65\times 10} = 7.27$$

(2) 두 은행의 경영진은 주주들의 위험기피도가 상당히 높으므로 보다 보수적인 기준에서 RAROC를 계산하기로 하였다. 신뢰수준 99% 아래 RAROC를 계산하였다. 95% 신뢰수준에 비해 어떻게 달라지는가?

해답 99% 신뢰수준 RAROC는 분모계수 1.65를 2.33으로 조정하면 얻어진다. 95% 신뢰수준에 비해 경제적 자본이 커지고, RAROC는 작아진다.

손실분포가 정규분포를 따른다면 경제적 자본은 손실의 표준편차(σ)와 정확히 비례관계가 성립한다. 정규분포의 성질에 따라 95% 신뢰수준 아래 최대 손실액, 즉 VaR은 '평균 + 1.65 × 표준편차(σ)'이다. 따라서 '(VaR − 기대손실) = 1.65 × σ'이고 경제적 자본은 1.65 × σ 이다. 마찬가지로 99% 신뢰수준이라면 경제적 자본은 2.33 × σ 이다. 표준편차는 손실의 변동성이므로 신용위험의 지표로 해석할 수 있다. 그러므로 경제적 자본이 표준편차와 비례관계라면 이는 신용위험과 비례관계인 것이

된다. 한편 신뢰수준은 경영진의 위험에 대한 태도를 측정하는 계수의 역할을 한다. 보다 높은 신뢰수준은 높은 위험기피도에 대응된다. 이에 경제적 자본의 개념은 신용위험에 위험기피도 계수를 곱한 것으로 해석할 수 있다.

$$\text{경제적 자본} = \text{위험기피도 계수} \times \text{위험의 크기(손실의 변동성/표준편차)} \quad (3.9)$$

이 식은 경제적 자본이 위험과 위험에 대한 태도와 비례함을 요약해서 보여준다.

라. '바젤 협약'의 경제적 자본 개념 수용과 RAROC의 확산

RAROC 계산에는 손실의 확률분포 추정이 필요하다. 개별 은행이 어떤 방법으로 손실의 확률분포를 추정하는지에 따라 RAROC의 값이 달라진다. 그러므로 추정방법이 표준화되어 있지 않으면 RAROC는 개별 은행 내부의 자료로서 의의는 있어도 은행산업의 표준지표로 사용되기는 어렵다. RAROC가 개별 은행의 내부 경영평가지표를 넘어서 은행업의 표준적인 성과지표로 자리 잡게 되는 데는 바젤 규범의 역할이 있었다.

1988년 출범하였던 바젤 협약은 2004년 개정된 바젤 2에서 경제적 자본 개념을 도입한다. 바젤 2는 당시 선진 은행들이 사용하고 있는 '경제적 자본'의 개념을 도입하는 데 초점을 두었다. 1990년대 선진 은행들은 이미 내부 위험관리 모형을 구축하고 손실의 확률분포를 추정하며, 이를 기초로 경제적 자본 및 RAROC를 추정하여 경영에 활용하고 있었다. 2004년 도입된 바젤 2는 위험가중자산 계산방법을 '내부등급법'과 '표준방법'으로 이원화하였다. 우수한 내부 위험관리 모형을 갖춘 은행들은 '내부등급법'을 선택하여 내부 모형을 활용하는 것이 허용되었고, 이들 은행이 내부 모형으로 계산한 경제적 자본을 적정 자본으로 인정하였다. 이후 내부 모형에 의해 산정된 적정 자본은 '내부 자본'으로 불리게 된다. 바젤 규범의 이 조치는 선진 은행들이 사용하던 내부 위험관리 모형, 그리고 그에 기초한 경제적 자본 및 RAROC

지표를 공식화하는 동시에 은행업 전체에 파급하는 효과를 낳았다. 우리나라에서도 현재 대형 시중은행들은 '내부등급법'으로 위험가중자산을 계산한다. 이에 따라 이들 대형 은행에서는 RAROC를 경영성과지표로 사용하는 관행이 형성되었다.

〈좀 더 알아보기 3-4〉 바젤 협약의 표준 방법과 내부등급법

2장에서 바젤 협약의 핵심 규제가 다음의 식으로 정의되는 자기자본비율 규제임을 설명하였다.

$$\text{자기자본비율} = \frac{\text{BIS 자기자본}}{\text{위험가중자산}} \geq 8\%$$

위험가중자산에서 '위험'은 신용위험, 시장위험, 운영위험의 세 종류에 대해 계산한다. 그 이외 은행 수익의 위험요인인 '유동성 위험'과 '금리위험'은 자기자본비율 규제 적용대상이 아니다.

위험가중자산 계산의 절차는 다음과 같다. 먼저 은행은 전체 자산을 신용위험과 시장위험 중 어느 위험에 해당하는지에 따라 구분하여야 한다. 보통 대출자산은 신용위험, 유가증권 등 시장성 자산은 시장위험에 해당되는 자산으로 간주된다. 자산이 구분되면 각 자산의 범주별로 '신용위험가중자산', '시장위험가중자산'이 계산된다. 마지막으로 운영위험은 전체 은행업무에 대해 '운영위험가중자산'이 계산된다. 각 위험별로 가중자산이 계산되면 세 위험가중자산을 합산한 전체 위험가중자산이 산출된다. 우리나라 은행의 자산은 주로 대출자산이므로 위험가중자산 산출의 핵심은 대출자산에 대한 신용위험가중자산의 계산이다.

1988년 제정된 바젤 1의 신용위험가중자산 계산방법은 경직적이었다. 은행별 자체 위험관리 모형의 사용이 인정되지 않았고, 일률적으로 BIS에서 정한 자산별 가중치를 적용하도록 되어 있었다. 자산별 가중치도 자산별 신용위험이 세분되어 있지 않아 정확성에 우려가 많았다. 바젤 2에서는 이 문제점을 보완하기 위하여 신용위험가중자산의 추정방법에 '표준방법'과 '내부등급법'의 두 가지를 도입하였다. '표준방법'은 은행들이 BIS가 자산별로 정해놓은 가중치 기준을 그대로 적용하는 방법이고, '내부등급법'은 은행들이 내부적으로 개발한 신용위험 모형에 의해 적정 가중치를 추정하는 방법이다. 내부등급법을 사용할 경우 내부 모형의 적정성이 감독당국에 의해 승인되어야 한다.

내부등급법은 은행마다 다르므로 '표준방법'의 위험가중치를 살펴보자. 표준방법에 의한 신용위험가중치는 대출거래 상대방의 속성(정부, 은행, 기업)과 신용등급에 따라 세분되어 있다.

현재 기준의 '표준방법'에 의한 가중치는 금융감독원 감독규정(금융감독원, "〈별표 3〉 신용 · 운영리스크 위험가중자산에 대한 자기자본비율 산출 기준")에 상세히 규정되어 있다. 간략히 소개하면 다음 표와 같다.

표준방법에 의한 대출자산의 신용등급별 위험가중치

	0	20%	50%	100%	150%
정부	AAA~AA-	A+~A-	BBB+~BBB-	BB+~B-	B- 미만
은행	.	AAA~AA-	A+~A-	BBB+~B-	B- 미만
기업	.	AAA~AA-	A+~A-	BBB+~BB-	BB- 미만

예로서 아래 A은행의 재무상태표를 보자. 이 은행은 '표준방법'으로 신용위험가중자산을 산정하기로 했다. 국채의 위험가중치는 0이고 BBB+ 신용등급 기업대출의 가중치는 1이다. 따라서 이 은행의 위험가중자산은 80이며, 80의 8%인 6.4가 바젤 협약에서 요구하는 최소 자본금이다.

A은행 재무상태표

자산		부채 및 자본	
국채	20	예금	82
기업대출(BBB+등급)	80	보통주	8

(2) 위험가중자산이익률(RORWA)

RORWA는 BIS 규제에서 파생된 성과지표이다. 내부등급법이 아니라 표준방법을 선택한 은행들은 감독당국이 승인한 내부 모형을 사용하지 않는다. 검증된 내부 모형이 없으므로, BIS 표준방법에 의해 위험가중자산을 계산하고 필요최소자본금액을 산출한다. 또 RAROC에서 기대손실과 경제적 자본의 지표로서 규제상의 관련 지표를 사용하게 된다. 기대손실의 지표로는 재무상태표의 충당금을, 경제적 자본의 지표로는 BIS 규제 위험가중자산의 8%를 사용하게 된다. 이 경우 RAROC는 다음과 같이 변형되는데, 분모에 BIS 기준 위험조정자본을 사용하였으므로 이 지표는

RORAC(return on risk-adjusted capital)로 지칭되기도 한다.

$$RAROC = \frac{\text{기대이익}}{0.08 \times BIS \text{ 위험가중자산}(RWA)} \tag{3.10}$$

기대이익 : 총수익 - 총비용 - 충당금 - 법인세

식 (3.10)의 분모에서 0.08은 상수이므로 사실 은행의 경영성과를 상호 비교할 경우에는 의미가 없다. 이를 제거하면 얻어지는 것이 위험가중자산 대비 이익률, 즉 RORWA이다.

$$RORWA = \frac{\text{충당금후순이익}}{BIS \text{ 위험가중자산}(RWA)} \tag{3.11}$$

RORWA의 장점은 투명성이다. RAROC는 금융기관의 내부 모형에 의해 기대이익과 경제적 자본이 계산되므로 외부 투자자의 입장에서는 결과의 근거를 알기가 어렵다. RORWA는 계산에 사용되는 지표들이 규제지표이므로 산출근거가 투명하다. 대신 개별 은행의 손실분포가 추정된 것이 아니므로 위험이 상대적으로 불완전하게 반영되었다는 점이 단점이다. 표준방법에 의한 필요자기자본 계산은 기계적이다. 그러므로 개별 은행의 실제 손실의 확률분포과 차이가 있을 것이고, 따라서 경제적 자본의 개념과는 어긋난다. 그러나 미흡하지만 이들 은행이 간편하게 사용할 수 있는 위험을 감안한 자본의 지표가 된다. 우리나라에서 소규모 지방은행과 저축은행들은 주로 RORWA를 성과지표로 발표하고 있다.

4.3 세부 위험관리 업무

(1) 전체 위험관리 업무의 체계

은행 수익의 변동을 야기하는 위험요인으로 신용위험[14], 시장위험, 금리위험, 유동성 위험, 운영위험 등이 있다고 하였다(〈표 3-2〉 참조). 이상적으로는 RAROC의 계산에서 이들 위험을 모두 고려하여야 한다. 모든 위험이 통합고려되어 손실분포가 추정될 수 있다면, 그에 따라 기대손실 및 기대이익이 추정되고 경제적 자본이 추정될 수 있다. 그런데 모든 위험을 통합한 손실분포의 추정은 아직까지 현실에서는 불가능한 상황이다. 바젤 협약도 현실을 반영하여 위험요인별로 나누어 관리방법을 달리하고 있다. 우리나라 은행의 경우 바젤 협약에 의해 위험관리 업무가 주도되고 있어 바젤 협약의 관리방법이 은행의 위험관리 업무의 흐름을 정하고 있다.

현재 바젤 협약의 자기자본비율 규제는 신용위험, 시장위험, 운영위험 등 세 위험에 대해 적용되고 있다.[15] 〈표 3-3〉은 현재 바젤 협약이 각 위험요인에 대해 어떤 방식으로 접근하고 있는지를 정리한 것이다. 세 위험에 대해서는 위험가중자산이 계산되고 그에 비례한 자본금 확충이 요구된다. 그 이외 금리위험과 유동성 위험에 대해서는 바젤 협약이 개별 모니터링 지표에 의해 일정 수준 이내에서 각각 관리하는

표 3-3 **바젤 협약의 위험별 관리방식**

위험구분	관리방식
신용위험	자기자본비율 규제 적용. 위험별 위험노출도를 위험가중자산으로 계산하고, 그 크기에 비례하여 최소 필요자본금 요구
시장위험	
운영위험	
유동성 위험	유동성 커버리지 비율(LCR), 순안정자금조달비율(NSFR) 등으로 관리
금리위험	스트레스(stress) 테스트로 순이자수익 손실, 순자산가치 손실 관리

14. 신용편중 위험을 포함하였다.
15. 앞의 〈좀 더 알아보기 3-4〉 참조.

방식을 권고하고 있다. 개별 관리가 바람직해서가 아니라 통합관리가 쉽지 않은 현 수준 위험추정 기법의 한계를 반영한 것이다.

바젤 협약의 체계에 따라 우리나라 은행이 내부등급법으로 경제적 자본을 계산하는 경우 그 대상은 신용위험, 시장위험, 운영위험에 한정되어 있다. 우리나라 은행은 이미 언급했듯이 시장위험 자산이 미미하다. 운영위험 역시 위험가중자산에서 중요성이 작다. 그러므로 내부등급법에 의한 손실분포 추정과 경제적 자본 계산, 그리고 RAROC는 결국 신용위험에 한정된 위험관리 경영기법인 셈이다. 우리나라 은행의 유동성 위험과 금리위험의 관리는 바젤 협약의 관리방식을 따라 별도 지표로 개별 관리되고 있다.

정리하면 우리나라 은행의 위험관리 업무는 실질적인 업무흐름으로 보아 신용위험, 유동성 위험, 금리위험이 개별 관리되는 방식인 셈이다. 세 위험의 관리기법 또는 업무흐름을 순서대로 살펴보도록 한다.

(2) 신용위험 관리

가. 신용위험 관리 업무의 흐름

은행의 신용위험 관리 업무는 크게 신용위험의 추정과 대출심사의 두 범주로 구분된다. 신용위험 추정은 은행 대출자산이 노출된 신용위험의 추정 업무이다. 앞 절에서 논의한 손실의 확률분포 추정 업무에 해당된다. 또 신용위험은 바젤 규범에서 자기자본 규제의 주요 항목이므로, 신용위험 추정 업무는 은행의 자본금 관리 업무와 연계되어 있다.

대출심사는 사전적인 신용위험 관리 업무이다. 대출의 실행 단계에서 차입자의 적정 신용위험 여부를 심사하여 은행 전체 대출자산의 신용위험이 목표수준에서 관리되도록 하기 위함이다. 업무의 성격상 신용위험 추정은 본부 차원에서 이루어진다. 은행 본부에서 전체 대출자산의 신용위험이 추정되면, 그로부터 기대손실과 경제적 자본이 추정된다. 이로부터 RAROC가 산출되고 자본금 관리 업무와 연계되어 향후 대출업무에 대한 전략이 정해진다. 이 전략에 따라 각 영업점의 대출심사의 기준이 정해진다. 다음 예제를 통해 그 흐름을 생각해 보자.

[예제 4] 신용위험, 자본금 관리와 대출영업 전략

A은행이 전체 대출자산의 신용위험을 추정하였다. 기대손실과 예상치 못한 손실을 추정하여 경제적 자본 100원과 RAROC 10%가 계산되었다. 현재 이 은행의 실제 자본금은 70원이다.

(1) 현재 이 은행의 자본조달 비용이 8%라고 하자. 이 은행의 적정 자본금 관리와 대출영업 전략을 설계해 보아라.

해답 경영진이 설정한 신뢰수준 아래 파산을 피하기 위해 필요한 자금액으로 추정된 경제적 자본이 100원이다. 실제 자본금은 70원이므로 현재 대출자산을 유지하려면 30원의 추가 자본금 조달이 필요하다. 자본조달 비용은 8%로서 현재 대출자산의 수익률 RAROC 10%를 하회하므로 30원을 추가 조달하면 된다. 자본조달 비용이 RAROC를 하회하고 있으므로 현 수준의 신용위험을 유지하면서 대출자산을 보다 늘리는 것이 이익극대화에 적합하다. 보다 공격적인 대출마케팅 캠페인을 실시하면서 대출심사 기준을 다소 완화하는 방향의 영업전략 추진이 가능하다.

(2) 현재 이 은행의 자본조달 비용이 12%라고 하자. 이 은행의 적정 자본금 관리와 대출영업 전략을 설계해 보아라.

해답 자본조달 비용이 12%인 경우 이 은행이 현 수준의 대출자산을 유지하기 위해 30원의 추가 자본금을 조달하면 이 자본금의 순수익은 −이다. 따라서 향후 대출자산의 신용위험을 줄여 경제적 자본을 70원 이내로 축소하는 것이 적절하다. 대출심사 기준을 강화하여야 한다.

이처럼 은행은 경제적 자본과 RAROC를 실제 자본금과 자본조달 비용과 비교하면서, 향후 보다 공격적인 대출영업전략을 추구할 것인지 아니면 보수적인 전략을 추구할 것인지를 정한다. 대출심사 업무는 그에 따라 실행된다.

나. 대출자산 손실분포의 추정

대출자산의 신용위험 추정은 손실 확률분포의 추정을 말한다. 개별 은행이 채택할 수 있는 손실 확률분포의 추정방법은 이론적으로는 다양하다. 그런데 바젤 규범은 은행의 내부 신용위험 추정 모형이 적정 모형으로 승인되기 위해서 갖춰야 할 기본 요소들을 정하고 있다.[16] 이로 인해 최근 우리나라 은행들의 신용위험 추정방법은 표준화되어 있다. 아래에서는 바젤 규범이 설명하는 추정방법론을 큰 틀에서 소개한다.

개념적으로 대출자산의 신용위험 손실은 향후 일정 기간 부도확률(PD), 부도 시 노출액(Exposure at Default ; EAD), 부도 시 손실(Loss Given Default ; LGD) 등 세 요소의 곱으로 정의한다. 일정 기간은 보통 1년으로 정해진다. 부도확률은 향후 1년 해당 대출자산 그룹의 차입자 중 부도 차입자의 비율이다. 부도 시 노출액은 부도 발생 시 해당 차입자가 보유하고 있는 잔존 대출금액이다. 부도 시 손실은 부도 발생 시 실제로 상환받지 못하는 손실금액의 잔존 대출금액에 대한 비중이다.

이상의 정의를 사용하면 어느 기업 또는 개인에 대한 개별 대출자산 i의 기대손실은 부도확률, 부도 시 노출액, 부도 시 손실의 곱이 된다.

$$\text{개별 대출자산 } i\text{의 기대손실} = PD_i \times EAD_i \times LGD_i \tag{3.12}$$

그러면 은행 전체로 확대하여 대출자산 전체의 기대손실, 그리고 경제적 자본에 해당하는 주어진 신뢰수준하의 '예상치 못한 손실'은 어떻게 추정되어야 할까? 대출자산 전체에 대한 손실 추정에서 문제가 되는 것은 대출자산 사이에는 신용위험의 상관관계가 존재할 수 있다는 점이다. 예를 들어 산업, 지역 등 속성에 따라 차입자의 부도확률은 연관되어 있을 것이기 때문이다. 바젤 규범은 개별 대출자산의 부도확률 추정과 관련하여 개별 은행의 내부 모형 방법을 허용한다. 그러나 부도확률의

---

16. BIS, (2005), *An Explanatory Note on the Basel II IRB Risk Weight Functions*.

상관관계 추정은 바젤 규범이 정한 모형에 의하도록 의무화하고 있다. 그 상세한 내용은 BIS의 관련 자료 등에 설명되어 있다. 여기서는 생략한다.[17]

(3) 유동성 위험 관리

은행의 유동성 위험 관리는 2008년 세계 금융위기 후 도입된 바젤 3에서 크게 강화된 항목이다.[18] 선진국 주요 은행의 유동성 위기로 유동성 위험 관리 강화의 필요성이 시현되었고, 동시에 유동성 위기를 겪으며 관리 필요 세부사항들의 학습이 가능하였기 때문이다. 두 유동성 위험 관리지표가 도입되었다. '유동성 커버리지 비율(Liquidity Coverage Ratio ; LCR)'과 '순안정자금조달비율(Net Stable Funding Ratio ; NSFR)'이 그것이다.

LCR은 단기 유동성 위험 관리지표로 고유동성 자산의 향후 1개월간 순현금유출액에 대한 비율로 정의된다. 아래 식 (3.13)이 정의식이다. 바젤 3는 이 비율이 일정 수준 이상에서 유지될 것을 규제로 정했다. 은행이 심각한 유동성 위기 상황에서도 1개월간 지속되는 자금유출에 대응할 수 있도록 순현금유출액의 일정 비율을 처분제한이 없고 큰 손실 없이 즉시 현금화가 용이한 고유동성 자산으로 보유하도록 요구하는 규제인 셈이다. 은행의 유동성 위험 관리지표로는 전통적으로 사용되어 온 '유동성 비율'[19]이 있다. LCR이 기존의 유동성 비율과 다른 점은 유동성 자산의 질을 고려하여 단순 만기가 아니라 유동성의 정도에 따라 가중치를 부과하고 정상 상황이 아닌 위기상황에서 일정 기간 충격 흡수가 가능한 유동성 여부를 검증하여 '고유동성

---

17. BIS 자료는 주석 16의 자료를 참조하라. 또 좀 더 상세한 해설은 Hull, J., (2018), *Risk Management and Financial Institutions*, Wiley의 15장을 참조하라.

18. BIS 최종안은 유동성 커버리지 비율 규제가 2013년, 순안정자금조달비율 규제가 2014년 발표되었다. 우리나라는 그에 따라 유동성 커비리지 비율 규제는 2015년부터, 순안정자금조달비율 규제는 2018년부터 시행하고 있다.

19. 유동성 비율은 일정 만기(1개월 또는 3개월) 이내 유동성 자산의 동일 만기 유동성 부채에 대한 비율로 정의된다.

자산' 여부가 판단되고 산출된다는 점이다. 우리나라도 바젤 규범의 권고를 수용하여 고유동성 자산의 판단 기준, 향후 1개월 순현금유출액의 추정 기준을 감독규정에서 매우 상세하게 정하고 있다.[20]

$$\text{유동성 커버리지 비율}(LCR) = \frac{\text{고유동성 자산 보유 규모}}{\text{향후 1개월간 순현금유출액}} \geq \text{최저규제 수준} \quad (3.13)$$

NSFR은 은행이 향후 1년 이내 필요한 자금규모에 대해 안정적인 자금조달 구조를 유지하도록 유도하는 규제로, 단기 도매자금 조달에 과도하게 의존하는 것을 제한하는 데 주목적이 있다. 2008년 세계 금융위기 과정에서 이른바 도매예금에 의존하였던 일부 은행이 급격한 자금인출로 유동성 위기에 직면하였던 경험을 반면교사로 삼은 규제이다. NSFR은 은행 재무제표상 부채와 자본의 각 항목에 자금조달의 안정성을 고려한 가중치(ASF factor)를 곱하여 계산된 안정자금가용금액(Available Stable Funding)을 자산의 각 항목에 내재된 유동성을 고려한 가중치(RSF factor)를 곱하여 계산된 안정자금조달필요금액(Required Stable Funding)으로 나누어 산출한다. 아래 식 (3.14)가 정의식이다. 은행은 NSFR을 최저규제 수준인 100% 이상으로 유지할 것이 요구된다. LCR과 마찬가지로 안정자금가용금액과 안정자금조달필요금액 계산을 위한 가중치 등은 감독규정에 상세하게 정해져 있다.[21] 가중치는 도매예금에의 과도한 의존을 막는다는 규제취지에 따라 소매 및 중소기업 예금이 동일 만기 도매예금에 비해 보다 안정적이라는 가정을 반영하고 있다.

$$\text{순안정자금조달비율}(NSFR) = \frac{\text{안정자금가용금액}}{\text{안정자금조달필요금액}} \geq 100\% \quad (3.14)$$

20. 금융감독원, "은행업감독업무시행세칙," 〈별표 3-6〉.

21. 금융감독원, "은행업감독업무시행세칙," 〈별표 3-10〉.

(4) 금리위험 관리

바젤 규범에서 은행 대출자산의 금리위험은 두 가지 기준으로 측정된다.[22] 순이자수익(Net Interest Income ; NII)의 금리변동에 따른 손실위험, 자본가치의 금리변동에 따른 손실위험이다.

가. 순이자수익(NII)의 금리위험

순이자수익의 금리변동에 따른 손실위험은 전통적인 은행의 금리위험 관리 기준이다. 은행의 주된 자산과 부채는 대출자산과 예금부채인데, 이들 금융자산은 시장성 자산이 아니다. 그러므로 금리변동은 은행의 순자산에 미치는 영향의 관점보다는 은행의 순이자수익에 미치는 영향의 관점에서 관리되어 왔다. 그 대표적인 지표로 실무에서 사용하여 온 것이 '금리개정갭(Repricing gap)' 또는 '금리갭'이다. 2016년 바젤 규범과 그에 따른 우리나라 감독규정은 금리변동에 따른 순이자수익 변동위험의 계산에 어떤 지표를 사용할 것을 명시하지 않고 있다. 그런데 그 이전 감독규정에서는 실무에서 오랜 기간 사용되어 온 금리갭 개념을 명시하여 계산방법을 예시하였다. 현실적으로 은행에서 사용 가능한 다른 방법이 있지 않으므로 앞으로도 '금리갭' 지표가 활용될 것으로 생각된다.

금리갭은 다음과 같이 계산한다. 먼저 금리변동의 순이자수익 변동위험 관리의 목표기간은 향후 1년으로 설정한다. 향후 1년을 6개의 만기구간으로 구분한다(〈표 3-4〉 참조). 각 만기구간별로 만기 도래 등으로 금리가 재책정되는 자산과 부채를 분류한다. 이들 자산과 부채를 해당 기간의 금리민감자산 및 금리민감부채라고 한다.

---

22. 이하 설명은 가장 최근에 발표된 2016년 바젤 규범의 금리위험 관리 기준과 그에 따른 우리나라 금융감독원 규정에 의거하였다. Basel Committee on Banking Supervision, (2016), "Standards : Interest Rate Risk in the Banking Book," Bank for International Settlements ; 금융감독원, "은행업감독업무시행세칙," 〈별표 9-1〉.

각 만기구간의 금리갭은 (금리민감자산 − 금리민감부채)로 정의된다.

표 3-4 만기구간 구분

만기구간(M : 월, Y : 년, t^{CF} : 금리개정일)					
1일 (0.0028Y)	1일 $< t^{CF} \le$ 1M (0.0417Y)	1M $< t^{CF} \le$ 3M (0.1667Y)	3M $< t^{CF} \le$ 6M (0.375Y)	6M $< t^{CF} \le$ 9M (0.625Y)	9M $< t^{CF} \le$ 1Y (0.875Y)

* 괄호 안의 숫자는 만기구간 중간시점임.

만기구간별 금리갭이 산출되면 이를 이용하여 순이자수익의 금리변동위험액(Earnings at Risk ; EaR)을 다음 식에 의해 계산한다.

$$\text{금리}EaR = \sum_i (R_{GAP_i} \times (T - M_i) \times \Delta r_i) \tag{3.15}$$

R_{GAP_i} : 만기구간 i의 금리갭, T : 순이자이익 목표 관리기간 = 1

M_i : 만기구간 i의 금리개정 중간시점, Δr_i : 금리충격 적용 시 만기구간 i의 금리변동 예상폭

식 (3.15)에서 목표 관리기간(T)은 보통 1로 설정하는데, 이는 1년이 일반적인 순이자수익의 금리위험 관리기간이기 때문이다.

다음 예제를 통하여 금리갭과 금리EaR의 의미를 좀 더 생각해 보자.

[예제 5] 금리갭과 금리EaR

어느 은행의 기간별 금리민감자산과 금리민감부채가 다음과 같다. 만기구간별 금리갭을 구하고 1% 금리변동에 대한 금리EaR을 구하라.

만기구간	금리민감자산	금리민감부채
1일~1개월	200(만 원)	300
3~6개월	300	400

해답 1일~1개월 금리갭 = 200 − 300 = −100

3~6개월 금리갭 = 300 − 400 = −100

금리EaR = −100 × (1 − 0.0417) × (0.01) − 100 × (1 − 0.375) × (0.01)

= −1.5833만 원

[예제 5]에서 1일~1개월 만기구간에 해당되는 금리민감자산이 200만 원이고 부채는 300만 원이므로 1일~1개월 구간 금리갭은 −100만 원이다. 1일 후 금리가 개정되어야 하는 부채가 자산보다 100만 원 많다. 즉, 만일 1개월 이내 금리가 상승할 경우 상승금리로 개정되어야 하는 부채가 자산보다 많다. 따라서 은행은 그만큼 손실을 입게 된다. 손실금액은 금리갭에 금리변동분을 곱하면 된다. 그런데 금리개정 시점을 1일~1개월의 중간시점인 지금으로부터 0.0417년 후라고 하면 금리 상승이 영향을 미치는 기간은 향후 1년 중 (1 − 0.0417)년에 해당된다. 1년 기준 순이자수익의 손실금액은 이 금리 상승 후 기간을 곱해 주면 얻어진다. 식 (3.15)에서 $(R_{GAP_i} \times (T - M_i) \times \Delta r_i)$이 이 금액에 해당된다.

다음으로 3~6개월 만기구간에 대해서도 동일한 방식으로 금리변동에 따른 순이자수익의 손실액이 계산된다. 은행의 총손실액은 각 만기구간별 손실액의 합으로 구해진다. 식 (3.15)의 금액이다. 이것이 금리EaR이다.

나. 자본가치의 금리위험[23]

자본가치의 금리위험은 금리 변동이 자산, 부채 및 부외 항목의 현재가치에 영향을 미쳐 발생할 수 있는 자기자본의 경제적 가치 변동을 말한다. 이 금리위험의 계산은 듀레이션(Duration) 지표의 활용을 필요로 한다. 듀레이션의 개념은 7장 증권사 위험관리에서 자세히 설명하고 있으므로 해당 부분을 참고하기 바란다. 여기서는 듀레

23. 듀레이션 개념의 학습이 필요한 독자는 7장의 부록(채권가격과 듀레이션)을 먼저 학습하기 바란다.

이션 개념을 전제로 해서 자본가치 금리위험의 추정방법과 문제점을 설명한다.

어떤 자산의 듀레이션은 해당 자산가치의 금리변동에 대한 탄력성 지표이다. 즉, 1% 금리변동이 있을 때 그에 따른 자산의 가치변동액 측정지표가 듀레이션이다. 그러므로 어떤 자산의 듀레이션을 알면 금리위험은 자동 계산된다. 은행의 자산부채에 듀레이션 개념을 적용하려고 할 때 어려운 점은 만기가 없는 자산이 있다는 점이다. '비만기예금'이다. 특히 우리나라 은행의 경우 예금에 의한 자금조달 비중이 높으므로 이 문제는 작지 않다. 금융자산의 듀레이션은 시점별 현금흐름이 확정되어 있어야 계산 가능하다. 비만기예금의 경우 자금 유입과 유출 시점이 예정되어 있지 않으므로 듀레이션의 정의가 불가능하다. 그러나 비만기예금을 제외하면 은행의 부채 대부분이 제외되므로 자본가치 금리위험 계산이 무의미해진다.

바젤 규범에서는 듀레이션 계산을 위하여 비만기예금에 대해 예금인출시점에 대해 일정한 가정을 도입한다. 그런데 이 가정에 따라 자본금 가치의 금리위험액이 크게 영향을 받는다는 것이 알려져 있다.[24] 이에 바젤 규범은 듀레이션을 사용한 자본가치의 금리위험을 추정할 경우 시나리오 분석과 스트레스 테스트에 보다 중점을 둘 것을 강조하고 있다. 시나리오와 스트레스 테스트의 설계에서 각국의 은행산업이 처한 금융시장의 환경에 맞추어 현실적인 가정을 설정할 것을 요구하고, 더불어 가정과 도출방법을 투명하게 공개할 것도 강조한다. 이는 예금부채와 대출자산으로 구성된 은행의 자산부채 구조상 특정한 두 개의 수치로 금리위험을 측정하고 관리하는 방법이 부적절함을 시사한다.

24. 한영철(2008), 「바젤 표준방법의 일반화 모형을 이용한 국내은행의 금리리스크 측정 및 시사점」, 한국은행.

5. 사업환경

은행의 수익성은 순이자마진, 자기자본비율이 결정함을 보았다. 또 순이자마진은 신용위험, 유동성 위험, 금리위험 등이 경제적 결정요인임을 보았다. 이들 변수는 은행의 경영 선택에 의해 정해진다. 그러나 선택된 각 변수에 의해 수익성이 기계적으로 결정되는 것은 아니다. 외부 환경의 역할이 있기 때문이다. 모든 기업의 수익성은 부분적으로는 내부 경영요인에 의해, 나머지는 외부 환경요인에 영향을 받아 정해진다. 요컨대 은행 수익성은 신용위험, 유동성 위험, 금리위험, 자기자본비율의 함수지만 함수의 구체적인 형태는 환경요인에 따라 달라진다. 대표적인 환경요인으로는 거시경제 여건, 규제환경, 경쟁환경, 그리고 기술환경이 있다.

5.1 거시경제 여건

(1) 경기순환

은행 수익성의 최대 결정요인인 자산건전성, 즉 신용위험의 경우 일단은 은행의 자체적인 위험관리 능력과 선택에 의해 정해질 것이다. 하지만 최종 결과는 은행을 둘러싸고 있는 경제환경의 영향이 같이 고려되어야 한다. 경제환경 변수 중 대표적인 요인은 경기순환이다. 은행 이익과 경기순환 사이의 양(+)의 상관관계는 오랜 기간 널리 관찰되어 온 현상이다. 금융학자들은 경기순환이 대출자산의 건전성에 미치는 인과관계에 기인한 현상으로 보고 있다. 경기호황기에는 대출자산의 신용위험이 작아지면서 대출자산 부실화에 따른 손실이 감소하고 침체기에는 신용위험과 부실자산 손실이 증가하는 패턴이 있다는 것이다.

(2) 세계 금융위기 후 장기 저금리 현상

경기순환 이외에 최근 10년간 은행 경영에 영향을 미치는 중요한 거시경제 환경 요인으로 거론되었던 것은 2008년 세계 금융위기 이후 2022년 상반기까지 지속되었던 '초저금리 현상'이다. 2008년 세계 금융위기 이후 주요국의 금리는 역사적으로 최저 수준을 10년 이상 지속하였다. 유럽의 대부분 국가는 기준금리가 제로금리 또는 마이너스 금리에 도달하였고, 미국을 필두로 다른 대륙의 주요 선진국 기준금리도 제로금리 부근에 머물러 왔다. 시장경제의 역사에서 초유의 현상인데, 제로금리 수준이 장기간 지속되는 거시금리는 순이자마진을 통해 은행 경영에 부정적인 영향을 미치고 있다는 주장이 종종 제기되어 왔다.

그림 3-2 우리나라와 미국의 국채금리(10년 국채 기준)

자료 : 한국은행, 『경제통계시스템』; Board of the Governors of the Federal Reserve System, *Data*.

은행의 순이자마진은 경영 선택 변수의 하나이다. 일차적으로는 은행의 경영전략에 따라 통제되는 변수이다. 그러나 거시환경 요인에도 영향을 받는 것으로 보인다. 거시경제의 금리와 은행의 순이자마진 사이에 대체로 양(+)의 상관관계가 관찰되기 때문이다. 이 양의 상관관계는 인과관계로 보인다는 해석이 있다. 거시경제의 금리수준이 낮으면 은행의 순이자마진도 하락한다는 것이다. 이 현상은 경제이론의 관점에서 왜 그런 것인지가 자명하지는 않다. 연구자들이 제로금리가 오랜 기간 지속된 EU 지역 은행들의 행태를 관찰하며 내놓은 한 가지 설명은 은행이 예금시장과 대출시장에서 각각 다른 경쟁압력에 직면하고 있다는 것이다. 시장금리가 제로금리에 가깝거나 아예 마이너스로 내려갈 때 은행은 예금금리를 더 이상 낮추지 못하는 모습을 보인다. 예금자가 차라리 현금 보유를 선택하여 예금을 대거 인출할 것을 우려하기 때문이다. 반면 대출금리는 시장금리에 맞추어 하향 조정하는 경향을 보인다. 차입자 중 시장금리로 자금을 조달할 수 있는 경제주체들은 은행을 떠날 것이기 때문이다.

앞에서 ROE가 순이자마진(NIM)과 자기자본비율로 분해됨을 보았다. 세 변수를 도시한 것이 [그림 3-3]이다. 그림을 보면 우리나라 은행의 순이자마진도 지난 20년간 대체로 완만한 하락세였음을 알 수 있다. 우리나라 은행의 순이자마진 장기 하락 현상도 장기 초저금리 현상이 환경요인으로 작용하였을 가능성이 있다 하겠다.

그림 3-3 우리나라 일반은행의 NIM, ROE, BIS 자본비율

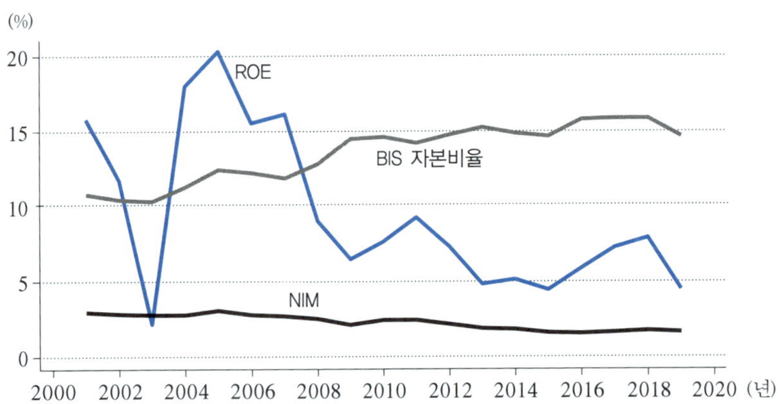

자료 : 금융감독원, 『금융통계정보시스템』.

5.2 규제환경

오늘날 각국의 은행규제 환경은 BIS 규제에 의해 결정되고 있다. BIS 규제는 기본적으로 은행의 자기자본을 일정 수준 이상으로 유지하도록 요구하는 자본금 규제이다. 1988년 도입되었고, 2008년 세계 금융위기 이후 한층 강화되었다. 지난 10년간 우리나라를 포함하여 전 세계 은행의 수익성에 가장 큰 영향을 미친 요인은 바로 BIS 자본금 규제의 강화였다. 이를 보기 위하여 아래에 두 개의 그림을 도시하였다. 하나는 BIS 자기자본비율과 순이자마진(NIM)의 추이이다. 이 그림을 보면 순이자마진의 하락 추이와 더불어 BIS 자기자본비율의 상승 추이가 뚜렷하다. 앞에서 은행의 ROE는 순이자마진이 분자, 자기자본비율이 분모인 분수로 분해됨을 보았다. 이 그림은 지난 20년간 순이자마진과 자본 비율이 모두 은행 수익성을 악화시키는 쪽으로 작용하였음을 시사한다. BIS 자기자본비율의 상승 추이를 가져온 원인은 2008년 세계 금융위기 이후 한층 고양된 건전성 규제 강화라는 규제환경의 변화이다.

그림 3-4 우리나라 일반은행의 NIM과 BIS 자본비율

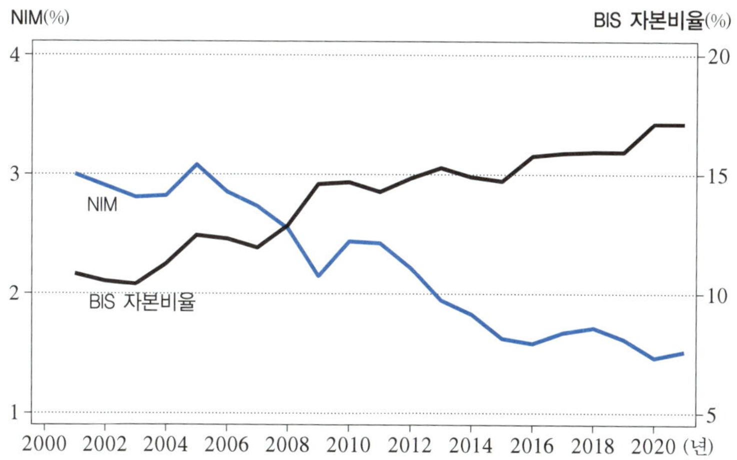

자료 : 금융감독원, 『금융통계정보시스템』.

건전성 규제 강화라는 흐름을 이끌고 있는 글로벌 규제환경은 현재로서는 완화될 조짐이 보이지 않는다. 최근 여러 측면에서 세계 경제환경의 불확실성이 한층 높아지고 있어 오히려 은행의 건전성 강화가 더욱 필요하다는 주장이 힘을 얻고 있다. 이렇게 보면 규제환경은 향후에도 은행 수익성을 악화시키는 요인으로 작용할 전망이다.

〈좀 더 알아보기 3-5〉 바젤 3의 자기자본 규제 강화

앞에서 바젤 규범의 핵심 규제가 다음의 식으로 정의되는 자기자본비율 규제임을 설명하였다. 또 자기자본비율 정의 중 위험가중자산의 계산방법에 대해 설명하였다.

$$\text{자기자본비율} = \frac{\text{BIS 자기자본}}{\text{위험가중자산}} \geq 8\%$$

여기서는 분자인 'BIS 자기자본'에 대해 살펴본다. 2008년 세계 금융위기 후 은행의 건전성 강화를 위하여 바젤 규범 개정이 있었고, 그에 따라 바젤 3가 도입되었음은 앞에서 이미 설명하였다. 바젤 3은 주로 '자기자본' 관련 규제를 강화하는 데 초점이 있었다.

자본의 질과 양을 모두 강화하는 방향의 규제강화가 있었다. 바젤 규범에는 바젤 1에서부터 '기본자본'과 '보완자본'의 개념이 있었다. '기본자본(tier1 capital)'은 보통주 자본 등 본래의 자본금 이외에도 부채 중에서 자본성이 높다고 인정되는 항목을 포함하였다. 부채 중 약한 자본성이 있는 항목은 '보완자본(tier2 capital)'으로 분류되었다. 전체 BIS 자기자본은 기본자본과 보완자본의 합이다.

바젤 3에서는 '자본의 질' 개선을 위해 기본자본을 '보통주자본'과 '기타기본자본'으로 구분하였다. '보통주자본'은 보통주로 조달된 자본을 말하고, '기타기본자본'은 과거 부채 중에서 자본성이 높아 자본으로 인정된 항목의 자금을 말한다. 그리고는 전체 자기자본비율 8% 규제에 더하여 '보통주자본/위험가중자산' 비율, '(보통주자본 + 기타기본자본)/위험가중자산' 비율 등에도 별도로 각각 4.5%, 6%의 최저기준 규제를 설정하였다. 보통주자본에 별도의 최저 기준을 설정함으로써 보통주에 의한 자본확충을 강제하기 위함이었다.

바젤 규제에서 기타기본자본과 보완자본은 자본성에 의해 자본으로 인정되는 부채이므로 자본성에 대한 판단 기준이 중요하다. 이자와 원금의 현금흐름이 있어 채권의 속성을 지니고 있으나 만기의 영구성, 이자지급의 임의성, 손실흡수성(파산시점 주식으로 전환 또는 상각)의 자본 속성을 지니고 있는 증권은 기타기본자본으로 인정된다. 현재 BIS는 '강전환(high trigger)' 조건부자본증권(contingent convertible bond ; CoCoBond/contingent convertible capital securities)을 인정하고 있다. 우리나라 은행들도 조건부자본증권 발행에 의한 자본확충을 자주 사용하고 있다. 보완자본으로는 손실흡수성이 없지만, 장기 만기이고 후순위인 채권이 인정된다. 현재 BIS는 5년 만기 이상 후순위채와 '약전환(low trigger)' 조건부자본증권을 인정한다. 우리나라 은행들은 후순위채를 주로 사용하고 있다.

기본자본 규제 강화에 더하여 '자본의 양' 개선을 위하여 '완충자본' 항목이 추가로 설정되었다. '자본보전 완충자본'과 '경기대응 완충자본'으로 구성된다. 자본보전 완충자본 규제는 은행이 상시적으로 보통주 자기자본의 2.5%에 해당하는 자기자본을 자본보전 완충자본으로 추가 보유하지 못할 경우 이익배분을 제한하는 규제이다. 자본여력이 충분하지 못한 은행의 경우 배당을 제한하여 자본 충실도를 보전하도록 유도하려는 취지이다.

경기대응 완충자본은 경기 호황기에는 최저규제자본 이상의 추가 자본을 적립하도록 하여 과도한 신용 팽창을 억제하고, 금융위기가 발생하면 적립한 자본을 손실 보전과 대출 재원에 사용하도록 유도함으로써 급격한 신용위축을 방지하기 위한 목적이다. 과도한 신용팽창기 감독당국은 최고 2.5%의 추가자본 확충을 요구할 수 있다.

* **참고자료** : BIS, (2013), "CoCos : a primer", *BIS Quarterly Review*.

[그림 3-5]는 ROA와 ROE의 추이를 보인 것이다. 이 그림은 자기자본비율의 상승 추이, 순이자마진의 하락 추세에도 불구하고 은행의 ROA와 ROE는 최근 10년간

그림 3-5 우리나라 일반은행의 ROE와 ROA

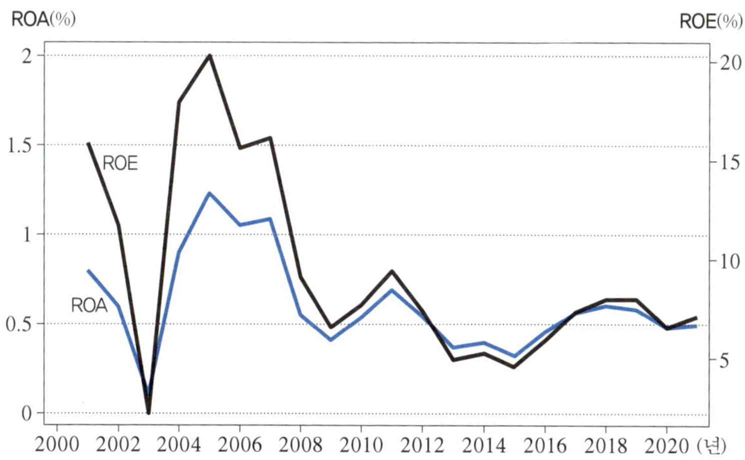

자료 : 은행연합회, 『은행경영통계』.

하락세를 보이지 않았음을 알려준다. 물론 2008년 세계 금융위기를 전후하여 ROA와 ROE는 급락하였다. 이 급락은 순이자마진의 하락과 자기자본비율의 상승이 결합하여 나타난 결과였을 것이다. 그러나 이후 ROE와 ROA 모두 추가 하락이 뚜렷하지 않다. 이는 우리나라 은행들이 순이자마진 하락에 따른 이자순수익의 감소, 자기자본비율 상승에 따른 자본비용의 상승을 내부경영 효율화에 의한 비용감축과 비이자수익 제고로 완충하고 있음을 시사한다. 지난 5년 우리나라 은행들은 꾸준히 영업점포 수를 줄이는 등 비용효율화 경영을 추진하여 왔다. 이는 비용 절감으로 ROA 하락을 막기 위한 경영전략의 하나로 보인다. 또 다른 한편으로는 수수료 수입 확대를 위한 신규 사업 확대에 경영노력을 경주하고 있다. 비이자수익을 제고하기 위한 경영전략이다. 향후에도 이 방향의 경영전략은 지속될 전망이다.

5.3 경쟁환경

다른 조건이 같다면 독과점 구조 산업에서 사업을 영위하는 기업의 수익성은 완전경쟁 구조 산업의 기업보다 높을 것이다. 일반적으로 어느 산업의 경쟁구조는 규모의 경제 등 기술적 환경이 중요한 역할을 한다. 은행산업의 경쟁환경은 규제가 가장 중요한 결정요인 역할을 한다. 은행업의 진입규제, 은행업과 유사한 업무를 수행할 수 있는 다른 금융업에 대한 규제정책 방향 등이 은행산업의 경쟁환경에 중요한 영향을 준다.

역사적으로 보면 우리나라 은행산업의 경쟁환경은 1997년 외환위기를 기점으로 크게 전환되었다. 예를 들어 표준적인 경쟁구조 지표인 CR3, CR5 등을 기준으로 보면 우리나라 은행산업은 1997년 외환위기 이후 과점도가 크게 높아졌고, 이후에는 큰 변동이 없다. 이 같은 경쟁구조의 변화는 우리나라 은행산업의 수익성을 높이는 방향으로 작용하였다고 하겠다.

[예제 6] 우리나라 은행산업의 경쟁구조

우리나라 은행의 경쟁구조 추이를 알아보자.

(1) 우리나라 일반은행(단, 외국은행 지점은 제외) 중 상위 5대 은행의 자산 기준 시장점유율(CR5)을 1996년, 2001년, 2006년, 2011년, 2016년, 2020년에 대해 구하라.
(2) 우리나라 일반은행(단, 외국은행 지점은 제외) 수의 변화를 알아보고 1980년에서 2020년까지 5년 단위 추이를 구하라.
(3) 상위은행의 시장점유율, 은행 수 추이에 큰 변동이 있었던 시기가 언제인지 설명하고 어떤 사건이 변동의 원인인지 생각해 보아라.

해답 우리나라 일반은행의 경쟁구조는 1997년 외환위기를 분기점으로 추세가 달라진다. 1980년대 이후 외환위기 이전까지는 신규 은행 진입이 점진적으로 허용되며 은행의 경쟁구조를 보다 경쟁적으로 전환시키는 것이 정책목표였고 그에 따라 CR5 등 경쟁구조 지표도 낮아진다. 1997년 외환위기 이후 정책목표는 안정성 제고를 위한 경쟁제한으로 전면 전환되었다. 신규 은행 진입이 제한되고 기존 은행은 합병이 유도되었다. 그 결과 2000년 이후 과점도가 높아지는 방향으로 경쟁구조가 진전되었고, CR5 등 지표는 이를 반영하여 상승하였다.

5.4 기술환경

기술발전은 모든 산업의 존재 형태와 경쟁환경을 변화시킨다. 최근 은행산업의 기술환경 변화 화두는 '디지털 기술'이다. 디지털 기술 혁신이 은행산업의 기존 존재 형태에 어떤 영향을 줄 것인지, 경쟁환경에는 어떤 변화를 가져올 것인지가 개별 은행 차원에서는 장기경영전략 설계 측면에서, 또 국가적으로는 보다 효율적인 금융규제 설계 차원에서 현재 우리나라를 포함하여 주요 국가에서 진행 중인 쟁점이다.

은행업의 관점에서는 '핀테크(FinTech)' 기업과 '빅테크(BigTech)' 기업의 은행업 진출이 진전되면서 이 변화가 기존 은행산업에 어떤 영향을 미칠지가 큰 관심사이다. 우리나라에서도 디지털 기술환경 변화는 은행산업의 화두이다. 최근 "인터넷전문은행법"의 도입으로 빅테크인 카카오의 은행업 진출('카카오 뱅크'), 핀테크를 기반으로 한 '토스뱅크' 설립이 있었다. 우리나라는 산업자본의 은행업 진입을 금지하는 이른바 '은산분리' 규제를 택하고 있다. 인터넷전문은행은 빅테크 또는 핀테크 기업의 은행업 진입을 허가하는 효과가 있으므로 인터넷전문은행의 허가는 사회적인 논란 대상이 되었다. 이 때문에 인터넷전문은행은 대기업 대출 제한, 지점설치 제한 등 영업범위와 영업망이 제한되어 있다. 그러나 현재도 빅테크의 추가 금융업무 허용 문제, 기존 은행업의 플랫폼 기반 사업 업무 허용 문제 등이 쟁점이 되고 있다.

〈좀 더 알아보기 3-6〉 핀테크와 빅테크

'핀테크(FinTech)'와 '빅테크(BigTech)'가 회자되고 있다. 이미 일상생활에서 널리 사용되고 있어 대략 그 의미를 짐작하고 있을 것이다. 어떻게 정의하여야 할까? 두 용어는 학계에서 만들어진 개념이 아니라 실무에서 탄생한 용어이다. 그러므로 일의적인 정의는 어렵다. 그렇지만 용례를 보면 '핀테크'는 "정보기술 또는 디지털 기술에 기반을 둔 금융혁신"으로 정의가 가능할 것으로 생각된다. BIS는 "기술로 뒷받침된 금융혁신(technologically enabled financial innovation that could result in new business models, applications, processes, or products with an associated material effect on financial markets and institutions and the provision of financial services)"으로 핀테크를 정의하고 있는데, 정보기술에 의한 금융혁신으로 기술의 범위를 제한하는 것이 적절해 보인다. 사실 기술발전에 기반을 둔 금융혁신은 금융업의 역사와 궤를 같이하여 왔기 때문이다.

빅테크는 "정보기술 또는 디지털 기술에 기반을 둔 플랫폼 기업이며 빅데이터 보유 기업"으로 정의할 수 있다. 빅테크는 핀테크와 달리 이미 시장에 실체가 있으므로 이들 기업을 연상하면 그 속성을 정의할 수 있다. 구글(Google), 아마존(Amazon), 네이버, 카카오 등이다. 이들의 속성은 디지털 기반 플랫폼 기업이고, 빅데이터(Big Data) 보유 기업이다.

* **참고자료** : Stulz, R., (2019), "FinTech, BigTech, and the Future of Banks," *NBER Working Paper*.

요약

1. '예금금융중개기관'은 주로 예금이라는 금융수단으로 자금을 조달하고, 조달된 자금은 대출이라는 금융수단에 운용하는 사업 모형의 금융기관을 말한다. 각국에서 예금금융중개기관의 사업 모형을 추구하는 금융기관의 실제 존재 형태는 역사와 법체계에 따라 다양하다. '은행'이 대표적인 예금금융중개기관이지만, '비은행 예금금융중개기관'도 존재한다.

2. 예금-대출을 기반으로 한 사업 모형인 은행의 회계적인 수익구조는 다음 두 변수에 의존한다. 이자수익과 이자비용 차이의 자산에 대한 비율인 순이자마진과 총자산에 대한 자기자본의 비율인 자기자본비율이다.

3. 은행의 순이자마진은 신용위험, 유동성 위험, 금리위험에 의해 결정된다. 이들 위험이 은행 수익구조의 경제적 결정요인이다.

4. 주주가치 극대화를 위하여 은행 경영진은 적정 위험관리라는 제약조건 아래 기대이익 극대화를 추구하여야 한다. 위험을 감안한 성과평가지표로서 우리나라 은행은 '위험조정자본수익률(RAROC)'와 '위험가중자산수익률(RORWA)을 사용한다.

5. 은행 수익의 변동을 야기하는 위험요인에는 신용위험, 시장위험, 금리위험, 유동성 위험, 운영위험 등이 있다. 시장위험은 우리나라 은행에서 큰 비중이 아니다. 신용위험은 바젤 규범의 자본비율 규제를 통해 경제적 자본과 RAROC로 관리된다. 금리위험과 유동성 위험은 별도 체제로 관리된다.

6. 유동성 위험은 유동성 커버리지 비율(LCR) 규제와 순안정자금조달비율(NSFR) 규제로 관리되고 있다. 금리위험은 시나리오 분석과 스트레스 테스트 방법으로 관리되고 있다.

7. 은행 수익성은 신용위험, 유동성 위험, 금리위험, 자기자본비율의 함수지만, 함수의 구체적인 형태는 환경요인에 따라 달라진다. 대표적인 환경요인으로는 거시경제 여건, 규제환경, 경쟁환경, 그리고 기술환경이 있다.

연습문제

1. 다음 개념을 설명하라.

(1) 특수은행

(2) 인터넷전문은행

(3) 대손충당금

2. 은행 수익의 회계적 구조

듀퐁 항등식을 이용하여 은행의 ROE가 순이자마진(NIIM)과 자기자본비율의 분수로 표현될 수 있음을 도출하라.

3. 위험조정 경영성과지표

RAROC, RORAC, RORWA의 정의식을 쓰고, 상호 관계를 설명하라.

4. 본문의 [예제 2] "기대이익 극대화와 주주가치"를 참조하여 다음에 답하라.

(1) 두 경영전략, 즉 저위험 전략과 고위험 전략 수익의 분산을 구하고 고위험 전략의 분산이 크다는 점을 확인하라.

(2) 당신은 주주로서 은행 경영진에게 현재 고위험 전략이 적절하지 않음을 경고하였다. 경영진은 고위험 전략에서 대출금리를 좀 더 인상할 여지가 있으며, 대출금리를 적절히 인상하면 저위험 전략에 비해 주주의 기대효용이 보다 높을 수 있다고 주장한다. 대출금리가 어느 수준으로 높아지면 경영진의 주장이 타당할 수 있는지 답하라.

5. 바젤 3

(1) 바젤 3의 주요 개선사항인 자기자본 규제 강화의 내용을 설명하라.

(2) 바젤 3에서 기타기본자본, 보완자본으로 인정되는 채권의 예를 제시하라.

(3) 바젤 3의 주요 개선사항인 유동성 규제 강화의 내용을 설명하라.

6. **어느 은행의 기간별 금리민감자산과 금리민감부채가 다음과 같다. 만기구간별 금리갭을 구하고 1% 금리변동에 대한 금리EaR을 구하라.**

만기구간	금리민감자산	금리민감부채
1일~1개월	250(만 원)	300
1~3개월	300	100
3~6개월	500	600
6~9개월	350	120
9~12개월	450	700

7. **거시경제 환경 변화와 은행의 수익성**

2022년 세계 경제의 거시환경이 급격히 변화하였다. 장기간의 저물가·저금리 현상이 사라지고 급속한 인플레이션 가속화와 거시경제의 시장금리 상승 현상이 나타났다. 반면 거시경제의 성장률은 하락하면서 경기침체와 인플레이션 가속이 공존하는 이른바 '스태그플레이션'에 대한 우려가 확산되었다. 이러한 거시경제 여건의 변화가 은행 수익성에 어떤 영향을 미칠 것인지 논하라.

예금금융중개기관의 이론

4장

1. 개요 / 2. 예금의 이론 / 3. 대출의 이론 / 4. 예금과 대출 결합의 장점

1. 개요

이 장은 은행의 이론을 논의한다. 2장에서 자산 보유 금융수단으로서 예금의 보편성, 자금조달 수단으로서 대출의 보편성이 역사적 사실이라는 점을 보았다. 이 장에서는 그 이유에 대한 금융이론을 소개한다.

2장에서 예금의 특성은 높은 유동성에 있음을 지적하고, 경제주체가 널리 예금을 수요하는 이유는 결국 유동성 위험 회피 수요에 있을 것이라 추정하였다. 은행 예금이 널리 수요되는 근저에는 은행 예금이 유동성 위험 회피수단으로서 여러 금융수단 중 최적임을 의미한다고 보아야 한다.[1] 이에 이 장의 2절에서는 은행 예금이 어떤 방법으로 유동성 위험의 축소를 달성하는지에 대한 다이아몬드-디빅(Diamond-Dybvig)의 이론을 소개한다. 그런데 은행 예금이 어떻게 유동성 위험을 축소하는 것인지에 앞서 보유자산으로서 예금의 보편성을 설명하려면 유동성 위험 회피 수요가 시장경제에 만연한지에 대한 설명이 먼저 있어야 한다. 따라서 2절에서는 먼저 시장경제에서 유동성 위험이 왜 발생하는지, 그리고 경제주체들은 왜 유동성 위험을 회피하고 싶어하는지를 설명하고, 이어서 다이아몬드-디빅 이론을 다룬다.

다음으로 3절에서는 부채형 금융수단과 주식형 금융수단의 차이에 대한 금융학

1. 현대 시장경제에는 예금이라는 금융수단의 상대적 특성으로서 높은 유동성 이외에 흔히 거론되는 또 하나의 특성이 있다. '지급결제 서비스'의 제공이다. 시장경제에서 모든 거래는 거래대상 상품과 지급수단인 통화의 교환에 의해 완결된다. 그런데 거액의 거래는 물론 소액거래에서도 현금 지급이 아니라 '지급결제망(payment system)'을 통한 지급결제로 거래가 완결되는 것이 현대 시장경제의 특징이다. 역사적으로 은행을 중심으로 지급결제망이 형성되어 왔고, 현대에서는 IT기술의 발전을 활용하여 점차 물리적 비용과 시간적 비용이 절감되는 방향으로 전자 지급결제망이 구축되었기 때문이다. 지급결제망을 이용하기 위해서는 경제주체들이 지급결제망의 구성요소인 은행의 예금을 보유하여야 한다. 그러므로 경제주체들이 은행 예금을 보유하는 큰 이유는 은행을 중심으로 구축된 지급결제망 서비스에 대한 수요에 있다고 할 수 있다. 하지만 좀 더 깊이 생각해 보면 예금을 지급결제에 사용할 수 있는 이유는 예금을 쉽게 현금으로 전환할 수 있기 때문이다. 즉, 우리가 은행 예금으로 지급결제망을 활용할 수 있는 전제는 예금이 제공하는 높은 유동성이다. 그러므로 예금의 높은 유동성은 예금에 대한 수요의 근본적인 속성이라고 하겠다.

계의 견해를 소개하고, 이를 기반으로 부채형 금융수단이 주식형에 비해 지배적인 자금조달 수단으로 사용되는 이유를 설명한다. 이어서 부채형 금융수단 중에서도 대출이 가장 일반적인 자금조달 수단인 이유에 대한 대표적인 금융이론인 다이아몬드(D. Diamond)의 대표감시자 이론을 설명한다.

마지막으로 4절에서는 예금과 대출을 결합한 은행의 사업 모형이 지니고 있는 장점에 대한 이론을 소개한다. 역사적으로 은행의 불안정성이 지속되어 온 것이 사실이므로, 예금과 대출을 결합한 은행의 사업 모형이 국민경제의 관점에서 최적인지에 대해서는 논란이 계속되어 왔다. 역사적으로 은행의 사업 모형이 불안정성을 보이는 가운데에도 사업체로서 지속되어 왔으므로, 다수의 금융학자들은 대체로 예금과 부채를 결합한 현재의 사업 모형이 최적이라는 견해를 갖고 있다. 이 관점의 이론으로서 다이아몬드-라잔(Diamond-Rajan)의 이론을 설명한다.

2. 예금의 이론

2.1 유동성 위험 회피 수요

(1) 유동성 위험의 존재 이유

금융이론에서 어떤 자산의 '유동성'은 경제주체가 그 자산을 예상치 못한 시점에 경제적 가치의 손실 없이 현금으로 변환할 수 있는 용이함의 정도로 정의된다. 정의상 현금이 당연히 가장 유동성이 높은 자산이다. 은행 예금은 현금과 유사한 유동성의 금융수단이다.

은행 예금이 경제주체에게 유동성 위험 회피의 최적 수단이 된다는 점을 설명하기 위해서 먼저 은행 예금이 없는 경제를 생각해 보자. 이 경제에서 경제주체들은 현금을 보유하든지 아니면 '생산프로젝트'에 직접 자금을 투입하여야 한다. '생산프로젝트'는 부가가치를 창출하는(즉, 1의 자원을 투입하면 1보다 큰 가치가 있는 새로운 재화를 산출하는) 모든 사업을 말한다. 두 가지 조건이 성립하면 이러한 생산프로젝트의 유동성은 항상 현금에 비해 낮음을 보일 수 있다. '소비필요시점의 불확실성'과 '청산비용의 존재'이다.

'소비필요시점의 불확실성'은, 경제주체들은 언제 소비가 필요하여 현금을 사용하여야 할 것인지 예측할 수가 없다는 조건이다. 물론 경제주체들은 자신들의 소비 중 일부를 예측이 가능하거나, 또는 계획을 세워 원하는 소비시점을 선택하여 이루어지도록 할 것이다. 그러나 경제주체들이 모든 소비생활의 시점을 예측할 수는 없을 것이다.

'청산비용의 존재'는 생산프로젝트의 청산에는 비용이 수반되며, 따라서 투입가치 대비 손실이 발생한다는 조건이다. 이 조건의 성립은 정보비대칭성을 근거로 정당화할 수 있다. 시장경제에서 어떤 생산프로젝트는 특정 경제주체(A)가 자신만의 부가가치 창출 아이디어를 가지고 시작한다. 그러므로 생산프로젝트에 대해서는 경제주체 A와 다른 경제주체들 사이에 정보비대칭성이 존재한다. 해당 생산프로젝트를 중단하고 청산할 경우 경제주체 A에 비해 다른 경제주체들은 생산프로젝트에 투입된 자산의 가치를 낮게 평가할 것이다. 부가가치 창출의 아이디어가 없기 때문이다. 두 조건 모두 시장경제에서 성립한다고 보아도 무리가 없을 것이다.

두 조건을 가정할 때 일반적인 생산프로젝트의 유동성이 현금 대비 어떻게 평가될 것인지 생각해 보자. 어떤 생산프로젝트가 있다고 하자. 생산에는 2기의 소요기간이 필요하다. 2기 뒤 생산이 완료되면 수익률은 r_2이다. 수익률은 순수익률 기준이다. 생산프로젝트는 부가가치를 창출하는 사업이므로 r_2는 0보다 크다. 이 생산프로젝트에 자금을 공급한 경제주체가 만기까지 자금을 회수할 필요가 없다면 만기수익률은 보장된다. 즉, 안전한 투자기회이다. 그런데 '소비필요시점의 불확실성'으로 경제주체는 만기 이전에 갑작스레 현금이 필요할 수 있다. 소비를 위하여 만기 이전에 자금을 회수하려면 생산프로젝트는 조기청산되어야 한다. 이 조기청산 수익률을 r_1

이라고 하자. 역시 순수익률 기준이다. '청산비용의 존재'로 인해 r_1은 0보다 작다.

이제 생산프로젝트의 유동성을 평가해 보자. 유동성은 경제적 가치의 손실 없이 현금으로 변환될 수 있는 용이함이라 하였다. 이 정의가 완결되기 위해서는 '손실'의 의미를 분명히 하여야 한다. 두 가지 기준에 의한 정의를 생각해 볼 수 있다. 하나는 만기수익률 대비 손실 여부이다. 다른 하나는 현금 보유 대비 손실 여부이다. 유동성을 만기수익률 대비 손실 여부로 정의하면, 이 경우의 유동성 지표($L1$)는 다음과 같이 수치화할 수 있다.

$$L1 = \frac{(1 + r_1)}{(1 + r_2)} \tag{4.1}$$

여기서 $L1$은 생산프로젝트에 투입된 자금을 현금으로 변환하려고 할 때 만기수익 대비 부담하여야 하는 손실을 측정하는 지표인 셈이다. 조기청산수익률이 낮을수록 $L1$은 낮아지는데, 이는 이 생산프로젝트의 유동성이 그만큼 낮다는 것을 뜻한다.

한편 유동성을 현금 보유 대비 손실 여부로 정의하면, 분모에 생산프로젝트의 만기 총수익률 대신 현금의 총수익률을 대입하면 된다. 현금의 총수익률은 1이므로, 이 기준에 의한 유동성 지표($L2$)는 다음과 같다.

$$L2 = \frac{(1 + r_1)}{1} \tag{4.2}$$

$r_2 > 0$, $r_1 < 0$이므로 생산프로젝트의 $L1$과 $L2$는 모두 1보다 작다.

다음으로 같은 지표로 현금의 유동성을 측정해 보자. 현금의 r_1, r_2는 모두 0이다. 따라서 현금의 $L1$, $L2$는 모두 1이다. 현금의 유동성은 어떤 유동성 지표의 정의를 사용하든 1이고, 생산프로젝트보다 높다.

이 유동성 지표의 정의를 조금 변형하면 유동성 위험의 정의도 도출된다. 유동성 위험을 $(1 - L1)$ 또는 $(1 - L2)$로 정의하자. 그러면 현금의 유동성 위험은 0이다. 즉,

현금은 유동성 위험이 없다. 생산프로젝트의 경우 유동성 위험은 0보다 크고 $L1$, $L2$로 측정되는 유동성과 반비례한다.

이상에서 '소비시점의 불확실성'과 '청산비용의 존재'를 전제하면, 생산프로젝트에 자금을 제공하는 순간 우리는 현금 보유 대비 유동성 위험을 부담하여야 한다는 점을 알 수 있다.

(2) 유동성 위험 회피 선호

그런데 유동성 위험이 항상 있기 마련이라는 것과 우리가 그 위험을 축소하기를 바란다는 것은 또 다른 문제이다. 왜 경제주체들은 유동성 위험을 회피하고자 하는 것일까? 금융학자들은 그 이유를 경제주체들의 선호체계에 있다고 본다. 위험에 대한 경제주체의 선호체계는 '위험추구', '위험중립', '위험기피' 세 가지로 분류할 수 있다는 것을 상기해 보자. 경제원론에 배웠듯이 금융학자들은 보통의 경제주체는 위험기피 선호를 갖고 있다고 믿고 있다. 이제 만일 어느 경제주체가 위험기피 선호라면 그는 유동성 위험에 대해서도 위험이 축소되기를 바란다는 점을 보일 수 있다. 구체적인 예를 들어 생각해 보자.

[예제 1] 유동성 위험에 노출된 경제주체

경제주체가 현재 1원을 가지고 있다. 주어진 투자기회는 두 가지이다. 하나는 현금으로 그대로 보유하는 방법, 다른 하나는 2기 만기의 생산프로젝트에 투자하는 방법이다. 프로젝트에 투자할 경우 만기수익률은 $r_2(>0)$이고, 이 수익률은 확정된 것이다. 즉, 만기까지 보유할 경우 이 투자기회의 수익률에는 불확실성이 없고 '무위험'이다.

그런데 이 경제주체는 2기가 도달하기 이전(1기라고 하자)에 예상치 못한 소비지출 필요가 발생할 가능성을 갖고 있다. 그 확률을 p라고 하자. 1기에 소비지출 필요가 발생할 경우 프로젝트 투자를 중단하고 조기청산하여야 한다. 조기청산 수익률은 만기수익률보다 작은 $r_1(<0)$이다.

이 예제에서 경제주체는 생산프로젝트에 투자할 경우 유동성 위험에 노출된다. 이 경제주체가 현금 보유와 프로젝트 투자 중 어느 것을 선택할 것인지의 여부는 각 선택에서 얻는 기대효용의 크기에 의존할 것이다. 기대효용은 당연히 경제주체의 효용함수, 즉 위험에 대한 선호가 어떠한지에 따라 그 값이 달라진다. 위험기피도가 높은 경제주체일수록 프로젝트 투자를 포기하고 현금 보유를 선택할 가능성이 높아진다. 이를 위험중립 경제주체와 위험기피 경제주체의 사례를 가지고 살펴보자.[2]

[예제 2] 유동성 위험에 노출된 경제주체—위험중립 선호

[예제 1]에서 경제주체는 위험중립을 선호하고 효용함수는 $U(c) = c$라고 하자. 프로젝트 투자 시 조기청산수익률은 $-\frac{2}{3}$(66.67%)이고 만기수익률은 1(100%)이다. 수익률은 모두 순수익률 기준이다. p는 0.25이다. 이 경제주체는 현금 보유보다 프로젝트 투자를 선호함을 보여라.

이 경제주체의 기대효용을 구해 보자. 먼저 현금 보유의 기대효용은 다음과 같다. 1원을 현금을 보유하고 있으면 소비필요가 발생할 경우 즉시 사용하면 되므로 언제든 소비금액은 1원이다. 그러므로 주어진 효용함수에서 산출된 기대효용은 1이다.

$$E[U(\text{현금 보유})] = 0.25 \times 1 + 0.75 \times 1 = 1 \tag{4.3}$$

생산프로젝트 투자의 기대효용은 다음과 같다. 0.25의 확률로 예상치 못한 소비필요가 발생하면 프로젝트를 조기청산하여야 한다. 이 경우 순수익률이 −66.67%이므로 소비가능액은 0.3333원이다. 0.75의 확률로 소비필요가 발생하지 않아 만기까지 투자할 수 있다면, 만기수익 2원을 소비할 수 있다. 따라서 주어진 효용함수로 산출된 기대효용은 1.5833이다.

2. 이하에서는 문제를 단순화하기 위하여 '시간선호'는 없다고 가정한다. 즉, 경제주체는 같은 크기의 소비(수익)이면 미래의 소비(수익)와 현재의 소비(수익)에서 같은 효용을 얻는다.

$$E[U(\text{투자})] = 0.25 \times 0.3333 + 0.75 \times 2 = 1.5833 > 1 \quad (4.4)$$

생산프로젝트 투자의 기대효용이 높으므로 위험중립인 이 경제주체는 프로젝트 투자를 선택할 것이다.

반면 경제주체가 위험기피 선호라면 프로젝트 투자 대신 유동성 위험이 없는 현금 보유를 선택하는 경우가 나올 수 있다. 특히 경제주체의 위험기피도가 클수록 현금 보유를 선택할 가능성이 높아진다. 다음 예제를 보자.

[예제 3] 유동성 위험에 노출된 경제주체—위험기피 선호

[예제 1]에서 경제주체는 위험기피를 선호하고 효용함수는 $U(c) = 1 - \frac{1}{c}$라고 하자. 프로젝트 투자 시 조기청산수익률은 $-\frac{2}{3}$(66.67%)이고 만기수익률은 1(100%)이다. 수익률은 모두 순수익률 기준이다. p는 0.25이다. 이 경제주체는 현금 보유를 선호함을 보여라.

주어진 효용함수로 다시 현금 보유와 생산프로젝트 투자의 기대효용을 각각 구하면 다음과 같다.

$$E[U(\text{현금 보유})] = 0.25 \times \left(1 - \frac{1}{1}\right) + 0.75 \times \left(1 - \frac{1}{1}\right) = 0 \quad (4.5)$$

$$E[U(\text{투자})] = 0.25 \times \left(1 - \frac{1}{0.3333}\right) + 0.75 \times \left(1 - \frac{1}{2}\right) = -\frac{1}{8} \quad (4.6)$$

주어진 효용함수로는 현금 보유의 기대효용이 높으므로 이 경제주체는 현금 보유를 택할 것이다.

왜 이런 결과가 나타나는 것일까? 이 사례에서 경제주체는 생산프로젝트에 투자할 때 만기투자 수익률에는 위험이 없지만 유동성 위험을 부담하여야 한다. 유동성 위험이 없을 경우 경제주체가 예상하는 프로젝트의 수익률은 당연히 r_2이다. 그러나 이제 유동성 위험이 존재하면 경제주체가 직면하는 프로젝트 투자의 예상 수익률은 확정 수익률이 아니라 마치 위험투자 기회에서와 마찬가지로 확률분포를 지닌 확률변수가 된다. 즉, 경제주체가 예상하는 프로젝트 투자수익률은 p의 확률로 r_1, $(1-p)$의 확률로 r_2이다. 위험 금융상품의 수익률 분포와 동일한 형태이다. 그러므로 경제주체가 현금 보유 대비 프로젝트 투자를 선호할 것인지의 여부는 위험투자 기회에 대한 선호 여부와 동일하다. 위험기피 선호의 경제주체라면 유동성 위험의 회피를 선호하게 되고, 현금 보유가 기대수익은 낮지만 유동성 위험의 회피를 가능하게 하므로 충분히 위험기피적인 경제주체라면 현금 보유를 선택한다.

2.2 예금의 유동성 위험 축소 방법

생산프로젝트의 시간소요, 소비필요시점의 불확실성은 피할 수 없는 경제활동의 속성이다. 그러므로 시장경제에서 유동성 위험의 존재는 불가피하다. 또 아마도 대부분의 사람들은 위험기피 선호를 가지고 있을 것이다. 그렇다면 우리는 난감한 상황에 처할 수도 있다. [예제 3]의 사례에서처럼 유동성 위험을 피하고 싶어하는 탓에 생산프로젝트에는 아무도 투자하지 않고 모두가 현금을 그대로 보유하는 일이 벌어질 수 있다. 투자가 없으므로 경제활동은 위축되고 말 것이다. 이 상황을 벗어날 수 있는 방법은 없을까?

(1) 다이아몬드-디빅(Diamond-Dybvig) 모형 : 기본 가정

다이아몬드(D. Diamond)와 디빅(P. Dybvig)은 예금의 유동성 위험 축소 방법을 제공하는 제도적 혁신으로 탄생한 것이 바로 은행 예금이라고 주장하였다.[3] 시장경제의 역사에서 은행이 등장한 이후 지금까지 왜 은행 예금이 성공적으로 가계의 여

3. 이하는 다이아몬드(D. Diamond)와 디빅(P. Dybvig)의 1983년 논문(Diamond, D., and P. Dybvig, (1983), "Bank Runs, Deposit Insurance, and Liquidity," *Journal of Political Economy* 91, 401-419)을 기초로 하되 단순화를 위하여 변형한 설명이다.

유자금을 끌어들일 수 있었는지를 잘 설명한 이론으로 받아들여진다. 이들의 모형(이하 'D–D 모형'으로 약칭)을 살펴보자. 이들은 먼저 다음과 같은 기본 가정을 도입한다.

다이아몬드–디빅(Diamond–Dybvig) **모형의 기본 가정**

- 경제에 100명의 경제주체 존재. 현재 각자 1의 자원을 보유
- 경제주체는 위험기피 선호. 효용함수는 $U(c) = 1 - \frac{1}{c}$
- 각 경제주체는 향후 2기 동안 자원을 최적 투자할 방안을 찾고 있음
- 주어진 투자기회는 두 가지 : ① 생산프로젝트(만기 2기), ② 현금 보유
- 생산프로젝트의 수익률 : 만기수익률 $r_2 = 1$, 조기청산수익률 $r_1 = -\frac{2}{3}$
- 소비시점의 불확실성 존재 : 각 경제주체는 1기 후 소비필요가 발생할 수 있으며, 각자에게는 불확실. 단, 발생 확률은 $p = 0.25$로 알려져 있음.
- 경제 전체로는 '대수의 법칙(law of large number)'이 성립하여 소비필요시점의 불확실성이 사라짐

위의 가정들은 이미 그 의미를 알고 있는 것들이다. 이러한 가정의 이유는 이 경제에서 생산프로젝트 유동성 위험이 존재하고, 경제주체들은 유동성 위험 회피 수요를 지니고 있다는 것을 전제하기 위함이다. 이미 위에서 설명한 바이다. 다이아몬드–디빅(Diamond–Dybvig) 모형에서 중요한 가정은 마지막 가정이다. 경제에 충분히 많은 구성원이 존재한다면 경제 전체로는 소비필요시점의 불확실성이 사라질 수 있다는 가정이다 .

이 가정이 현실을 반영한 그럴듯한 것인지 음미해 보자. 이 가정은 다음의 근거에서 나온 것이다. 예를 들어 개개인에게 향후 1년 중 소비지출이 필요한 이유가 교통사고 때문이라고 해보자. 개개인의 입장에서 소비필요의 발생시점은 미리 알 수 없다. 앞으로 1년 중 과연 교통사고를 당할 것인지를 미리 알 수는 없기 때문이다. 그렇지만 나라 전체로 보면 이야기가 다를 수 있다. 1년 중 전체 인구 중 교통사고를 당하는 사람들의 비율이 일정한 것이 일반적 현상이기 때문이다. 개개인에게 1년 중

교통사고가 발생할 확률이 h라고 하면, 경제 전체의 인구가 충분히 크다면 통계학의 '대수의 법칙(law of large number)'으로 인구 중 h 비중의 사람들은 교통사고를 당할 것이 거의 확실하게 예측된다.

(2) 다이아몬드-디빅(Diamond-Dybvig) 모형 : 은행의 유동성 위험 축소

경제 전체로는 소비필요시점의 불확실성이 실질적으로 없다면, '은행'의 역할이 나올 여지가 있다. 앞에서 살펴본 〈예제 1 : 유동성 위험에 노출된 경제주체〉로 돌아가 보자. 위험기피 선호의 경제주체들은 유동성 위험을 피하기 위해 현금을 보유하는 선택을 하였다. 이 상태에서 누군가 한 명이 모든 경제주체를 설득하여 자신에게 자금을 맡기도록 할 수만 있다면, 전체 자금 중 p 비중의 자금은 1기에 현금으로 전환될 수 있도록 준비해 놓고, 나머지는 모두 수익률이 높은 생산프로젝트에 투자할 수 있다. 생산프로젝트의 만기 이전인 1기에 소비필요가 발생한 사람들이 오면 이들에게는 준비된 대로 현금을 마련해 돌려주면 된다. 경제 전체로 보면 이전에 비해 생산프로젝트에 투자하는 만큼 수익이 발생하므로 이득이다. 이 이득을 적절히 구성원에게 나누어 준다면 모든 구성원에게 이익이다. 이 아이디어를 실현하는 것이 '은행'이다.

D-D 모형에서 어떻게 은행의 존재가 모든 경제주체의 효용을 높일 수 있는지 살펴보자. 이 경제에서 은행이 등장하여 다음과 같은 제안을 하였다고 하자.

다이아몬드-디빅(Diamond-Dybvig) 모형에서 은행의 역할

은행은 (1기 상환수익률 r_1^d, 2기 상환수익률 r_2^d)의 '예금'을 제공하고 예금으로 받은 자금을 생산프로젝트에 투자하고자 한다. 은행 예금의 이자율은 $r_1^d \geq r_1$, $r_2^d \leq r_2$이다. (단, 은행은 예금으로 조달한 자금을 현금으로 보유할 수는 없다. 모두 생산프로젝트에 투자하여야 한다.)[4]

---

4. 이 가정은 반드시 필요한 가정은 아니다. 은행에 현금 보유를 허용하여도 결과는 달라지지 않는다. 연습문제 3번을 참조하라.

은행이 등장하여 '예금'을 현금 보유와 생산프로젝트 투자의 대안으로 제시한 것이다. 이제 경제주체들은 (현금 보유, 은행 예금, 생산프로젝트)의 세 가지 선택안을 갖게 된다. 예금이자율은 만기수익률 기준으로는 생산프로젝트보다 낮을 수밖에 없다. 그렇지만 1기 조기상환수익률 기준으로는 생산프로젝트의 조기청산수익률보다 높게 설정되어 있다. 즉, 예금의 유동성은 생산프로젝트보다 높다. 생산프로젝트에 비하여 유동성이 높으므로(또는 유동성 위험이 낮으므로), 예금은 경제주체의 유동성 위험 회피 유인에 적합한 금융자산일 가능성이 있다. 만일 은행 예금이 유동성 위험은 '충분히' 낮고, 수익성은 '충분히' 높다면 위험기피의 경제주체들이 예금을 선택할 여지가 있다. 다음은 그러한 예를 보여준다.

은행이 선택할 수 있는 금리는 무수히 많다. 〈표 4-1〉은 그중에서 은행 예금 금리의 여섯 가지 경우와 그에 대응되는 기대효용을 예시한 것이다. 기대효용은 〈표 4-1〉의 마지막 칸에 표시되어 있다. 예금 1, 2의 경우 기대효용은 현금 보유의 기대효용인 0보다 낮다. 예금 3, 4, 5의 경우 경제주체는 현금 보유에 비해 높은 기대효용을 얻는다. 그러므로 은행이 이러한 예금을 제시한다면 경제주체들은 은행 예금을 택할 것이다.

표 4-1 은행 예금의 유동성 위험 축소

	예금 1	예금 2	예금 3	예금 4	예금 5	예금 6	생산 프로젝트	현금 보유
1기 금리 (총수익률)	0.9	0.8	0.7	0.6	0.5	0.4	0.3333	1
2기 금리 (총수익률)	0.8666	1.0667	1.2667	1.4667	1.6667	1.8667	2.0000	1
유동성($L1$)	1.0385	0.7500	0.5526	0.4091	0.3000	0.2143	0.1667	1
유동성($L2$)	0.9	0.8	0.7	0.6	0.5	0.4	0.3333	1
기대수익	0.875	1.0000	1.1250	1.2500	1.3750	1.5000	1.5833	1
기대효용	−0.1432	−0.0156	0.0508	0.0720	0.0500	−0.0268	−0.125	0

은행이 제시할 수 있는 예금금리의 조합은 은행의 자산운용과 연관된다. 〈표 4-1〉은 은행이 어떤 이유로 현금 보유를 할 수 없는 경우를 가정한 것이다. 이 경우 은행은 받은 자금을 전액 생산프로젝트에 운용한다. 1기에 자금인출을 원하는 25%의 경제주체가 찾아오면 필요한 금액에 충당할 수 있는 만큼 생산프로젝트를 조기청산하고 약속한 금리에 따라 예금을 돌려준다. 나머지 경제주체에게는 남아 있는 생산프로젝트에서 발생한 만기수익으로 2기에 예금을 상환한다.

예금 3의 경우를 갖고 전체 과정을 보자. 은행은 1기 예금금리로 −30%, 2기 금리로 26.67%를 약속했다. 100명이 각자 1원씩 은행에 예금하고, 은행은 투자프로젝트에 전액 투자한다. 1기 25명이 찾아오면 상환을 위해 각자에게 0.7원씩 모두 17.5원이 필요하다. 은행은 52.5개의 투자프로젝트를 중단해 자금을 마련한다. 2기 은행은 나머지 47.5개 프로젝트에서 95원을 회수해서 75명의 예금자들에게 동일하게 나누어주면, 정확하게 약속한 26.67%의 이자가 된다. 물론 여기서 은행이 자신의 이익을 일정 금액 취하려 한다면, 그에 따라 예금이자율을 조정하여야 한다. 여기서는 설명을 간단히 하기 위해 은행의 목표이익은 0이라고 가정한다.

사실 은행이 설정할 수 있는 1기 예금금리와 2기 예금금리의 영역은 어렵지 않게 식으로 도출할 수 있다. 1기 예금금리와 2기 예금금리를 총수익률 기준으로 R_1^d, R_2^d라고 하자. 1기 예금지급을 위하여 100개 중 조기청산해야 하는 생산프로젝트의 비율을 k라고 하자. 그러면 다음의 두 식이 얻어진다.

$$25R_1^d = 100 \cdot k \cdot \frac{1}{3} \tag{4.7}$$

$$100(1-k) \cdot 2 = 75R_2^d \tag{4.8}$$

식 (4.7)은 1기에 소비필요가 발생하여 예금상환을 요구할 25명에게 지급할 현금이 $100 \times k$개의 생산프로젝트를 조기청산하여 마련됨을 표시한 것이다. 식 (4.8)은 2기에 잔존 프로젝트 $100(1-k)$개에서 얻어진 총수익을 75명의 예금자에게 지급함을 표시한 것이다. 식 (4.7)에서 $k = 0.75R_1^d$이므로, 이를 식 (4.8)에 대입하면 두 예금금리의 관계식이 다음의 식 (4.9)로 도출된다. 〈표 4-1〉에서 두 예금이자율이 식 (4.9)를 만족시킨다는 점을 확인할 수 있다.

$$R_2^d = \frac{200}{75} - 2R_1^d \tag{4.9}$$

경제주체의 입장에서 은행은 유동성이 낮은 투자프로젝트를 유동성이 높은 예금으로 변환하는 역할을 한 셈이다. 그래서 흔히 은행의 '유동성 위험 축소' 기능을 '유동성 변환(liquidity transformation)'이라 지칭하기도 한다. 또 이 모형에서 은행의 역할은 다수 경제주체의 유동성 위험을 한 곳에 모아 보험을 제공한 것으로 볼 수 있다. 이러한 의미에서 다이아몬드-디빅(Diamond-Dybvig)의 은행 예금 이론을 '유동성 위험 보험 이론'이라 부르기도 한다.

3. 대출의 이론

3.1 주식형과 부채형 금융수단의 차이

금융시장의 모든 금융수단은 기본적으로 주식형과 부채형 두 가지로 양분할 수 있다. 대출은 자본시장의 채권과 더불어 부채형 금융수단이다. 은행 대출의 경제적 역할을 설명하기 위해서는 먼저 대출이 속하는 부채형 금융수단의 역할을 이해할 필요가 있다. 그러기 위해서는 주식형과 부채형 금융수단의 차이가 무엇인지를 이해해야 한다.

(1) '현금흐름권'과 '통제권'

금융수단 또는 금융상품을 소유한다는 것의 금융이론에서의 의미는 무엇일까? 우리가 A기업이 발행한 채권을 매입하여 채권소유자가 된 경우 어떤 효과가 발생하는가? 또 주식을 매입하여 주식소유자가 된 경우는 어떠한가? 채권소유자는 채권계약에 약속되어 있는 현금흐름에 대한 권리를 갖게 된다. 주식의 경우에는 현금흐름에 대한 권리와 더불어 기업의 경영에 관여할 수 있는 권리를 갖게 된다. 이처럼 금융수단은 소유자에게 금융수단의 발행자에 대하여 요구할 수 있는 두 가지 종류의 권리를 부여한다. 현대 금융학에서는 그 두 가지를 현금흐름에 대한 권리, 즉 '현금흐름권(cash-flow right)'과 경영개입의 권리, 즉 기업 경영 관련 결정에 대한 '통제권(control right)'이라 부른다. 금융수단은 이 두 종류의 권리를 어떠한 방식으로 조합하느냐에 따라 그 속성이 달라진다.

(2) 주식형과 부채형 금융수단의 차이

주식형과 부채형 금융수단에서 현금흐름권과 통제권의 조합은 반대로 되어 있다. 주식형은 경영에 대한 통제권 부여가 우선적인 목적인 금융수단이다. '보통주(common stock)'를 생각해 보자. 보통주 소유자인 주주는 일정한 경영통제권을 부여받는다. 일반적으로 부여받는 통제권의 내용은 주요 경영진(이사, 감사 등)의 선임, 합병과 같은 중요 경영결정의 승인 권한이다. 반면 회사채, 대출계약과 같은 부채형 금융수단에서 경영통제권 부여는 부차적이다. 기업이 부채계약에서 약속된 대로 부채상환을 하고 있는 한 채권자는 기업의 경영에 관여할 수가 없다. 기업 경영의 개입권한은 기업이 부채상환에 실패할 경우, 즉 부도 발생 시에 주어진다. 즉, 잠재적인 권한이다. 주주는 보통주식의 소유로 경영통제권을 갖게 되고 약속된 이자와 원금을 지급하는 한 채권자가 이 통제권에 개입할 수가 없으므로 정상운영되는 주식회사 기업의 주인으로 간주되는 것이다.

반면 현금흐름권에 대해서는 주주와 채권자의 지위가 반대이다. 기업의 수익은 우선적으로 채권자에게 약속된 원금 및 이자 지급에 사용된다. 주주에 대한 배당은 부채와 이자 지급이 완료된 후 순이익이 있는 경우 이루어진다. 이런 의미에서 채권자는 현금흐름에 대해 우선적 권리를 갖고, 주주의 현금흐름에 대한 권리는 '잔여 청구권(residual claim)'이다. 이를 회계와 실무에서는 '선순위', '후순위'로 지칭한다.

파생상품을 제외한 일반적인 금융수단은 현금흐름권과 통제권의 배분을 기준으로 구분이 가능하다. 바꿔 말하면 금융수단의 차이는 현금흐름권과 통제권의 배합 차이에 의해 만들어진다고 볼 수 있다. 다음 예제를 보자.

[예제 4] 금융수단의 차이

다음 금융수단의 현금흐름권과 통제권의 상대적 차이에 대해 설명해 보아라.

보통주
우선주
신종자본증권
후순위채권
일반 채권

예제에서 나열한 5가지 금융수단은 자본시장에서 활발히 발행되고 유통되는 증권이다. 위에서부터 아래의 순서로 금융수단 보유자의 현금흐름에 대한 권리는 커진다. 일반 채권 보유자의 현금흐름에 대한 권리가 가장 선순위이고 보통주 보유자의 권리는 가장 후순위이다. 반면 통제권은 반대의 순서이다. 보통주가 가장 많은 통제권을 부여받고 아래로 갈수록 통제권은 작아진다.

3.2 부채형 금융수단의 장점

(1) 주식의 대리인 비용

2장에서 각국의 자금순환통계를 활용한 기업의 금융수단별 자금조달을 살펴보면서, 많은 나라에서 주식 발행에 의한 자금조달은 대출에 의한 자금조달에 비해 적다는 점을 보았다. 이 점은 자금거래 수단으로서 주식형 금융수단이 자금공급자 및 자금수요자의 경제적 요구와 부합되기가 좀 더 어렵다는 점을 시사한다. 그런데 바로 위에서 주식형 금융수단과 부채형 금융수단의 차이는 통제권과 현금흐름권의 배분에 있고, 주식형 금융수단은 통제권의 부여에 초점이 있음을 보았다. 그러므로 주식을 매개로 자금을 공급하는 경제주체는 통제권 행사를 가능하게 하는 환경을 필요로 한다. 기업의 주식에 의한 자금조달이 상대적으로 적다는 사실은 이 조건의 충족이 쉽지 않음을 시사한다. 금융학자들은 그 이유가 정보비대칭성과 그로 인한 '주식의 대리인 비용'에 있다고 보고 있다.

'주식의 대리인 비용' 문제를 이해하기 위하여 다음 예제를 살펴보자.

[예제 5] 주주와 경영자 사이 정보비대칭성과 주식의 대리인 비용

다음은 어느 경제의 상황이다. 이 경제에서 이 기업 주식의 기대수익률을 구하라. 먼저 정보비대칭성이 없는 경우의 기대수익률을 구하고, 다음으로 정보비대칭성이 있는 상태에서의 기대수익률을 구하라.

기업의 투자프로젝트

- 투입자금 : 100만 원
- 투자수익 : 성공 140만 원, 실패 100만 원. 성공과 실패 확률은 각각 0.8, 0.2이다.

정보비대칭성

- 경영자 행태 정보비대칭성 : 기업 경영자는 태업, 부수입 또는 특권적 소비(perquisite) 등으로 자신의 이익을 극대화할 경로가 있으며, 다른 경제주체는 경영자의 이 행태를 바로

알 수 없다.

- 사업성과 정보비대칭성 : 사업 결과의 성공, 실패 여부는 기업 경영자 이외 다른 경제주체는 바로 알 수 없다.

자금 제공 경제주체

- 경영자 행태 감시비용 : J원의 감시비용을 지출하면 자금 제공자들이 경영자의 태업과 부수입 취득 행태를 감시하여 제어할 수 있다.
- 사업성과 확인비용 : K원의 감시비용을 지출하면 자금 제공자들도 사업성과를 확인할 수 있다.
- 다른 투자기회 수익률(기회비용) : 5%. 경제주체들은 최소한 5%의 수익률을 얻을 수 있는 다른 투자기회가 있다.

기업이 투자프로젝트를 기획하고 있는데 성공하면 40%의 수익률, 실패하면 0%의 수익률을 얻는다. 성공과 실패의 확률은 각각 0.8, 0.2이다. 정보비대칭성이 없다면 이 기업 주식에 100만 원을 투자하는 경제주체가 기대할 수 있는 주식의 기대수익률은 다음과 같다.

$$\text{정보비대칭성이 없는 경우 주식의 기대수익률} : 0.8 \times 40 + 0.2 \times 0 = 32\% \quad (4.10)$$

정보비대칭성이 없을 때 주식의 기대수익률은 이 경제주체의 기회비용 수익률인 5%를 크게 상회하는 32%이므로, 이 기업은 주식을 발행하여 투자자금을 마련할 수 있을 것이다.

그런데 이 경제에는 주주와 경영자 사이에 이 있다. 구체적으로 두 가지 유형의 정보비대칭성이다. 경영자의 행태에 대한 정보비대칭성과 사업성과에 대한 정보비대칭성이다.

경영자의 행태에 대해 경영자 자신은 당연히 잘 알지만 주주는 그만큼 정보가 없다. 이로부터 경영자의 도덕적 해이, 즉 주주의 이익에는 어긋나지만 자신의 이익을 추구하려는 이해상충 행위 유인이 발생한다. 금융학자들은 그 경로로 두 가지를 말한다. '태업'과 '부수입'이다. '부수입'은 '특권적 소비'라 부르기로 한다. 경영자는 최선을 다하지 않고 여가를 취하며 자신의 효용을 높일 수 있다. 이것이 '태업' 경로이다. 또 경영자는 보수 이외에 경영자로서 누릴 수 있는 비공식적이고 주주에게 알려지지 않은 수입을 추구할 수 있다. 법인카드 등 업무추진비, 법인 승용차 등이 일반적인 예이다. 또 지인에게 프로젝트와 관련된 일감을 제공하고 그에 대한 대가를 어떤 식으로든 수취하는 경영자의 행동은 일반적이지는 않을지 몰라도 종종 일어난다. 이것이 '부수입' 또는 '특권적 소비' 경로이다.

경영자와 주주 사이에 존재하는 또 하나의 정보비대칭성은 사업성과에 대한 정보이다. 기업 경영자는 당연히 투자성과를 알지만 주주는 바로 그 정보를 얻을 수 없다.

이러한 두 가지 정보비대칭성, 즉 경영자 행태에 대한 정보비대칭성과 사업성과에 대한 정보비대칭성을 해소하려면 주주는 비용을 지불하여야 한다. '감시비용'과 '확인비용'이다. 주주가 경영진과의 정보비대칭성 해소를 위해 지불하여야 하는 이 비용을 금융학자들은 '주식의 대리인 비용'이라고 부른다.[5] 주식의 대리인 비용을 고려하면, 정보비대칭성이 있는 경우 주식의 기대수익률은 다음과 같다.[6]

정보비대칭성이 있는 경우 주식의 기대수익률 : $0.8 \times 40 + 0.2 \times 0 - (J + K)$ (4.11)

식 (4.11)에서 J는 경영자 행태 감시비용이고, K는 사업성과 확인비용이다. 주주의 정보비대칭성 해소에 소요되는 비용이고 두 비용의 합이 전체 주식의 대리인 비

5. 금융학자들이 기업의 자금조달에서 정보비대칭성이 자금조달 비용에 미치는 영향에 주목하기 시작한 것은 1970년대 중반이었다. 1976년 젠센(M. Jensen)과 메클링(W. Meckling)은 경영자의 주주에 대한 도덕적 해이로 주식의 발행비용이 높아지게 된다고 이론화하였다 : Jensen, M., and W. Meckling, (1976), "Theory of the Firm : Managerial Behaviour, Agency Costs and Ownership Structure," *Journal of Financial Economics* 3, 305-360.

6. 경영진 행태의 감시비용과 사업성과의 확인비용은 사업이 시작되는 시점에 미리 지불하여야 하는 것으로 가정하자. 예를 들어 사업성과를 확인하기 위해서는 사업시작 시점에 회계장부를 갖추고 독립 회계전문가를 고용하여야 하므로 비용이 사전에 소요된다.

용이다. 이제 경제주체가 주식에 투자할지의 여부는 '주식의 대리인 비용'에 달려 있다. 주식의 대리인 비용은 경제주체의 특성에 따라 차이가 있을 것이다. 감시비용과 확인비용은 경제주체의 전문성 등에 따라 달라질 것이기 때문이다. 주식이 부여하는 통제권의 행사역량에 따라 경제주체 사이에 주식의 대리인 비용에 차이가 있다고 해석할 수 있다.

(2) 부채형 금융수단의 장점

'주식의 대리인 비용'의 원천은 자금공급자와 경영자 사이에 존재하는 정보비대칭성이다. 이 정보비대칭성은 자금거래가 주식이 아니라 채권, 대출 등 부채형 금융수단을 매개로 하여 이루어진다고 해도 사라지지 않는다. 그러므로 위의 감시비용과 확인비용은 채권자에게도 그대로 적용된다. 그런데 부채형 금융수단으로 자금을 공급하는 경제주체는 감시비용과 확인비용을 절감하는 것이 좀 더 용이하다. 감시비용은 부채계약의 속성에 의해서 일차적으로 회피할 수 있다. 확인비용은 부채계약에 '담보'와 '채무미상환에 대한 벌칙 부과'라는 추가적인 장치를 부가하여 절감할 수 있다.

가. 부채형 금융수단의 감시비용 회피

먼저 부채형 금융수단의 속성에 감시비용을 회피하는 속성이 있음을 살펴보자. 앞의 [예제 5]에서 기업이 주식 발행이 아니라 부채계약으로 필요자금을 조달하기로 하였다고 해보자.

[예제 6] 부채형 금융수단과 경영진 행태에 대한 감시비용

위의 예에서 계속된다. 이제 다음 조건의 부채계약으로 기업이 100만 원 자금을 조달하려고 한다. 부채계약으로 자금을 공급하는 채권자의 관점에서 다음에 답하라.

(1) 자금을 공급하는 채권자는 사업성과를 확인할 필요가 있는지 논하라.
(2) 자금을 공급하는 채권자는 경영진 행태를 감시할 필요가 있는지 논하라.
(3) 채권자의 기대수익률을 구하라. 주식의 기대수익률 대비 상대적 차이의 결정요인이 무엇인지 논하라.

부채계약 조건

- 100만 원의 원금에 대해 만기 120만 원을 상환한다. 즉, 부채에 대한 이자율은 20%이다.
- 부도 시(120만 원 미상환 시) 사업실패 상황으로 간주하고 채권자는 원금인 100만 원만을 회수하기로 한다.

먼저 사업성과를 확인할 필요가 있는지 생각해 보자. 기업이 투자사업에 성공하여 140만 원의 수익을 얻을 경우, 기업은 120만 원을 지불할 여력이 충분하다. 그렇지만 기업은 사업 결과를 실패로 가장할 유인이 있다. 이 경우 채권자에게는 100만 원을 상환하고 사업의 이익을 모두 취할 수 있기 때문이다. 경영진의 이 도덕적 해이 유인을 제거하려면 사업성과 확인비용을 지불하여야 한다.

그러나 사업성과의 성공 또는 실패 여부를 채권자가 확인할 수만 있다면, 이 부채계약에서 경영자 행태를 감시할 필요는 없다. 경제주체가 주식으로 자금을 공급한 주주였다면 경영자의 부수입 극대화나 특권적 소비 행태를 감시해야 한다. 주주에게 배당금으로 지급될 수 있는 현금흐름은 이익의 크기에 달려 있기 때문이다. 가능한 한 사업 성공에서 발생한 이익을 보전하는 것이 중요하다. 채권자의 경우에는 다르다. 채권자에게는 부채계약에서 약속된 금액의 상환 여부만이 중요하다. 경영자의 부수입 추구는 채권자와는 상관이 없다. 그러므로 경영자 행태 감시는 채권자에게 필요하지 않다.[7]

---

7. 경영자의 부수입 추구가 과도하여 사업은 성공하였음에도 성과수익을 경영자가 낭비하여 채무가 미상환되는 일이 발생할 수 있다. 이런 경우라면 채권자의 이익과 경영자의 행태가 관련된다. 그런데 이 경우

이제 채권자의 기대수익률을 구해 보자. 경영자 행태 감시비용은 필요하지 않고 사업성과 확인비용은 요구되므로 기대수익률은 다음과 같다.

$$\text{부채계약의 기대수익률} : 0.8 \times 20 - K \tag{4.12}$$

식 (4.10)의 주식 기대수익률과 비교할 때 두 기대수익률의 차이(주식 기대수익률 – 부채 기대수익률)는 $16 - J$이며, 이는 감시비용 J의 크기에 달려 있다. 경영자 행태 감시능력이 취약하여 J가 큰 경제주체라면 부채계약의 기대수익이 크다. 이 예의 경우 J가 16만 원을 초과하면 부채의 기대수익이 높다. 금융학자들은 대부분 경제주체의 경영자 행태 감시능력이 취약하다고 본다. 그러므로 정보비대칭하에서 대리인 비용을 감안한 부채의 기대수익률이 주식보다 높다고 본다.

〈좀 더 알아보기 4-1〉 대리인 비용과 자본구조의 '순서이론'

많은 금융학자들이 자금공급자와 경영자 사이의 대리인 비용은 주식이 부채보다 높다고 본다. 주식의 대리인 비용이 부채의 대리인 비용보다도 높다는 것이다. 이는 대부분의 경제주체들이 경영자 행태 감시가 용이하지 않다고 보기 때문이다. 그러므로 기업의 관점에서 주식의 자금조달 비용은 부채보다 높아진다. 투자자들이 주식을 선택하게 하려면 주식의 기대수익률이 채권의 기대수익률과 동일해야 하는데, 그러려면 주식의 발행가격을 낮추어 수익률이 높아지도록 하여야 하기 때문이다. 그래서 기업은 정상적인 상태에서는 투자를 위하여 외부자금 조달이 필요한 경우 우선적으로 부채를 선호하고 가능한 한 주식에 의한 자금조달은 회피한다는 이론이 기업의 자본구조 이론으로 자리 잡고 있다. 바로 1980년대 중반 마이어스(S. Myers)와 마즐루프(N. Majluf)가 제안한 '자본구조의 순서이론(Pecking Order Theory)'이다.

* **참고자료** : Myers, S. C., and N. S. Majluf, (1984), "Corporate Financing and Investment Decisions When Firms Have Information That Investors Do Not Have," *Journal of Financial Economics* 13, 187–221.

채권자는 사업은 성공이라는 점을 알고 있으므로 부도의 원인이 경영자의 과도한 부수입 추구임을 안다. 기업의 부도를 초래하는 경영자의 과도한 부수입 추구는 횡령 및 배임으로 법의 징벌을 받을 수 있는데, 채권자는 경영자의 과도한 부수입 추구를 알고 있으므로 사법체계에 경영진의 불법행위를 호소하게 될 것이다. 이를 아는 경영진은 기업의 부도를 초래할 정도의 부수입 추구는 자제할 것이다.

나. 부채형 금융수단의 확인비용 절감 장치 ① : 담보

부채형 금융수단은 부가장치를 계약에 포함하여 확인비용을 절감할 수 있음을 살펴보자.

채무계약에는 자주 담보가 포함되어 있다. 담보의 징구는 가장 간단하게 금융시장의 자금거래에서 자금수요자의 대리인 문제에 따른 자금공급자의 손실위험을 관리할 수 있는 방법이다. 담보부채계약은 경영자 행태 감시와 사업성과 확인의 필요성을 모두 피할 수 있다. 물론 담보계약에는 거래비용이 소요된다. 이 거래비용이 감시비용과 확인비용보다 저렴하다면 자금공급자의 기대수익률은 높아진다. 그러므로 자금공급자 입장에서 담보부채계약은 정보비대칭성에 따른 감시비용과 확인비용을 담보계약의 거래비용으로 대체하여 기대수익률을 높이는 방법이라고 할 수 있다. 다음 예제를 보도록 하자.

[예제 7] 담보부채계약

위의 예에서 계속된다. 이제 다음 조건의 담보부채계약으로 기업이 100만 원의 자금을 조달하려고 한다. 담보부채계약으로 자금을 공급하는 채권자의 관점에서 다음에 답하라.

(1) 자금을 공급하는 채권자는 사업성과를 확인할 필요가 있는지 논하라.

(2) 자금을 공급하는 채권자는 경영진 행태를 감시할 필요가 있는지 논하라.

(3) 채권자의 기대수익률을 구하라. 담보가 없는 부채계약의 기대수익률과 비교하라.

담보부채계약 조건

- 100만 원의 원금에 대해 만기 120만 원을 상환한다. 즉, 부채에 대한 이자율은 20%이다.
- 부도 시(120만 원 미상환 시) 사업 실패 상황으로 간주하고 채권자는 원금인 100만 원을 회수한다.
- 기업은 담보가치 A원의 담보를 제공한다(단, $A \geq 120$만 원).
- 부도 발생 시 채권자는 담보를 처분하여 자금을 회수한다.
- 담보처분비용 등 담보계약의 거래비용은 a원이다.

담보부채계약의 특성은 만기에 약속된 금액이 상환되지 않으면 담보자산의 처분권이 채권자에게 이전된다는 것이다. 담보자산의 가치가 만기상환 약속금액보다 충분히 크다면, 즉 실제 투자결과가 140만 원이라면 차입자의 입장에서는 상환을 하지 않을 이유가 없다. 다시 말해 '$A \geq 120$만 원'의 조건이 성립하고 사업 결과가 성공이라면 기업은 항상 부채를 약속대로 상환할 것이다. 따라서 채권자는 사업성과를 확인할 필요가 없다. 또 경영자 행태를 감시할 필요도 없다. 다음 식에서 보듯이 채권자의 기대수익률은 담보가치에 의해서만 결정되기 때문이다.

$$\text{담보부채계약의 기대수익률} : 0.8 \times 20 + 0.2 \times (A - a) \tag{4.13}$$

식 (4.13)은 담보부채계약을 맺으면 자금공급자의 기대수익률이 감시 및 확인 비용과는 아무런 관계가 없게 됨을 보여준다. 기대수익률은 오로지 담보가치와 담보계약의 거래비용에 의존한다. 그러므로 일반 부채계약의 기대수익률과 담보부채계약 기대수익률의 차이는 사업성과 확인비용 대비 담보계약 거래비용의 크기에 의존한다.

〈좀 더 알아보기 4-2〉 담보부채계약의 보편성

담보부채계약은 간단한 방법으로 정보비대칭에 따른 대리인 비용 문제를 해소해 준다. 이에 금융시장에서 가장 활발하게 사용되는 자금거래 방법이다. 다음 표는 우리나라 은행 대출의 담보별 구성을 보인 것이다. 절대적 비중의 대출이 담보 또는 보증대출임을 알 수 있다. 이는 우리나라만이 아니라 모든 시장경제 국가에서 발견되는 현상이다. 은행만이 아니라 다른 여신전문 금융중개기관의 경우에도 소액대출을 제외하면 담보대출이 대부분이라는 점은 동일하다.

우리나라 일반은행 대출자산의 담보별 구성(2019년)

	담보대출	보증대출	신용대출	합계
금액(천억 원)	6,026	1,871	3,767	11,664
비중(%)	51.7	16.0	32.3	100

자료 : 은행연합회, 『은행경영통계』.

다. 부채형 금융수단의 확인비용 절감 장치 ② : 채무미상환에 대한 벌칙 부과

부채계약의 또 하나의 특성은 채무미상환 시 일정한 경제적 가치에 해당하는 벌칙을 부과하는 장치가 포함된다는 것이다. 과거 근대 이전에는 채무를 상환하지 못한 채무자는 감옥에 갇히기도 하였다. 현대 사회에서는 사기, 횡령 등 의도적 범죄가 아닌 한 채무미상환을 형법으로 처벌하지 않는다. 그렇지만 채무미상환의 기록이 남으면서 이후 각종 금융거래, 구직 등 기타 경제행위에서 불이익을 받게 된다. 우리나라를 비롯한 대부분의 시장경제에서는 금융거래에 참여하려는 기업, 개인은 모두 과거의 금융거래실적 등을 기초로 신용평가를 받게 된다. 신용평가의 결과 '신용등급'이 부여되며 우량 신용등급일수록 저리의 대출금리가 적용된다. 비우량 신용등급의 경제주체는 대출거래가 거절된다. 과거 대출미상환 기록은 결정적으로 신용등급을 불리하게 한다. 이 벌칙은 대출거래의 채권자에게 현금보상으로 지급되는 것은 아니지만, 채무자의 이해상충 행위 추구 유인에 영향을 미쳐 채권자의 기대수익을 높일 수 있다.

앞의 〈좀 더 알아보기 4-2〉에서 보았듯이 현대 금융시장에서 은행 대출은 담보대출과 신용대출로 양분된다. 은행 대출만이 아니라 모든 금융기관의 대출은 담보대출과 신용대출로 구분된다. 담보대출은 채무자의 대리인 문제를 해소하는 장치로서 담보를 활용하는 대출이다. 신용대출은 채무자의 대리인 문제를 해소하는 장치로서 신용정보인프라를 이용하는 대출제도이다. 금융기관에서 신용대출을 받으려는 경제주체는 신용평가를 거쳐 적절한 신용등급에 해당되는지 여부가 확인되어야 한다. 담보대출의 경우 신용평가 절차는 생략된다. 요컨대 모든 금융기관은 대출 시 담보와 채무미상환에 대한 벌칙제도 중 한 가지 방법에 의해 채무자의 대리인 문제를 해결하고 있다.

이제 채무미상환에 따른 벌칙이 있는 경제를 상정해 보자. 벌칙의 경제적 가치가 P, 이 벌칙을 부과하는 데 필요한 제도를 유지하는 비용이 T라고 하자. 벌칙을 부과하는 다음의 채무계약을 살펴보자.

[예제 8] 채무미상환에 대한 벌칙 부과

위의 예에서 계속된다. 이제 다음 조건의 채무미상환에 대한 벌칙 부과 부채계약으로 기업이 100만 원 자금을 조달하려고 한다. 자금을 공급하는 채권자의 관점에서 다음에 답하라.

(1) 자금을 공급하는 채권자는 사업성과를 확인할 필요가 있는지 논하라.
(2) 자금을 공급하는 채권자는 경영진 행태를 감시할 필요가 있는지 논하라.
(3) 채권자의 기대수익률을 구하라. 일반 부채계약의 기대수익률과 비교하라.

채무미상환에 대한 벌칙 부과 부채계약 조건

- 100만 원의 대출금에 만기 120만 원 상환
- 부도 시, 즉 120만 원이 상환되지 못하면 차입자에게 P원 가치의 벌칙 부과(단, 이 벌칙비용은 채권자에게 지급되는 현금은 아님).
- 벌칙 부과를 위한 제도 운영에 T원 비용 소요

채권자가 사업성과를 확인할 필요가 있는지 생각해 보자. 만일 벌칙의 경제적 가치 P가 20만 원 가치를 초과한다면 차입자는 사업성과를 위장할 유인이 없다. 사업결과가 성공임에도 120만 원을 상환하지 않는다면 P에 해당하는 벌칙을 감수하여야 하고 결국 상환한 경우에 비해 손해가 되기 때문이다. 따라서 제도적으로 충분한 경제적 가치의 벌칙이 강제된다면 차입자는 투자결과가 성공일 때에는 항상 차입금을 계약대로 상환할 것이다. 다만 실패의 경우에는 미상환자가 될 것이다.

사업 실패에 한해 계약대로 채무를 상환하지 않을 것이므로 이 계약에서 채권자의 기대수익률은 다음과 같다.

$$\text{채무미상환 벌칙부과 부채계약의 기대수익률} : 0.8 \times 20 - T \qquad (4.14)$$

이 부채계약에서 채권자의 기대수익률은 사업성과 확인비용이나 경영자 행태 감시비용과 관련이 없다. 이 점은 담보부채계약과 마찬가지이다.[8] 담보부채계약에서

8. 만일 사업 성공 확률이 경영자의 태업 여부에 영향을 받는다면 채무미상환에 대한 벌칙 부과는 담보와

담보로 감시비용과 확인비용을 회피하였듯이, 채무미상환 벌칙계약에서는 벌칙 부과로 이들 비용을 회피한다. 그러므로 자금공급자의 입장에서 채무미상환 벌칙부과 부채계약은 정보비대칭성에 따른 감시비용과 확인비용을 채무미상환 벌칙부과를 위한 거래비용으로 대체하여 기대수익률을 높이는 방법이라고 하겠다.

채무미상환 벌칙부과 계약이 작동하려면 벌칙금 P가 충분하여야 한다는 조건($P \geq 20$만 원) 이외에 거래비용에 대한 조건이 충족되어야 한다. 식 (4.14)의 채무미상환 벌칙 부채계약의 기대수익률과 식 (4.12)의 일반 부채계약의 기대수익률을 비교하면, 두 기대수익률의 차이는 $K-T$이다. 일반 부채계약 대비 채무미상환 벌칙 부채계약의 기대수익률이 높으려면 벌칙부과제도 운영비용 T가 감시비용 K에 비하여 충분히 작아야 한다. 요컨대 벌칙의 경제적 가치(P)는 충분히 크고, 벌칙부과제도의 운영비용(T)은 충분히 작아야 한다.

〈좀 더 알아보기 4-3〉 경영자의 태업과 사업 성공 확률

위의 예제에서 사업 성공 확률은 0.8로 고정되어 있는 것으로 가정하였다. 그런데 사업 성공 확률은 경영자의 행태와 연관되어 있다고 보아야 할 것이다. 경영자의 태업은 사업 성공 확률을 낮출 것이기 때문이다. 경영자 태업 여부에 따라 사업 성공 확률이 낮아지고 실패 확률이 높아진다고 하면, 담보와 채무미상환에 대한 벌칙 부과의 기능이 한층 강화된다. 그 이유를 살펴보자.

경영자가 태업으로 자기 이익을 추구할 경우 일반 부채계약은 이에 대한 대응방안이 없다. 담보는 이 문제를 해결해 준다. 담보자산의 가치를 사업 성공 시 수익에 맞추어 설정하면 기업 경영자는 사업 성공을 위하여 최선을 다할 것이다. 사업 실패 시 사업 성공의 수익가치 이상의 담보자산을 채권자에게 양도하여야 하기 때문이다. 즉, 담보자산을 $A \geq 140$만 원의 조건에 맞추어 설정하면 경영자의 태업유인을 제거할 수 있다. 채무미상환에 대한 벌칙도 비슷한 경로로 경영자의 태업유인을 약화시킨다.

마찬가지로 경영자 행태의 감시비용을 절감하는 장치도 될 수 있다. 각자 생각해 보기 바란다.

3.3 은행 대출의 장점 : 대표감시자

지금까지 부채형 금융수단이 주식형 금융수단에 비하여 지닌 장점을 살펴보았다. 이제 이 절에서는 부채형 금융수단 중에서도 은행 대출이 특히 지배적인 자금조달 수단으로 사용되는 이유에 대한 금융학자들의 설명을 살펴보자. 현재 금융학계에서 널리 받아들여지는 다이아몬드(D. Diamond)의 대표감시자 이론이다.[9]

(1) 소액투자자와 거액 자금수요자

지금까지의 설명에서 살펴본 사례에는 결정적으로 현실과 어긋나는 면이 있다. 자금 제공자를 1명으로 가정하였다는 점이다. 현실에서 기업이 외부에서 자금을 조달하는 이유는 대부분 소수의 자금공급자로는 필요자금을 감당할 수 없기 때문이다. 사실 금융시장이 발전한 이유 자체가 소수로부터는 자금조달이 불가능한 대규모 자금수요의 충족을 위해서이다. 이 점을 보완하여 다시 상황을 정리해 보자.

다이아몬드(Diamond) 모형의 기본 가정

기업의 투자프로젝트

- 투입자금 : 100만 원
- 투자수익 : 성공 140만 원, 실패 100만 원. 성공과 실패 확률은 각각 0.8, 0.2
- 정보비대칭성 : 사업 결과가 성공인지 실패인지의 여부는 기업(경영자)만이 알고 있음.

경제주체

- 10,000명의 경제주체
- 각자 보유자금 : 100원
- 기회비용 : 5%

9. Diamond, D., (1984), "Financial Intermediation and Delegated Monitoring," *Review of Economic Studies* 51, 393–414.

경제의 제도 특성

- 사업성과 확인비용 : K원
- 담보계약 거래비용 : a원
- 채무미상환 벌칙부과 계약 거래비용(제도운용비용) : T원

앞의 예와 동일한데, 다만 기업의 자금수요를 충족하려면 다수 경제주체들, 구체적으로는 10,000명과의 금융계약이 동시에 이루어져야 한다. 또 담보부채계약이나 채무미상환 벌칙부과 부채계약을 이용하면 경영자 행태에 대한 감시 필요는 사라지므로 경영자 행태에 대한 정보비대칭성과 감시비용은 고려하지 않는 것으로 하였다.

이 새로운 상황에서는 앞의 세 가지 유형의 부채계약이 모두 실현되기가 어렵다. 부채계약을 맺는 개별 경제주체가 사업 결과 확인을 위한 확인비용 K원, 담보계약 거래비용 a원, 또는 채무미상환 벌칙제도 운영비용 T원 중 하나를 감당할 수 있어야 하는데, 100원의 소액 대출계약을 맺는 경제주체에게 이를 기대하기는 어렵다.

(2) 은행의 대표감시자 역할

이제 은행이 설립되어 10,000명의 경제주체들과 예금계약을 맺고 수집한 자금으로 기업과 대출계약을 맺는 상황을 생각해 보자. 은행이 '대표감시자(Delegated monitor)'가 되는 것이다. 은행이 대표감시자가 되면 은행은 감시비용, 담보계약 거래비용, 벌칙부과 운영비용을 지불하고 유리한 대출계약을 활용하여 자금을 공급할 수 있다.

뿐만 아니라 은행이 대표감시자로 기능하게 되면 이들 비용은 한층 저렴해질 가능성이 높다. 여기에는 네 가지 이유가 있다. 다만 첫째 이유를 제외한 나머지 세 이유는 밀접하게 연관되어 있다.

첫째, 규모의 경제이다. 은행이 대표감시자로서 기업과 대출계약을 맺고 자금을 공급할 경우 은행은 이 사업을 반복적으로 수행하게 된다. 한 시점에 경제에 n개

의 기업이 있다면 n번의 대출계약을 맺을 것이다. 반면 개별 경제주체가 자금을 공급할 경우 각 경제주체의 입장에서 대출계약은 1회 발생한다. 감시, 담보대출제도 운영, 벌칙부과제도 운영은 각각 서비스 생산업으로 볼 수 있다. 이들 서비스의 생산기술에는 규모의 경제가 적용될 가능성이 높다. 예를 들어 사업성과 확인을 위한 정보수집 역량과 전문성을 갖추려면 상당한 고정비용이 필요하다. 또 채무미상환에 대한 벌칙 부과를 위하여 신용정보 인프라를 구축하고 이를 운영할 인력을 구축하려면 상당한 고정비용이 필요하다. 그러나 일단 물적 인프라와 전문역량이 갖추어지면 이를 새로운 대출계약에 적용할 때 추가로 발생하는 가변비용은 낮다. 그러므로 은행이 n개의 대출계약을 맺게 되면 대출계약당 사업성과 확인비용, 담보제도 운영비용, 벌칙부과제도 운영비용은 계약의 수가 늘어날수록 낮아질 것이다.

둘째, 은행의 대표감시자 역할은 정보 생산 유인의 문제를 해결할 수 있다. 1장에서 정보는 공공재의 성격이 있어서 정보 생산 및 유통 시장이 형성되기 어렵다고 하였다. 일반 경제주체들이 기업을 모니터링하지 못하는 것은 능력의 문제가 아니라 유인의 문제일 수 있다. 다수의 소액투자자들이 한 명의 자금수요자와 거래할 경우 다수의 소액투자자들 사이에는 정보 생산의 공공재 문제가 발생한다. 100명 중 1명이 대표로 모니터링을 수행하여 이 정보를 공유할 수도 있으나, 공공재의 문제로 협조가 이루어지기 어렵다. 은행은 대표감시자로서 생산된 정보를 내부에 독점하여 정보 생산의 이익을 사유화할 수 있으므로 적극적으로 정보 생산에 임하게 된다. 즉, 은행은 대표감시자로서 '정보 생산 및 사용의 독점사업체'가 되어 정보 생산의 공공재 문제를 해결한다.

셋째, 은행은 대표감시자로서 정보 생산의 이익을 독점할 수 있으므로 관련된 정보 생산기술의 혁신에 적극적일 것이다. 감시비용, 담보계약 거래비용, 벌칙부과 거래비용을 낮추어 이익을 제고할 수 있으므로 기술혁신의 유인이 있다. 역사적으로 신용위험 관리기법의 개발, 신용정보의 집중에 의한 경제주체들의 신용등급 평가체제 구축 등은 모두 은행을 포함한 금융기관에 의해 주도되었음은 이를 방증한다.

넷째, 은행은 정보 생산 및 사용의 독점사업체로서 정보 생산과 축적에 유리한 거래관계를 구축하려는 유인이 있다. 이 대표감시자 역할을 하게 되면 은행은 자금수요자와 반복거래를 하게 된다. 이를 '관계금융(relationship banking)'이라 한다. 동일 자금수요자가 동일 은행과 반복거래 관계를 형성하는 것을 말한다. 관계금융을 통해 은행은 자금수요자들의 신용위험 평가에서 유용한 정보를 축적하게 된다. 정보의 축적으로 정보비대칭성 자체가 축소되므로 이를 줄이기 위한 비용도 절감된다.

4. 예금과 대출 결합의 장점[10]

4.1 예금과 대출이 결합된 사업 모형에 대한 논란

은행의 사업 모형은 예금과 대출의 결합이다. 은행 예금의 경제적 기능은 유동성 위험의 축소, 은행 대출의 경제적 기능은 대표감시자 역할을 통한 정보비대칭성 비용의 축소에 있다고 하였다. 그런데 굳이 예금과 대출이 결합되어야 하는 이유는 무엇일까? 자금조달 수단으로 예금이 아니라 채권을 사용할 수도 있고, 자금운용 수단으로 대출이 아니라 자본시장의 금융수단을 사용할 수도 있지 않을까? 실제로 여신전문금융기관은 채권으로 자금을 조달하여 대출에 운용한다. 또 펀드는 예금이 아니라 수익증권으로 자금을 조달하며, 운용은 대출이 아니라 주식·채권에 운용한다. 예금과 대출의 결합은 은행의 고유한 사업 모형이다. 이 고유한 은행 사업 모형에는 장점이 있는 것일까?

이 문제는 금융학자들이 오랜 기간 고민해 온 주제이다. 1930년대 이전 인출사태를 동반한 은행위기의 빈발을 겪으면서 학자들은 예금과 대출을 결합한 은행의 사

10. 4.2의 다이아몬드-라잔(Diamond-Rajan) 모형의 세부 내용은 학부 수준에서 어려울 수도 있다. 학부생은 모형의 논리를 이해하는 선에서 학습하여도 좋을 것이다.

업 모형을 장점이 아니라 결함으로 보기도 하였다. 당시 인출사태로 예금자들이 예금회수를 요구할 때, 은행의 보유자산인 대출은 유동성이 낮아 적정 가치에 현금화가 어려운 것이 은행위기를 가져오는 결정적 요소로 보였다. 이 맥락에서 제기된 대표적인 주장이 1930년대 시카고대학 학자들의 '협소은행(narrow banking)' 제안이었다. 예금으로 자금을 조달하는 은행은 대출이 아니라 국채 등 안전자산에 국한하여 운용하도록 규제하자는 제안이었다. 은행이 유동성이 높은 부채로 자금을 조달한다면 자산도 비슷한 유동성을 지닌 자산에 국한하여야 한다는 취지였다.

예금과 대출의 결합을 특징으로 하는 은행 모형이 무언가 경제적 기능이 있다는 금융이론은 1990년대 이후에 등장하였다. 은행의 존재는 근본적으로는 금융시장의 정보비대칭성과 연관되어 있다는 인식이 금융학계에 널리 확산되면서, 이 인식을 기초로 한 이론화가 전개되었고 일련의 이론들이 등장하였다. 그중 현재 영향력이 높은 다이아몬드-라잔(Diamond-Rajan)의 이론을 살펴보도록 하자.[11]

4.2 다이아몬드-라잔(Diamond-Rajan) 모형

다이아몬드(D. Diamond)와 라잔(R. Rajan)은 대출에 자산을 운용하는 대표감시자로서의 은행은 예금으로 자금을 조달하는 것이 최적이라고 주장하였다. 예금이 대표감시자 역할을 하는 은행의 도덕적 해이를 통제할 수 있는 장치이기 때문이라는 것이 그 핵심 논거였다. 좀 더 자세히 살펴보자.

은행이 없는 상태에서 직접 자금공급자와 자금수요자 사이에 대출계약이 맺어지려면 정보비대칭성 문제로 상당한 비용이 수반됨을 보았다. 은행이 대표감시자로 중개자가 되면 이 문제가 해소됨을 보았다. 그러나 은행에 대한 자금공급자, 즉 예금자와 은행 사이에는 여전히 정보비대칭성 문제가 존재한다. 은행은 예금자에 대해서는

11. Diamond, D., and R. Rajan, (2001), "Liquidity Risk, Liquidity Creation, and Financial Fragility: A Theory of Banking," *Journal of Political Economy* 109, 287-327.

차입자의 입장이다. 은행은 모니터링을 통해 투자결과를 알지만, 예금자는 여전히 투자결과를 알지 못한다. 은행과 기업 사이에는 정보비대칭성이 해소되지만, 예금자 입장에서는 과거 기업의 자리에 은행이 놓여 있을 뿐 정보열위는 여전하다. 대표감시자로서 예금자에 대해 정보우위를 지닌 은행은 자신의 정보우위를 이용하여 이익 극대화를 추구할 유인이 있다. 도덕적 해이의 유인이다. 다음의 구체적인 모형을 검토해 보자.

다이아몬드-라잔(Diamond-Rajan) 모형의 기본 가정

은행의 대출자산

- 은행은 1원씩 100개의 기업에 대출
- 만기에 각 대출자산에서 $P(>1)$원 회수

은행의 예금부채

- 은행은 100명의 예금자에게서 각 1원씩 예금으로 자금조달
- 만기에 d원 지급. 편의상 $d=P$라고 가정. 즉, 은행의 현재 이익률은 0.

은행의 대표감시자 역할

- 은행은 대표감시자 역할, 정보비대칭성 완화에 필요한 인프라(감시기구, 담보, 채무미상환 벌칙 등)를 갖추고 있음.
- 차입기업은 은행의 감시가 없으면 만기 시 P원을 상환하지 않음. 기업은 부도를 선언하고 은행에게 $X(<P)$원을 지급.
- 은행이 기업에 대한 대출자산을 예금자에게 양도하여 예금자가 직접 부도를 선언한 기업으로부터 상환받을 수 있는 최대 금액은 βX원. 단, $0<\beta<1$.
- X원, βX원은 대출을 받은 기업 프로젝트의 자산을 각각 은행과 예금자가 청산할 때 얻을 수 있는 청산가치이기도 함. 즉, 감시가 없으면 기업은 청산가치에 해당하는 금액만을 상환하려고 할 것임. 은행과 예금자 사이 청산가치에 차이가 있는 것은 은행이 대표감시자로서 갖추고 있는 정보비대칭성 완화장치(담보처분 등)가 대출자산의 효율적 청산을 가능하게 하기 때문임.

다이아몬드-라잔(Diamond-Rajan) 모형에서 은행은 예금으로 자금을 조달하고 대출에 자금을 운용한다. 일반적인 은행의 사업 모형이다. 핵심 가정은 마지막의 은행의 대표감시자 기능이다. 은행은 채권자에 대한 정보열위를 완화할 수 있는 장치를 갖추고 있다. 기업 프로젝트의 가치를 평가할 수 있는 능력을 지닌 전문인력으로 구성된 감시조직, 담보 설정과 처분에 전문화된 조직, 신용정보 인프라와 연계되어 채권미상환에 대한 벌칙을 운영하는 체계를 갖추고 있다. 기업은 은행의 감시 기능이 작동되므로 도덕적 해이의 유인이 없고 프로젝트가 성공하면 약속대로 P원을 상환할 것이다.

그런데 어떤 이유로 은행이 감시 기능을 수행하지 않는 상황을 가정해 보자. 이 경우 기업은 약속된 금액을 상환할 유인이 없다. 합리적 경제주체로서 기업은 은행이 프로젝트를 청산할 때 얻을 수 있는 청산가치만을 지급하려 할 것이다. 은행은 기업이 제시하는 금액이 청산가치와 동일하므로 굳이 프로젝트를 직접 청산할 필요 없이 기업이 제시하는 X원을 받을 것이다. 일반 경제주체는 은행에 비해 감시 기능이 더욱 약하므로 직접 대출금을 상환받으려 할 경우 은행보다 작은 회수금액으로 만족하여야 한다. 대출자산의 청산으로 회수할 수 있는 금액은 예금자가 βX로서 은행보다 작다. 예금자는 청산에 활용할 수 있는 인프라가 없기 때문이다. 즉, 대출자산의 청산에는 정보비대칭성 완화 기술이 사용되기 때문이다.

은행은 대표감시자로서 정보비대칭성 완화기술을 보유하고 있으므로, 은행과 기업 사이의 정보비대칭성은 해소 가능하다. 그런데 이 경우 은행과 예금자 사이에 정보비대칭성이 발생한다. 은행 역시 합리적 경제주체이므로 예금자에 대한 정보우위를 활용하여 자신의 이익을 극대화하려는 도덕적 해이의 유인이 있다. 은행은 만기에 각 대출자산에서 P를 회수하고 d를 예금자에게 지급하면 $100 \times (P-d)$의 이익을 얻게 되어 있다. 위의 가정에서 이 금액은 0이다. 하지만 은행은 이익을 좀 더 증가시키기 위해 예금자에게 다음의 제안을 할 수 있다.

다이아몬드-라잔(Diamond-Rajan) **모형에서 은행의 도덕적 해이**

은행의 새로운 제안

- d원보다 작은 $d'(>\beta X)$원을 지급하는 것으로 재계약할 것을 제안
- 재계약을 거절하면 은행은 감시 기능을 수행하지 않겠다고 암묵적으로 시사.

은행이 애초 계약과는 달리 예금자에게 d원이 아니라 그보다 작은 d'을 지급받는 예금계약으로 변경할 것을 요구하는 것이다. 물론 예금자에게는 불리하다. 예금자에게 불리한 이런 제안을 예금자가 받아들일 것으로 보고 은행이 과연 제안할까? 의아스럽겠지만 문제가 그리 단순하지 않다. 이해를 쉽게 하기 위해 먼저 예금이 아니라 일반 채권계약으로 은행이 자금을 조달하였다고 해보자.

채권과 예금의 차이는, 예금은 예금자가 언제든 인출 요구를 할 수 있으며 은행은 인출 요구의 선착순에 따라 지급하는 반면, 채권은 만기 때 약속된 금액이 모두에게 동시 지급되거나 부도 시 모두에게 은행의 잔여자산이 나누어 지급된다는 점이다. 각 예금자가 예금이 아니라 채권으로 1원의 원금에 d원의 만기 지급액을 은행과 계약하였다고 하자. 그리고는 은행이 자금을 제공한 채권자에게 d원 대신 d'을 받는 채권으로 재계약할 것을 제안한다고 하자. 그리고 이 제안을 거절하면 은행은 감시 기능을 수행하지 않겠다고 암시하였다고 해보자.

이제 은행의 감시 기능이 없으므로 기업은 은행에게 P원이 아니라 X원을 지급하려 할 것이다. X원으로 은행은 채권자들에게 약속한 d원을 지급할 수 없으므로 은행도 채권자들에게 부도상태가 된다. 채권자들은 두 가지 방법 중 하나를 택해 자신의 채권에 대한 상환금을 수집해야 한다. 하나는 각 채권자가 직접 기업과 상대하여 βX 원을 받아가는 것이다. 다른 방법은 은행에게 X원을 회수하도록 하고 각 채권자는 βX보다 좀 더 큰 $(\beta X + a)$원을 은행으로부터 받는 것이다. 이때 은행은 $X - \beta X - a = (1 - \beta)X - a$를 받게 되는데, 이 금액은 은행이 예금자를 위해 제공하는 회수서비스에 대한 대가이다. a가 매우 작다 해도 0보다만 크면 $(\beta X + a)$가

βX보다 당연히 크므로, 채권자들은 은행에게 회수서비스를 의뢰하는 방법을 택할 것이다. 그런데 이것을 아는 은행은 거의 0에 근사한 a원을 제시할 것이다. 즉, 최대한 회수서비스에 많은 금액을 청구할 것이고, 결국 채권자들은 βX보다는 크지만 거의 βX에 근사한 금액을 받게 될 것이다.

이상을 따져보면 채권자들은 βX보다 큰 금액으로 d'을 제시하는 은행의 재계약 요구를 거절할 수 없다. 제안을 수용하는 것이 합리적이다. 은행의 이익은 그만큼 커진다. 그런데 이러한 은행의 도덕적 해이 유인을 예상하게 되면 경제주체들은 애초에 은행에게 채권계약으로 자금을 제공하는 것을 꺼려할 것이다. 따라서 채권은 자금 제공자에 대해 정보우위가 있는 은행의 주된 자금조달 수단이 되기에는 한계가 있다.

이제 예금으로 돌아오자. 예금자는 은행의 제안이 있을 때 두 가지 선택이 가능하다. 은행의 제안을 받아들이는 것이 한 선택이고, 제안을 거절하고 즉시 예금인출을 요구하는 것이 다른 선택이다. 각 선택의 기대수익에 따라 예금자의 결정이 달라질 것이다.

(1) 인출 요구 시 기대수익

먼저 즉시 인출 요구 시 기대수익을 계산해 보자. 인출 요구 시 예금자가 받게 되는 지급액은 인출 요구 예금자의 수에 따라 달라진다. f를 예금자 100명 중 인출 요구 예금자의 비율이라 하자. 예를 들어 40명이 인출을 요구할 경우 f는 0.4이다. 이들의 인출 요구에 응하기 위해 은행은 총 $100 \times f \times d$원이 필요하고, 이 금액을 마련하려면 100개 중 $\frac{fd}{X}$비율에 해당하는 대출자산을 청산하여야 한다. 만일 $\frac{fd}{X} = 1$이면 모든 대출자산이 청산되어야 인출 요구에 응할 수 있다. 즉, 인출 요구 예금자의 비율이 $f \leq \frac{X}{d}$를 만족하는 상태에서는 대출자산 청산으로 인출 요구에 정상적으로 응할 수 있다. 하지만 $f > \frac{X}{d}$에 해당되는 비율의 예금자들이 인출을 요구하면, 100개의 대출자산이 모두 청산되기 이전까지의 예금자들은 d원 전액을 지급받겠지만, 이후에 인출 요구를 하는 예금자는 0원을 받는다. 선착순 지급이라는 예금의 독특한 특성 때문이다. 따라서 예금자의 인출 요구 기대지급액은 다음과 같다.[12]

$$\text{인출 요구 예금자의 기대지급액} = \begin{cases} d & \text{if } f \le \dfrac{X}{d} \\ \dfrac{X}{f} & \text{if } f > \dfrac{X}{d} \end{cases}$$

(2) 제안 수용 시 기대수익

다음으로 인출 요구를 하지 않고 제안을 받아들여 만기에 d'을 받기로 할 경우의 기대수익을 계산해 보자. 이 선택을 한 예금자의 기대수익은 얼마나 많은 수의 다른 예금자들이 만기 이전에 인출 요구를 하는지에 달려 있다. 만일 조기 인출 요구자의 비중이 커서 $f > \dfrac{X}{d}$가 성립한다면 제안을 수용한 예금자는 은행의 약속과는 관계없이 0원을 받게 된다. 은행에는 더 이상 남은 자산이 없기 때문이다. $f \le \dfrac{X}{d}$인 경우에는 두 가지 상황이 있다. 충분히 많은 대출자산이 남아 있어서 은행이 약속한 d'을 지급할 수 있다면 제안을 수용한 예금자는 이 금액을 받게 된다. 그렇지 못하다면 남아 있는 대출자산 $100 \times (1 - \dfrac{fd}{X})$에서 만기에 얻어지는 총수익금인 $100 \times (1 - \dfrac{fd}{X}) \times P$의 제안을 수용한 예금자들인 $(100 \times (1 - f))$명이 똑같이 나누어 갖게 될 것이다. 다음은 이를 표시한 것이다.[13]

$$\text{제안 수용 시 기대수익} = \begin{cases} Min[d', \dfrac{(1 - \frac{fd}{X})P}{1 - f}] & \text{if } f \le \dfrac{X}{d} \\ 0 & \text{if } f > \dfrac{X}{d} \end{cases}$$

---

12. $f > \dfrac{X}{d}$인 경우 기대지급액이 $\dfrac{X}{f}$인 이유는 d원을 받을 확률이 $\dfrac{X/d}{f}$이고 0원을 받을 확률이 $(1 - \dfrac{X/d}{f})$이기 때문이다.

13. $Min[A, B]$는 A와 B 중 작은 값(최소값)을 내놓는 함수이다.

■ 은행의 선택

이제 제안 수용 시의 기대수익과 즉시 인출 요구 시의 기대수익을 비교하면 즉시 인출을 요구하는 것이 유리하다. 그러므로 예금자들은 즉시 인출을 요구할 것이고 이 은행은 인출사태에 직면할 것이다. 이를 예상하는 은행은 예금자들에게 도덕적 해이의 행태를 보이지 않을 것이다.

다이아몬드-라잔(Diamond-Rajan) 모형은 대출에 자금을 운용하는 은행이 왜 예금으로 자금을 조달하는지를 설명해 준다. 은행이 대표감시자로 대출을 제공하므로, 은행은 예금자에 대해 정보우위가 있다. 은행은 도덕적 해이의 유인이 있다. 경제주체들이 이를 알고 있으므로 도덕적 해이의 유인이 해소되는 방법이 아니면 은행은 자금을 조달하기 어렵다. 예금은 은행과 예금자 사이의 정보비대칭성으로 인한 은행의 도덕적 해이 유인을 통제할 수 있는 자금거래 수단이다.

요약

1. '소비시점의 불확실성'과 '청산비용의 존재'를 전제하면, 생산프로젝트에 자금을 제공하는 순간 경제주체는 유동성 위험을 부담하여야 한다. 위험기피 선호의 경제주체는 유동성 위험을 회피할 유인이 있다.

2. 은행 예금은 다수 경제주체의 자금을 모아서 생산프로젝트에 투자함으로써 유동성 위험에 대한 보험을 제공할 수 있다.

3. 자금 제공자와 기업의 경영자 사이에는 경영자 행태와 사업성과에 대한 정보비대칭성이 존재한다. 정보비대칭성으로 경영진은 이해상충 행위 유인이 있고, 이에 자금 제공자에 대한 대리인 문제가 있다.

4. 주식으로 자금을 제공한 주주가 대리인 문제를 해소하려면 정보비대칭성 완화를 위하여 경영자 행태 감시비용과 사업성과 확인비용을 지불하여야 한다. 이를 주식의 대리인 비용이라고 한다.

5. 부채형 금융수단으로 자금을 공급하는 경제주체는 감시비용과 확인비용을 절감하는 것이 좀 더 용이하다. 감시비용은 부채계약의 속성에 의해서 회피할 수 있다. 확인비용은 부채계약에 '담보'와 '채무미상환에 대한 벌칙 부과'라는 추가적인 장치를 부가하여 절감할 수 있다.

6. 담보와 채무미상환에 대한 벌칙 부과에는 거래비용이 소요된다. 은행은 대표감시자로서 이 거래비용을 절감할 수 있다. 담보제도와 채무미상환에 대한 벌칙부과제도 기술은 규모의 경제가 적용된다. 은행은 규모의 경제로 거래비용을 절감할 수 있다.

7. 은행은 대표감시자로서 정보 생산의 유인이 있다. 은행이 '정보 생산 및 사용의 독점사업체'가 되면 정보 생산의 공공재 문제가 해결되기 때문이다. 또 정보 생산기술의 혁신유인이 있다. 결과적으로 정보 생산이 활성화되어 정보비대칭성 문제 자체가 완화될 수 있다.

8. 은행은 대표감시자로서 예금자에 대해 정보우위를 지니고 있다. 이로 인해 은행은 도덕적 해이의 유인이 있다. 예금은 은행의 도덕적 해이 유인을 통제할 수 있는 자금거래 수단이다. 예금과 대출이 결합된 은행의 사업 모형은 은행이 대표감시자로서 기능하면서 은행의 도덕적 해이 유인을 통제하기 위한 장치이다.

연습문제

1. 다음 개념을 설명하라.

(1) 유동성

(2) 주식의 대리인 비용

(3) 금융수단의 현금흐름권과 통제권

2. 위험기피 선호와 유동성 위험

- 경제에 100명의 경제주체 존재한다. 현재 각 경제주체는 1원을 갖고 있다.
- 경제주체는 위험기피 선호로서 효용함수는 $U(c) = \dfrac{c}{1+c}$이다.
- 각 경제주체는 향후 2기 동안 자원을 최적 투자할 방안을 찾고 있다.
- 주어진 투자기회는 두 가지이다 : ① 생산프로젝트(만기 2기), ② 현금 보유

- 생산프로젝트의 수익률은 만기 순수익률 100%, 조기청산 순수익률 $-\frac{2}{3}$%이다. 즉, 1원에 대해 만기에는 2원을 상환받고, 1기에 조기청산할 경우 $\frac{1}{3}$원을 상환받는다.
- 경제주체는 1기에 소비필요가 발생할 수 있다. 소비필요 발생 확률은 p이다.

(1) $p = 0.25$라고 하자. 경제주체들에게 생산프로젝트 투자와 현금 보유 중 어느 것이 최적 선택인지 구하라.

(2) 1기 소비필요 발생 확률 p값이 변동하고 있다. 경제주체들의 생산프로젝트와 현금 보유 선택이 달라지게 되는 p값을 구하라. 왜 p값에 따라 경제주체의 선택이 달라지는지 그 이유를 설명하라.

(3) 다른 그룹의 경제주체들이 있다. 1기 소비필요 발생 확률은 $p = 0.25$로 동일하다. 단, 효용함수가 $U(c) = 1 - \frac{1}{c}$이다. 이 그룹의 경제주체들은 생산프로젝트 투자와 현금 보유 중 어느 것이 최적 선택인지 구하라.

(4) (1)번과 (3)번의 답을 비교하고, 두 그룹 경제주체들 사이에 선택의 차이가 있다면 그 이유를 설명하라. 또는 답이 동일하다면 그 이유를 설명하라.

3. 예금이론

본문의 다이아몬드-디빅(Diamond-Dybvig) 모형에서 은행은 예금으로 조달한 자금을 모두 생산프로젝트에 투자하여야 하였다. 은행이 일반 경제주체와 마찬가지로 현금 보유도 가능하다고 하자. 은행은 일부 금액은 현금으로 보유하고 나머지를 생산프로젝트에 투자하는 자산운용을 할 수 있다. 은행의 목표이익은 0이다. 목표이익이 0인 가운데 은행은 가능하면 예금자에게 유리한 경영전략을 택한다고 가정하라.

(1) 은행은 일부를 현금으로 보유하고, 나머지를 생산프로젝트에 투자하는 것이 예금자의 기대효용을 높이는 방법임을 보여라. 즉, 은행은 경제주체들에게 보다 유리한(즉 기대효용이 보다 높은) 금리조건의 예금을 제시할 수 있음을 보여라.

(2) 은행은 현금에 비해 유동성이 높은 예금을 제시할 수 있음을 보여라.

4. 주식 대비 부채의 이점

대출이론에서는 경제주체가 일반적으로 위험기피 선호라는 점을 가정하지 않는 경향이 있다. 기대수익 기준(즉, 위험중립 선호)으로 설명하여도 핵심 이론이 얻어지기 때문이다. 경제주체의 위험기피 효용을 가정하면 주식 대비 부채의 이점이 보다 강해진다. 이를 위해 $U(c) = 1 - \frac{100,000}{c}$의 효용함수를 가정하자. 경영감시비용($J$) 150,000 ; 사업 결과 확인비용($K$) 50,000이라고 하자.

(1) 자금 제공자의 주식과 부채의 기대수익을 구하라. 어느 계약이 유리한가?

(2) 자금 제공자의 주식과 부채의 기대효용을 구하라. 어느 계약이 유리한가?

5. 채무미상환 벌칙부과 부채계약

본문의 채무미상환 벌칙부과 부채계약 예제에서 사업 성공 확률이 경영자의 태업 여부에 따라 영향을 받는다고 가정해 보자. 경영자의 태업은 사업 성공 확률을 낮춘다. 채무미상환에 대한 벌칙 부과가 채권자의 기대수익률을 높이는 경로를 설명하라.

은행위기 이론 5장

1. 개요 / 2. 인출사태 위기이론 / 3. 유인체계 왜곡 위기이론 / 4. 행태주의 위기이론 / 5. 평가

1. 개요

은행위기를 설명하는 이론들은 네 개의 유형으로 구분할 수 있다. 금융시장에 참여하는 경제주체의 합리성, 금융기관의 유인체계에 대한 가정을 기준으로 한 구분이다.

첫째 유형은, 경제주체는 합리적이고 금융기관의 유인체계에도 왜곡이 없는 상태에서 비효율적인 '인출사태'로 은행위기가 발생한다는 이론이다. 특히 1930년대 이전 미국에서 주기적으로 빈발하였던 은행위기 사례들을 염두에 두고 개발된 이론이다. 4장에서 은행 예금의 이론으로 살펴보았던 다이아몬드-디빅(Diamond-Dybvig)의 이론이 그것이다. 그들의 모형은 본래 '인출사태' 설명을 목적으로 한 것이기도 하다.

둘째 유형은, 경제주체는 합리적이지만 시장환경에 경제주체들과 금융기관의 유인체계에 왜곡을 초래하는 요인이 있어 은행위기가 발생한다는 이론이다. 20세기 중반 이후 현대 은행은 최종대부자 제도, 공적 예금보험제도 등 금융안전망 환경 아래 사업을 영위한다. 이러한 공적 규제의 개입은 한편으로는 비효율적 '인출사태'로 인한 은행위기를 예방하기 위함이었지만, 이로 인한 새로운 환경은 경제주체와 금융기관 경영진의 유인체계에 왜곡을 야기해 새로운 경로의 은행위기 발생을 초래했다는 이론이다.

셋째 유형은, 경제주체의 합리성 자체를 부정하는 이론이다. 이 이론은 금융시장 참여자 중 상당수는 '합리적 경제주체'라는 가정이 적합하지 않으며, 행태주의 선호체계가 그 행태 설명에 보다 부합된다고 전제한다. 그에 따라 금융시장에는 비합리적으로 지속될 수 없는 팽창기가 지속되다가 종국에는 위기로 종결되는 '금융순환(Financial Cycle)'이 존재하게 된다는 것이다. 과거에도 이를 주장하는 학자들이 없지 않았지만, 최근 2008년 세계 금융위기 이후 금융학계에서 관심이 높아지고 있다.

마지막 넷째 유형의 이론은 은행위기의 원인을 경제주체의 비합리성, 금융기관의 유인체계 왜곡에서 찾기보다는 은행의 특수성에서 찾는 설명이다. 은행은 기업 중에서 부채의존도가 매우 높은 재무구조를 지닌 사업체이다. 어느 산업에서도 찾아볼 수 없는 높은 부채의존도를 은행의 특수성으로 전제한 상태에서 경제에 간헐적으로 큰 규모의 부정적 충격이 발생하게 되면 은행은 부실화될 수밖에 없고, 그 결과 은행위기가 나타나게 된다는 설명이다.

이 장에서는 이상 네 유형의 이론 중에서 앞의 세 유형의 이론을 차례로 살펴본다. 이들 유형의 이론들이 현존하는 금융인프라와 금융규제 체계의 논리가 되었기 때문이다. 논의의 편의를 위해서 첫째 유형은 '인출사태 위기이론', 둘째 유형은 '유인체계 왜곡 위기이론', 셋째 유형은 '행태주의 위기이론'으로 부르도록 하겠다.[1]

2. 인출사태 위기이론

2.1 배경

1930년대 이후 1970년대까지 금융선진국에서 은행위기는 사라졌다. 또한 1930년대 미국 등에서 확립된 최종대부자 기능의 중앙은행 제도, 예금보험제도는 시장경제의 필수 제도로 자리 잡았다. 그런 가운데 학계에서는 1970년대 정보비대칭성의 개념이 등장하는 등 현대 금융학의 프레임이 형성되는 학문의 발전이 있었다. 당시 금융학계는 1930년대 이전 인출사태를 동반한 은행위기의 빈발을 설명하면서, 동시에 그와 연관하여 최종대부자 제도와 예금보험제도의 존재를 정당화할 수 있는 이론을 모색하였다.

최종대부자 제도와 예금보험제도가 정당화되려면 인출사태 중 최소한 일부는 근거 없는, 즉 은행의 건전성과는 무관한 인출사태여야 한다. 금융이론에서는 이

---

1. 이 장의 위기이론은 학부 수준에서는 모두 학습할 필요가 없다고 판단할 수도 있다. 그 경우 '인출사태 위기이론'만을 학습할 것을 권한다.

를 '자기실현적 인출사태' 또는 '비효율적 인출사태'라고 한다. 1970년대 후반 이후 전반적인 금융학계의 흐름은 모든 금융시장의 현상을 가능한 한 합리적 경제주체의 의사결정 결과로 설명하려는 추세였다. 이에 경제주체의 합리성을 전제하면서도 자기실현적 인출사태가 가능한 모형의 개발이 시도되었다. 다이아몬드-디빅(Diamond-Dybvig) 모형은 이 문제의식에 대한 답이었다.

2.2 이론의 구조

(1) 은행 대출자산의 정보비대칭성 문제

4장에서 예금의 이론으로 살펴보았던 다이아몬드-디빅(Diamond-Dybvig) 모형은 은행 인출사태 설명에 있어서도 대표적인 이론으로 받아들여진다. 4장의 〈표 4-1〉을 다시 아래 〈표 5-1〉에 옮겨두었다. 예금 3을 살펴보자. 경제주체들은 현금보유, 생산프로젝트 투자에 비해 예금에서 가장 높은 효용을 얻을 수 있으므로 은행예금을 선택한다고 하였다. 그런데 이때 말하지 않은 전제조건이 있다. 경제주체들이 모두 은행이 제시한 예금계약 약속을 '신뢰'하여야 한다는 점이다.

표 5-1 은행 예금의 유동성 위험 축소

	예금 1	예금 2	예금 3	예금 4	예금 5	예금 6	생산 프로젝트	현금 보유
1기 금리 (총수익률)	0.9	0.8	0.7	0.6	0.5	0.4	0.3333	1
2기 금리 (총수익률)	0.8666	1.0667	1.2667	1.4667	1.6667	1.8667	2.0000	1
유동성($L1$)	1.0385	0.7500	0.5526	0.4091	0.3000	0.2143	0.1667	1
유동성($L2$)	0.9	0.8	0.7	0.6	0.5	0.4	0.3333	1
기대수익	0.875	1.0000	1.1250	1.2500	1.3750	1.5000	1.5833	1
기대효용	−0.1432	−0.0156	0.0508	0.0720	0.0500	−0.0268	−0.125	0

과연 예금자들은 은행의 예금지급 약속을 신뢰할 수 있을까? 여기서 다시 한 번 예금자들은 합리적인 경제주체로 가정하고 있음을 상기할 필요가 있다. 합리적 경제주체로서 예금자들은 자신들의 기대효용을 극대화하기 위해 행동한다. 그에 따라 유동성 위험 회피를 위해 예금 보유를 선택한다는 것이 다이아몬드-디빅(Diamond-Dybvig) 모형의 핵심이다. 그런데 합리적인 경제주체인 예금자들은 당연히 은행과 예금거래를 할 때 은행이 이 거래를 약속대로 지킬 능력, 즉 은행의 재무적 건전성을 확인할 것이다. 은행이 재무적으로 건전하여 예금지급 약속을 지킬 수 있는 지급능력이 있다고 판단될 때에 한해 합리적인 경제주체들은 은행의 약속을 신뢰할 것이다.

이때 걸림돌이 되는 것이 대출자산의 특수성이다. 은행이 자산으로 주로 보유하는 대출자산은 은행을 제외한 나머지 경제주체는 그 경제적 가치를 알기가 어려운 금융자산이다. 대출자산은 거래되지 않으며, 가치를 쉽게 알려주는 시장가격이 없는 비시장성 자산이다. 그러므로 그 경제적 가치에 대한 정보는 대출자산의 속성에 대해 잘 알고 있는 일부 경제주체에게만 알려져 있다. 그 경제주체는 대출거래의 당사자인 채무자와 은행일 것이다. 예금자는 은행이 보유한 개별 대출자산의 가치에 대한 정보를 갖고 있지 못하다. 사실 가치는 고사하고 은행이 어떤 대출자산을 보유하고 있는지, 차입자가 과연 누구인지에 대해서도 예금자는 잘 모르는 것이 현실이다. 이처럼 은행과 예금자 사이에는 은행의 대출자산 가치에 대한 정보비대칭성이 존재한다. 은행이 정보우위이고 예금자가 정보열위이다.

은행이 대출을 공급한 생산프로젝트들이 부실화되었다고 해보자. 예금자가 이 사실을 알게 된 경우 예금자의 최적 행동은 무엇일까? 예금은 채권의 일종이지만 채권상환에 독특한 속성이 있다. 바로 예금상환 요구 순서, 즉 예금인출을 요구한 순서대로 예금지급이 이루어진다는 점이다. 그러므로 은행 자산이 부실화된 정보를 알게 된 예금자의 최적 행동은 즉시 은행에 인출을 요구하는 것이다.

정보우위의 은행 경영진은 합리적 경제주체로서 예금자가 아니라 자신의 이익극대화를 목적으로 행동한다. 은행 대출자산이 부실화되어 예금지급 능력이 부족하게 되었다 하여도 주주와 경영진은 이 사실을 예금자에게 알리지 않고 어떻게든 은행의 회생을 위해 방안을 찾는 선택을 할 것이다. 예금자에게 알려지는 순간 인출 요구에 직면하여 바로 파산할 것임을 알기 때문이다. 정보우위가 있는 경제주체의 도덕적 해이 상황이다.

그러므로 정보비대칭성 상황에서 예금자는 스스로 은행의 예금지급 능력을 추정하고 예금인출 여부를 결정해야 하는 문제에 봉착한다. 합리적 경제주체인 예금자들은 은행 대출자산의 건전성에 대해 무엇을 근거로 판단할까?

(2) 예금자의 은행 건전성 판단 근거

자산의 건전성에 대한 직접적인 정보가 없으므로 합리적 예금자는 간접적인 정보를 최대한 활용하려 할 것이다. 학자들이 실제 인출사태 사례를 연구한 바에 따르면 예금자들이 의존하는 간접적인 정보는 세 가지인 것으로 보인다.[2]

첫째, 은행 부실화와 밀접한 연관성을 지닌 다른 지표를 찾아서 이 지표에 대한 정보에 집중할 것이다. 예금보험제도와 최종대부자 제도가 없었던 19세기 미국의 경우 예금자들은 심각한 경기침체를 예고하는 정보에 민감하게 반응하였다고 한다. 은행 자산의 건전성이 경기와 밀접하게 연관되기 때문이다.

둘째, 다른 예금자들의 행동이다. 다른 예금자의 행동은 비교적 쉽게 관찰되는 정보이다. 과거 사례를 보면 평소보다 이례적으로 많은 예금자들이 예금을 인출하는 경우 더 많은 예금자들의 인출 요구를 야기하여 결국은 대규모 뱅크런, 즉 인출사태로 이어지는 경우가 많았다.

셋째, 그 은행과 유사한 자산부채 구조를 지니고 있다고 믿어지는 은행이 부실화되었다는 정보가 있는 경우이다. 한 은행의 인출사태는 사업 행태가 유사하였던 다른 은행들에도 인출사태를 유발하는 경향이 있다. 이 현상은 '감염효과(contagion

---

2. Gorton, G., (2009), *Slapped in the Face by the Invisible Hand : Banking and the Panic of 2007*, New York : Oxford University Press.

effect)'라 불리는데, 예금자들이 한 은행의 건전성 하락 정보를 근거로 유사 은행의 건전성에 대해 유추한다는 점을 알려준다.

이상의 사항들은 한편으로는 예금자들이 대출자산의 건전성에 대한 직접 정보를 갖고 있지 않다는 점을 확인시켜 주는 것이기도 하다. 만일 예금자들이 본인이 예금거래를 하는 은행의 건전성에 대한 직접 정보를 갖고 있다면 외부 정보나 다른 은행에서 벌어진 일에 대해 민감하게 반응하지 않을 것이다. 정보비대칭성으로 인해 간접적인 정보에 의존하게 되면서 결과적으로는 한 은행의 부실이 여타 다른 은행들, 나아가 금융시스템 전체의 불안으로 이어지곤 한다. '부정적인 정보 발생 → 다수 예금자의 인출 → 더 많은 예금자의 인출 → 다른 은행으로의 확산'의 흐름이다.

(3) 두 종류의 인출사태

예금자들이 은행의 예금지급 능력에 대한 판단을 다른 예금자의 행동 등 간접적인 정보에 의존하게 되면 다수의 예금자들이 동시에 예금인출을 요구하는 인출사태가 발생할 가능성이 높다. 이러한 인출사태에는 두 가지 종류가 있을 수 있다. 효율적 인출사태와 비효율적 인출사태이다.

가. 효율적 인출사태

효율적 인출사태는 실제로 은행의 대출자산의 건전성이 하락하여 예금상환 능력이 부족해져 인출사태가 벌어진 경우이다. 어떤 사건으로 은행이 보유한 대출자산의 건전성이 하락하게 되었다고 하자. 그럴 경우 은행의 예금상환 능력이 하락할 것이고, 일부 예금자들이 이 정보를 동시에 알게 되었다면 그 순간 동시에 예금인출을 요구하는 것은 합리적 행동이다. 이를 관찰한 다른 예금자들도 인출을 요구하면서 인출사태로 연결되어 해당 은행은 대출자산을 조기청산하고 파산하였다고 하자. 이 같은 전개는 경제 전체의 자원배분 관점에서도 효율적 행위이다. 은행의 대출자산이 이미 부실화된 상황이므로 해당 생산프로젝트에서 신속히 자원을 회수하여 새로운 용도에 운용하는 것이 경제 전체의 자원배분 효율성을 높일 것이기 때문이다.

효율적 인출사태는 예금자의 인출 결정이 비록 다른 예금자들의 인출행동에 대한 예상에 의해 이루어지지만, 다른 예금자들의 인출행동이 실제 은행 대출자산의 건전성에 대한 정보에 근거해 시작된 경우이다.

나. 비효율적 인출사태 또는 '자기실현적' 인출사태

그렇지만 예금자들의 인출 결정이 다른 예금자들의 인출행동 자체에 영향을 받는 한 모든 인출사태가 효율적이라는 보장은 없다.

4장의 다이아몬드-디빅(Diamond-Dybvig) 모형에서 은행이 투자한 프로젝트들이 정상대로 진행되고 있다고 하자. 대출자산의 건전성에는 아무런 문제가 없다. 이 상황에서 1기가 되었다. 실제로 1기에 소비지출이 필요하게 되는 경제주체는 100명 중 25%인 25명이다. 이들은 당연히 1기에 예금상환을 요구할 것이다. 나머지 75명의 예금자들은 만기인 2기까지 소비필요가 없으므로 예정대로 예금을 그대로 보유할 것으로 가정하였다.

그런데 은행의 자산건전성에 대한 실질적인 변화가 없는데도 예금자들이 어떤 알 수 없는 이유로 다른 예금자들이 은행의 예금지급 능력을 의심하게 되어 예금을 인출할 것으로 예상된다고 하자.[3] 문제는 비록 근거가 없어도 이러한 예상을 예금자들이 하게 되면 모든 예금자들이 실제로 예금을 인출하는 상황이 야기될 수 있다는 데 있다. 왜냐하면 일단 다른 상당수 예금자들이 인출할 것으로 예상이 된다고 하면 나도 예금을 인출하는 것이 합리적인 행동이기 때문이다.

왜 그럴까? 〈표 5-1〉에서 은행이 1기 조기인출 금리 0.5(50%), 2기 만기인출

3. 금융학에서는 합리적으로는 설명될 수 없지만 경제주체들의 행동에 영향을 미치는 사건을 '태양 흑점(sun spot)'이라고 지칭한다. 합리적 이유가 아닌데 경제주체의 행동을 유발하는 사건의 부류를 통칭하는 개념이다. 영화 '메리 포핀스(Mary Poppins)'의 유명한 인출사태 장면이 이에 해당한다.

금리 1.67(167%)를 약속한 경우를 보자. 은행이 이 같은 1기 금리와 2기 금리를 약속한 것은 1기 인출 예금자는 25명일 것이라는 예상에 의한 것이었다. 그런데 어떤 이유로 나를 제외한 99명의 예금자들이 모두 1기에 예금상환을 요구한다고 해보자. 은행이 100원의 모든 프로젝트 투자를 조기 중단하여도 투자금액의 $\frac{1}{3}$만이 회수되므로 은행의 보유현금은 $\frac{100}{3}$원이다. 그렇지만 은행은 1기의 예금상환액으로 원금의 50%를 약속했으므로 99명에게 약속대로 지급하려면 $\frac{99}{2}$원이 필요하다. 결국 은행은 애초의 예금상환 계약을 지킬 수가 없다. 뿐만 아니라 모든 대출자산은 1기에 청산될 것이다. 나 혼자 2기까지 기다린다면 2기에 은행에 남아 있는 자금은 없다.

그러므로 다수의 다른 예금자들이 예금을 인출할 것으로 예상한다면 나도 1기에 인출을 요구하는 것이 최적이다. 모두가 예금을 지급받을 수는 없다는 것을 알지만, 예금지급은 선착순이므로 다른 예금자들보다 먼저 은행에 가서 인출을 요구한다면 예금을 받을 가능성이 높아진다. 그러므로 다른 많은 예금자들의 예금인출이 예상된다면 한시라도 빨리 은행에 가서 인출을 요구하는 것이 나의 이익을 극대화하기 위한 합리적 행동이다. 모든 예금자들이 똑같이 생각할 것이므로 은행의 실제 자산건전성과는 관계없이 모든 예금자들이 인출을 요구하는 '인출사태'가 발생할 수 있는 것이다.

결국 이 경제에서는 1기에 실제로 소비필요가 발생한 예금자들만이 예금을 인출하거나, 아니면 모든 예금자들이 1기에 조기인출하는 두 가지 균형 중 하나가 실현됨을 보일 수 있다. 후자가 '인출사태' 균형이다.

[예제 1] 다이아몬드-디빅(Diamond-Dybvig) 모형의 '인출사태' 균형

앞의 〈표 5-1〉에서 인출사태 균형이 발생하게 되는 경로를 설명해 보아라. 구체적으로 총수익률 기준 1기 예금금리 0.5(50%), 2기 예금금리 1.67(167%)을 은행이 약속한 상태에서 모든 예금자들이 1기에 예금을 조기인출하는 상황이 실현될 수 있음을 보여라. (단, 이 문제를 풀 때는 효용함수를 $U(c) = \frac{c}{1+c}$로 가정하라.)

해답 1기에 25명이 아니라 이를 넘어 $f(> \frac{1}{4})$비율의 예금자들이 조기인출을 요구하면 은행은

$100 \cdot f \cdot (0.5)$의 자금이 필요하다. 이를 위해 k비율의 프로젝트를 조기청산하여야 한다. 여기서 다음 식이 성립하여야 한다.

$$100 \cdot f \cdot (0.5) = 100 \cdot k \cdot \left(\frac{1}{3}\right)$$

즉, $k = 1.5f$이다. 그러므로 만일 $f \geq \frac{2}{3}$이면 모든 프로젝트가 조기청산되어야 한다. 이 수치를 기준으로 나누어 생각해 보자.

(1) $f \geq \frac{2}{3}$인 경우를 생각해 보자. 1기에 모든 프로젝트가 청산되므로 만기인출 예금자의 수익은 0이다. 그러므로 주어진 효용함수로부터 만기인출의 효용은 0이다. 반면 1기 조기인출의 경우 예금자의 $\frac{2}{3}$가 인출하기 이전에 인출을 요구한다면 0.5의 약속된 금액을 받을 것이고, 그때의 효용은 $\frac{1}{3}$이다. 예금자 $\frac{2}{3}$가 이미 인출을 한 후에 예금을 인출하게 되면 0의 수익이고, 따라서 효용도 0이다. 기대효용을 정확히 계산하려면 예금자 $\frac{2}{3}$가 인출 요구를 하기 전에 먼저 예금인출을 할 확률과 그렇지 않을 확률을 계산해야 한다. 그렇지만 확률이 얼마이든 조기인출의 기대효용이 0보다 크다는 점은 명백하다. 따라서 조기인출이 최적이다.

(2) 다음으로 $\frac{1}{4} < f < \frac{2}{3}$인 경우를 생각해 보자. 은행은 만기에 조기청산 후 남은 $100(1-k) = 100(1-1.5f)$개의 프로젝트에서 각각 2의 총수익을 얻는다. 즉, 만기에 은행이 지급할 수 있는 총자금여력은 $200 - 300f$이다. 만기까지 기다려 약속한 1.67을 지급받는 예금자의 비중을 $x\%$라고 하면 $200 - 300f = 1.67 \times x \times 100$의 식이 성립하여야 한다. 따라서 $x = \frac{2-3f}{1.67}$이다.

그런데 전체 남아 있는 예금자의 비중은 $(1-f)$이므로, 만기인출 시 1.67을 받을 확률이 $\frac{x}{1-f}$이고, 만기인출 시 0원을 받을 확률이 $1-\left(\frac{x}{1-f}\right)$이다. 그러므로 만기인출의 기대효용은 다음과 같다.

$$\frac{x}{1-f} \times U(1.67) + \left(1 - \frac{x}{1-f}\right) \times U(0) = \frac{1}{2.67} \cdot \frac{2-3f}{1-f} \tag{B}$$

만기인출 기대효용이 조기인출 효용인 $\frac{1}{3}$보다 작다면 조기인출이 최적이다. 식 (B)를 정리하면 $f \geq 0.5261$이면 $\frac{1}{3}$보다 작게 됨을 확인할 수 있다. 즉, $0.5261 \leq f < \frac{2}{3}$로 예상될 경우에도 조기인출이 최적이다.

(1)과 (2)를 종합하면, 1기 전체 조기인출 예금자의 비율이 52.61% 이상으로 예상될 경우 각 예금자는 1기에 조기인출하는 것이 최적이다. 반대로 조기인출 예금자가 52.61% 미만

으로 예상되는 경우에는 (내가 실제로 1기에 소비필요가 발생한 25명의 예금자가 아니라면) 만기에 인출하는 것이 최적이다.

모든 예금자들이 똑같이 추론할 것이므로 어떤 이유로 예금자들이 f가 52.61%를 초과할 것으로 예상하면 모든 예금자들이 조기인출을 할 것이고, f는 1로 상승한다. 즉, '인출사태'가 발생한다.

이것이 다이아몬드-디빅(Diamond-Dybvig) 모형의 중요한 시사점이다. 인출사태는 은행의 건전성과는 무관하게 예금자들의 불안심리가 조성되기만 해도 발생할 수 있다는 것이다. 각 예금자의 입장에서 예금을 조기인출하는 것이 유리한지의 여부는 전적으로 다른 예금자들의 행동에 달려 있기 때문이다. 어떤 이유가 되었든 다수의 다른 예금자들이 조기인출할 것으로 예상된다면 나의 최적 대응은 조기인출이다.

은행의 자산관리에 아무런 문제점이 없는데도 어떤 알 수 없는 이유로 일부 예금자들 사이에 불안감이 번지며 이들이 예금을 인출하기 시작하면, 이를 지켜본 다른 예금자들에게도 불안감이 확산되며 결국 모든 예금자가 예금을 인출할 가능성이 있다. 정상적인 투자프로젝트가 모두 조기중단되고 은행은 파산하며 모든 경제주체가 손실을 입는 결과가 초래된다. 비효율적 인출사태이다. 이 비효율적 인출사태는 실질적인 근거가 없음에도 예상만으로 실제 인출사태가 실현된다는 의미에서 '자기실현적' 인출사태라고도 불린다.

〈좀 더 알아보기 5-1〉 내쉬(Nash) 균형으로서의 인출사태[1)]

게임이론을 배운 독자라면 다이아몬드-디빅(Diamond-Dybvig) 모형에는 두 개의 복수균형이 존재하며 '인출사태'는 복수균형의 하나라는 점을 눈치챘을 것이다. 인출사태의 발생에서 중요한 것은 다른 경제주체들의 행동에 대한 예상이다. 나의 최적 행동은 다른 경제주체들

1) 게임이론이 익숙하지 않은 독자는 이 박스를 읽지 않아도 좋다.

의 최적 행동이 무엇이냐에 따라 달라지기 때문이다. 구체적으로 말해 다이아몬드-디빅(Diamond-Dybvig) 모형에서는 [예제 1]에서 보았듯이 조기인출과 만기인출 기대효용의 상대적 크기가 전체 조기인출 예금자의 비중이 일정 수준($\bar{f}$)을 초과하는지의 여부에 달려 있다. 예상 조기인출 예금자 비중이 $\bar{f}$ 이상이면 각 예금자의 최적 행동은 조기인출이다. 반면 $\bar{f}$ 미만이면 1기에 실제로 소비필요가 발생한 것이 아니라면 만기인출이 최적이다. 사실 [예제 1]을 재해석하는 것에 불과하지만, 이제 다이아몬드-디빅(Diamond-Dybvig) 모형에서 두 개의 내쉬 균형이 존재함을 설명해 보자.

일단 '내쉬 균형'의 개념을 확인해 두자. 내쉬 균형에서는 다른 경제주체들의 최적 행동에 대한 각 경제주체의 예상과 그 예상을 전제한 상태에서 도출되는 각 경제주체의 실제 최적 행동이 상호 일관되어야 한다는 점을 상기하기 바란다. 다이아몬드-디빅(Diamond-Dybvig) 모형에서 다른 경제주체들의 최적 행동에 대한 각 경제주체의 예상은 예상 조기인출 비율 f이다. 그러므로 이 모형에서 내쉬 균형은 각 예금자가 예상하는 조기인출 비율 f와 그로부터 도출되는 예금자의 최적 행동이 함축하는 실제 f가 상호 일관되는 경우이다.

먼저 각 예금자가 f가 $\bar{f}$ 이상의 값을 취할 것으로 예상하였다고 해보자. [예제 1]의 경우라면 $\bar{f}$는 0.5261이다. 이 상태에서 각 예금자의 최적 행동은 조기인출이다. 그러므로 실제 조기인출자는 100명이 될 것이고 실제 조기인출자 비율 $f=1$로 귀결될 것이다. 예상 $f=1$이 아니라면 내쉬 균형이 성립하지 않는다. 예상 f와 그로부터 도출되는 실제 f가 다르기 때문이다. 예상 f가 1이라면 실제 f도 1로 서로 일치한다. 내쉬 균형이다. 이것이 '인출사태' 내쉬 균형이다.

다음으로 각 예금자가 조기인출 예금자의 비율 f에 대해 $f<\bar{f}$를 예상하였다고 해보자. 이 경우 1기에 소비필요가 발생한 예금자들이 아니라면 나머지 예금자들은 만기인출이 최적 행동이다. 즉, 1기 소비필요가 발생한 경제주체의 비중을 p([예제 1]에서는 0.25)라고 할 때 실제 f는 p로 귀결된다. 따라서 예상 f가 p라면 실제 f도 p가 된다. 또 하나의 내쉬 균형이 성립하는 상황이다. 그 이외의 예상 f는 그로부터 도출되는 최적 행동에서 귀결되는 실제 f와 다르다. 내쉬 균형이 될 수 없다.

결국 다이아몬드-디빅(Diamond-Dybvig) 모형에서는 예상 조기인출 비율과 실제 조기인출 비율이 1인 인출사태 균형과 예상 조기인출 비율과 실제 조기인출 비율이 p인 두 개의 내쉬 균형이 있다. 인출사태 균형의 경우 생산프로젝트가 조기청산되면서 비인출사태 균형에 비하여 모든 경제주체의 효용이 하락한다. 후생의 관점에서 인출사태 균형은 '나쁜 균형'이고, 비인출사태 균형은 '좋은 균형'이다.

3. 유인체계 왜곡 위기이론

3.1 배경

영·미 등 금융선발국에서 19세기 말에서 20세기 초반에 걸쳐 은행위기가 빈발하였고 그 대응으로 중앙은행의 최종대부자 제도와 예금보험제도가 등장하였음을 3장에서 살펴보았다. 이후 금융통제기를 지나 금융자유화와 2차 세계화 시대에 접어들며 은행위기의 주기적 발생이 재등장하였음도 살펴보았다.

다이아몬드-디빅(Diamond-Dybvig)의 인출사태 이론은 1970년대 이후의 은행위기를 설명하기에는 부적합하였다. 최종대부자 제도와 예금보험이 존재하는 시장환경에서 예금자가 인출사태를 야기할 유인은 보이지 않기 때문이다. 새로운 시장환경에 맞는 위기이론이 필요하였다.

비효율적 인출사태 모형은 모든 예금자가 은행의 건전성에 대해 정보가 없음을 가정한다. 그렇지만 예금자 중 일부가 정보력이 있어 은행의 건전성에 대한 판단에 따라 행동을 하는 경우라면 상황은 달라진다. 특히 은행의 경영에 대해 감시능력이 있는 예금자들에게 예금보험이 제공되게 되면 이들의 경영감시 유인에 왜곡을 야기할 우려가 있다. 보험이 피보험자의 도덕적 해이를 야기한다는 것은 잘 알려져 있다. 예금보험제도는 경영감시 능력이 있는 예금자의 도덕적 해이를 야기하는 역할을 할 이론적 개연성이 있다. 이에 1970년대 이후 각국의 은행위기를 설명하는 프레임으로서 '정부가 제공하는 금융안전망 → 금융기관 이해관계자의 유인체계 왜곡 → 금융기관의 위험경영 추구 → 위기 발생' 체계가 관심을 끌게 되었다.

이 유형의 위기이론은 1980년대 미국에서 소규모 은행인 저축대부조합(Saving & Loans Association) 위기 사태에 대한 설명으로 등장한 바 있다. 또 1980~1990년대 신흥경제국에서 빈발한 은행위기의 설명으로도 각광을 받았다. 우리나라를 포함하여 신흥경제국에서는 정부가 은행을 직접 소유하거나 소유하지는 않더라도 사실상의 지배권을 행사하는 경우가 많았다. 은행이 사실상 정부의 통제를 받는 정부기관의 지위에 있었으므로 은행은 망하지 않는다는 믿음이 존재하였고, 실제로도 그러하였다. 사실상 정부가 예금자 및 은행에 대한 채권자, 은행 주주들에게 은행의 파산위험으로부터 보호하는 '암묵적 보험'을 제공하고 있었던 셈이다. 이에 이들 국가의 은행은 구조적으로 위험관리에 둔감하게 될 유인이 있어 위기에 취약하다는 설명이 현실과 부합되는 것으로 널리 받아들여졌다.

이 유형의 위기이론은 여러 학자들에 의해 제시되었는데, 딱히 하나를 대표이론으로 고르기는 어렵다. 우리나라를 포함한 1997년 아시아 금융위기를 이 유형의 패러다임으로 설명하여 널리 회자된 것으로는 크루그만(Paul Krugman)의 연구가 있다.[4] 1980년대 미국 저축대부조합 위기, 남미 국가의 은행위기 원인을 유인체계 왜곡에서 찾은 연구로는 엑컬로프(Gerge Ackerlof)와 로머(Paul Romer)의 논문이 많이 알려져 있다.[5]

3.2 이론의 구조

이 유형의 위기이론을 주장하는 여러 연구들은 대개 단순한 이론의 기본 구조를 놓고 다양한 위기사례에서 유인체계 왜곡이 어떤 방식과 경로로 나타났는지를 분석한다. 이들이 상정하는 위기 발생 메커니즘에서 핵심 요소들은 ① 은행 경영 유인체계 왜곡요인의 존재, ② 외부의 위기촉발 요인 발생 등이다. 은행 경영 유인체계의 왜곡요인으로 가장 많이 언급되어 온 것은 은행의 파산위험에 대한 정부의 암묵적 보장, 또는 암묵적 예금보험이었다. 이에 여기서는 암묵적 예금보험을 기준으로 이

---

4. Krugman, P., (1999), "What Happened to Asia," In : Sato, R., Ramachandran, R.V., Mino, K. (eds) *Global Competition and Integration*, Research Monographs in Japan-U.S. Business & Economics, Vol. 4. Springer, Boston, MA.

5. Akerlof, G., and P. Romer, (1993), "Looting : The Economic Underworld of Bankruptcy for Profit," *Brookings Papers on Economic Activity*.

론 구조를 살펴보도록 한다. 서술의 편의상 암묵적 예금보험으로 인한 은행 경영감시자의 도덕적 해이를 먼저 다룬다. 여러 시장경제에서 암묵적 예금보험이 존재하는 이유에 대해서는 그 다음에 이어서 설명한다.

(1) 예금보험과 경영감시자의 도덕적 해이

가. 경영감시 예금자의 존재

다이아몬드–디빅(Diamond–Dybvig) 모형에서 비효율적 인출사태의 전제조건은 예금자와 은행 경영진 사이에 존재하는 정보비대칭성이다. 예금자들은 은행 자산의 가치에 대해 무지하여야 한다. 이 조건은 과연 모든 은행의 자금공급자들에게 성립하는지는 의문을 제기할 만하다. 은행 자금공급자 중에는 여타 금융기관도 있고 정보력이 우수한 기업, 즉 '기관투자자'도 있기 때문이다. 이들은 일반 예금이 아니라 콜론(Call loan), 환매조건부매매(RP), 양도성예금증서(CD), 기업어음(CP) 등 단기자금시장 금융수단을 활용하여 은행과 자금을 거래한다. 이 시장은 특히 20세기 말에서 21세기 초반의 세계 금융위기 직전까지 크게 성장하였는데, 최근에는 개인 예금시장과 구별하여 '도매예금(wholesale deposit)'시장으로 불리고 있다.[6]

최근 금융학자들은 실제 은행위기 사례를 실증분석하여 개인 예금자와 도매예금시장의 기관투자자 사이에 행태 차이가 있다는 증거를 찾고 있다. 축적되고 있는 연구들은 공통적으로 정보비대칭성 가정이 일반 소액의 개인 예금자에게는 성립하지만, 도매예금자들에게는 성립하지 않는다는 사실을 알려준다. 도매예금자는 은행의 건전성에 대한 정보를 갖고 행동한다. 이들은 은행의 재무상태가 반영된 금리조건으로 은행에 자금을 공급하며, 은행 부실화 징후가 있을 때 가장 먼저 자금을 회수한다.

---

6. 3장에서 은행의 유동성 위험 관리장치로서 바젤 3에 의해 유동성 커버리지 비율(LCR) 규제와 순안정자금조달비율(NSFR) 규제가 도입되었음을 설명하였다. 이들 규제의 도입 배경이 2008년 세계 금융위기 발생과 관련하여 일부 은행이 겪은 자금조달원으로서 도매예금의 불안정성이었다.

은행의 자금공급자 중에서 은행의 자산건전성에 대한 정보를 가지고 있고 그 정보에 따라 행동하는 '도매예금자'가 있다고 하면, 예금보험은 은행 경영진의 유인체계를 왜곡시킬 가능성이 있다. 그 논리는 다음과 같다. '도매예금자'는 은행의 재무건전성에 따라 자금을 공급하고 회수할 것이므로 은행의 경영감시자 역할을 담당하게 된다. 또한 은행이 고위험 경영전략을 추구하면 그에 따라 높아지는 손실위험에 맞추어 높은 예금금리를 요구할 것이다. 은행 경영자는 추구하는 위험에 대응되는 자금조달 비용을 지불하여야 한다. 그런데 만일 도매예금자들이 예금보험의 보호를 받게 되면 이들은 더 이상 경영감시의 유인이 없다. 따라서 은행은 고위험 경영전략을 추구하게 되고, 결과적으로 예금보험이 없을 때에 비해 경제에서 은행위기의 확률은 높아진다. 다음의 사례를 살펴보도록 하자.

[예제 2] 예금보험의 은행 경영 유인체계 왜곡

어느 은행이 선택할 수 있는 대출자산 포트폴리오에 두 가지가 있다. 하나는 '저위험' 포트폴리오, 다른 하나는 '고위험' 포트폴리오이다. '저위험' 포트폴리오는 99%의 확률로 전체 대출자산에서 2%의 이자수익, 1% 확률로는 20%의 손실이 예상된다(즉, 100원이 대출자산일 때 99%의 확률로 102원, 1%의 확률로 80원 수입 예상). '고위험' 포트폴리오는 60% 확률로 20% 이자수익, 40% 확률로 20% 손실이 예상된다(즉, 100원이 대출자산일 때 60%의 확률로 120원, 40%의 확률로 80원 수입 예상).

예금자들의 효용함수는 $U(W) = 1 - \frac{1}{W}$이다. 이 경제의 예금자들은 정보력이 있는 경제주체들이다. 이들은 은행의 경영전략이 '저위험' 포트폴리오와 '고위험' 포트폴리오 중 어느 것인지를 알 수 있다. 이 경제에는 현재 예금보험제도가 없다. 예금자들은 은행이 약속하는 예금이자율은 당연히 대출자산의 건전성에 따라 달라질 것으로 예상한다. 대출자산에서 정상 이자수입이 발생하면 약속된 예금이자를 받지만, 손실이 발생하면 예금에서도 같은 비율의 원금손실이 발생할 것으로 예상한다. 예를 들어 은행이 예금이자율 X%를 약속할 경우 대출자산이 정상회수되면 약속된 이자와 원금이 지급되고, 대출자산 원금의 80%만 회수된 경우 예금도 이자 없이 원금의 80%만 지급된다. 예금자들은 은행 예금이 아니면 자산을 현금으로 보유하여야 한다.

한편 주주들의 효용함수는 $U(W) = W$이다. 주주에게 W는 ROE를 의미한다. 즉, 이 은행의 주주는 ROE 극대화를 추구한다. 이 은행의 자기자본비율은 10%이다. 대출자산에서 손실이 발생하면 은행은 파산한다. 이 경우 자기자본은 파산처리 과정에서 법률비용 등 거래비용으로 모두 사라진다.

이 경제에는 현재 예금보험제도가 없지만 예금보험제도를 도입하려 한다. 예금보험제도가 도입되면 예금자는 은행 파산 시 예금 원금을 보장받는다.

(1) (예금보험 도입 전) 주주의 효용극대화를 위한 ROE 극대화 경영전략은 무엇인가?
(2) (예금보험 도입 후) 주주의 효용극대화를 위한 ROE 극대화 경영전략은 무엇인가?

이 사례에서 예금자는 다이아몬드-디빅(Diamond-Dybvig) 모형의 예금자와는 다르다. 은행 건전성에 대한 평가 능력이 있는 예금자들이다. 물론 현실에서는 정보비대칭성이 적용되는 소액의 개인 예금자들과 정보력이 있는 도매예금자들로 예금자가 구성되어 있다. 여기서는 예금보험이 정보력이 있는 도매예금자들에게 어떤 영향을 주는지에 초점을 두기 위해 소액의 개인 예금자들은 아예 없는 상황을 가정한 것이다.

나. 예금보험 도입 이전 은행의 경영전략 선택

은행의 ROE는 회계적으로 순이자마진과 자기자본비율로 분해된다. 사례에서 주어진 가정들을 ROE 분해식에 대입하면 다음과 같다.

$$ROE = \frac{\text{순이자마진}}{\text{자기자본비율}} = \left(\frac{A \cdot r_L - 0.9A \cdot r_D}{A}\right)/0.1 = 10r_L - 9r_D \quad (5.1)$$

단, A : 자산, r_L : 대출이자율, r_D : 예금이자율

ROE는 대출이자율과 예금이자율이 결정한다. 대출이자율의 확률분포는 대출자산 포트폴리오가 '고위험'인지, '저위험'인지의 여부에 따라 달라진다. 예금이자율은 어떠할까? 경영진의 입장에서는 당연히 가장 낮은 이자율을 지급하는 것이 최선

인데, 예금자가 받아들일 것인지를 따져보아야 한다. 경영진이 '저위험' 경영전략을 택하고 예금자에게 r_D의 이자율[7]을 약속하였다고 해보자. 예금자들이 정보력이 있는 예금자이므로 은행 자산의 위험이 '저위험'임을 알게 될 것이다. 따라서 예금이자율이 99%의 확률로는 약속한 r_D이지만, 1%의 확률로는 −20%임을 예상한다. 예금자는 현금과 은행 예금 중 한 가지를 선택해야 한다. 현금 보유의 기대효용은 0이므로 은행 예금의 기대효용이 0 이상이면 은행이 제공하는 예금을 택할 것이다. 즉, 다음의 조건이 성립하여야 은행은 예금자로부터 자금을 조달할 수 있다.

$$\text{예금의 기대효용(저위험)} = 0.99(1 - \frac{1}{1 + r_D}) + 0.01(1 - \frac{1}{0.8}) \geq 0 \quad (5.2)$$

마찬가지로 '고위험' 경영전략에 대해서는 다음이 성립하여야 예금자로부터 자금조달이 가능하다.

$$\text{예금의 기대효용(고위험)} = 0.6(1 - \frac{1}{1 + r_D}) + 0.4(1 - \frac{1}{0.8}) \geq 0 \quad (5.3)$$

식 (5.2)를 풀면 $r_D \geq 0.0025$가 얻어진다.[8] 또 식 (5.3)에서는 $r_D \geq 0.2$가 얻어진다. 은행은 '저위험' 경영전략의 경우 최소 0.25%의 예금이자율을 약속하면 자금을 조달할 수 있다. 하지만 '고위험' 전략의 경우 최소 20%의 이자율이어야 예금자들이 자금을 제공한다. 위험기피자인 예금자가 자신이 부담하는 위험에 따라 보다 높은 금리를 요구하기 때문이다.

은행이 최소 이자율 이상을 지급할 이유는 없으므로 '저위험' 경영전략의 예금이자율은 0.25%, '고위험' 경영전략의 예금이자율은 20%가 될 것이다. 이제 식 (5.1)에 의해 ROE를 구할 수 있다. 대출자산이 정상회수될 경우 '저위험'과 '고위험' 경영전략의 ROE는 각각 0.1775와 0.2이다. 그런데 대출자산이 부도가 나면

7. 순수익률 기준이다.

8. 반올림한 수치이다. 정확히는 0.002531...이다.

자본금이 모두 사라지므로 이때 ROE는 –1 또는 –100%이다. 그러므로 주주의 기대ROE는 다음과 같이 계산된다.

$$\text{기대}ROE(\text{저위험}) = 0.99 \times 0.1775 + 0.01 \times (-1) = 0.1657 \quad (5.4)$$
$$\text{기대}ROE(\text{고위험}) = 0.60 \times 0.2 + 0.4 \times (-1) = -0.28$$

'저위험' 전략의 기대ROE가 높으므로 이 은행은 이 전략을 선택할 것이다. 대출자산의 기대수익률을 보면 '고위험' 전략이 높다. 그렇지만 예금자가 고위험에 따른 높은 예금이자율을 요구하기 때문에 높아진 자금조달 비용을 고려하면 기대ROE는 '저위험'이 높아지게 된다. 예금자의 경영감시 효과라고 하겠다.

다. 예금보험 도입 이후 은행의 경영전략 선택

예금보험이 도입되면 예금자는 은행이 파산할 경우 원금을 보장받는다. 그러므로 예금보험은 예금자가 은행 예금에서 얻는 기대효용에 영향을 준다. 식 (5.2)와 식 (5.3)이 다음과 같이 수정되어야 한다.

$$\text{예금의 기대효용}(\text{저위험}) = 0.99(1 - \frac{1}{1 + r_D}) + 0.01(1 - \frac{1}{1}) \geq 0$$
$$\text{예금의 기대효용}(\text{고위험}) = 0.6(1 - \frac{1}{1 + r_D}) + 0.4(1 - \frac{1}{1}) \geq 0$$

두 식에서는 예금이자율에 대해 $R_D \geq 0$의 동일한 조건이 도출된다. 은행은 어느 경영전략을 택하든 0을 초과하는 예금이자율을 약속하면 예금자로부터 자금을 조달할 수 있다. 예금자가 이제 고위험 및 저위험 전략과 관계없이 동일한 이자율에 만족하는 이유는 예금보험의 존재 때문이다. 예금보험의 존재로 파산위험과 관계없이 예금자는 항상 원금을 보장받기 때문이다. 즉, 은행이 파산한다 하여도 예금자는 최소한 현금을 보유한 경우의 수익인 원금은 보장받는다. 그렇다면 은행이 파산하지 않을 때 이자수입을 얻을 수 있는 은행 예금을 항상 선택하는 것이 당연하다.

0%를 살짝 넘는 예금이자율을 약속하면 자금조달이 가능하므로 어느 전략을 택하든 은행은 0%에 가까운 예금이자율을 선택할 것이다.[9] 여기서는 계산의 편의를 위해 예금이자율이 0%라고 가정하자. 두 전략의 기대ROE를 새로 계산하면 예금보험 도입 이전과 이후 경영진의 선택이 바뀌게 됨을 알 수 있다.

$$\text{기대}ROE(\text{저위험}) = 0.99 \times 0.2 + 0.01 \times (-1) = 0.188 \tag{5.5}$$
$$\text{기대}ROE(\text{고위험}) = 0.60 \times 2 + 0.4 \times (-1) = 0.8$$

은행의 기대ROE가 예금보험 도입 이전에 비해 두 전략에 대해 모두 상승하였다. 그런데 고위험 전략의 기대ROE 상승폭이 현저히 높아서 예금보험 도입 후에는 저위험 전략의 기대ROE를 상회한다. 예금보험 도입으로 고위험 전략 선택 시 예금자에게 보다 높은 예금이자율을 지급할 필요가 없어져 저위험 전략과 고위험 전략의 자금조달 비용이 동일하므로 대출자산의 기대수익률이 높은 고위험 전략의 ROE가 높아지게 된 것이다.

라. 예금보험의 은행 경영 유인체계 왜곡

이 사례는 예금보험의 은행 경영 유인체계 왜곡효과를 잘 보여준다. 애초 예금자 중 경영감시 능력이 있는 예금자가 있을 경우 예금보험은 이들의 경영감시 유인을 제거하는 부작용이 있다. 예금보험의 보장이 있으므로 경영감시 능력이 있는 예금자도 은행이 보다 높은 부도위험의 경영전략을 택할 때 보다 높은 금리를 요구하지 않는다. 은행의 주주와 경영진은 위험에 비례하여 높은 자금조달 비용을 지불하지 않아도 되므로 기대수익률이 높은 고위험의 경영전략을 택할 유인이 있다.

---

9. 예를 들어 0.000001%라 하여도 합리적인 경제주체들은 예금을 선택할 것이다.

(2) 암묵적 예금보험의 존재

예금보험제도는 이론적으로는 비효율적 인출사태를 예방하기 위한 장치이다. 비효율적 인출사태를 야기할 우려가 있는 예금자는 정보력이 없는 일반 소액예금자라고 할 때, 이들에게 예금보장을 제공하는 것이 본래 제도의 취지이다. 따라서 공적 예금보험제도는 일정 금액 미만의 소액에 대한 '부분예금보장'이다. 정보력이 있는 거액의 도매예금에는 보험을 제공하지 않는 것이 제도의 일반적인 형태이다. 공적 예금보험이 초래할 수 있는 유인체계 왜곡을 예방하기 위해 보장범위는 제한적이어야 한다는 인식은 제도 설계에 존재한다.

그럼에도 예금보험제도가 등장한 20세기 중반 이후 제도의 실제 운영사례를 보면 공적 예금보험이 제공하는 안전망의 범위는 광범위한 것으로 드러난다. 여기에는 두 가지 이유가 있다.

명시적인 공적 예금보험제도의 존재 여부, 또 실제 존재 형태와 관계없이 현대의 시장경제에서는 일정 규모 이상의 은행에 대해서는 정부가 건전성을 책임지고 있다는 인식이 만연하다. 이를 '암묵적' 예금보험에 대한 믿음이라 부른다.

이 인식은 한편으로는 20세기 후반 금융시스템의 역사와 관련된 것으로 보인다. 정확하게는 정부 지배 은행의 역사이다. 제2차 세계대전 후 우리나라처럼 비로소 시장경제체제를 구축하기 시작한 나라들에서는 은행이 아예 정부 소유이거나 실질적으로 정부의 지배인 가운데 금융산업이 시작되었다. 그 결과 경제주체들은 은행은 정부 기관으로서 망하지 않는다는 인식을 갖게 되었다. 망하지 않으므로 당연히 은행의 모든 예금자의 예금은 전액 보장된다는 인식을 갖게 되었다.

'암묵적' 예금보험의 존재에 대한 믿음을 낳은 또 다른 요인은 '대마불사'의 믿음이다. 20세기 후반 이후 은행산업은 대부분의 나라에서 과점구조의 산업이다. 소수의 은행들이 경제 전체의 은행산업을 통한 자금순환을 담당하고 있다. 대형 은행의 파산은 즉시 은행위기를 야기할 위험이 매우 높다. 때문에 대형 은행은 부실화된다 하여도 파산처리보다는 영업이 중단되지 않고 사업체로서의 연속성이 유지되도록 정부가 개입하여 처리하는 것이 일반적이다. 다른 은행으로의 합병, 정부의 신규 자본금 출자에 의한 정상화 등이 대표적인 처리방식이다. 결과적으로 대형 은행의 파산은 없다는 '대마불사'의 믿음이 형성되었다. '대마불사'의 믿음은 신흥경제에 국한된 현상이 아니며 선진국에서도 널리 퍼져 있는 현대 금융시스템의 속성이 되었다.

'암묵적' 보험은 명시적인 예금보험제도에 비하여 성격상 보험 제공 범위가 광범위하다. 명시적인 예금보험제도의 보험 제공 범위는 소액예금자이다. 일정 금액 이하의 예금자에게 은행이 지급불능 상태가 발생할 때 대신 예금을 지급하는 제도가 예금보험제도이다. 소액예금자를 제외한 거액예금자, 기타 채권자, 주주 등은 모두 보험의 제공대상이 아니다. 암묵적 보장은 은행의 파산위험 자체를 정부가 책임지고 있다는 믿음에 기초하므로 은행의 모든 채권자가 보험 제공을 받는 셈이다. 은행이 사업체로서 영업을 지속하는 한 채권자들은 안전할 것이기 때문이다.

(3) 외부 위기촉발 요인의 발생

암묵적 보험으로 도매예금자의 경영감시가 없는 상태에서 은행의 고위험 경영전략 추구가 장기간 지속되면, 결국에는 은행 부실의 위험이 높아진다. 그런데 이 유형의 은행위기 발생 메커니즘에서는 반드시 은행 자체의 부실이 촉발요인은 아니다. 경영감시 능력이 있는 도매예금자의 행태에 변화를 초래할 수 있는 요인이 동시에 발생해야 한다. 이 유형 위기의 실제 사례를 고려하면 두 가지 요인을 거론할 수 있다.

첫째, 정부 제공 보험가치의 변동이다. 애초 은행의 건전성과 관계없이 도매예금자가 은행에 자금을 공급한 이유는 정부의 암묵적 보장이었다. 정부의 암묵적 보험 제공이라는 조건에 불확실성이 발생하면 도매예금자는 자금을 회수할 것이다. 불확실성의 요인은 새로운 정치철학을 지닌 정부의 등장 등 비경제적 사건인 경우도 가능하다. 실제로 신흥경제에서 위기의 발생은 정권교체기인 경우가 대부분이었다.

둘째, 도매예금시장에 부정적인 충격이 발생하는 경우이다. 도매예금자는 기관투자자로서 대부분 스스로가 금융기관이다. 또 세계화된 금융시장 환경에서 국경을 넘어 자금을 거래하는 외국의 금융기관인 경우가 다수이다. 도매예금자의 거주 국가에서의 부정적인 충격 또는 국제금융시장에서의 부정적인 충격 발생 등으로 자금을 공급받은 은행의 건전성 여부와는 관계없이 도매예금자가 자금을 회수하여야 하는 상황이 있을 수 있다.

4. 행태주의 위기이론

4.1 배경

'행태주의' 위기이론은 경제주체의 합리성이라는 대전제를 부정한다. 은행위기의 역사는 당연히 은행이 등장한 19세기 이후의 현상이다. 하지만 경제 전체로 시야를 넓히면 자산가격의 유례없는 급등과 그에 버금가는(또는 능가하는) 폭락, 또 이와 연계된 경제주체의 낙관적 투자 열풍과 급작스런 공포패닉으로의 반전 현상은 시장경제의 초기부터 등장한다. 17세기 네덜란드의 튤립 파동(Tulip bulb bubble), 18세기 영국의 남해주식회사 거품(South-sea company bubble)은 널리 알려진 자산가격 거품과 붕괴의 사례들이다.

튤립 파동, 남해주식회사 거품 등은 은행제도와 관련 없이 발생한 금융위기였다. 이처럼 시장경제의 역사에는 은행위기 이외에 다양한 금융자산과 연관된 위기 사례가 존재한다. 이에 경제사학자 킨들버거(Charles Kindleberger)는 1978년 출간된 역사서 『광기, 공포, 붕괴(Manias, Panics, Crashes—A History of Financial Crises)』[10]에서 패닉과 붕괴로 종결되는 금융위기의 근저에는 경제주체들의 비합리적인 탐욕이 놓여 있다고 역설하였다. 킨들버거(Kindleberger)는 그의 저서의 이론 프레임으로서 민

10. Kindleberger, C. P., (1978), *Manias, Panics, and Crashes : A History of Financial Crises*, New York : Basic Books.

스키(H. Minsky)의 위기이론을 언급하였는데, 민스키(Minsky)는 경제주체의 비합리적인 의사결정 방식이 금융위기의 근저에 있다는 위기이론을 1970년대 중반 내놓은 바 있었다. 그는 경제안정기가 지속되면 경제주체들은 점차 미래에 대해 낙관적 기대를 키우고, 이 기대가 증폭되며 과도한 경제호황과 금융시장의 거품 형성을 낳으며, 결국에는 낙관적 기대가 비관적 공포로 바뀌고 호황과 거품이 불황과 붕괴로 반전되는 위기가 도래한다는 주장을 일련의 논문에서 제기하였다.

그러나 1980년대 금융학계에는 가능한 한 모든 금융시장의 현상을 경제주체의 합리성에 근거하여 설명하려는 흐름이 한층 강화되고 있었다. 이에 주류 이론과 반대 흐름의 설명체계를 제시한 이들의 견해가 학계에 미친 영향은 미미하였다. 2008년 세계 금융위기는 반전의 계기였다. 민스키(Minsky)와 킨들버거(Kindleberger)의 직관적인 위기 설명이 언론과 일반 대중 사이에서 큰 호응을 얻고 있다. 더불어 현대 금융학의 방법론을 사용하여 그들의 설명을 이론화하려는 움직임이 학계에서도 힘을 얻고 있다. 쉴라이퍼(A. Shleifer), 쉴러(R. Shiller) 등이 대표적이다. 이들은 금융학의 주류 이론의 전제인 경제주체의 합리성 가정을 부정한다. 대신 합리성과는 어긋나는 '행태주의' 의사결정 체계를 가정하고, 이것이 위기 발생 메커니즘의 핵심에 놓인 이론을 개발하고 있다. 이들의 이론은 위기이론 중에서 최신 이론이다. 공감하는 학자들이 증가하는 추세이므로 소개한다.[11]

4.2 이론의 구조

(1) 위기의 예측 가능성

행태주의 위기이론을 지지하는 학자들은 상당수의 위기가 통계적으로 예측 가능

11. 저서 『비합리적 과열(Irrational Exuberance)』에서 경제주체의 비합리적인 낙관으로 21세기 미국 금융시장의 거품과 붕괴를 설명한 쉴러(Robert Shiller)가 2013년 노벨 경제학상을 수상한 사건은 이를 상징한다. Shiller, R., (2000), *Irrational Exuberance*, Princeton University Press.

하였다는 점을 강조한다. 이들의 연구에 의하면 많은 위기 사례에서 금융기관 대출액과 주식 등 금융자산 가격이 평균적인 증가세를 넘어서 유례없이 빠른 증가속도를 지속하는 기간이 위기를 선행하는 패턴이 있었다. 특히 쉴라이퍼(Shleifer)는 동료 연구자들과 1950~2016년까지 지난 60여 년 기간 전 세계 42개국에서 발생한 금융위기 사례를 대상으로 위기의 예측 가능성을 분석하였다.[12] 분석결과 지난 3년간 금융기관 대출 증가율이 전체 기간의 증가율 분포에서 상위 20%에 속하고 주가 상승률 역시 전체 기간 상승률 분포에서 상위 30%로 높았다면, 향후 3년 이내 위기 발생 확률이 40%였다. 금융기관 대출 증가율과 주가 상승률이 평균적인 수준일 때 향후 3년 이내 위기 발생 확률은 7%였다. 대출 증가율과 주가 상승률이 높은 수준을 지속할 경우 위기 발생 확률이 크게 높아진다는 점을 과거 자료는 명확히 말하고 있다.

행태주의 위기이론을 주장하는 학자들은 위기 발생 이전 위기 확률이 상승하고 있었음에도 경제주체들은 마치 이를 무시하는 듯한 행태를 보였다는 점에 주목한다. 실제 위기 사례를 보면 위기 발생 직전까지 금융기관 대출액은 계속하여 빠르게 증가하고 주가 등 자산가격도 지속 상승하는 패턴이 관찰된다. 통계적으로는 위기 확률이 높아져 위기 가능성이 예측되었지만 낙관적인 기대로 자산을 매입하는 경제주체와 대출수요자가 증가하였으며 금융기관도 위험관리를 강화하기보다는 위기 발생 직전까지 대출 공급을 확대하였다. 이 같은 경제주체들의 행태는 '합리적' 경제주체의 행동으로는 보기 어렵다는 것이 행태주의 위기이론 학자들의 문제의식이다.

(2) 휴리스틱 의사결정

가. 합리적 경제주체의 확률 예측

전통 금융이론에 의하면 '합리적' 경제주체는 불확실한 투자기회에 직면할 때 주

12. Greenwood, R., S. Hanson, A. Shleifer, and J. Sorensen, (2022), "Predictable Financial Crises," *Journal of Finance* 77, 863-921.

어진 정보를 '합리적'으로 활용하여 투자결과의 확률분포를 만든다. 합리적 경제주체는 이 확률분포를 바탕으로 기대효용을 계산하고, 그 기대효용을 기준으로 최종 투자 여부를 결정한다. 예를 들어 전통 금융이론에서 경제주체가 금융수단 A에 대한 투자 여부를 결정할 때, 경제주체의 합리적 의사결정 과정은 다음과 같이 묘사된다.

합리적 경제주체의 의사결정 과정

1단계 : 주어진 정보를 모두 합리적으로 활용해 A투자의 미래수익에 대한 확률분포를 만든다.

2단계 : 확률분포를 이용하여 A투자의 기대효용을 계산한다.

3단계 : 대체투자 기회의 기대효용(기회비용)과 비교하여 A투자 여부를 결정한다.

위기의 예측 가능성과 그럼에도 지속되는 경제주체의 낙관적 행태—이 두 사실의 공존을 설명하기 위해서는 경제주체가 합리적이라는 가정을 포기해야 한다고 쉴라이퍼(Shleifer)는 역설한다. 무엇보다도 그는 합리적 경제주체의 의사결정 과정에서 1단계인 정보의 합리적 활용에 의한 확률분포 구축이라는 가정이 실제 경제주체의 행태와는 거리가 있다고 본다. 과거 위기 사례는 과거 벌어졌던 일이므로 이미 모든 경제주체에게 알려져 있는 정보이다. 그런데 이 알려져 있는 정보로부터 이례적으로 높은 대출 증가율과 자산가격 상승률이 3년 이상 지속되면 향후 위기 발생 확률이 40%로 높아진다는 통계적 사실을 도출할 수 있다. 즉, 위기의 예측 가능성이다. 그럼에도 경제주체가 낙관적인 행태를 지속한다면 위기 발생 확률이 크게 높아진다는 이 정보를 경제주체가 확률분포 구축에 반영하지 않았다고 보아야 한다는 것이 그의 추론이다.

나. 휴리스틱(Heuristic)

경제주체의 의사결정 체계가 합리적이지 않다면, 경제주체들의 불확실성하 의사결정은 어떤 이론에 의해 설명해야 할까? 쉴라이퍼(Shleifer)는 카네만(Daniel Kahneman)과 트버스키(Amos Tversky)의 '휴리스틱(heuristic)'을 대안으로 제안한다. 심리학자인 두 사람은 경제주체가 불확실성하 주어진 정보를 활용하여 확률계산을 하여야 할 때, 의식적인 합리성을 사용하지 않으며 무의식에 있는 직관적 정보처리 방법에 의존한다고 주장하였다. 이 무의식에 있는 직관적 정보처리 방법은 경제주체들이 태생적으로 지니고 있는 것으로, 학습에 의해 수학이나 통계학의 지식을 늘린다고 해도 바뀌지 않는다. 즉, 사람이면 갖고 있을 수밖에 없는 사람의 타고난 속성이라는 의미이다.

카네만(Kahneman)과 트버스키(Tversky)는 경제주체들이 사람의 속성으로서 갖고 있는 무의식의 직관적 정보처리 방법을 심리학의 실험을 통하여 찾는 연구를 꾸준히 하였다. 그 결과 경제주체들이 사용하는 무의식의 직관적 정보처리 방법에서 일정한 법칙 또는 패턴을 발견하였다. 이를 그들은 '휴리스틱(heuristic)'이라고 정의하였다. 그리고 '휴리스틱'은 어떻게 만들어진 것인지는 모르지만 인간인 우리 모두의 무의식에 내재되어 있어 어떤 상황에 직면하면 자동적으로 사용하게 되는 정보처리장치라고 주장하였다.

카네만(Kahneman)과 트버스키(Tversky)는 세 종류의 휴리스틱을 제안했다. 대표성 휴리스틱(representativeness heuristic), 가용성 휴리스틱(availability heuristic), 기준점과 조정 휴리스틱(anchoring and adjustment heuristic) 이다. 이 중에서 쉴라이퍼(Shleifer)가 그의 위기이론에 활용한 휴리스틱은 '대표성' 휴리스틱이다. 경제주체의 정보처리가 대표성 휴리스틱을 따른다는 점을 증명하기 위해 카네만(Kahneman)과 트버스키(Tversky)가 사용한 유명한 실험을 다음 예제에 소개한다.

[예제 3] 대표성 휴리스틱 실험

린다(Linda)는 다음의 특징을 가진 젊은 여성이다 : 31세 독신, 매우 똑똑하고 자기 소신이 분명하다. 대학시절 철학 전공이었고, 차별과 사회정의 이슈에 깊은 관심이 있었다. 반핵운동에도 참여하였다.

다음 두 명제 중 린다(Linda)의 묘사로서 사실과 가까울 확률이 높은 것은 무엇인가?

(1) 린다(Linda)는 은행원이다.

(2) 린다(Linda)는 페미니스트인 은행원이다.

* **참고자료** : Tversky, A., and D. Kahneman, (1983), "Extensional versus Intuitive Reasoning : The conjunction Fallacy in Probability Judgment," *Psychology Review*.

두 명제 중 여러분의 선택은 무엇이었나? 카네만(Kahneman)과 트버스키(Tversky)의 실험에서 다수의 피실험자들은 명제 (2)를 택하였다. 그러나 합리적 경제주체라면 명제 (1)을 택해야 한다. 린다의 직업에 대한 정보는 전혀 없다. 하지만 린다가 은행원일 확률은 린다가 은행원이면서 동시에 페미니스트일 확률보다는 높기 때문이다. 명제 (2)를 택한 대부분의 사람들은 이 통계학의 기본을 무시한 것이다. 이 통계학의 기본은 비록 실험지에 설명되어 있지는 않지만 실험 참여자들이 이미 지니고 있는 정보였을 것이다. 그런데 다수는 이 정보를 '비합리적'으로 무시한 것이다.

카네만(Kahneman)과 트버스키(Tversky)는 이 결과를 경제주체가 합리적으로 확률계산을 하는 것이 아니라 대표성 휴리스틱을 따르기 때문이라고 해석한다. 대표성 휴리스틱은 주어진 정보를 갖고 어떤 사건의 확률을 계산할 때 주어진 정보와 해당 사건의 전형적인(대표적인) 특징과의 유사성에만 초점을 두는 정보처리 방식을 말한다.

[예제 3]의 실험에서 합리적인 경제주체는 주어진 정보와 관계없이 린다가 은행원일 확률이 당연히 페미니스트이면서 은행원일 확률보다는 높다는 점을 알 것이다. 그러나 대부분의 실험 참여자는 이 점은 무시하고 '주어진 린다의 특징이 은행원의

대표적 특성과 유사할 확률'과 '주어진 린다의 특징이 페미니스트인 은행원의 대표적 특성과 유사할 확률'을 무의식적으로 계산한다는 것이다. 린다의 묘사는 사실 은행원과는 별 관계가 없다. 페미니스트의 대표적 특성과 상관관계가 높다고 생각할 사람들이 많은 것이다. 주어진 정보가 페미니스트의 특성과 유사하므로 실험 참여자들은 '은행원'일 확률보다는 '페미니스트인 은행원'일 확률이 높다는 잘못된 결론을 내린다는 것이다. 그 과정에서 페니미스트인 은행원이라면 당연히 은행원이라는 명백한 사실이 무시된 것이다.

이처럼 대표성 휴리스틱은, 경제주체가 어떤 새로운 정보를 접했을 때 이 정보와 대표적 또는 전형적인 특성이 유사성을 보이는 사건의 확률을 과대평가하도록 한다. 그리하여 합리적 경제주체의 확률계산과는 다른 확률분포가 얻어지고, 비합리적인 의사결정을 낳게 된다.

(3) 행태주의 위기이론

쉴라이퍼(Shleifer)는 대표성 휴리스틱이 은행위기를 포함한 금융시장 위기의 근본 메커니즘이라고 주장한다. 그의 이론은 다음과 같다.[13] 경제주체들이 새로운 시장정보를 접한다. 정보를 종합해 향후 경제의 향방에 대한 의사결정을 한다. 그런데 최근 우연히 경제의 호황이 지속되었다고 하자. 경제주체들은 대표성 휴리스틱으로 향후 전망에 대해 과도한 낙관을 할 수 있다. 과도한 낙관은 적절한 위험관리를 무시한 투자결정을 낳고, 종국에는 위기로 연결된다. 예를 들어 다음의 상황을 상정해 보자.

---

13. 이하의 설명은 다음 논문에 의거하였다. Gennaioli, N. A., Shleifer, and R. Vishny, (2015), "Negelcted risk : the Psychology of Financial Crises," *American Economic Review : Papers & Proceedings*, 310-314.

[예제 4] 행태주의 은행위기

어느 경제에서 기업의 수익성(ROE)이 3년 연속 크게(예를 들어 20%) 상승하였다. 은행 경영진은 내년도 기업 수익성을 예측하여 기업 대출을 결정하려 한다. 지난 3년간 인공지능, 빅데이터 등 신기술의 도래를 알리는 사건들이 많이 있었다. 과거 20년간 이 경제에서 기업 수익성의 상승률은 평균 10%, 표준편차 4%인 정규분포를 따랐다. 이 은행의 경영진은 대표성 휴리스틱에 의하여 정보를 처리한다. 이들은 다음 중 어느 사건의 확률이 높다고 평가할까?

초호황 : 현재 이 경제는 기술혁신에 의한 새로운 시대를 맞고 있다. 내년도 수익성도 높게 상승할 것이다.

불황 : 기업 수익성이 4년 연속 높게 유지되는 것은 어렵다. 기업 수익성이 하락하면서 불황이 도래할 것이다.

합리적 경제주체라면 기업 수익성의 확률분포가 완전히 달라지지 않은 이상 20%의 수익성이 실현될 확률은 1%에 미치지 못함을 알 것이다. 따라서 불황이 도래할 확률이 높다고 보아야 한다. 그러나 대표성 휴리스틱으로 정보를 처리하는 경제주체는 '기술혁신에 의한 새로운 시대'의 특징과 최근 관찰된 정보(유례없는 수익성의 고도성장과 기술혁신 사례 등)의 유사성이 높으므로 초호황의 확률을 과대평가할 수 있다. 초호황의 확률을 과대평가하면 공격적인 대출정책을 지속할 수 있다. 예상과 달리 기업 수익성이 하락하면서 불황이 실현되면 과도하게 늘어난 대출자산이 부실화되면서 은행은 파산위기에 처할 수 있다. 은행산업의 경영진, 은행에 대한 자금공급자가 모두 대표성 휴리스틱에 의해 의사결정을 하고 있다고 가정하자. 그러면 은행의 비합리적인 낙관과 그로 인한 과도한 대출확장은 전체 은행산업에 공통되고, 이후 은행 자산의 부실화 역시 은행산업 전체의 현상이 된다. 그러므로 은행위기가 야기된다. 쉴라이퍼(Shleifer)는 2008년 세계 금융위기는 경제주체의 비합리적 기대형성, 구체적으로 대표성 휴리스틱이 역할을 한 결과로 보아야 가장 그럴듯하다고 주장한다.

5. 평가

5.1 인출사태 위기이론

다이아몬드-디빅(Diamond-Dybvig)의 이론은 1980년대 초에 등장하였다. 이때는 이미 중앙은행의 최종대부자 제도와 공적 예금보험제도가 금융인프라로 미국의 금융시스템에 자리 잡은 시기였다. 비록 제도는 이미 수십 년 존재하였지만 이들 제도에 대한 이론적인 근거는 명확하지 않았다. 그들의 이론은 비효율적 인출사태, 즉 자기실현적 인출사태의 가능성이 은행의 사업 모형에 내재되어 있음을 보여줌으로써 최종대부자 제도와 예금보험제도에 이론적 정당성을 부여하는 역할을 하였다. 현재 이들의 인출사태 이론은 은행위기 이론으로서 가장 많이 언급되며, 말 그대로 교과서적인 이론의 자리에 있다.

5.2 유인체계 왜곡 위기이론

유인체계 왜곡 위기이론은 20세기 후반 이후 현재까지 은행을 포함한 금융산업의 어느 부문에서 위기가 발생하면 가장 많이 사용되는 프레임이다. 거론되는 유인체계 왜곡의 구체적인 요소는 위기가 발생한 나라에 따라, 시대에 따라, 또 금융부문에 따라 다르다. 금융시장 참여자의 유인에 영향을 주는 환경요인이 다르기 때문이다. 환경요인의 대부분은 규제와 관련된다. 위기가 발생하면 정부와 정치권은 재발 방지를 위한 규제개혁 요구에 직면하게 되는데, 이 프레임의 위기설명이 등장하여 규제개혁 방안이 마련되는 패턴이 위기사례마다 흔히 발견된다. 그렇지만 그동안 각국의 경험을 보면 유인체계 왜곡요인의 해소는 쉽지 않다.

한 가지 이유는 이론적인 해법이 있다 하여도 그 실제화가 어렵다는 것이다. 1990년대 미국 저축대부조합 위기 이후 가장 많이 거론된 유인체계 왜곡요인은 예금보험의 도덕적 해이 야기 문제였다. 이론적으로 보험이 야기하는 도덕적 해이의 부작용은 보험이 제공하는 경제적 편익에 비례하여 보험료를 징구할 수 있다면 완화할 수 있다. 은행이 예금보험으로 고위험 경영을 추구한다면 은행 파산으로 예금보험이 지급될 확률이 높아진다. 그에 맞추어 예금보험료를 높여 징구하자는 '위험 기반 예금보험제도' 설계 논의가 한동안 금융학계에서 진행된 바 있다. 그러나 이론적 가능성에도 불구하고 실제 제도화에는 어려움이 있어 진전되지 못하였다. 무엇보다도 실제 정확한 위험 계산이 어렵기 때문이다. 또 위험보험료를 높이는 순간 시장에서 해당 은행은 부실은행으로 간주되어 인출사태를 야기할 위험이 있기 때문이다.

다른 이유는 한 사회가 사전적으로 유인체계 왜곡요인을 인지하는 것이 쉽지 않다는 것이다. 미국에서 공적 예금보험제도가 도입된 것은 1933년이었다. 우리나라에서 정부가 제공하는 은행에 대한 암묵적 예금보험은 1960년대 주요 은행이 활동하면서부터 존재하였을 것이다. 유인체계 왜곡요인은 항상 존재하였다 하여도 위기가 항상 발생하는 것은 아니다. 1990년대 미국 저축대부조합 위기 이전에는 금리자유화라는 환경변화가 있었고, 1997년 우리나라의 외환위기 이전에는 1990년대 중반 은행의 단기외화차입 자유화라는 환경변화가 있었다. 2008년 세계 금융위기에서도 그 이전 새로운 환경변화의 요소를 찾을 수 있다. 대체로 위기 발생 이전의 사건들을 추적해 보면 은행 경영진이 공격적인 위험경영을 추구할 수 있는 새로운 경로가 등장한다. 새로이 등장한 위험경영의 경로가 암묵적 예금보험에 의한 도덕적 해이를 촉발하는 모습이다. 이들 새로운 경로는 규제완화와 관련되기도 하고, 다른 경우는 금융시장의 자체적인 혁신으로 나타나기도 한다. 금융감독당국 및 정책당국이 새로운 경로가 은행 경영진의 유인에 미치는 영향을 인지하는 데에는 시간이 소요된다. 한동안은 금융산업의 성장으로 인식되기도 한다. 그렇게 인식하는 것이 정부와 정치권의 유인체계와 맞기 때문이다.

현재 규제정책의 태도는 유인체계 왜곡을 가져올 수 있는 요인의 근절이 어렵다는 것을 인정하고 있는 것으로 보인다. 2008년 세계 금융위기 이후 도입된 방안은 은행이 도매예금의 급격한 유출 가능성에 대비하도록 규제하는 제도이다. 바젤 3

의 '유동성 커버리지 비율(Liquidity coverage ratio), "순안정자금조달비율(Net stable funding ratio)" 규제는 이 맥락의 규제이다. 모두 어떤 경로로든 은행의 위험경영이 추구될 수 있다는 가능성을 열어두고 이를 제어하기 위한 장치이다.

5.3 행태주의 위기이론

아마도 탐욕, 비합리적인 낙관과 공포 등 인간의 심리를 중심에 놓는 설명방식은 일반인에게는 가장 호소력이 높을 것이다. 그럼에도 아직까지 행태주의 위기이론은 학계의 주류에는 이르지 못하였다. 그 이유는, 이 유형의 위기이론을 받아들이는 것은 금융학의 근본 패러다임을 바꾸는 것이 되기 때문이다. 금융학만이 아니라 금융이론이 의존하고 있는 현대 경제학은 경제주체의 합리성을 기본 공리로 하여 발전하여 왔다. 행태주의 위기이론의 수용은 현대 경제학의 기본 공리를 교체하는 일이 된다. 그러므로 향후 행태주의 위기이론의 발전은 경제학 전체에서 행태주의 선호체계를 기반으로 한 새로운 패러다임이 어느 정도 자리를 잡을 것인가와 연관되어 있다.

요약

1. '은행위기를 설명하는 이론들은 네 개의 유형으로 구분할 수 있다. 금융시장에 참여하는 경제주체의 합리성, 금융기관의 유인체계에 대한 가정을 기준으로 한 구분이다.

2. '인출사태 위기이론'에 의하면 은행위기는 은행의 건전성과는 무관하게 예금자들의 불안심리가 조성되기만 해도 발생할 수 있다. 다수의 다른 예금자들이 조기인출할 것으로 예상된다면 각 예금자의 최적 대응은 조기인출이다. 비효율적 인출사태이고, 예상만으로 실제 인출사태가 실현된다는 의미에서 '자기실현적' 인출사태이다. 예금보험제도를 정당화하는 이론이다.

3. '유인체계 왜곡에 의한 위기이론'은 금융기관 이해관계자의 유인체계 왜곡요인의 존재로 금융기관이 과도한 위험경영을 추구하고, 결국에는 위기 발생으로 이어진다는 이론이다. 은행 경영 유인체

계의 왜곡요인으로 가장 많이 언급되어 온 것은 은행의 파산위험에 대한 정부의 암묵적 보장이다.

4. '행태주의 위기이론'은 경제주체의 합리성을 부정한다. 금융시장 참여자 중 상당수는 행태주의의 의사결정 체계에 부합되는 행동을 하며, 그에 따라 금융시장에는 비합리적으로 지속될 수 없는 팽창기가 지속되다가 종국에는 위기로 종결되는 '금융순환(Financial cycle)'이 존재한다는 이론이다.

연습문제

1. 다음 개념을 설명하라.

(1) 자기실현적 인출사태

(2) 감염효과

(3) 도매예금

(4) 휴리스틱

2. 다이아몬드-디빅 모형의 인출사태

- 경제에 100명의 경제주체 존재. 현재 각자 1의 자원을 보유.
- 경제주체는 위험중립 선호이다. 효용함수는 $U(c) = c$이다.
- 각 경제주체는 향후 2기 동안 자원을 최적 투자할 방안을 찾고 있음.
- 주어진 투자기회는 두 가지 : ① 생산프로젝트(만기 2기), ② 현금 보유
- 생산프로젝트의 수익률은 만기 순수익률 $r_2 = 1$, 조기청산(1기) 순수익률 $r_1 = -\frac{2}{3}$. 즉, 1원에 대해 만기에는 2 상환, 1기 조기청산할 경우 $\frac{1}{3}$ 상환.
- 경제주체는 1기에 소비필요가 발생할 수 있음. 소비필요 발생 확률은 0.25이다.
- 은행은 예금으로 조달한 자금을 현금과 생산프로젝트에 운용할 수 있다.
- 은행은 이익을 남기지 않는다. 즉, 자산에서 발생하는 모든 수익은 예금자에게 지급한다. 현재 은행이 1기와 2기 예금금리를 총수익률 기준으로 $R_1^d = 100\%$, $R_2^d = 200\%$를 제시하였다.

(1) 주어진 1기와 2기의 예금금리에서 경제주체의 최적 선택은 현금 보유, 생산프로젝트 투자, 은행 예금 중 은행 예금임을 보여라.

(2) 경제주체 A는 1기에 유동성 필요가 발생하지는 않았다. 그런데 예금자 30명이 1기에 예금을 인출할 것 같다는 생각이 들었다. 이 경제주체는 예금을 1기에 인출하는 것이 최적인지 아니면 2기에 인출하는 것이 최적인지 설명하라.

(3) 경제주체 A는 1기에 유동성 필요가 발생하지는 않았다. 그런데 예금자 60명이 1기에 예금을 인출할 것 같다는 생각이 들었다. 이 경제주체는 예금을 1기에 인출하는 것이 최적인지 아니면 2기에 인출하는 것이 최적인지 설명하라.

(4) 예상되는 1기 인출 예금자의 수를 F라고 하자. 경제주체 A는 1기에 유동성 필요가 발생하지는 않았지만, F를 몇 명 이상으로 예상하면 1기 조기인출이 최적인지 구하라.

3. 암묵적 보험의 존재

우리나라의 경우를 포함하여 공적 예금보험제도를 운영하는 대부분의 국가는 부분보장을 법규에 명시하고 있다. 그럼에도 정부가 실질적으로는 모든 예금에 대해 보험을 제공하고 있다는 암묵적 기대가 경제주체들 사이에 만연한 이유를 논하라.

4. 유인체계 왜곡 위기이론

1997년 한국 외환위기의 해석

1997년 11월 우리나라 대형 은행들에서 인출사태가 발생한다. 인출사태는 외국 금융기관들이 동시에 자금회수를 단행하며 발생하였다. 외국 금융기관들의 자금은 주로 달러표시 외화였으므로, 이들의 자금회수 요구에 부응하기 위하여 우리나라 은행들의 달러자금 수요가 급등하였다. 인출사태로 은행이 유동성 위기에 봉착하면서 동시에 원-달러 환율이 급등하였다. 은행위기와 외환위기의 동시 발생이 야기되었다.

1994년 무렵부터 우리나라 은행들은 외국 금융기관들로부터 단기외화부채에 의한 자금조달을 늘려 이를 국내 종합금융회사 및 대기업에 대한 대출에 운용하였다. 금융자유화와 세계화로 1990년대 초반 우리나라 은행들은 국제금융시장에서의 자금조달과 영업이 가능해지고 있는 상황이었다.

당시 우리나라에는 명시적인 예금보험제도는 없었다. 당시 종합금융회사와 상당수 대기업의 재무건전성은 부실하였고, 이에 은행들의 건전성은 대체로 불량한 것으로 알려져 있었다. 또한 정부 소유 및 지배의 은행 역사로 인해서(실제로 당시 일부 은행은 정부 소유이기도 하였다) 은행은 정부의 암묵적 보험 아래 있다는 인식이 있었다. 국내 경제주체 누구도 은행의 파산을 걱정하는 사람은 없었다. 외국 금융기관들의 우리나라 은행에 대한 자금공급은 개별 은행의 신용도에 따른 금리 차이가 없었다. 우리나라 은행이면 같은 조건으로 자금조달이 가능하였다.

1996년 무렵부터 우리나라를 포함한 아시아 국가들이 극심한 경기침체기에 돌입하였다. 1997년에는 대기업의 연쇄부도가 있었으며, 이를 정부가 구제 처리하는 조치가 있었다. 또 1997년 7월 태국에서 외환위기가 발생하였고, 10월에는 아시아 주식시장 폭락, 일본 대형 증권사 파산 등으로 국제금융시장에서 아시아지역 국가에 대한 불확실성이 높아지고 있었다. 우리나라 은행으로부터 외국 금융기관들의 자금회수는 10월부터 시작되어 11월 인출사태로 확산되었다.

(1) 우리나라 은행에 대한 도매예금자는 누구로 볼 수 있는가?
(2) 우리나라 은행이 고위험 전략을 추구했다고 할 때 그 배경요인을 논하라.
(3) 1997년 11월 인출사태를 촉발한 요인을 외국 금융기관의 관점에서 설명하라.

5. 위기이론과 바젤 규제

(1) 바젤 3의 '유동성 커버리지 비율' 규제, '순안정자금조달비율' 규제의 이론적인 근거를 유인체계 왜곡 위기이론의 관점에서 논하라.
(2) 바젤 3의 '유동성 커버리지 비율' 규제, '순안정자금조달비율' 규제의 이론적인 근거를 행태주의 위기이론의 관점에서 논하라.

2부

자본시장의 금융중개기관

1부의 주제는 자본시장의 금융기관이다. '자본시장의 금융기관'이 널리 사용되는 용어는 아니므로 먼저 이 책에서 의도하는 의미를 말해둘 필요가 있겠다. 금융시장의 자금거래에는 간접금융 방식과 직접금융 방식이 있다. 직접금융 방식의 거래가 이루어지는 시장이 자본시장이다. 직접금융 방식의 거래는 모두 자본시장에서 이루어지지만, 자본시장에서 활동하는 금융기관이 모두 직접금융 방식의 거래에만 관여하는 것은 아니다. 자본시장에는 간접금융 금융중개기관도 자금조달 또는 자금운용을 위하여 참여한다. 예금금융중개기관을 제외한 나머지 모든 간접금융중개기관의 사업 모형은 어떤 식으로든 자본시장과 연관되어 있다. 보험사는 보험계약으로 자금을 조달하지만 자본시장의 유가증권에 자산을 운용하고, 여신전문금융기관은 자본시장에서 채권과 기업어음(CP)으로 자금을 조달하여 대출에 운용한다. 이들 금융기관은 자금조달이나 자산운용의 한 측면에서 자본시장과 연관되지만, 2부에서 다룰 자본시장의 금융기관 범위에는 포함되지 않는다. 2부에서 다룰 자본시장의 금융기관은 증권사와 펀드이다. 자본시장의 금융기관을 이렇게 한정하는 것은 증권사와 펀드가 자본시장의 고유한 금융기관이기 때문이다. 증권사는 자본시장의 작동에 필수적인 금융기관이다. 증권의 발행과 유통은 모두 증권사가 관여하여 이루어진다. 펀드는 일반 경제주체의 자본시장 참여에 있어 필수적인 금융기관이다. 현대 시장경제에서 경제주체의 자본시장 참여는 대부분 펀드를 통한 간접투자 경로로 이루어지고 있다.

2부는 6장에서 11장까지 6개의 장으로 구성되어 있다. 6장에서는 자본시장의 금융기관에 대한 학습의 첫 주제로 자본시장의 역사적 사실에 대해 알아본다. 1부에서와 마찬가지로 먼저 자본시장의 금융기관에 대한 정형화된 사실 또는 통계적 패턴을 확인하는 것이 논의의 출발점이기 때문이다. 7장은 증권사의 경영이 주제이다. 사업체로서 증권사의 사업 모형과 경영 관련 실무지식을 학습한다. 8장에서는 증권사의 이론을 다룬다. 자본시장에서 증권사라는 금융중개기관이 존재하는 이유와 그 편익에 대한 금융이론이 학습주제이다. 9장에서 11장까지는 펀드가 논의주제이다. 9장에서 펀드의 사업 모형을 다루고, 10장에서는 펀드의 이론을 학습한다. 펀드의 범주에 속하는 금융중개기관으로는 공모펀드와 사모펀드가 있고, 두 유형의 펀드는 행태와 사업 모형에서 상당한 차이를 보이며 진화하고 있다. 이에 11장에서 사모펀드를 별도로 다룬다.

자본시장의 역사적 사실 6장

1. 역사적 사실 / 2. 역사적 사실에서 유추되는 자본시장 금융기관의 특성

1. 역사적 사실

1.1 발행시장의 역사적 사실

▶ 자본시장에서 기업의 증권 발행은 '인수인'의 지원을 통해 이루어져 왔다.

발행시장의 역사적 사실을 음미하기 위해서는 자본시장 규제 역사의 간단한 소개가 필요하다. 18세기에서 19세기 초반 영미 자본시장의 초기 발전은 주로 국채의 발행과 유통에 의해서였다. 이후 19세기 중후반에는 미국 자본시장을 기준으로 철도기업의 주식과 채권이 주로 발행되고 거래되었다. 이 기간 일반 대중의 자본시장 참여는 제한적이고 예외적인 현상이었다.

20세기 초반, 특히 제1차 세계대전 이후인 1920년대 미국에서 자본시장의 새로운 트렌드가 등장하였다. 주식시장이 호황을 구가하며 기업의 주식 발행과 이들 주식에 대한 일반인의 투자가 급증하였다. 그러다 1929년 대공황으로 파국을 맞게 되었고, 이후 미국은 1933년 "증권법(Securities Act)"을 제정하여 자본시장 규제체계를 구축하였다. 도입된 규제체계는 '① 공모와 사모의 구분, ② 공모기업에 대한 정보공시의무 부여'라는 두 원칙을 근간으로 하였다. 이 규제원칙은 이후 점진적으로 전 세계 자본시장 규제의 모범이 되어 확산되었고, 현대 자본시장 규제의 준거로 정립되었다. 우리나라의 현재 자본시장 규제도 이 원칙을 따르고 있다. 이하 두 원칙에 대해 살펴본다.

〈좀 더 알아보기 6-1〉 미국의 자본시장 규제

1929년 대공황의 여파로 미국의 은행규제가 탄생하였음은 3장의 예금금융중개기관의 역사적 사실에서 언급한 바 있다. 미국 자본시장과 자본시장 금융기관의 체계적인 규제도 같은 기원을 갖고 있다. 1933년 자본시장에서의 유가증권 발행과 관련된 규제로서 "증권법(Securities Act)"이 제정되었다. 흔히 '33년법'으로 약칭되기도 한다. 이어 1934년 "증권거래소법(Securities Exchange Act)"이 거래소와 유가증권 유통에 관한 규제로 제정되었는데, '거래소법' 또는 '34년법'이라 불린다. 이 34년법을 기초로 증권법과 증권거래소법의 집행을 담당할 실행기구로서 "SEC(Securities and Exchange Commission)"가 설립되었다. 최초의 자본시장과 자본시장 금융기관의 감독기구가 탄생한 셈이었다. 미국의 자본시장 규제체계는 공모와 사모의 구분, 공모발행 증권에 대한 공시규제라는 원칙 위에 세워졌다. 우리나라 자본시장 법제는 1960년대 마련되기 시작하였는데, 이 자본시장 규제원칙이 일본을 거쳐 도입되었다. 현재 우리나라 자본시장과 자본시장의 금융기관을 규제하는 법률은 "자본시장과 금융투자업에 관한 법률"(이하 "자본시장법"으로 약칭)이다. 우리나라는 미국과 달리 통합금융감독기구 체제이므로 금융감독원이 자본시장과 자본시장 금융기관의 감독기구이다. 오늘날에도 우리나라의 자본시장 법규 개정과 감독정책에서 미국 자본시장 법제와 SEC의 동향은 중요한 준거점 역할을 하고 있다.

(1) '공모발행(Public Offering)'과 '사모발행(Private Placement)'

1933년 당시 정보비대칭성의 개념은 없었지만 미국 "증권법" 제정자들은 자본시장 참여자 중 상대적으로 정보비대칭성에 노출되어 불공정한 거래의 위험이 높은 투자자들을 판별하여 이들에게 충분한 투자정보가 제공되도록 하는 데 법 제정의 목적을 두었다. 이 법 제정 목적은 오늘날에도 자본시장 규제의 목적으로 인정되고 있으며, 흔히 '투자자 보호(Investor Protection)'로 지칭되고 있다. 금융이론의 관점에서는 '정보열위인 투자자'의 보호라는 의미가 되겠다.

그러면 정보비대칭성에 노출될 위험이 높은 정보열위의 투자자들을 판별할 수 있는 방법은 무엇일까? 당시 미국 '증권법'에서 개념이 창안되어 현재까지 존속되고 있고, 우리나라 자본시장 규제에도 도입된 방법이 '공모'와 '사모'의 구분이다.

'공모발행'은 불특정 다수를 대상으로 한 증권 발행을 말하며, '사모발행'은 일반 대중이 아니라 특정 개인이나 보험사, 펀드 등의 기관투자가(증권에 투자하는 금융기관) 등을 대상으로 한 증권 발행이다. 불특정 다수인을 정확히 어떻게 정의할 것인지,

특정 개인이란 어떤 경제주체를 뜻하는지 등 공모와 사모 발행의 구체적인 법적 기준은 나라마다 차이가 있고 시대에 따라 변천해 왔다. 그럼에도 증권 발행을 공모와 사모로 구분하는 개념은 자본시장 규제의 기본 틀로서 나라마다 공통되고, 시대를 넘어 지속되고 있다.

미국 자본시장 규제 제정 당시 공모와 사모를 구분한 이유는 두 가지였다. 첫째, 불특정 다수를 대상으로 한 증권 발행의 경우 정보비대칭성의 위험이 높은 경제주체들, 즉 투자자 보호의 필요성이 높은 투자자들이 참여할 가능성이 높을 것이라는 이유였다. 둘째, 규제 개입의 필요가 없는 영역에서의 자본시장 활동은 시장 자율을 존중하겠다는 원칙의 존재였다. 증권의 공모발행과 사모발행을 기준으로 공모발행에 대해서는 투자자 보호 목적의 규제 개입을 적용하되, 사모발행은 시장 자율의 영역으로 비규제 원칙을 적용하겠다는 규제철학이 있었기 때문이다.

(2) 공모발행에 대한 공시규제

공모발행 기업에 대해서는 발행증권의 경제적 가치를 평가하는 데 의미가 있는 주요 정보를 잠재적인 투자자들에게 제공하여야 하는 '공시의무'가 법에 의해 요구된다. 현재 우리나라의 경우 공모발행 기업은 '증권신고서'를 금융감독원에 제출하여야 하며, 금융감독원은 이를 심사한 후 인터넷 등을 통해 일반에게 공시한다. '증권신고서'는 상당히 방대하다. 이에 주요 정보를 정리한 '투자설명서(Prospectus)'를 별도로 작성하여 투자자에게 실제로 증권의 매입을 권유할 때에는 반드시 미리 이 자료를 제공할 의무도 법제화되어 있다.

〈좀 더 알아보기 6-2〉 전자공시시스템(DART)

현대 자본시장에서 공시는 인터넷으로 이루어진다. 우리나라도 자본시장 감독기구인 금융감독원이 기업의 일반 투자자에 대한 공시의무가 인터넷을 통해 이루어지도록 시스템을 관리하고 있다. 이를 '전자공시시스템(Data Analysis, Retrieval and Transfer System ; DART)'이라 부른다. 금융감독원 정의에 따르면 "상장법인 등이 공시서류를 인터넷을 통해 전자문서로 제출하면 제출된 공시서류를 투자자 등 이용자가 실시간으로 인터넷을 통해 조회할 수 있도록 하는 종합적 기업공시 시스템"이다. 공모발행된 기업 증권의 '증권신고서', '투자설명서' 등 공시자료는 모두 DART에서 손쉽게 찾아볼 수 있다.

〈좀 더 알아보기 6-3〉 '최초 공모발행(Initial public offering ; IPO)', '기업공개(Going public)', '공개기업(Public company)'

증권의 공모발행 중에서도 특히 중요한 의미를 지니는 공모발행이 있다. 흔히 'IPO'로 불리는 기업의 최초 주식공모발행이다. 주식회사의 경우 설립 단계에는 특정 개인, 가족 또는 몇몇 기관투자가를 창립주주로 하기 마련이다. 소수의 주주이므로 주식회사 기업의 창업 시 주식 발행, 그리고 창업 후 초기 성장과정에서의 주식 발행은 사모발행 방법에 의한다. 기업이 성장하여 어느 단계에 이르면 불특정 다수의 투자자를 대상으로 주식의 최초 공모발행이 이루어진다. 기업이 불특정 다수 투자자를 대상으로 하여 주식을 최초로 공모발행하는 이 사건이 '최초 공모발행' 또는 '신규공모발행'인데, 영어의 약자로 'IPO'로 지칭된다.

최초 공모발행은 '기업공개'로 부르기도 하며, 최초 공모발행 이후의 기업은 '공개기업'이라 한다. 여기에는 이중적 의미를 부여할 수 있다. 한편으로는 최초 공모발행을 거치면 해당 기업의 주식은 불특정 다수의 투자자들이 소유하게 되고, 언제든지 거래에 의해 주주가 바뀌게 된다. 기업소유구조가 불특정 다수의 대중에게 열리는(공개되는) 것이다. 이것이 '공개기업'의 주된 의미이다. 다른 한편으로는 최초 공모발행 과정에서 기업은 증권신고서, 투자설명서 등을 처음으로 공개 제출하게 된다. 재무정보, 주요 주주 등 기업의 가치와 관련된 핵심 정보를 처음으로 일반 대중에게 공개하는 셈이다.

한편 기업은 최초 공모발행과 동시에 발행된 주식의 거래소 '상장'을 추진한다. 주식이 거래소에 상장된 기업을 '상장기업'이라고 한다. 그러므로 '공개기업'은 '상장기업'이기도 하다. 상장제도는 다음 절에 자세히 설명되어 있다.

(3) '직접발행'과 인수인을 통한 '간접발행'

그런데 영미 자본시장의 역사를 보면 초기부터 기업의 증권 발행은 '인수인(Underwriter)'의 도움을 받아 진행되었다.[1] 이 현상은 현재까지도 변함이 없는 역사적 사실이다. 특히 불특정 다수를 대상으로 한 증권의 발행은 거의 항상 '인수인'이 발행과정을 주도하였다. 기업의 증권 발행에서 인수인의 존재가 법적으로 요구되는 것은 아니다. 증권 발행 기업의 법적 의무는 공모발행 시 정보공시에 국한되며, 인수인의 사용은 기업의 선택사항이다. 그래서 증권의 발행은 인수인의 관여 여부에 따라 '직접발행'과 '간접발행'으로 구분된다.

사모발행은 대부분 직접발행의 형태로 이루어진다. 그러나 영미의 자본시장 역사를 통해 지속되어 온 역사적 사실은 공모발행은 대부분 인수인이 관여하여 이루어진다는 것이다. 역사적으로 영미 자본시장에서 '인수인'의 역할을 담당하여 온 경제주체는 '투자은행'이었다.

1.2 유통시장의 역사적 사실

▶ 자본시장에서 가장 빈번히 거래되는 증권은 정부가 발행한 국채이다. 기업이 발행한 증권 중에서 빈번히 거래되며 유통되는 증권은 거래소에 상장된 상장주식이다.

(1) 거래소(Exchange)

대부분 시장의 개념이 그렇듯이 증권시장은 추상적인 개념이다. 증권의 발행과 유통이라는 경제적 행위가 반복적으로 일어나는 모든 장소를 뜻한다. 그런데 일상 경제생활에서 우리가 만나는 실체가 있는 증권시장이 있다. '거래소'이다. 현대 시장

1. '인수인'의 의미와 역할에 대해서는 7장에서 좀 더 자세히 설명한다.

경제에서 가장 뉴스에 자주 등장하는 장소이기도 하다.

'거래소'는 특정 증권 중개업자들이 회원이 되어 미리 정해진 증권만을 대상으로 회원 간에만 거래를 하는 조직체를 말한다. 회원이 되려면 거래소가 정한 일정한 절차에 의한 승인과정을 거쳐야 한다. 또한 어떤 증권이 거래소에서 거래되려면 역시 절차에 따라 승인을 받아 거래소에 등록을 해야 한다. 이것이 바로 '상장(listing)'이다. 회원이나 상장증권에 대해서는 적격성 유지를 위한 일정한 의무가 부과되고 이를 위반하면 벌칙 부과 등 거래소의 평판을 유지하기 위한 관리제도의 제재를 받는다. 거래소 규제는 법이 아니므로 이를 거래소의 '자율규제(self-regulation)'라고 부른다. '거래소'는 상장증권이 거래되는 증권시장이다. 그렇지만 거래소 제도는 증권거래 진행에 국한되지 않으며, 오히려 제도의 핵심은 회원제도와 상장제도 등 자율규제의 제개정과 집행에 있다.

근대적인 증권거래소는 근대 자본시장의 본격적인 발전이 시작된 19세기 초반 런던과 뉴욕에서 결성된 '런던증권거래소(London Stock Exchange)'와 '뉴욕증권거래소(New York Stock Exchange)'가 시초이다. 초기 자본시장에는 사기성 불량 증권의 거래시도, 계약조건의 불이행 등 전형적인 역선택과 도덕적 해이 문제가 만연했는데, 이를 해소하려는 당시 증권업자들의 자율적인 제도 발명으로 탄생한 것이 '거래소'이다.

20세기 초반까지 순수하게 증권업자들의 자율적인 조직체였던 거래소는 대공황 이후 미국에서 1934년 "증권거래소법(Securities Exchange Act)"이 제정되면서 법적 개념으로 재탄생하였다. 그 결과 오늘날 우리나라를 포함하여 대부분의 나라에서 증권거래소는 증권시장의 운영을 목적으로 설립된 자율적인 사업체이되, 법이 요구하는 규제의 준수 여부가 금융감독기구에 의해 감시되는 '규제 시장(regulated market)'을 의미하게 되었다. 우리나라의 경우 법이 요구하는 규제의 핵심 사항은 원활한 시장거래 서비스를 제공할 수 있는 물적 설비 구축, 거래소의 회원관리규정 · 상장규정 · 공시규정 · 시장감시규정 등 자율규제 기능의 적절한 구비 등이다.[2]

2. "자본시장과 금융투자업에 관한 법" 제373조의 2.

〈좀 더 알아보기 6-4〉 두 개의 커피하우스(Coffee house)

▲ 조나선 커피하우스(자료 : College.Cityoflondon.gov.uk)

초기 증권거래는 커피하우스에서 이루어졌다. 런던거래소(London Stock Exchange)는 홈페이지에 자신의 기원을 1698년 '조나선 커피하우스(Janathan's coffee house)'라 기록하고 있다.

이 커피하우스가 회원제와 자율규제를 핵심으로 하는 현대적 의미의 '거래소'로 전환된 것은 1801년이었다. 사실 이때 거래소 설립의 기반 증권은 주식이 아니었다. 영국은 1720년 '남해금융위기(South Sea Bubble)' 사태를 계기로 법에 의해 주식회사 설립이 금지된 상태였기 때문이다. 1825년 주식회사 설립이 자유화된 이후 비로소 런던거래소는 주식거래소로 발돋움한다. 설립 무렵 런던거래소의 거래대상은 국채였다. 1693년 발행이 시작된 국채의 유통이 17세기에서 18세기 초반 런던 자본시장 성장을 이끌었다.

뉴욕거래소(New York Stock Exchange) 역시 홈페이지에 자신의 기원을 1790년대 뉴욕 월스트리트(Wall Street) 주변의 커피하우스들로 기록하고 있다. 커피하우스에서 증권을 거래하던 증권업자들이 뉴욕거래소라는 거래소 조직을 설립한 것은 1817년이었다. 1817년 탄생한 뉴욕거래소(New York Stock Exchange)는 런던거래소와는 달리 기업 주식이 주된 거래대상이었다. 이에 뉴욕거래소는 거래소의 설립은 런던거래소에 비해 늦었지만 기업 주식거래소로서는 최초의 거래소로 세계 자본시장의 제도 발전에 기여하였다.

(2) 상장제도

오늘날 거래소 제도의 핵심은 상장제도이다. 상장은 거래소가 특정 증권을 심사를 거쳐 거래소의 거래대상 증권으로 승인하는 과정이다. 그러므로 상장 대상은 주식과 채권 등 모든 증권이다. 하지만 실질적으로 상장제도는 주식 상장을 중심으로 만들어져 있다. 만기가 있는 채권의 상장은 효과가 유한하지만, 주식은 기업이 존속하는 한 시장에 존재하기 때문이다. 그래서 자본시장에서 '상장기업'은 그 기업이 발행한 주식이 거래소에 상장된 기업을 지칭하는 개념으로 통용되고 있다.

상장제도는 거래소가 자율적으로 제정하여 운영하는 자율규제이다. 그러므로 거래소마다 상장제도는 다양하다. 또 대부분의 거래소가 복수의 시장(거래플랫폼)을 만들고 각 시장마다 다른 상장제도를 만드는 것이 현대 거래소 제도의 경향이다. 영미에는 복수의 거래소 사업체가 존재하여 왔다. 우리나라의 경우 '한국거래소'가 자본시장의 독점 증권거래소이다. '한국거래소'도 '유가증권시장'과 '코스닥시장' 등 복수의 시장을 운영하고 있다.

표 6-1　(2020년 기준) 우리나라 한국거래소의 신규상장 요건(유가증권시장)

<table>
<tr><td>규모요건</td><td colspan="2">기업규모　: 자기자본 300억 원 이상
상장주식 수 : 100만 주 이상</td></tr>
<tr><td>분산요건</td><td colspan="2">주식 수 : 일반 주주 소유 비율 25% 이상 또는 500만 주 이상
주주 수 : 일반 주주 70명 이상</td></tr>
<tr><td rowspan="4">경영성과 요건
(택 1)</td><td>매출액 및 수익성</td><td>- 최근 매출액 1,000억 원 이상 및 3년 평균 700억 원 이상
- 최근 사업연도 영업이익, 법인세 차감 전 계속사업이익 및 당기순이익 각각 실현
- 다음 중 하나 충족
▪ ROE : 최근 5% & 3년 합계 10% 이상
▪ 이익액 : 최근 30억 원 & 3년 합계 60억 원 이상
▪ 자기자본 1천억 원 이상 법인 : 최근 ROE 3% 또는 이익액 50억 원 이상이고 영업현금흐름이 양(+)일 것</td></tr>
<tr><td>매출액 및 기준시가 총액</td><td>- 최근 매출액 1,000억 원 이상
- 기준시가 총액 2,000억 원 이상
* 기준시가 총액 = 공모가격 × 상장예정 주식 수</td></tr>
<tr><td>기준시가 총액 및 이익액</td><td>- 기준시가 총액 2,000억 원 이상
- 최근 이익액 50억 원 이상</td></tr>
<tr><td>기준시가 총액 및 자기자본</td><td>- 기준시가 총액 6,000억 원 이상
- 자기자본 2,000억 원 이상</td></tr>
<tr><td>안정성 및 건전성 요건</td><td colspan="2">- 영업활동기간 : 설립 후 3년 이상 경과하고 계속적인 영업활동 중
- 감사의견 : 최근 적정, 직전 2년 적정 또는 한정
- 매각제한(보호예수) : 최대주주 등 소유주식 & 상장예비심사 신청 전 1년 이내 최대주주 등으로부터 양수한 주식은 상장 후 6개월 매각제한</td></tr>
</table>

상장제도는 증권시장의 역선택 문제를 해소하기 위한 장치이다. 자본시장에서 증권을 발행하여 자금을 조달하는 기업의 경영진(또는 경영권을 보유하고 있는 주주) 중에는 기업가치를 제고하기 위한 기업 경영보다 경영진의 이익을 높이는 데 목적이 있는 이들이 있을 수 있다. 예를 들어 기업가치의 하락이 예상되는 상황이라면 그 기업의 경영진은 이 정보를 모르고 있는 일반 투자자들에게 기업의 주식을 매도하려는 유인이 있을 것이다. 전형적인 사전적 정보비대칭성에 기인한 역선택 문제의 사례이다. 기업의 상장제도는 이러한 역선택 문제를 방지하기 위한 장치이다. 상장심사 과정에서 기업의 재무상태, 경영진의 행태 등을 심사하여 역선택의 징후가 있는 기업은 배제하려는 취지의 제도이다.

상장기업은 상장과정에서 일차적으로 역선택 문제와 관련한 심사를 받고, 상장 후에도 정보비대칭성 완화를 위한 공시의무를 지게 된다. 법에 의해 사업보고서 공시의무도 부여되며, 거래소의 상장기업으로서 별도의 거래소 공시규제에 따라 법이 요구하는 정보 이외에 추가적인 정보도 공시하여야 한다.

(3) 거래소와 장외시장(OTC market)

모든 증권의 거래가 거래소에서 이루어지는 것은 아니다. 상장증권이 아닌 증권은 거래소에서 거래될 수가 없기 때문에 거래소 이외의 다른 증권시장에서 거래된다. 이 시장을 거래소 밖의 시장이라는 의미에서 '장외시장(Over The Counter market ; OTC market)', 또는 일반 대중의 시장이 아니라는 의미에서 '사적 시장(Private Market)', 또는 공적 법규에 의해 운영되지 않는다는 의미에서 '비규제 시장(Unregulated Market)'이라 부른다.

모든 증권은 원칙적으로 유통이 가능한 금융수단이다. 그러나 역사적으로 일반 투자자들 사이에서 활발하게 실제 거래가 이루어진 증권은 국가가 발행한 국채와 거래소에 상장된 주식들이었다. 회사채의 경우 상장기업이 발행한 채권이 거래되지만 활발하지는 않다. 회사채는 상장회사채의 경우에도 주로 장외시장에서 거래된다. 비상장기업이 발행한 회사채나 주식의 경우에는 거래가 극히 드물며, 거래는 당연히 장외시장에서 이루어진다.

일반 투자자의 참여에 큰 차이가 있는 거래소와 장외시장에서 증권사의 역할은 차이가 있다. 일반 투자자들이 증권의 매도자와 매입자로 활발히 참여하는 거래소의 경우 증권사는 매도자와 매입자 사이에서 거래를 중개한다. 증권투자자들은 투자수익을 기대하여 참여하므로 거래 중개과정에서 증권사는 자연스레 '투자자문'을 하는 경우도 많다. 중개와 투자자문이 거래소 유통시장에서 증권사가 하는 역할이다.

장외시장의 증권거래에서 증권사는 그 이상의 역할을 하게 된다. 거래가 활발하지 않은 증권들이 대상이므로 매도자와 매입자가 동시에 존재하지 않는 경우가 대부분이기 때문이다. 매도희망자 또는 매입희망자가 증권사를 찾게 되면 거래를 성사시키기 위하여 증권사가 스스로 거래상대방이 되어야 하는 예가 많다. 증권사가 스스로 거래상대방이 되어 증권거래에 참여하는 것을 '자기매매'라고 한다. 증권의 수요자와 공급자를 동시에 찾는 것이 쉽지 않기 때문이다. 증권의 수요와 공급의 시간적 불일치 문제는 기업에 대한 정보가 많지 않은 비상장기업 증권에서 보다 심하고, 일부 대형 상장기업 주식을 제외하면 일반적이다. 따라서 증권사의 자기매매 기능은 증권 유통시장의 원활한 작동에서 중요하며, 특히 장외시장의 작동에서는 필수적이다.

1.3 증권사 관련 역사적 사실

▶ 영미 자본시장의 발전은 역사적으로 '투자은행(Investment Bank)'의 주도적인 역할에 기인하였다.

(1) '투자은행'의 의미

'투자은행(Investment Bank)'이라는 용어는 미국 금융시스템의 산물이다. 19세기 후반 미국에서 철도산업의 자금수요를 배경으로 자본시장이 본격 성장하면서 금융시장 종사자들 사이에서 장기투자자금 거래를 사업 모형으로 하는 금융기관을 지칭하는 개념으로 정착된 용어이다.[3] 19세기 후반 미국에는 이미 은행업이 널리 확산된 상태였는데, 당시 영미의 은행들이 제공하는 대출은 장기투자자금이 아니었다. 은행은 주로 기업에게 운전자금을 대출하였다. 이를 영미 금융시장에서는 상거래 자금의 대출이라는 의미에서 '상업은행 업무(Commercial banking)'라 지칭하였다. 대출방식은 기업의 상거래에서 발생한 기업어음을 대상으로 한 담보대출로, 어음 만기에 대출금이 회수되면 자동 청산되는 단기 만기였다. 19세기 후반 철도산업을 중심으로 한 중후장대 산업이 미국 경제성장을 이끌 무렵, 이들의 장기투자자금 조달 지원을 사업 모형으로 하는 금융기관들이 등장하였다. 이 금융기관들이 영위하는 사업은 기업의 상거래 자금이 아니라 장기고정자산 '투자자금(Investment capital)'의 조달을 지원하는 금융업이라는 의미에서 '상업은행업'과 대비하여 '투자은행업'이라 불리게 되었다.

기능으로는 기업의 장기투자자금 조달 지원이었지만, 당시 '투자은행'들이 사용한 금융기법은 자본시장을 통한 자금조달이었다. 즉, 주식 또는 장기 만기의 채권 발행이 기업의 투자자금 조달에 사용된 금융기법이었다. 이에 '투자은행업'은 기업의 자본시장에서의 증권 발행을 지원하는 금융업을 지칭하는 개념으로도 사용되었다. 그 결과 19세기 '투자은행업'이라는 용어의 탄생 무렵 미국에서 '투자은행'은 기업의 장기자금 조달을 지원하는 금융기관, 동시에 자본시장의 증권 발행을 지원하는 금융기관이라는 두 개의 의미가 중첩된 개념이었다.

그러므로 '본래의 투자은행'은 기업의 자본시장을 통한 장기투자자금 조달을 지원하는 금융기관이라고 정의할 수 있겠다. 그러나 20세기 후반 이후 최근 30년간 미국 자본시장은 기업의 자금조달 경로만이 아니라 가계의 자금조달에서도 중요한 역할을 하는 경로로 변신하였다. 더불어 다양한 금융상품을 제공하여 모든 경제주체의 자금운용에서도 주된 경로로 변신하였다. 이 변신 또는 성장을 주도한 것 역시 '투자은행'이었다. 변신의 결과 현대 자본시장은 기업의 장기자금 조달 목적을 위한 증권

3. Carosso, V., (1970), *Investment Banking in America*, Boston : Harvard University Press.

발행만이 아니라 다양한 목적의 증권 발행과 유통이 이루어지는 금융시장이 되었다. 더불어 '투자은행'은 이들 다양한 목적의 증권 발행과 유통을 지원하는 금융기관으로 변모하였다. 이하에서는 초기 자본시장 형성에서 투자은행의 역할, 20세기 후반 자본시장의 변신 과정에서 투자은행의 역할을 간략히 살펴본다.

(2) 초기 자본시장의 형성과 투자은행[4]

미국의 초기 자본시장의 형성은 '투자은행'의 역할 없이는 설명될 수가 없다. 19세기 후반에서 20세기 초반 세계 경제사에서 처음으로 불특정 다수로부터 기업의 대규모 투자자금을 조달하는 금융거래가 시작되었다. 이러한 금융거래를 가능하게 하기 위한 방법으로서 주식, 채권의 공모발행이 등장하였다. 또 공모발행이 성공할 수 있도록 발행시장의 새로운 기법이 고안되었다. 모든 거래가 '투자은행'들이 만들어낸 혁신이었다. 오늘날 발행시장의 관행으로 정착된 '수요예측제도(Book-building)'[5]는 그 대표적인 혁신이었다.

미국 자본시장에서 주식의 공모발행, 회사채의 공모발행 등 기업의 증권 공모발행은 거의 항상 몇 개 안 되는 소수의 투자은행이 인수인 역할을 맡아서 진행하였다. 이 점은 19세기 미국 자본시장 초기부터 현재까지 변하지 않는 사실이다.

뒤에 나오는 '1.6 자본시장의 국가 간 차이'에서 자세히 논의하겠지만 경제의 자금순환에서 자본시장이 차지하는 역할은 국가 간 차이가 크다. 자본시장의 국가 간 차이, 특히 미국 자본시장의 활발한 활동성의 원인은 금융학자들의 관심 대상이었다. 미국 자본시장의 형성이 투자은행의 등장과 동전의 양면 관계에 있었으므로, 자본시장의 형성과 투자은행의 등장 사이에는 인과관계가 있다는 것이 학계의 주류 견해이다.

---

4. 이 단락은 Carosso(1970)을 참조하였다.
5. '수요예측제도'는 8장에서 자세히 학습할 주제이므로, 여기서는 추가로 설명하지 않는다.

(3) 20세기 후반 '증권화'와 투자은행

20세기 후반 금융자유화가 진행된 이후 현재까지 미국 금융산업과 금융시장의 혁신은 '투자은행'이 주도했다. 20세기 후반 미국을 중심으로 한 선진국 금융시스템에서 진행된 변화의 흐름은 흔히 '증권화', '세계화', '자유화' 세 가지 특성으로 요약되곤 했는데, 이 중 특히 '증권화(Securitization)'를 주도한 것이 미국의 '투자은행'이었다. '증권화'는 저유동성인 금융기관의 대출자산을 시장거래가 가능한 고유동성의 유가증권으로 변환하는 금융기법이다. 유동성을 높이는 과정이므로 '유동화'라 불리기도 한다.

'증권화'는 오늘날 대부분의 시장경제에서 발견되는 금융기법이지만, 등장은 1980년대 미국 자본시장에서였다. 먼저 주택담보대출을 기초자산으로 한 MBS 발행이 크게 증가하였고, 이어서 1990년대 중반을 넘어서며 기타 기초자산 ABS 발행도 증가세를 보였다. MBS의 큰 증가로 1990년 무렵부터 미국 자본시장에서 전체 유동화증권의 발행잔액이 회사채 발행잔액을 초과하기 시작하였고, 이후 현재까지 이 현상은 지속되고 있다.

최근인 2021년 미국 MBS 발행잔액은 약 12.2조 달러, 기타 ABS 발행잔액은 약 1.6조 달러, 회사채 발행잔액은 약 10조 달러를 기록하고 있다. 미국 채권시장은 이제 유동화증권시장과 일반 회사채 시장이 양축을 형성하고 있다.

〈좀 더 알아보기 6-5〉 '증권화' 또는 '유동화'

'증권화'는 비시장성 금융수단인 금융기관의 대출자산을 시장성 금융수단인 유가증권으로 변환하는 금융기법을 말한다. 증권화를 규율하는 우리나라 법률은 "자산유동화에 관한 법률"이다. 이 법에서 '유동화'라는 용어를 사용하면서 우리나라에서 증권화는 유동화로도 불리고 있다. '증권화' 또는 '유동화'의 과정과 구조를 설명하면 다음과 같다.

▪ 증권화 구조

증권화의 대상인 금융기관이 보유한 여러 대출자산을 금융기관(의 계정)으로부터 분리한다. 증권화의 대상인 이들 대출자산을 '기초자산'이라 부른다. '분리'는 순수하게 증권화를 목적으로 설립된 법인에게 금융기관이 기초자산을 매각하는 방식으로 이루어진다. 순수히 증권화 목적으로 설립된 법인을 '특별목적기구(Special purpose vehicle ; SPV)'라고 부른다. 이 '특별목적기구'는 다른 사업을 영위하지 않으며 오로지 기초자산의 보유와 관리만이 목적이다. 우리나라 제도에서는 '유동화전문회사'로도 불린다. '특별목적기구'는 매입한 기초자산을 자산으로 해서 각종 증권을 발행한다. 이 증권은 '자산담보증권(Asset-backed securities ; ABS)'이라 불린다.

자산의 증권화 또는 유동화는 인수인(아래 그림의 '주간사 회사')의 역할이 핵심이다. 자산담보증권은 증권이므로 발행과정에서 인수인이 관여하게 된다. 발행 인수업무를 넘어서 인수인은 자산 보유자와 협의하여 증권화의 전체 구조를 설계하는 역할을 담당한다.

증권화 과정에서는 인수인 이외에 자산관리자, 신용보강기관 및 수탁기관 등이 개입된다. 자산관리자는 기초자산의 관리 및 처분을 담당하는데, 현실적으로 기초자산의 내역을 잘 알고 관리업무를 담당하여 온 자산 보유자가 자산관리자로 참여한다. 신용보강기관은 자산유동화증권의 안전성을 높이기 위해 유동화전문회사에 대해 신용보증 또는 유동성 공여의 역할을 담당한다. 수탁기관은 기초자산을 안전하게 보관하는 한편, 발행된 자산담보증권의 원리금 상환의 실무 업무를 담당한다. 자산유동화증권과 관련한 현금흐름을 관리하므로 신인도가 높은 은행 신탁부서가 그 기능을 담당한다.

증권화(유동화)의 구조[1]

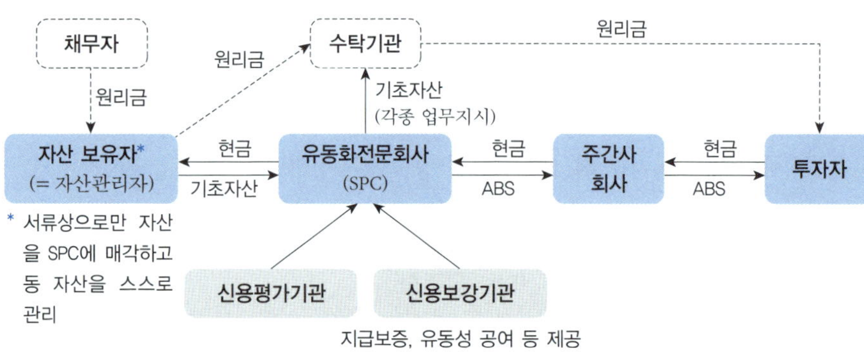

주 : 1) 실선은 자산유동화증권 발행 시 현금흐름을, 점선은 동 유동화증권 발행 이후 원리금이 회수되는 순서를 나타낸다. 기초자산의 부도 시에는 자산 보유자가 책임지지 않으며, 신용보강기관은 당초 약정한 범위 내에서, 유동화전문회사는 현금 보유분에 한해서만 각각 책임이 있다.

자료 : 차현진(2001), 「우리나라 자산유동화증권(ABS) 시장의 현황과 발전방향」, 『금융시스템리뷰』, 한국은행.

■ **자산담보증권(자산유동화증권)의 종류**

미국 금융시장에서는 자산담보증권을 기초자산의 종류에 따라 관행적으로 구분하여 왔다. '주택담보대출'을 기초자산으로 한 유동화증권을 주택저당증권(Mortgage Backed Security ;

MBS), 그 이외의 유동화증권을 기타 ABS로 분류하여 왔다. 역사적으로 미국 유동화증권시장에서 MBS가 차지하는 비중이 압도적으로 높았기 때문이다. 기타 ABS는 다시 기초자산을 어떻게 세분하느냐에 따라 다양한 종류로 구분될 수 있다. 미국 시장에서는 단일 대출항목으로 '자동차구매대출', '신용카드매출채권', '학자금대출'이 주택담보대출 다음으로 큰 비중의 기초자산이다.

우리나라의 경우 기초자산에 의한 구분보다는 만기에 의한 구분이 자주 사용된다. 장기 만기는 채권, 단기 만기는 기업어음(CP)과 단기사채로 주로 발행된다. 채권은 자산유동화채권(ABS 채권), 기업어음(CP)과 단기사채는 자산유동화CP(ABCP) 및 자산유동화 단기사채(ABSTB)로 불린다. 또 규제 측면에서는 "자산유동화에 관한 법률"에 의해 발행되는 경우와 이 법에 의하지 않는 경우를 구분하여 전자를 '등록 유동화증권', 후자를 '비등록 유동화증권'으로 구분하기도 한다. 비등록 유동화증권의 대부분은 단기 만기인 ABCP와 ABSTB이다.

1.4 '그림자 은행업(Shadow Banking)' 또는 '시장 기반 금융(Market-based Finance)'

'증권화'는 자본시장과 금융시스템의 구조에 큰 변화를 가져왔다. 본래 기업의 장기투자자금 조달경로였던 자본시장이 가계의 자금조달을 지원하는 역할도 담당할 수 있는 길이 열렸다. 1980년대 이전 가계는 주로 금융시장에 자금공급자로 참여하였다. 최근 30년 가계는 자금공급자이면서 동시에 자금수요자로 활발히 금융시장에 참여하고 있다. 선진국에서 가계의 자금수요자로서의 금융시장 참가는 최근 금융시장의 성장을 이끄는 주요 동인이라고 하여도 과언이 아니다.

은행 대출에서 가계를 대상으로 한 주택담보대출은 20세기 후반 이후 선진국 은행 대출의 가장 큰 성장요인이다. 또 금융자유화 이전인 1980년대와 이후인 현대의 금융시스템을 비교했을 때, 주요 국가의 금융시스템에서 비중이 크게 높아진 금융부문이 있다. 소비자금융기관이다. 우리나라는 '여신전문금융업'으로 분류하는 금융기관이다. 소비자금융기관은 가계의 소비생활과 관련하여 발생하는 자금수요를 시장으로 한다. 자동차 등 내구재 구매를 위한 내구재 담보대출('리스', '할부구매'), 준내구재 및 각종 소비재 구매를 위한 신용대출(신용카드) 등이 해당된다. 이처럼 가계의 주택구입을 위한 자금수요, 내구재 구입을 위한 자금수요를 기반으로 한 사업 모형이 크게 활성화된 것이 최근 30년 선진국 금융시스템의 큰 변화였다. 이 사업 모형에서 금융기관의 자금조달을 뒷받침한 것이 '증권화'였다.

'증권화'는 대출에 자산을 운용하는 금융중개기관이 자금조달을 자본시장에 의존하는 사업 모형을 크게 성장시켰다. 대출에 자산을 운용하는 금융중개기관의 자금조달 수단은 예금이 거의 유일하였던 1980년대 이전의 금융시스템 상황에 비하면 큰 변화이다. 이 새로운 현상을 "시장 기반 금융"이라고 부른다. 또 과거라면 은행이 담당하였을 금융중개 역할을 은행이 아닌 비은행금융기관이 수행하고 있음을 강조하여 "그림자 은행업(Shadow Banking)"이라고도 부른다.

이 새로운 금융시스템이 과거의 금융시스템과 다른 핵심은 자금조달에 증권 발행이 사용된다는 점이다. 당연히 새로운 금융시스템에서는 투자은행의 역할이 한층 강화되었다.

1.5 펀드 관련 역사적 사실

▶ 영미에서 20세기 후반 이후 자본시장의 성장과 펀드의 성장은 대체로 궤를 같이 하여 왔다. 특히 20세기 말 이후 최근 미국 자본시장의 성장은 펀드의 성장에 의하여 견인되어 왔다.

(1) 전통 금융중개기관과 펀드

'펀드'는 다수의 투자자로부터 (증권을 자금조달 수단으로 하여) 자금을 모아 주로 자본시장의 증권에 운용하는 금융중개기관을 말한다. 자세한 정의와 구조는 9장에서 살펴볼 것인데, 여기서는 전통 금융중개기관의 차이를 설명하는 방식으로 펀드의 특성을 살펴보도록 하자. 20세기 후반까지 금융시스템의 성장을 주도하여 온 금융중개기관은 은행과 보험이었다. 은행은 예금이 자금조달 수단이고, 보험은 보험계약이 자금조달 수단이다. 자금공급자가 예금을 수요하는 주된 이유는 유동성 위험의 회피이고, 보험계약을 수요하는 이유는 자동차 사고, 화재, 질병 등 특정 사고와 연관된 재무위험의 회피이다. 반면 '펀드'에 투자하는 자금공급자의 유인은 자본시장의 증권에 대한 투자가 목적이다.

(2) 20세기 후반 공모펀드의 급성장

자본시장의 선진국으로 간주되는 미국을 기준으로 보면 자본시장의 성장은 펀드의 성장과 궤를 같이 한다. 양자는 밀접한 상관관계를 보이고 있어 자본시장의 성장과 펀드의 성장은 상호 분리될 수 없는 현상으로 보인다. 미국 자본시장은 1930년대 대공황 이후 장기의 정체기에 놓여 있다가 1980년대 빠른 성장궤도에 진입한다. 이후 현재까지 미국 자본시장의 성장을 뒷받침한 것이 펀드이다. 펀드는 '공모펀드'와 '사모펀드'로 구분되는데, 먼저 성장을 주도한 것은 '공모펀드'이다.

〈좀 더 알아보기 6-6〉 공모펀드와 사모펀드

공모펀드와 사모펀드에 대해서는 9장 이하에서 자세히 학습한다. 여기서는 간략히만 소개하기로 한다. 공모펀드와 사모펀드의 차이는 이름에서 짐작되듯이 '공모'와 '사모'의 차이이다. 불특정 다수의 투자자로부터 자금을 모집하는 펀드가 공모펀드이고, 소수의 특정 투자자에게서 자금을 모집하는 펀드가 사모펀드이다. 펀드는 자금 모집을 위하여 유가증권을 발행한다. 우리나라의 경우 '수익증권'이라 불린다. 이 수익증권의 발행은 다른 유가증권 발행과 법적으로 동일하다. '공모'에 해당되는 경우 공모펀드가 되는 것이고 그렇지 않은 경우 사모펀드가 된다.

공모펀드는 운용규제 등 투자자 보호를 위한 규제가 부과된다. 사모펀드는 나라에 따라 차이가 있지만 공모펀드에 비해 규제가 적다. 미국의 경우 사모펀드는 원칙적으로 규제대상이 아니다. 우리나라의 경우에는 규제대상이지만 공모펀드 대비 여러 규제의 적용이 면제된다. 주로 규제로 인해 공모펀드는 정형화된 방식으로 운용되고, 사모펀드는 펀드마다 운용방식에 큰 차이가 있다.

[그림 6-1]은 미국 공모펀드의 성장 추이를 나타낸 것이다. 1980년대 성장이 시작되어 1990년대 이후 가속화되었음을 볼 수 있다. 급속한 성장의 결과 2000년을 전후해 미국 공모펀드의 자산규모는 미국 은행산업의 자산규모를 추월했고, 이후 현재까지 이 관계는 지속되고 있다. 즉, 21세기 미국 금융시스템에서 최대 금융중개기관은 은행이 아니라 공모펀드이다. 21세기 미국 금융시스템의 자금순환이 은행이 아니라 '펀드'라는 금융중개기관에 의해 성장이 주도되고 있는 점은 '증권화'와도 밀접하게 연관되어 있다. '증권화'되어 발행된 유동화증권의 주요 투자자가 '펀드'이기 때문이다.

그림 6-1 미국 공모펀드 운용자산 추이

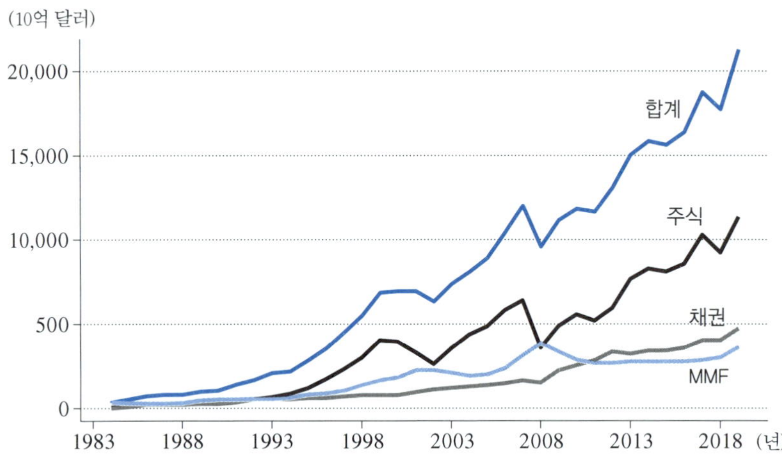

자료 : ICI, *Investment Company Fact Book*.

(3) 21세기 사모펀드의 급성장

20세기 말까지 미국 펀드산업은 공모펀드가 중심이었다. 21세기 들어서는 사모펀드의 성장이 새로운 추세적 현상으로 등장하였다. 사모펀드의 성장속도는 특히 세계 금융위기를 거치며 가속되었다. 또한 세계 금융위기 이후 사모펀드는 미국을 넘어서 자본시장이 존재하는 각국으로 확산되어 성장하고 있다. [그림 6-2]에 보이듯이 세계 사모펀드 운용자산 규모는 세계 금융위기 전후에서 현재까지 약 10년 사이에 약 3배 증가한 것으로 조사되었다.

그림 6-2 세계 사모펀드 운용자산 추이

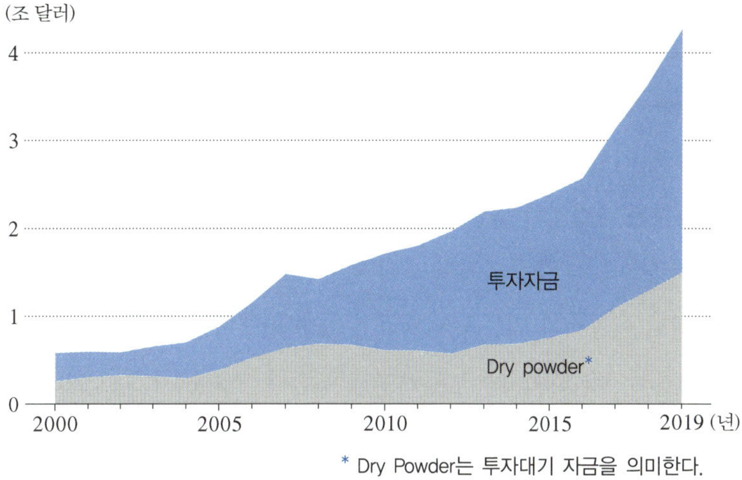

자료 : *The Economist*.

1.6 자본시장의 국가 간 차이

▶ 기업의 자금조달에서 자본시장과 간접금융(대출)의 상대적 중요성은 국가 간 상당한 차이가 있었다. 역사적으로 미국과 영국에서 자본시장은 기업의 장기투자자금 조달의 주된 경로로 역할하여 왔다.

(1) 자본시장 위상의 국가 간 차이

3장에서 예금금융중개기관의 역사적 사실을 살펴보며 모든 시장경제에서 간접금융(대출)이 기업의 주된 자금조달 경로임을 확인하였다. 3장에서 강조하지 않았던 점은 기업의 자금조달 경로로서 자본시장의 역할이 국가에 따라 차이가 크다는 사실이다. 〈표 6-2〉는 미국, 영국, 독일, 일본의 20세기 후반 25년간 기업의 자금조달 경로를 정리한 것이다. 이는 2장의 〈표 2-3〉을 옮겨 놓은 것이다. 〈표 6-2〉에서 직접금융, 즉 자본시장의 상대적 비중에 초점을 두어 보자. 이때 주식시장을 통한 자금조달 수치는 기업의 자금조달 경로로서 자본시장의 위상을 측정하는 지표로서 부적합하다는 점에 유의하여야 한다. 영미에서 주식시장은 기업의 자금조달 경로인 동시에 주주에게 기업 이익을 지급하는 '주주환원 경로'이기도 하다. 특히 영미에서는 자사주 매입 등 주식시장을 통한 주주환원이 활발하였는데, 그 결과 국민경제 전체로 주식시장을 통한 기업의 자금조달과 주주환원 금액을 합산하면 음(−)의 수치가 얻어지고 있다. 이것은 영미에서 독일, 일본에 비하여 주식 발행에 의한 기업의 자금조달이 부진하여서가 아니라 주주환원이 보다 활발하였기 때문이다. 주식시장이 자금조달과 주주환원의 이중적인 기능을 담당하고 있어 발생하는 통계상의 착시를 피하려면, 회사채 시장에 국한하여 4개국을 비교해야 한다. 〈표 6−2〉는 1970~1994년의 25년 기간 회사채 시장이 가장 중요한 기업 자금조달 경로였던 나라가 미국이었음을 보여준다. 영국이 그 다음이다. 독일은 전혀 자금조달 기능이 없었고, 일본은 독일보다는 역할이 있지만 영미에 비해서는 상당히 작다.

표 6−2 **주요국 기업 자금조달의 금융수단별 구성 : 1970~1994** (단위 : %)

	미국	영국	독일	일본
대출	91.74	109.77	106.25	88.41
직접금융	64.46	−3.01	−8.04	24.83
(채권)	(127.27)	(31.58)	(−8.93)	(13.25)
(주식)	(−62.81)	(−34.59)	(0.89)	(11.59)
기타	−56.20	−6.77	1.79	−13.25

자료 : Corbett, J., and T. Jenkinson, (2002), "How is Investement Financed? A Study of Germany, Japan, the United Kingdom and the United States," *The Manchester School*, 69−93에서 수정 작성.

4개국 사이 자본시장의 대출 대비 상대적 비중의 차이는 21세기에도 계속된 것으로 보인다. [그림 6−3]은 최근 20년간 주요국 회사채 시장 규모의 추이이다. 미국 회사채 시장의 규모가 다른 국가를 압도하고 있음을 볼 수 있다. 독일은 12개국 중 회사채 시장의 국민경제 대비 규모가 가장 작다. 미국을 제외하면 영국, 스위스 등이

상대적으로 회사채 시장규모가 크다. 반면 이탈리아는 독일 못지않게 회사채 시장이 미미하다. [그림 6-3]은 기업 자금조달에서 자본시장이 차지하는 역할이 국가 간에 상당한 차이가 있다는 역사적 사실이 현재까지도 지속되고 있음을 보여준다.

그림 6-3 주요국의 회사채 시장(회사채 발행잔액/GDP)

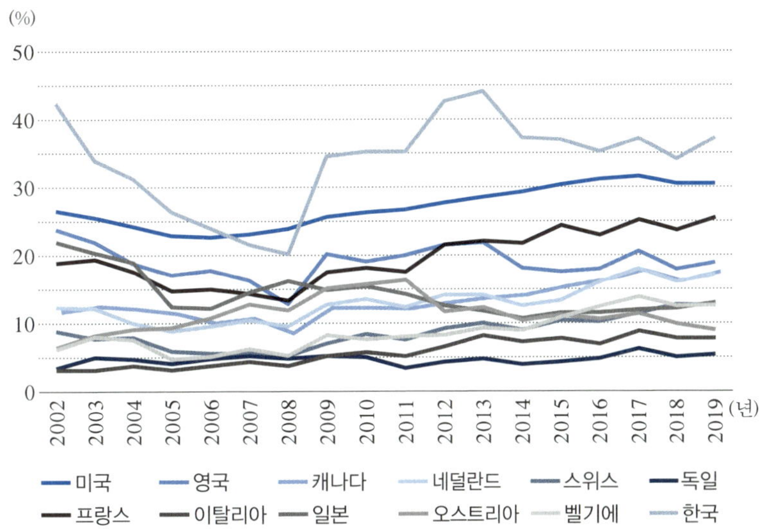

자료 : BIS, *Debt Securities Statistics* ; World Bank, *Data Bank*.

일부 금융학자들은 자본시장과 간접금융의 상대적 비중이 국민경제에 따라 차이가 있다는 점을 주목하여 금융시스템 유형론을 주장하기도 하였다. 시장경제의 금융시스템에는 영미가 대표하는 '자본시장 기반 금융시스템' 유형과 독일, 이탈리아 등 유럽대륙 국가가 대표하는 '은행 기반 금융시스템' 유형이 있다는 가설이다.

(2) 금융시스템 유형 차이의 원인[6]

금융학자들이 금융시스템 유형의 중요한 결정요인으로 논의하여 온 것은 법제도

6. 이 단락은 신인석(2007)을 참조하였다. (신인석(2007), 「1930년대 겸업은행 위기와 20세기 후반의 금융시스템」, 『금융학회지』, 제12권 제3호, 101-131)

기원, 국민경제의 개방도, 국내정치의 지배이데올로기 등 세 가지이다. '법제도 기원' 가설은 각국 법제도의 기원이 해당 국가의 금융시스템 진화경로에 영향을 미친다는 주장이다. 이 가설을 주장하는 학자들은 프랑스 법제 기원 국가들의 자본시장 발전도가 영미의 보통법(Common Law) 전통 국가들에 비하여 현저히 낮다는 실증결과를 보고한다. 이들은 그 이유를 프랑스 법제도가 국가의 자의적인 시장개입을 용이하게 하여 자본시장 발전에 부정적 영향을 미치기 때문인 것으로 해석한다.[7]

'개방도' 가설은 국민경제의 대외개방도가 해당 경제의 자본시장 발전에 유의한 영향을 미친다는 주장이다.[8] 이 가설을 지지하는 학자들은 유럽 선진국 중 프랑스 법제에 속하는 국가들의 자본시장 발전도가 1930년대 이전에는 영미 국가에 비해 낮지 않았다고 주장한다. 동시에 이들은 많은 선진국의 자본시장 발전도가 시대적으로 상당한 변천을 보였으며, 이 같은 금융시스템의 시대적 변천은 각 국민경제의 개방도 변화에 의해 가장 잘 설명된다고 주장한다. 개방도가 낮은 국가에서는 특정 이익집단이 자신의 이익 보호를 목적으로 경쟁을 제한하는 규제를 도입하는 것이 보다 용이하며, 이때 흔히 금융규제가 활용되고, 그 결과 자본시장 발전은 저해된다는 것이다.

한편 법학자인 로우(Roe)가 주창한 '국내정치 지배이데올로기' 이론은 각국의 지배적인 정치이데올로기가 금융시스템과 지배구조를 결정한다는 주장이다.[9] 그는 선진제국을 대상으로 한 실증분석에서 지배정당의 좌익 성향과 금융시스템 및 기업 지배구조의 시장 중심 경향성이 음의 상관관계를 보인다는 결과를 보고한다. 그는 이 같은 상관관계의 존재를 지배정당의 좌익 성향이 강할수록 기업 소유주의 지배권이 제약되면서 자본시장 발전이 제약되기 때문인 것으로 해석한다.

이상 세 가지 가설은 공통된 전제가 있다. 금융시스템의 성격은 금융규제에 의

---

7. La Porta, R., F. Lopez-de-Silanes, A. Shleifer, and R. Vishny, (1997), "The Legal Determinants of External Finance," *Journal of Finance* 52, 1131-1150.

8. Rajan, R. and L. Zingales, (2003), "The Great Reversals : The Politics of Financial Development in the 20th Century," *Journal of Financial Economics* 69, 5-50.

9. Roe, M., (2003), *Political Determinants of Corporate Governance*, Oxford : Oxford University Press.

하여 결정적으로 영향을 받는다는 것이다. 자본시장 중심의 금융시스템과 은행 중심 금융시스템 중 어느 하나가 주어진 국민경제에 자리를 잡는 데에는 금융규제의 역할이 결정적으로 작용한다는 전제이다. 자본시장의 자유로운 작동이 규제된 국가에서 자본시장의 발전이 제약되었고, 은행을 중심으로 한 금융시스템이 진화될 수밖에 없었다는 추론은 모든 가설에 공통된다.

1.7 우리나라 자본시장의 특성

▶ 우리나라는 기업 자금조달에서 영미와 유사하게 자본시장이 큰 역할을 담당하여 왔다. 그러나 자본시장의 성장과 작동에서 영미에 비하여 상대적으로 정부의 역할이 크다.

(1) 우리나라 금융시스템의 유형

앞의 [그림 6-3]에서 언급하지 않았던 놀라운 점은 우리나라 회사채 시장의 규모이다. GDP 대비 우리나라 회사채 시장의 규모는 미국과 비견된다. 회사채 시장의 규모만으로 보면 우리나라는 경제활동 대비 자본시장 규모가 가장 큰 나라인 셈이다. 우리나라의 기업 자금조달에서 자본시장의 역할이 상당하다는 지표는 더 있다. 이미 3장의 기업의 경로별 자금조달을 살펴볼 때, 우리나라는 주식 발행과 회사채 발행에 의한 자금조달이 최근 5년간 다소 낮아졌지만 줄곧 40% 내외였음을 보았다. 이 수치는 미국에 비해 낮지 않고 다른 선진경제국에 비해 높다. 자본시장의 활동성을 평가하는 또 다른 지표는 기업공개 또는 기업 신규상장의 추이이다. 이 지표에서도 우리나라 지표는 나쁘지 않다. 우리나라는 지난 20년간 기업공개와 신규상장이 활발했던 나라이다.

금융기관의 관점에서 보면 우리나라는 미국과 유사하게 '투자은행업'을 사업 모형으로 하는 금융기관이 존재하는 많지 않은 경제이다. 1933년 "글래스-스테갈법

(Glass-Steagall Act)"으로 미국에서 은행업과 증권업의 겸업 및 겸영을 금지하는 이른바 '전업주의' 규제가 도입되었다. 이 '전업주의' 규제는 제2차 세계대전 후 일본에 이식되었고, 1960년대 이후 우리나라 정부가 일본을 모범으로 하여 금융시스템을 설계하면서 우리나라로 전파되었음은 3장에서 언급하였다. 이 규제정책으로 우리나라의 금융시스템에는 '증권업'을 사업 모형으로 영위하는 '증권사'가 독자적인 금융기관으로 존재하여 왔다. '투자은행'이라는 용어가 사용되지는 않지만 '증권업'의 업무에는 미국 '투자은행'의 업무가 모두 포함되어 있다. '전업주의' 규제의 역사가 없는 유럽대륙 국가의 경우 20세기 후반에 '투자은행업'을 전업 사업 모형으로 영위한 금융기관은 찾기 어렵다. 예를 들어 독일, 프랑스 등의 경우 대형 은행이 전통적인 은행업과 자본시장 관련 업무를 모두 수행하는 것이 일반적인 사업 모형이다.

독일로 대표되는 유럽대륙 국가를 '은행 기반 금융시스템' 유형이라고 할 때, 우리나라 금융시스템이 이와 같은 유형이라고 할 수 있는지는 의문이다. '자본시장 기반 금융시스템' 유형의 속성이 상당히 발견되기 때문이다. 동시에 우리나라 금융시스템을 영미형의 자본시장 중심 금융시스템으로 규정하기에도 난점이 있다. 영미형, 특히 미국 금융시스템을 한 가지 속성으로 요약한다면 '투자은행'의 중심 역할이다. 미국 금융시스템의 작동과 진화(혁신)에 대한 이론은 그 내용이 무엇이 되었든 '투자은행'을 빼고는 설명되기 어렵다. 요컨대 유럽대륙의 은행 기반 금융시스템의 중심이 대형 은행이라면, 미국 자본시장 기반 금융시스템의 중심은 투자은행이다. 그러나 우리나라 금융시스템의 중심에 증권사가 있다고 보기는 어렵다.

(2) 정부의 역할

우리나라 자본시장이 기업 자금조달에서 상당한 역할을 수행하는 현 수준에 도달하기까지의 진화과정에서, 그리고 현재 자본시장의 작동체제에서도 영미에 비교할 때 두드러지는 특성은 '정부의 역할'이다.

영미의 자본시장이 시장 자율로 생성되고 발전되어 왔음에 비해 우리나라의 자본시장은 정부 주도의 경제개발 과정에서 정부에 의해 '육성'되어 왔다. 1968년 "자본시장육성법"이 제정되고 정부의 주도와 개입으로 유가증권 발행시장에 필요한 제도와 인프라 기구가 설립되거나 정비되었다. 정부의 인프라 기구 설립과 정비에도 불구하고 자본시장의 시작이라고 할 수 있는 기업공개가 부진하자 1972년 "기업공개촉진법"의 도입을 시작으로 강제적인 기업공개 정책을 추진하기도 하였다. 이러한 '정부개입에 의한 자본시장의 발전'은 영미 자본시장 선발국과는 대조되는 우리나라 자본시장 특유의 역사적 사실이다.

우리나라 자본시장의 작동에서 정부의 역할은 현재 금융시스템에서도 최소한 두 가지 경로를 통해 드러난다. 먼저 정부의 자본시장 인프라 기구 지배이다. 대표적으로는 '거래소'가 있다. 영미에서 '거래소'는 시장 자율로 등장하였고, 현재는 그 자체 영리를 목적으로 경영되는 민간 사업체이다. 누구든 '거래소' 사업을 시작할 수 있고, 실제로 20세기 초반 수많은 '거래소' 간 경쟁이 치열하였던 역사도 있다. 21세기 초반에는 국경을 넘어선 거래소의 인수합병 전략 추구가 화제가 되기도 하였다. 반면 우리나라의 '거래소'는 애초 정부 주도로 독점기구로 설립되었고, 현재에도 실질적으로 정부의 지배 아래 경영되고 있다. 사회적으로 공공기관으로 인식되고 있으며, 실제로도 공공기관으로 분류되어 관리되고 있다.

다음으로, 보다 중요한 경로로서 세밀한 '열거주의' 규제이다. 금융은 규제 산업이므로 어느 경제이든 규제의 개입이 존재한다. 그러나 우리나라 규제체제는 영미 규제체제와 비교하여 큰 차이가 있다. 영미의 규제체제는 '시장 자율 우선, 필요시 사후적 규제 개입'이다. 예를 들어 미국에서 '펀드'는 1920년대 자본시장에서 아무런 규제의 지원 또는 통제 없이 자율적으로 성장하였다. 1929년 대공황 이후 일반 투자자 보호의 필요성이 제기되었고, 이에 1940년 "투자회사법"이 제정되었다. 미국 자본시장에서 다른 금융상품 또는 제도의 등장과 진화 과정도 '펀드'와 다르지 않다. 이러한 규제체제를 '포괄주의' 체제라고 한다. 법에서 명시적으로 금지하지 않은 상품 또는 서비스의 생산과 거래는 시장 자율을 존중하는 규제체제이다. 이에 반해 우리나라의 금융규제 체제인 '열거주의'는 법에서 열거하여 명시적으로 허용하지 않는 상품 또는 서비스의 생산과 거래는 금지하는 규제체제이다. 그러므로 우리나라 자본시장에서 새로운 금융상품과 사업 모형의 등장은 정부의 역할 없이는 불가능하다. 정부의 적극적 태도 또는 최소한 수용적 태도가 자본시장 금융혁신의 필요조건이다.

2. 역사적 사실에서 유추되는 자본시장 금융기관의 특성

위의 역사적 사실은 우선 자본시장도 정보비대칭성 문제가 만연하고, 이 문제의 해소가 시장 작동과 성장의 관건이었다는 점을 시사한다. 자본시장의 자금수요자들은 간접금융시장에 비해서는 상대적으로 정보비대칭성 문제가 작은 경제주체들이다. 역사적으로 자본시장에서 증권을 발행한 경제주체들은 국가(정부) 또는 창업 후 일정 기간 사업활동을 통해 사업위험의 평가가 어느 정도 가능한 단계에 도달한 성숙기업들이었다. 그럼에도 자본시장의 역사는 정보비대칭성의 완화가 자본시장에서도 가장 중요한 문제였음을 보여준다. 거래소의 탄생과 진화, 공시의무를 핵심으로 하는 대공황 이후 자본시장에 대한 법규의 진화는 모두 정보비대칭성 완화에 목적이 있었다고 해석된다.

이제 거래소 제도와 공시법규는 원조국인 미국을 넘어서 전 세계 시장경제 국가들로 확산되어 있다. 명실공히 금융시장의 인프라이다. 이 규제체계와 관련 인프라 기구는 미국 자본시장의 경우 20세기 중반에 정착되었고, 우리나라의 경우에도 1960년대 정부 주도의 자본시장 발전이 시작되면서 가장 먼저 도입되었다. 그런데 기본 규제와 인프라 제도가 자리를 잡은 20세기 후반 이후에도 자본시장의 성장과 '투자은행'의 성장이 동시에 관찰된다는 역사적 사실은 자본시장의 정보비대칭성과 그로 인한 문제 완화에서 '투자은행'이 어떤 역할을 하였음을 시사한다. 역사적 사실인 자금순환에서 자본시장이 차지하는 역할의 국가 간 차이는 금융시스템에서 투자은행이 차지하는 위상과 연관되어 있다는 생각을 많은 금융학자들이 공유하고 있다.

투자은행은 유럽대륙 국가의 금융시스템에는 없는 유형의 금융기관이었고, 이것이 이들 국가에서 자본시장의 역할과 연관되었다는 견해이다.

이에 '투자은행'의 자본시장에서의 기능은 금융학자들의 큰 연구대상이었다. 투자은행의 역사적 기원이 '인수인'의 역할이었다는 점으로부터 인수인 기능에 초점을 두어 연구가 진행되어 왔다. 그 결과 금융학자들은 미국 투자은행의 역사를 바탕으로 '명성 인수인' 이론을 제안하였고 아직까지 대표적인 '투자은행' 또는 증권사의 경제적 기능에 대한 이론으로 되어 있다. 이는 8장의 학습주제이다.

다음으로 자본시장의 역사적 사실은 자본시장의 성장과 펀드의 성장이 밀접한 관계가 있음을 보여준다. 자본시장의 역사가 진행될수록 가계 또는 개인은 자본시장에 직접 참여하기보다는 '펀드'를 통하여 간접 참여하고 있다. 21세기 자본시장은 공모펀드, 연기금, 각종 사모펀드 등 기관투자자들이 시장을 주도하는 펀드의 시장이 되어가고 있다. '펀드'는 다른 금융중개기관에 비하여 사업 모형과 기능이 다양하다. 특히 20세기 후반 이후 급성장하고 있는 새로운 금융중개기관임에 따라 제기되는 질문과 그에 따른 학계의 연구가 현재 진행 중이다. 이 점을 강조하면서 9장에서 '펀드'에 대한 일반적 논의를 진행하고, 10장과 11장에서는 공모펀드와 사모펀드를 나누어 현 단계 금융학계의 이해를 소개한다.

그런데 자본시장 금융기관, 즉 증권사와 펀드에 대한 금융학계의 논의는 영미 자본시장을 배경으로 전개되어 온 것이라는 점이 감안되어야 한다. 우리나라 자본시장에서 정부의 역할이 크다는 역사적 사실은 정보비대칭성 완화장치로서 '투자은행', '펀드' 등 시장금융기관의 역할이 영미와는 다를 수 있음을 시사한다. 실제로 우리나라 증권사가 미국 투자은행과 다르다는 사실은 금융종사자는 모두가 동의할 것이다. 따라서 우리나라 자본시장의 금융기관으로서 증권사와 펀드를 이해하려고 할 경우, 현존 금융학계의 이론을 학습하면서 동시에 우리나라의 현실에 적용할 때 무리가 있는 점은 무엇인지도 따져볼 필요가 있다. 관련되는 부분에서 언급하기로 한다.

요약

1. **(발행시장의 역사적 사실)** 자본시장에서 불특정 다수를 대상으로 한 기업의 증권 발행은 '인수인(underwriter)'의 지원을 통해 이루어져 왔다.

2. **(유통시장의 역사적 사실)** 자본시장에서 가장 빈번히 거래되는 증권은 정부가 발행한 국채이다. 기업이 발행한 증권 중에서 빈번히 거래되며 유통되는 증권은 거래소에 상장된 상장주식이다.

3. **(증권사 관련 역사적 사실)** 영미 자본시장의 발전은 역사적으로 '투자은행(Investment Bank)'의 주도적인 역할에 의하였다.

4. **(펀드 관련 역사적 사실)** 영미에서 20세기 후반 이후 자본시장의 성장과 펀드의 성장은 대체로 궤를 같이 하여 왔다. 특히 20세기 말 이후 최근 미국 자본시장의 성장은 펀드의 성장에 의하여 견인되어 왔다.

5. **(국가 간 차이)** 경제의 자금순환에서 자본시장이 차지하는 간접금융 대비 상대적 비중은 국가 간 상당한 차이가 있었다. 역사적으로 미국과 영국에서 자본시장은 기업의 장기투자자금 조달의 주된 경로 역할을 담당하였다.

6. **(우리나라 자본시장의 특성)** 우리나라는 기업 자금조달에서 영미와 유사하게 자본시장이 큰 역할을 담당하여 왔다. 그러나 자본시장의 성장과 작동에서 영미에 비하여 상대적으로 정부의 역할이 크다.

연습문제

1. 공모발행과 사모발행

우리나라 자본시장과 자본시장의 금융기관을 규제하는 법률은 "자본시장과 금융투자업에 관한 법률"이다. 이 법에서 공모발행의 기준이 무엇인지 조사하고 그 취지를 논하라.

2. 상장기준

(1) 우리나라 한국거래소의 코스닥시장 신규상장 요건을 조사하라. 본문 〈표 6-1〉의 유가증권시장 신규상장 기준과 비교하고, 차이의 이유를 논하라.

(2) 이른바 '테슬라 상장요건'이 무엇인지 조사해 보아라.

3. 유동화

인터넷 공간에서 금융위원회가 2020년 5월 발표한 "자산유동화제도 종합 개선방안"을 찾아보고 다음 질문에 답하라.

(1) 우리나라 ABCP와 ABSTB의 기초자산 중 가장 큰 비중을 차지하는 자산은 정기예금이다. 정기예금을 기초자산으로 한 유동화가 활발한 이유가 무엇인지 논하라.

(2) 동 방안에서 지적하고 있는 비등록 유동화 시장의 문제점이 무엇인지 설명하라.

증권사의 경영

7장

1. 개요 / 2. 기본 업무 / 3. 사업 모형 / 4. 수익구조 / 5. 위험관리 / 6. 사업환경

부록 채권가격과 듀레이션

1. 개요

은행의 사업 모형은 정의가 간단하다. 예금으로 자금을 조달하여 대출에 운용하는 사업 모형이 은행의 사업 모형이다. 또 이 사업 모형은 시대와 지역에 따라 차이가 없다. 미국의 은행과 우리나라 은행 사이에 사업 모형의 차이는 없고, 이는 50년 전이나 지금이나 마찬가지이다. 사업 모형이 간단히 정의되고 동일하므로, '은행(Bank)'이라는 용어는 국제적으로 공통된 사업 모형의 금융기관을 지칭하는 개념으로서 통용된다.

증권사는 그렇지 못하다. '증권사'는 우리나라에서는 자본시장을 배경으로 특정한 사업 모형을 지닌 금융중개기관의 의미로서 일상 경제생활, 규제, 학계에서 널리 사용되는 용어이다. 그렇지만 자본시장의 선발국인 영미에서는 금융시장의 실무자, 금융학자, 규제전문가 등 모든 관계자들이 '증권사'라는 용어를 거의 쓰지 않는다. 이는 '증권사'로 통칭할 수 있는 단일한 사업 모형이 미국의 자본시장에는 존재하지 않음을 시사한다. 또 우리나라와 미국 증권사의 사업 모형에는 차이가 있음을 짐작하게 한다. 그러므로 증권사의 사업 모형을 논할 때에는 나라에 따른 사업 모형의 차이, 그리고 한 나라에서도 사업 모형에 유형이 있을 수 있다는 점에 유의하여야 한다.

2절에서는 먼저 증권사의 세 가지 기본 업무를 설명한다. 증권사의 사업 모형은 이 세 가지 기본 업무가 어떻게 조합되느냐에 따라 그 유형이 정해진다. 증권사의 사업 모형은 3절에서 살펴본다. 미국 증권사의 사업 모형을 설명하고, 이어서 우리나라 증권사의 사업 모형을 설명한다. 이는 미국이 자본시장의 선발국으로서 우리나라 자본시장과 증권사의 행태에 큰 영향을 미치고 있어 미국 증권사의 사업 모형을 먼저 살펴보는 것이 우리나라 증권사의 사업 모형을 이해하는 데 도움이 되기 때문이다. 4절에서는 증권사의 수익구조, 5절에서는 증권사의 위험관리에 대해 학습한다. 마지막으로 6절에서 증권사의 사업환경을 논의한다.

2. 기본 업무

간접금융시장의 금융중개기관은 자산변환이 본질적인 업무이다. 은행이 대표적이다. 따라서 자금공급자와의 거래를 매개하는 금융수단과 자금수요자와의 거래를 매개하는 금융수단을 기준으로 사업 모형을 정의하는 것이 적절하다. 이에 앞에서 예금금융중개기관을 예금으로 자금을 조달하여 대출에 운용하는 사업체로 정의한 바 있다.

'증권사'는 직접금융시장인 자본시장의 대표적인 금융중개기관이다. 자본시장 금융중개기관의 본질 업무는 자산변환이 아니라 유가증권의 거래를 돕는 일이다. 자금수요자의 유가증권 발행이 원활히 이루어져 유가증권이 최초로 매매되도록 중개하는 일, 일단 발행된 유가증권이 다시 원활히 거래될 수 있도록 중개하는 일이 자본시장 금융중개기관의 전통적인 본질 업무이다. 전자는 발행시장에서의 업무이고 후자는 유통시장에서의 업무이다. 그러므로 크게 보아 '증권사'의 사업 모형은 유가증권의 발행시장과 유통시장에서의 중개 업무를 기본으로 한다.

역사적으로 발행시장과 유통시장의 중개업무는 인수(underwriting), 위탁매매(brokerage), 자기매매(dealing) 세 가지 세부 업무로 진화되어 왔다. 이 세 가지 업무가 전통적인 증권업의 기본 업무이다. 이 세부 업무를 기준으로 하여 증권사를 정의하면, 증권사는 이 세 가지 업무의 일부 또는 전부에 종사하는 사업체를 말한다. 이하 세 업무를 좀 더 자세히 살펴보도록 하자.

한편 법의 용어와 일상 경제생활, 금융학의 용어에는 차이가 있는 경우가 많다. 우리나라 자본시장을 규율하는 "자본시장과 금융투자업에 관한 법률", 즉 "자본시장법"에서는 증권사를 '금융투자업자'로 정의한다. 여기서는 일상 경제생활에서 널리 사용되고 있는 '증권사'의 용어를 쓰기로 한다. 법률 용어로 한다면 '금융투자회사' 또는 '금융투자업자'에 해당됨에 유의하기 바란다.

2.1 인수업

(1) 기원

'인수(underwriting)'는 자본시장에서 사용되는 고유한 용어는 아니다. 18세기 말 영국에서 근대적인 금융시장이 형성되면서 등장한 용어로 영미에서는 보험업에서도 사용된다. 자본시장에서 사용되든, 보험업에서 사용되든 '인수'의 의미는 동일하였다. '인수'는 금융수단 발행자의 발행위험을 대신 부담함을 뜻한다. 즉, 인수는 발행위험의 인수를 뜻한다.

어느 기업이 유가증권을 발행하는 상황을 생각해 보자. 기업의 증권 발행은 자금조달이 목적이므로, 이 기업은 기대하는 자금조달 비용과 자금조달액이 있을 것이다. 기업이 증권을 발행할 때 직면하는 위험은 과연 발행하려는 증권이 원하는 조건에 원하는 금액만큼 투자자에게 매각될 수 있을 것인지의 여부이다. 예를 들어 기업이 5%의 금리로 100억 원의 자금을 채권을 발행하여 조달하기를 원한다고 하자. 과연 5%의 금리에 이 기업의 채권에 투자하겠다는 투자수요가 시장에 존재할 것인지는 불확실할 것이다. 이것이 발행위험이다. 역사적으로 기업의 증권 발행과 자금조달의 성공을 보장하여 자본시장에서 기업의 발행위험을 대신 부담하는 경제주체가 등장하였는데, 바로 '인수인(underwriter)'이다.

'인수인'이 기업의 발행위험을 대신 부담하는 방법은 간단하다. 기업이 발행하는 증권의 발행을 인수인이 확실히 보장하는 것이다. 보장의 방법으로서 '인수'에는 '총액인수(firm commitment underwriting)'와 '잔액인수(stand-by underwriting)'의 두 가지 유형이 있다. '총액인수'는 인수인이 발행증권을 모두 매입한 뒤 투자자에게 자신이 보유한 증권을 나누어 매각하는 방식이다. '잔액인수'는 발행되는 증권을 일단 투자자에게 매각하고, 투자자에게 매각되지 않은 잔여 증권만을 인수인이 매입하는 방식이다. 어떤 방식이든 발행기업의 입장에서 볼 때 정해진 조건으로 증권이 모두 매각되어 자금조달이 보장되는 것에는 차이가 없다. 대신 기업의 발행위험은 이제 '인수인'에게 이전된다. '인수인'이 발행위험을 인수한 것이다.

(2) 인수인과 발행시장 정보비대칭성

'인수'라는 용어의 역사적 기원은 기업 발행위험의 인수에서 탄생하였지만, 오늘날 금융학자들은 인수인의 경제적 기능은 발행인만이 아니라 투자자를 포함한 시장 전체 참가자의 후생을 증진시키는 데 있다고 보고 있다. 증권이 불특정 다수의 투자자에게 발행되는 공모발행인 경우 잠재적인 투자자 중에는 발행기업에 비하여 기업가치에 대한 정보가 열위인 투자자들이 다수 포함되어 있을 것이다. 이들의 관점에서 볼 때 증권의 발행시장은 '역선택'의 위험이 큰 '레몬시장' 문제를 지닌 시장환경이다. 역선택 위험이 심각하다고 느낄 경우 투자자들이 시장 참여를 꺼려하면서 증권의 발행이 실패할 수 있다. 즉, 기업의 발행위험은 근본적으로는 발행시장의 정보비대칭성에 기인한다.

그렇다면 투자자의 관점에서 '인수'는 어떤 의미를 지니는 것일까? '인수'된 증권은 기업이 아니라 '인수인', 즉 증권사가 기업을 대신하여 투자자에게 투자를 권유하게 된다. 투자자는 기업이 아니라 '인수' 증권사가 제공하는 해당 기업에 대한 정보를 믿고 투자를 결정하는 것이다. 즉, '인수'는 제3자인 '인수' 증권사가 투자자와 발행기업 사이에 존재하는 정보비대칭성을 완화해 발행시장이 원활히 작동되도록 유도하는 시장제도이다. 인수인은 인수에 의하여 기업의 발행위험을 해결하는 것이기도 하지만, 근본적으로는 정보비대칭성에 기인한 투자자의 역선택 위험을 완화하는 것이다.

(3) 현대 자본시장에서 인수인의 법적 역할

영미 자본시장에서 '인수인'이 발행시장에서 담당하는 정보비대칭성 완화 기능은 본래 시장 자율의 진화에 의해 형성된 것이다. 그런데 1933년 미국에서 일반 투자자 보호를 위한 규제를 도입할 때, 법 제정자들은 이 시장진화의 산물인 '인수인'을 활용하였다. 증권의 공모발행 시 투자자 보호를 위한 기본 규제원칙이 기업가치와 관련된 '중요 정보의 공시'라는 점을 6장에서 설명하였다. 이 공시가 제대로 이루어지는지를 감시하여야 할 법적 의무가 '인수인'에게 부여되어 있다. '인수인'의 이 법적 의무는 우리나라 법규에도 도입되어 있다.

우리나라 "자본시장법"에 따르면 증권의 공모발행 시 발행기업은 "증권신고서"와 "투자설명서"에 기업가치와 관련된 중요 정보를 공시하여야 한다. 그런데 "증권신고서" 등의 직접적인 작성 주체는 기업이지만, 인수인은 중요 사항에 관해 거짓 기재 또는 기재 누락을 방지하는 데 필요한 적절한 주의를 기울여야 할 의무가 있다. 법적 의무이므로 만일 중요 정보의 누락 또는 거짓 기재가 있었고, 또 그로 인해 투자자의 피해가 발생하게 되면 인수인은 그에 대해 법적 책임을 져야 한다.

인수인에 대한 법적 의무 부여는 현대 자본시장에서 인수인의 존재를 필수적인 것으로 만드는 효과를 낳았다. 기업은 인수인을 고용하지 않고 모든 증권 발행의 사무를 직접 담당하는 '직접발행'을 거쳐 증권을 발행할 수도 있다. 그러나 이 경우 기업이 "증권신고서" 등에 공시하는 정보는 인수인의 감시 없이 제시되는 것이다. 법적 감시 의무와 책임이 있는 인수인을 배제하고 기업이 직접 제공하는 정보를 잠재적인 투자자들이 과연 신뢰할 것인가? 기업이 굳이 '직접발행'을 택하는 의도가 무엇인지부터가 의심될 가능성이 높다. 이에 현대 자본시장에서 증권의 공모발행은 모두 인수인의 개입 아래 이루어지고 있다. 인수 증권사는 발행시장의 필수 금융기관이 된 것이다.

2.2 자기매매업

(1) 기원

인수를 통해 증권은 발행기업과 투자자 사이에 거래된다. 인수는 발행시장에서 증권사가 제공하는 중개 서비스인 셈이다. 일단 발행된 증권은 투자자의 필요에 따라 다시 거래되게 된다. 이 시장을 유통시장이라 부른다는 점은 여러 차례 언급하였는데, 유통시장의 증권거래에서도 역사적으로 거래당사자가 아닌 제3자의 중개 서비스가 존재하여 왔다. '자기매매(dealing)'와 '위탁매매(brokerage)'이다. 이 절에서는 먼저 '자기매매'를 설명한다.

'자기매매'는 사전적인 의미로는 증권사 자신이 거래의 당사자가 되어 투자자와 증권을 매매하는 행위를 말한다. '위탁매매'는 증권사가 고객의 주문을 받아 고객을 대신하여 증권을 매매하는 행위를 말한다. 사전적인 의미로만 보면, '자기매매'와 '위탁매매'는 증권사가 자기 이익을 위하여 매매하는지, 아니면 고객의 이익을 위하여 매매하는지가 차이인 것처럼 인식될 수 있다. 그러나 이렇게 증권사의 '자기매매' 업무를 이해하면 이는 오해이다. 본래 영미의 자본시장 실무에서 '자기매매'는 '딜링(dealing)'으로 불리어 왔다. 그리고 영미 금융시장에서 '딜링'에는 '시장조성(market making)'의 의미가 담겨 있다. 다시 말해 영미에서 '자기매매'는 증권사가 자신의 이익극대화가 아니라 시장조성을 위하여, 즉 시장의 원활한 작동을 위하여 매매하는 행위를 말한다. 이것이 무슨 뜻인지 이해하려면 금융자산 시장의 운영구조에 대해 좀 더 알아야 한다.

(2) 딜러시장 vs. 경매시장

증권 유통시장은 시장운영 방식에 따라 '딜러시장(dealer market)'과 '경매시장(auction market)'으로 구분된다. 딜러시장은 '호가주도시장(Quote-driven market)'으로 불리기도 한다. 경매시장은 '주문주도시장(Order-driven market)'으로 불리기도 한다.

'딜러시장'은 말 그대로 딜러가 중심이 되어 운영하는 시장이다. 딜러는 매도호가(ask-price)와 매입호가(bid-price)를 제시한다. 시장에는 보통 복수의 딜러가 존재하는데, 매도 또는 매입을 원하는 시장참가자들은 각 딜러가 제시한 호가를 보고 거래 딜러와 거래 여부를 결정한다. 딜러가 제시한 호가에 의해 시장의 균형가격과 거래량이 결정되기 때문에 '호가주도시장'이라 불리는 것이다. 시장참가자들은 현재 전체 시장참가자들이 얼마나 많은지, 또 이들이 원하는 시장의 가격별 공급(매도물량)과 가격별 수요(매수물량)가 얼마인지에 대한 정보가 없다. 모든 매도자와 매입자는 딜러를 통하므로, 딜러는 시장의 수요·공급 정보를 갖고 있다. 딜러는 이 정보를 기초로 예상되는 균형가격으로 매도호가와 매입호가를 제시한다. 딜러는 매입호가보다 높은 매도호가를 제시하기 마련이다. 매도호가와 매입호가의 차이는 "매입-매도가격 스프레드(bid-ask spread)"로 불리는데, 딜러가 시장조성 또는 시장운영의 대가로 얻는 이익이다. 딜러의 시장조성 이익의 수준은 딜러 간 경쟁에 의해 조절된다.

'경매시장'은 교과서적인 시장 개념에 가까운 운영방식의 시장이다. 매도자와 매수자가 자신이 원하는 매도 가격과 물량, 매수 가격과 물량을 제시한다. 제시된 정보를 종합하면 공급곡선과 수요곡선이 얻어지게 되고, 매도물량과 매수물량이 일치하는 선에서 균형가격과 거래량이 결정된다. 시장참가자들이 제시하는 가격대별 매도 및 매수 물량 정보는 시장참가자들에게 모두 공개된다. 이에 '주문주도시장'으로 불린다. 실제 운영에서는 매도자와 매수자들의 원하는 가격대별 물량을 종합하는 시장운영자가 필요하다. 시장운영자는 시장운영에 소요되는 비용을 거래수수료로 징구한다. 그러나 이 수수료는 순수한 시장운영 비용일 뿐 딜러시장의 매입-매도가격 스프레드는 아니다. 딜러시장에도 시장운영자가 별도로 있을 수 있고, 그 경우 그에 따른 거래수수료가 발생한다.

'딜러시장'의 장점은 딜러가 제공하는 시장조성 기능이다. '경매시장'에서 어느 증권의 보유자가 매도를 원할 때, 자신이 원하는 가격에 매수를 원하는 매수희망자를 즉시 찾지 못하면 이 보유자는 유동성 위험에 직면한다. 보유 증권을 신속히 현금화하려면 가격을 낮추어 매수희망자가 나타나도록 하여야 할 것이기 때문이다. '딜러시장'에서 매도희망자는 언제든 딜러에게 딜러가 제시한 매도가격에 매도할 수 있다. '딜러시장'에서 딜러는 거래대상 증권의 유동성을 보장하는 셈이다. 딜러는 거래대상 증권의 매도 공급과 매수 수요를 평가하여 균형이 이루어질 수 있는 가격을 정하고, 여기에 자신의 적정 이윤을 고려하여 매도가격과 매입가격을 제시한다. 그러나 매시간 수요와 공급이 일치할 수는 없다. 이 경우 딜러는 자신이 거래당사자가 되어 수요자 또는 공급자로 시장에 참여한다. 이것이 딜러의 시장조성 기능이다. 증권의 매도 희망자에게는 유동성을 제공하는 셈이므로 딜러의 시장조성 기능은 유동성 제공 기능이라고도 한다.

(3) '딜러시장'으로서의 영미 자본시장

역사적으로 영미 자본시장은 '딜러시장'으로 발전하여 왔다. 초기 자본시장에서 개별 기업이 발행하는 증권은 정보비대칭성이 높았다. 인수인에 의하여 발행에 성공한다 하여도, 이후 기업가치는 항상 변동하는 것이므로 원활히 유통될 수 있는 것은 아니었다. 유통이 쉽지 않으므로 증권의 유동성 위험이 높았다. 높은 유동성 위험은 애초에 기업의 증권 발행을 곤란하게 할 수도 있다. 영미 자본시장에서 이 상황을 해소하는 시장조성자로서 등장한 것이 '딜러'이다. '딜러'는 증권의 유통을 보장하여 궁극적으로는 원활한 발행을 가능하게 한다. 때문에 영미의 자본시장 역사에서 증권사의 자기매매 업무는 인수업무와 밀접하게 연관되어 발전하여 왔다. 어느 유가증권 발행에 대해 인수인 역할을 하였던 증권사는 해당 유가증권에 대해 자기매매 기능도 수행하는 경우가 많았다. 사실 '총액인수'와 '잔액인수'로 증권의 발행업무를 지원하는 과정에서 인수인을 맡은 증권사는 해당 증권을 보유하게 된다. 보유 증권의 매매를 진행하면서 인수 증권사는 자연스레 자기매매 기능을 수행하게 되었다. 인수 기능과 자기매매 기능이 상호 보완적임을 시사한다.

오늘날에도 영미 자본시장에서 회사채의 유통은 대부분 '딜러시장'에서 이루어진다. 또 거래소에 상장되지 않은 비상장주식도 증권사의 '딜러' 역할에 의해 유통된다. 이 점은 우리나라도 마찬가지이다. 그러므로 증권사의 '자기매매'는 증권 유통시장의 작동에서 필수적이다.

〈좀 더 알아보기 7-1〉 '거래소'와 '딜러'

상장주식의 유통시장인 '거래소'의 매매제도는 경매시장과 딜러시장 중 어디에 속할까? 상장주식은 기업 발행 증권 중 가장 정보비대칭성이 낮은 그룹에 해당한다. 상장제도의 취지는 정보비대칭성을 낮추어 일반 투자자들의 시장 참가를 촉진하는 데 있다고 볼 수 있다. 그럼에도 미국의 '뉴욕증권거래소(NYSE)', '나스닥거래소(Nasdaq)' 등 주요 거래소에는 모두 딜러의 역할이 있다. 나스닥거래소는 시작부터 현재까지 '딜러시장'으로 운영된다. 상장증권마다 복수의 딜러가 있고 이들의 호가에 의해 시장거래가 주도된다. 뉴욕증권거래소는 경매시장의 속성과 딜러시장의 속성이 공존하는 혼합형 시장이다. 뉴욕증권거래소의 각 상장주식에는 '지정 시장조성자(Designated market maker, 이하 DMM으로 약칭)'가 있다. 각 주식에 대한 매도 및 매수 주문은 DMM에게 전달된다. 또 DMM은 시장조성자로서 매도-매수 호가를 제시할 의무가 있다. DMM은 시장참가자의 매도-매수 주문과 자신의 호가를 모두 고려하여 시장참가자에게 가장 유리한 방향으로 거래를 체결한다. DMM은 경매시장의 운영자 역할을 하면서, 동시에 시장참가자의 매도-매수 주문에 불균형이 있을 경우에는 '딜러'의 기능을 수행하는 것이다.

'경매시장'으로 운영되는 거래소는 오히려 자본시장의 역사가 영미에 비하여 짧은 국가에서 찾아진다. 우리나라의 '한국거래소'가 여기에 해당된다. '한국거래소'의 유가증권시장, 코스닥시장은 모두 경매시장 방식으로 운영된다. 2005년 '한국거래소'는 자율방식으로 시장조성자 제도를 도입하였다. 미국의 경우 상장주식 종목마다 DMM이 있지만, 증권사가 시장조성자 역할을 하겠다는 자율적 신청이 있는 경우 해당 종목에 한해 시장조성자를 두었다. 2015년 이후 이 제도에 의해 시장조성자 활동이 활성화되었는데, 시장조성자의 이해상충 행위 여부에 대한 논란[1]이 2020년 제기되면서 향후 향배에 대한 불확실성이 높아진 상황이다.

1) 다음 기사를 참조하라. 문지웅, "증권사 과징금 논란 … 시장조성자 제도 파행 위기", 2021년 9월 9일, 매일경제신문. https://www.mk.co.kr/news/stock/10022616

2.3 위탁매매업

'위탁매매업'은 증권사가 매도자 또는 매수자의 위탁을 받아 증권의 매매를 대행해 주는 업무이다. 증권사는 최종 증권의 매도자와 매입자 사이에서 순수하게 중개인의 역할만을 수행하는 경우이다.

'딜러시장'의 경우 '위탁매매업'은 '자기매매업'과 연계되어 있다. 예를 들어 A기업이 발행한 회사채의 거래를 생각해 보자. 이 회사채의 딜러 역할을 하고 있는 B증권사에 매도를 원하는 투자자가 찾아왔다. 마침 동시에 매수희망자가 존재한다면 증권사는 두 투자자의 거래를 중개하고 중개수수료를 받을 것이다. 이때 제공되는 서비스가 위탁매매 서비스이다. 증권사는 위탁매매업자로서 두 투자자를 대신하여 거래를 체결한다. 사실 동일 증권사일 필요도 없다. 보다 현실적으로는 B증권사는 A회사채에 대해 딜러로서 호가를 제시하고 있는 다른 증권사들과 접촉하여 매수희망수요를 점검하는 것이 일반적이다. 만일 C증권사에 매수를 위탁한 매수희망자가 있다면, B증권사와 C증권사는 각각 매도투자자의 위탁매매업자와 매수투자자의 위탁매매업자로서 거래를 체결한다. 어느 딜러 증권사에도 현 시점 매수희망자 정보가 없다면, B증권사는 자신이 딜러로서 거래당사자가 되어 거래를 체결한다. 물론 매도투자자가 B증권사의 매입호가를 수용하는 경우이다. '자기매매업자'로 기능하는 것이다. 이처럼 위탁매매업과 자기매매업은 연계된 업무이다.

'경매시장'의 경우에는 다르다. 한국거래소에서의 상장주식 거래를 생각해 보자. 삼성전자 주식의 매수를 원하는 투자자는 자신이 거래하는 증권사에 매수주문을 의뢰한다. 매수주문에는 두 가지 방식이 있다. 원하는 가격을 지정하여 이 가격에서의 매수를 의뢰하는 '지정 주문(limit order)', 그리고 가격을 특정하지 않고 현재 매수가 가능한 가격에 무조건 특정 수량을 매수하겠다는 '시장 주문(market order)'이 있다. 증권사는 투자자를 대신하여 '위탁매매업자'로서 거래소에 증권사의 이름으로 주문을 제시한다. '시장 주문'으로 매수를 의뢰한 경우라면 현재 거래소에 의뢰되어 있는 여러 매도주문 중 가장 낮은 가격의 매도주문을 제시한 '위탁매매업자'가 있을 것이다. 거래는 두 위탁매매업자 사이에 체결되고, 거래대금과 주식이 각각 매도자와 매수자의 증권사 계정에 입금된다. 만일 '지정 주문'의 경우라면 투자자가 지정한 가격에 매도주문이 있는 경우 거래가 체결될 것이지만, 모든 매도주문 가격이 보다 높다면 거래는 체결되지 않는다. 증권사는 '위탁매매업'의 서비스를 제공하는 데 그치기 때문이다.

〈좀 더 알아보기 7-2〉 '고유계정'과 '고객계정'

증권사는 위탁매매 업무로 인해 일반 기업과는 달리 두 개의 계정을 갖게 된다. '고유계정'과 '고객계정'이다. 고유계정은 증권사의 자산과 부채가 관리되는 계정이다. 고객계정은 위탁매매 고객의 자산과 부채가 관리되는 계정이다.

3. 사업 모형

3.1 미국 증권사의 사업 모형

미국 증권사의 사업 모형은 크게 '투자은행' 유형과 '위탁매매인' 유형이 있다.

(1) '투자은행(Investment bank)' 사업 모형

미국 '투자은행'은 자본시장의 증권 발행을 통해 기업의 장기투자자금 조달을 지원하는 사업 모형의 금융기관으로 19세기 중후반 등장하였음을 6장에서 설명하였다. 증권업의 기본 업무를 기준으로 하면 '투자은행'은 인수업과 자기매매업을 주요 업무로 하는 사업 모형의 증권사이다. 투자은행의 수입에는 인수서비스에서 발생하는 인수수수료와 자기매매에서 발생하는 수입이 있다. 미국 자본시장에서 투자은행 사업 모형의 증권사는 소수이다. 미국 자본시장과 역사를 같이 하여 왔고 현재는 세계 금융시장의 선도 금융회사의 지위에 있는 골드만삭스(Goldman Sachs) 등 몇몇 대형 금융기관들이다.

투자은행의 본래 핵심 업무는 인수업이었다. 1920년도 미국 사회과학연구원 연보에 의하면 투자은행은 '기업이 유가증권 발행을 통해 사업에 필요한 장기투자자금을 조달하는 것을 가능하도록 도와주는 금융기관'이다.[1] 투자은행의 '자기매매' 기능은 인수에서 즉시 파생되었다. 증권의 발행은 원활한 유통이 예상되어야 가능하였으므로, 투자은행은 자신이 인수인으로서 발행을 지원한 증권에 대해서는 유통을 책임지는 것이 자연스러웠기 때문이다.

가. 인수업에서 기업금융업으로

그런데 현대 투자은행에서 투자은행의 업무는 인수업에 그치지 않는다. 인수인으로서 투자은행은 기업가치 평가의 전문성을 갖게 된다. 또 증권 발행 기업이 속한 산업의 전망, 자본시장의 동향 분석에 대한 전문성도 갖게 된다. 이 전문성을 경쟁력으로 하여 투자은행의 업무는 인수업무에서 여타 기업금융 업무로 넓혀져 왔다. 기업의 증권 발행은 기업의 자본구조 전략의 결과이다. 기업의 자본구조 전략은 기업의 성장전략의 결과이다. 기업은 성장전략의 집행에 필요한 자금조달과 적정 자본구조 달성을 위하여 주식 또는 채권을 발행한다. 그렇지만 때로는 기업 인수합병(M&A)에 의한 성장을 추구하기도 한다. 기업 인수합병에는 대상 기업의 물색과 가치평가가 필수적이다. 또 필요한 자금의 적절한 조달방안 마련과 그에 따른 자금조달이 수반된다. 그에 따라 현대 투자은행의 업무에는 본래의 핵심 업무인 인수업무에 더하여, 기업 인수합병 자문업무가 포함된다. 최근에는 미국 투자은행의 수익에서 기업 인수합병 자문수수료가 유가증권 인수수수료를 초과하는 경우가 보다 일반적이다.

나. 자기매매업과 고유재산운용업

투자은행의 자기매매 업무는 본래 시장조성자 기능으로 출발하였다. 그런데 어느 증권에 대하여 시장조성자로 시장을 운영하게 되면 투자은행은 그 증권의 가격동

1. Hastings, L., (1920), "The Work of an Investment Banking House," *The Annals of the American Academy of Political and Social Science*.

향에 대한 정보우위를 갖게 된다. 이에 이익 추구 목적의 적극적 매매인 고유재산 운용, 즉 '프랍 트레이딩(proprietary trading)'에도 경쟁력을 갖게 된다. 자연스레 투자은행의 시장조성 업무는 고유재산 운용 업무로 확대되어 간다. 그 결과 20세기 후반 이후 미국 투자은행의 자기매매 업무에는 고유재산 운용 업무가 포함되게 된다.

주요 업무로 자리 잡은 후 수익원으로서 고유재산 운용 업무의 역할은 괄목할만하였다. 세계화를 배경으로 운용 대상이 채권, 주식에서 외환, 실물자산으로 확대되었으며, 주요 투자은행의 자기매매 부서는 '세일즈-트레이딩(sales&trading)' 부서로 불리며 2008년 세계 금융위기 직전을 기준으로 하면 회사 전체의 가장 큰 수익창출 부서로 부상하였다.

〈좀 더 알아보기 7-3〉 '자기매매'와 '고유재산 운용'

자기매매와 고유재산 운용은 증권사 자기 계정의 거래라는 면에서는 동일하지만, 거래의 목적을 기준으로 구분된다. '고유재산 운용'은 증권사가 이익극대화를 위하여 주식, 채권, 파생상품 등 각종 자본시장의 금융수단을 매매하는 업무를 말한다. 자기 계정의 거래인 점에서 동일하지만 자기매매는 시장조성을 위하여 증권사가 시장참여자의 거래에 응하면서 이루어지는 '소극적 매매'이다. 반면 고유재산 운용은 증권사가 이익 추구를 위하여 자신이 설정한 포트폴리오 구축을 위하여 시장참가자로 거래를 실행하는 '적극적 매매'이다. 거래의 목적을 기준으로 개념적으로는 구분이 가능하다. 그런데 개념적인 구분이므로 현실에서는 외형상 명확한 구분이 쉽지 않다. 실무적인 판별기준이 필요하다.

다. 세계 금융위기 이후의 변화

2008년 세계 금융위기 이후 미국 투자은행의 사업 모형에 변화의 조짐이 있다. 우선 과거 최대 수익원을 담당하였던 고유재산 운용 업무의 비중이 감소하는 추세이다. 여기에는 무엇보다도 새로운 규제로 도입된 '볼커 룰(Volcker rule)'이 원인으로 작용한 것으로 보인다.

〈좀 더 알아보기 7-4〉 볼커 룰(Volcker rule)

'볼커 룰(Volcker rule)'은 2008년 세계 금융위기로 제정된 '도드-프랭크법(Dodd-Frank Act)'에 포함된 금융기관의 고유재산 운용 규제이다. 제안자인 폴 볼커(Paul Volcker)의 이름을 따서 붙여진 이름이다. 은행 및 은행 관계 금융기관에 대하여 시장조성 목적의 자기매매를 제외한 이익 추구 목적의 자기매매는 금지하는 규제이다. 미국의 주요 투자은행은 모두 관계사로서 은행을 보유하고 있다. 이에 투자은행들은 모두 볼커 룰의 규제 적용 대상이다. 볼커 룰은 2013년부터 시행되었는데, 어느 정도 투자은행의 고유재산운용업에 영향을 주었는지에 대해서는 논란이 이어지고 있다. 시장매매 목적과 이익 추구 목적의 매매구분에 대한 명확한 기준설정이 쉽지 않기 때문이다. 그럼에도 이후 투자은행들의 전반적인 자기매매 활동이 위축되었다는 학계의 연구가 있고, 투자은행들의 트레이딩 부서의 수익규모가 예전에 비해 감소 추이를 보이고 있다.

규제환경의 변화로 고유재산 운용 업무의 수익창출력이 감소하자 투자은행들은 과거 경시하였던 개인투자자 대상 업무를 사업 모형에 추가하는 전략을 추구하고 있다. 거액 재산의 개인(high net-worth individual)을 대상으로 한 재산관리(wealth management)를 대부분의 투자은행들이 주요 업무로 취급하고 있다. 이 점은 골드만삭스(Goldman Sachs)의 2021년 수익구성을 보인 〈표 7-1〉에서 확인할 수 있다. 골드만삭스(Goldman Sachs)의 2005년 총수입의 66%가 고유재산 운용 수익을 포함한 자기매매 수익이었다. 그런데 2021년 자기매매 수익의 비중은 37%에 불과하다. 2005년에는 개인자산관리는 아예 별도의 항목이 없었는데, 2021년에는 13%의 수익 비중을 차지하고 있다.

표 7-1 골드만삭스(Glodman Sachs) 수입구조(2021년)

투자은행	자기매매	자산운용	개인자산관리
25%	37%	25%	13%

자료 : Goldman Sachs, (2021), *Earning Report*.

골드만삭스와 더불어 유서 깊은 투자은행의 지위를 누려온 모건스탠리(Morgan Stanley)는 여기서 한 발 더 나가 2020년 개인 대상 증권 위탁매매업을 사업 모형으로 하는 '이트레이드(E-Trade)'를 인수하였다. 본래 미국 투자은행은 일반 대중을 상대로 한 단순 중개업무에는 종사하지 않아 왔다. 미국의 주요 투자은행들은 과거 소매 지점이 아예 없기도 하였다. 모건스탠리는 투자은행 사업 모형과 위탁매매 사업 모형의 결합이라는 새로운 사업 모형을 추구하고 있는 셈이다.

개인 대상 자산관리와 위탁매매를 수익원으로 추가하는 새로운 사업 모형이 향후 어떻게 전개될 것인지는 흥미롭다. 그럼에도 인수업무와 자기매매 업무를 핵심으로 하여 출발하였던 투자은행의 본래 사업 모형에는 변화가 없다. 인수업무를 포함한 기업금융 업무, 그리고 자기매매 업무는 여전히 투자은행의 핵심 업무이다. 새로운 사업 모형은 투자은행을 근간으로 하면서 여기에 어떤 수익원을 추가할 것인지를 둘러싸고 모색되고 있다.

(2) '위탁매매인' 사업 모형

미국의 증권사 중 대다수를 차지하는 유형의 사업 모형은 '위탁매매인(Broker)'이다. 이들은 미국 자본시장의 실무에서는 '주식중개인(stockbroker)', 법규에서는 '브로커-딜러(broker-dealer)'로 불린다. 위탁매매인 사업 모형은 위탁매매업을 수익원으로 하는 사업 모형이다. 이 모형의 증권사는 인수업무를 취급하지 않으며, 자기매매 업무도 극히 소수의 회사만이 취급한다. 자기매매 업무를 취급하는 소수의 회사는 뉴욕증권거래소 등 거래소에서 상장주식을 대상으로 시장조성인으로 활동한다.

미국의 증권 발행 시장에서 인수업무는 소수의 투자은행이 전담하므로 인수업 시장은 과점시장이다. 반면 위탁매매 업무를 사업 모형으로 하는 위탁매매인 시장은 진입과 퇴출이 끊임없이 이루어지는 완전경쟁시장이다. 사업체가 아니라 개인이 업무를 수행하기도 하며 끊임없이 생기고 사라진다. 미국에서 '위탁매매인'으로 등록된 사업체는 2018년 3,607개에 달하는데, 이는 2008년의 4,891개에서 세계 금융위기

후 무려 1,300여 개의 사업체가 소멸된 결과이다.

앞에서 언급하였듯이 21세기 초반까지 투자은행은 개인투자자가 아니라 기업, 그리고 기관투자자의 금융기관이었다. 투자은행이 인수인 역할을 통해 증권을 발행하면, 이 증권의 최초 투자자는 개인투자자가 아니라 기관투자자와 위탁매매인 사업 모형의 증권사였다. 개인투자자는 위탁매매인 사업 모형 증권사를 통해 자본시장 거래에 참여하여 왔다. 자본시장의 금융중개기관이 투자자를 기준으로 개인투자자 대상 금융기관과 기업 및 기관투자자 대상 금융기관의 두 유형으로 확연히 구분되어 온 것이 20세기 말까지 유지되었던 미국 증권산업의 특징이었다. 이 구분에 변화 조짐이 있는 것이 21세기 미국 증권업 사업 모형의 새로운 전개이다.

3.2 우리나라 증권사의 사업 모형

(1) '위탁매매 중심의 종합증권사' 사업 모형

우리나라 증권업의 사업 모형은 미국 증권업과는 뚜렷한 차이를 보인다. 투자은행 사업 모형과 위탁매매 사업 모형의 증권사가 선명하게 구분되는 미국 증권업과 달리 우리나라 증권업의 사업 모형은 단일하다. 모든 증권사가 인수, 자기매매, 위탁매매 등 증권업의 기본 업무를 모두 취급하는 종합증권사 사업 모형을 추구한다. [그림 7-1]은 2013년 기준 우리나라 상위 5개 증권사와 전체 증권업의 수익구성을 보인 것인데, 각 부문의 수익 비중이 유사함을 알 수 있다. 이 같은 증권업의 단일 사업 모형은 우리나라 자본시장의 활동이 시작된 1960년대부터 현재까지 지속되어 왔다. 즉, 한국 증권업의 속성이다.

그림 7-1 **우리나라 증권사 수익구성 : 전체와 상위 5개 사**(2013년 기준)

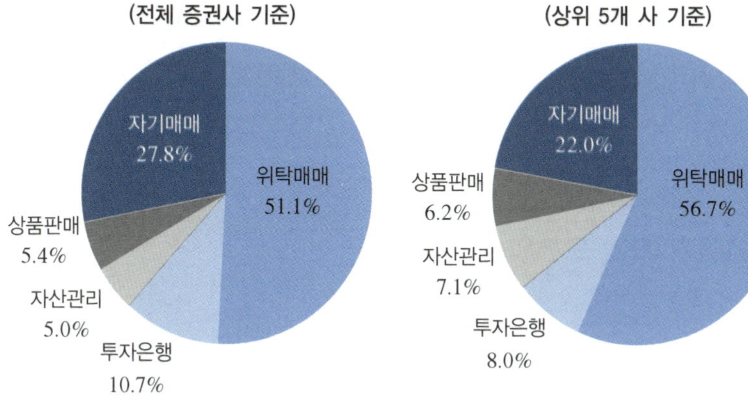

자료 : 자본시장연구원, 내부 자료.

종합증권업의 사업 모형에는 변화가 없었지만 각 부문의 수익원으로서의 중요성에는 변화가 있었다. 21세기 초반까지 우리나라 증권사 수익의 70% 내외는 위탁매매업에서 창출되었다. 과거로 거슬러 올라갈수록 위탁매매업이 차지하는 수익원으로서의 중요성은 보다 강했다. 2000년 내외까지 우리나라 증권업은 비록 모든 업무를 취급하는 종합증권업의 사업 모형이었지만, 수익의 구성으로 보면 '위탁매매' 사업 모형이라 해도 과언이 아니었다. 최근 10여 년 투자은행 부문과 자기매매 부문의 수

그림 7-2 **우리나라 증권사의 수익 구성**

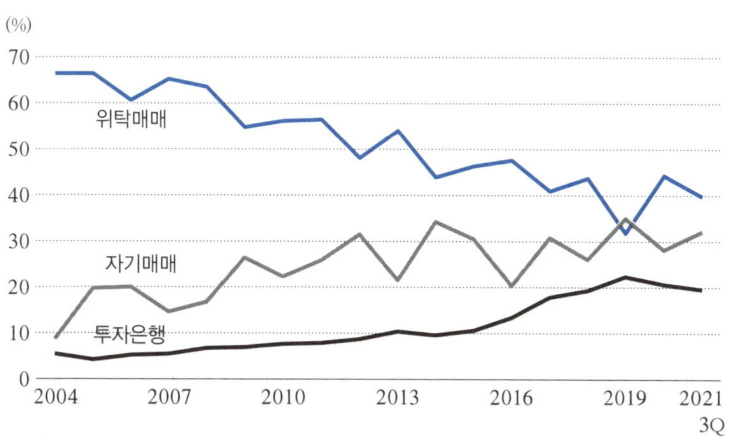

자료 : 자본시장연구원, 내부 자료.

익 비중이 높아지는 추이이다. [그림 7-2]에서 확인할 수 있듯이, 2020년 위탁매매 부문의 수익은 44%, 투자은행과 자기매매의 수익은 합하여 48%이다. 여전히 위탁매매의 비중이 높지만 현재는 '종합증권업' 사업 모형과 수익구조가 상응되는 모습이다.

(2) 21세기 사업 모형의 변화

2000년대 초반 우리나라 증권사의 사업 모형에는 큰 변화가 있었다. 2003년 규제환경 변화를 계기로 새로운 사업부문이 등장하였다. '파생결합증권'으로 자금을 조달하여 이를 회사채와 파생상품에 운용하는 사업이다. 이 사업부문은 미국 증권업은 물론 우리나라의 과거 증권업 사업 모형에도 존재하지 않았던 새로운 부문이고, 전통적인 증권업과는 구분되는 새로운 속성의 사업이다.

우리나라 증권업의 자산-부채 구조를 살펴보자. 〈표 7-2〉를 보면 2017년 우리나라 증권사의 자금조달원은 크게 환매조건부매매(RP)와 파생결합증권이다. 환매조건부매매(RP)에 의한 자금조달은 증권업의 일반 특성이다. 미국 등 자본시장이 활발한 여러 나라에서 금융기관의 단기자금 조달수단으로 사용된다. 특히 투자은행 사업 모형을 추구하는 증권사의 자금조달 수단으로 널리 사용된다. 예를 들어 인수업무, 자기매매 업무 수행과정에서 증권사는 자산을 '일시적'으로 보유하게 되고, 여기에 소요되는 자금이 필요하다. 장기 보유가 목적이 아니므로 단기자금 조달이 필요하다. 증권사는 보유자산이 대부분 증권이므로 이를 활용한 환매조건부매도(RP 매도)로 자금을 조달한다. 우리나라도 이 점은 마찬가지인데 환매조건부매도(RP 매도)는 우리나라 증권사의 초단기(일주일 미만) 자금조달 금융수단이다.

표 7-2 우리나라 증권사의 자금 조달 및 운용(2017년 기준) (단위 : 10억 원, %)

조달			운용		
항목	금액	비중	항목	금액	비중
예수부채	41,654	10.7	**현금 및 예치금**	62,750	16.1
(투자자예수금)	40,260	10.3	**증권**	244,941	62.8
차입부채	256,850	65.9	**파생상품**	8.353	2.1
(콜머니)	2,681	0.7	**대출채권**	40,856	10.5
(차입금)	16,145	4.1	(콜론)	0	0.0
(RP 매도)	112,025	28.7	(신용공여)	27,000	6.9
(매도증권)	15,033	3.9	(RP 매수)	2,844	0.7
(매도파생결합증권)	91,652	23.5	**유형자산**	1,946	0.5
파생상품부채	9,637	2.5	(감가상각누계)	2,052	0.5
기타부채	29,638	7.6	**CMA운용자산**	5	0.0
(미지급금)	21,902	5.6	**리스자산**	118	0.0
부채 총계	337,785	86.6	**기타**	31,067	8.0
자본금	52,250	13.4	(미수금)	22,984	5.9
합계	390,036	100	**합계**	390,036	100

자료 : 금융감독원, 『금융통계정보시스템』.

우리나라 증권사 특유의 자금조달 항목은 파생결합증권이다. 파생결합증권에 의한 자금조달은 변동이 있지만, 2015~2020년 사이 우리나라 증권사 자금조달의 25% 내외를 담당하고 있다. 우리나라 증권사는 보통 3년 만기, 주가지수 또는 특정 주식가격과 연계되어 수익률과 조기상환이 결정되는 파생결합증권을 발행한다. 복잡한 수익률 조건과 만기 조건이지만, 파생결합증권은 증권사의 장기 자금조달 수단이다. 파생결합증권 발행으로 조달한 자금을 증권사는 주로 채권에 운용하고 일부는 파생상품에 운용한다. 채권에는 국공채가 일부 포함되지만 대부분 일반 기업과 금융회사 발행 회사채이다. 〈표 7-2〉에서 증권사의 자산 항목에서 '증권'이 대부분을 차지하고 있는데, 그중 상당 부분은 파생결합증권으로 조달한 자금을 운용하면서 보유하게 된 채권이다.

표 7-3 파생결합증권 발행잔액 추이 (단위 : 조 원)

	2010	2012	2014	2016	2018	2019
ELS	16.9	37.3	37.9	52.4	54.5	48.3
DLS	5.4	14.3	15.7	17.2	16.3	16.1
ELB	–	–	18.9	16.8	18.3	22.8
DLB	–	–	11.6	14.9	22.6	21.2
합계	22.4	51.6	84.2	101.3	111.7	108.4

자료 : 금융위원회 등(2020), "파생결합증권시장 건전화 방안".

그러므로 우리나라 증권사의 사업 모형에는 '파생결합증권으로 자금을 조달하여 회사채에 운용'하는 간접금융 업무가 한 축으로 포함되어 있다. 이러한 증권사의 간접금융 업무가 대표적인 간접금융중개기관인 은행과 다른 점은 자금조달과 운용대상이 모두 자본시장의 증권이라는 점이다.

우리나라 증권사의 파생결합증권 발행이 제도적으로 허용된 것은 2003년이다. 제도 도입 이후 초기에는 증가속도가 빠르지 않았는데, 2010년 이후 발행액 증가속도가 가속되었다(〈표 7-3〉 참고). 2010년 파생결합증권 발행잔액은 20조 원 내외였는데, 2015년 100조 원 수준에 도달한다. 이후 2015~2020년에는 100조 원 내외에서 변동하는 가운데 잔액이 유지되었다. 따라서 '파생결합증권 발행에 의한 자금조달과 조달된 자금의 회사채 및 파생상품 운용'이라는 업무가 우리나라 증권사의 사업 모형의 한 축으로 자리 잡은 것은 최근 현상이다.

〈좀 더 알아보기 7-5〉 파생결합증권

▪ 정의와 종류

파생결합증권은 기초자산 가격변동에 따라 상환 및 수익 조건이 결정되는 파생금융상품이다. 2002년 "자본시장법" 개정으로 우리나라 자본시장에 도입되었다. 현재 6종류의 파생결합증권이 시장에 존재한다.[1)]

① ELS(Equity Linked Securities) : 주가지수 또는 특정 주식 가격의 변동과 연계되어 상환 및 수익 조건이 결정되는 증권

② DLS(Derivative Linked Securities) : 주가 외 기초자산(금리, 통화, 상품, 신용위험 등)의 가격변동과 연계되어 상환 및 수익 조건이 결정되는 증권

③ ELB(Equity Linked Bond) : ELS와 유사하나 원금이 보장

④ DLB(Derivative Linked Bond) : DLS와 유사하나 원금이 보장

⑤ ELW(Equity Linked Warrant) : 주가지수 또는 특정 주식 등의 기초자산을 사전에 정한 가격으로 미래시점에 사거나 팔 수 있는 권리를 나타내는 증권으로 거래소에 상장되어 거래. 옵션과 유사하나 원금 이상의 손실이 없다는 점이 차이

⑥ ETN(Exchange Traded Note) : 기초자산 가격의 변동과 연계되어 만기수익률이 결정되는 증권으로 거래소에 상장되어 거래

이상 6종류의 파생결합증권 중에서 가장 활발히 증권사가 발행하는 증권은 ELS이다(〈표 7-3〉 참조).

■ **파생결합증권 중 ELS의 수익률 구조**

파생결합증권 중 발행 비중이 높은 ELS를 기준으로 수익률 구조를 살펴본다. 우리나라 증권사가 발행하는 ELS는 대부분 최종 만기일 이전 조기상환 조건("step-down형"으로 실무에서 지칭된다)이 부여된 수익률 구조이다. 예를 들어 2년 최종 만기, 6개월마다 총 3번의 조기상환 조건이 부여된 ELS라고 해보자. 6개월 뒤 도래하는 1차 조기상환일에 대해서는 기초자산 가격이 발행일 가격 대비 특정 수준(예컨대 15%) 이상 하락하지 않으면 약정된 수익(예컨대 5%)을 지급하는 조기상환 조건을 부여하고, 2차 조기상환일에 대해서는 좀 더 완화된 조건(예컨대 20% 이상 하락하지 않을 것)으로 약정된 수익(10%)을 부여한다. 최종 만기일까지 조기상환 조건이 충족되지 않으면, 최종 만기일에는 별도의 조건(예컨대 2년 기간 중 30% 이상 하락하지 않을 것)으로 약정된 수익(20%)을 지급하는 식이다. ELS의 수익률 구조는 풋옵션(put option)과 유사하다. 그러므로 증권사가 발행하는 ELS를 매입하는 투자자는 기초자산에 대한 풋옵션 매도자의 역할을 하는 셈이다.

1) "자본시장법"에서는 원금이 보장된 ELB, ELB는 파생결합사채로 분류하고, 원금비보장 상품만을 파생결합증권으로 분류한다. 실무에서는 모두 파생결합증권으로 분류한다. 이에 ELS와 ELB를 ELS로 통칭하기도 하며, DLS와 DLB도 DLS로 통칭된다. 여기서는 실무의 분류를 따른다.

ELS 수익률 구조 : 조기상환 조건 존재 유형(Step-down ELS)

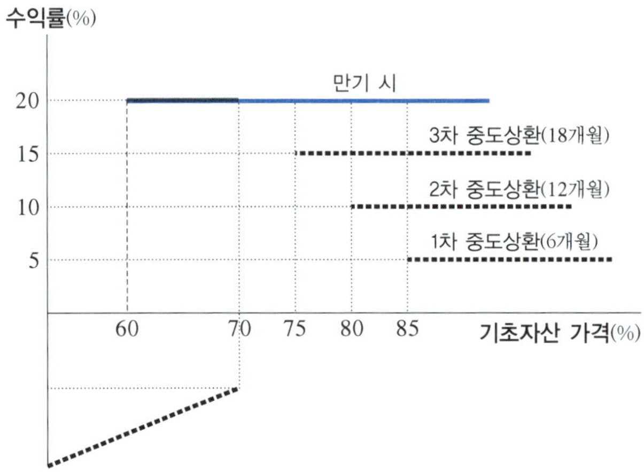

자료 : 금융위원회 등(2020), "파생결합증권시장 건전화 방안".

■ **ELS의 자금운용 구조**

모든 증권사들이 ELS 발행으로 조달된 자금을 자체 운용하는 것은 아니다. 소형 증권사들은 외부 금융기관(주로 해외 증권사)이 발행한 ELS에 조달자금을 전액 투자한다. 이 경우 우리나라 증권사는 해외 증권사가 발행한 ELS를 중개하는 역할에 그치는 셈이다. 이를 "전체 자산 백투백 헤지(fully funded back-to-back hedge)"라고 한다. 다음으로 외부 금융기관으로부터 옵션 수익구조만을 매수하고 나머지 자금은 증권사가 채권에 자체 운용하는 "자산 제외 백투백 헤지(unfunded back-to-back hedge)" 운용방법이 있다. 마지막 운용방법은 모든 자산을 ELS 발행 증권사가 스스로 운용하는 "자체 헤지" 운용이다. ELS가 처음 도입된 무렵에는 자체 헤지 방식 운용이 적었으나 최근에는 자체 헤지 운용 비중이 높다.[2)]

2) 2019년 기준 자체 헤지 비중이 ELS 발행 잔액의 56%이다. (금융위원회 등(2020), "파생결합증권시장 건전화 방안")

4. 수익구조

4.1 수익의 회계구조

2장에서 은행 수익의 회계적 결정요인은 순이자마진(NIM), 자기자본비율이라는 점을 보았다. 순이자마진이 결정요인인 것은 은행의 사업 모형이 예금부채에 의한 자금조달과 대출자산에의 운용이라는 점에서 도출되었다. 증권사 수익의 회계적 결정요인 역시 사업 모형에서 도출되기 마련이다. 미국 투자은행 사업 모형의 증권사는 투자은행 업무인 인수서비스의 대가인 인수수수료, 기업 인수합병 자문서비스의 대가인 자문수수료가 항상 기본 결정요인이다. 여기에 더하여 자기매매와 고유재산 운용 업무의 증권매매 수익이 다른 결정요인이다. 또 위탁매매 사업 모형 증권사의 주요 수익원은 당연히 위탁매매 서비스에서 발생하는 수수료이다.

우리나라 증권사 수익의 회계구조 역시 사업 모형과 상응한다. 증권사 수익을 크게 위탁매매, 투자은행, 자기매매로 구분하였을 때의 회계구조는 [그림 7-1], [그림 7-2]에서 이미 보았다. 여기서는 수익의 회계구조를 좀 더 상세히 분해하여 살펴보도록 하자.

표 7-4 우리나라 증권사(××증권)의 영업수익 세부 내역 (단위 : 백만 원)

구분	2015	2017	2019	2020	2021
[영업수익]	4,319,077	5,976,810	9,926,310	15,200,011	12,181,218
수수료 수익	532,431	630,420	758,359	1,092,279	1,417,756
수탁수수료	298,245	259,756	237,368	463,814	513,194
인수 및 주선 수수료	58,102	98,879	79,012	101,159	121,974
집합투자증권취급수수료	56,903	70,348	87,270	79,100	93,217
자산관리수수료	27,384	25,577	15,080	24,165	47,828
매수 및 합병 수수료	17,691	42,753	135,405	218,982	366,293

신탁보수	16,741	24,044	29,452	28,306	32,403
채무보증 관련 수수료	11,002	32,530	82,005	95,493	123,381
기타	46,364	76,534	92,766	81,261	119,460
증권 평가 및 처분 이익	1,352,008	1,186,567	1,808,499	2,523,851	1,950,205
공정가치증권처분이익	302,696	446,556	576,645	801,965	731,949
공정가치증권평가이익	12,530	49,142	362,775	452,388	165,251
기타공정가치증권처분이익	8,683	62,982	15,808	13,689	2,165
매도증권평가이익	5,977	4,952	28,050	15,815	132,300
파생결합증권처분이익	6,218	6,750	1,122	3,506	2,512
파생결합증권평가이익	2,102	30,009	21,969	2,490	1,759
파생결합증권상환이익	66,917	146,727	235,908	264,264	28,619
매도파생결합증권평가이익	540,423	74,616	35,478	180,723	241,733
매도파생결합증권상환이익	406,462	364,833	530,664	789,007	643,730
파생상품 관련 이익	1,548,931	3,022,809	5,072,323	8,181,579	5,683,084
파생상품거래이익	1,291,415	2,433,686	3,731,171	6,873,379	3,764,116
파생상품평가이익	257,516	589,123	1,341,152	1,308,200	1,918,968
이자수익	575,915	610,014	918,992	956,741	964,368
신용공여이자	106,514	133,490	153,672	175,727	270,818
매입대출채권이자		203	468	4,622	10,171
대출금이자	3,904	28,977	82,384	96,840	85,108
채권이자	380,898	368,039	514,433	486,304	444,330
기업어음증권이자	13,336	8,699	50,142	89,518	80,159
증금예치금이자	4,682	4,373	5,079	2,788	3,982
예금이자	59,445	47,663	52,008	39,581	15,422
미수금이자	692	583	1,385	2,470	4,148
기타이자	6,205	17,982	59,372	58,754	50,225
대출채권 관련 이익	2,632	159	363	4,733	12,382
외환거래이익	79,976	206,338	859,892	1,965,443	1,572,291
기타 영업수익	227,184	320,503	507,883	475,384	581,132

자료 : 금융감독원, 『금융통계정보시스템』.

〈표 7-4〉는 우리나라 최상위 H증권사의 손익계산서이다. 영업비용은 제외하고 영업수익 항목만 정리한 것이다. 세 가지 특징이 주목된다.

첫째, 수수료 수입에서는 역시 위탁매매 업무의 비중이 가장 크다. '수탁수수료'가 가장 큰 수수료 수익인데, 위탁매매 수수료를 말한다. 수수료 이외에 위탁매매 업무에서 파생된 이자수익도 상당하다. 이자수익에서 '신용공여 이자'는 증권사에서 자금을 차입하여 증권을 매입하는 투자자들로부터 발생한 이자수입이다. 증권사의 위탁매매 업무에서 파생된 대표적인 수입원이다.

둘째, 모든 항목 중에서 파생결합증권 관련 수익이 최대 수익원인 것으로 나타난다. '파생결합증권 상환이익', '파생결합증권 평가이익'은 파생결합증권으로 자금을 조달하여 이 자금을 운용한 뒤 최종 증권사가 얻은 이익과 아직 상환되지 않은 상태에서의 중간 평가이익이다. 이 두 항목의 합이 전체 수익 항목 중 최대 규모이다. 파생결합증권 발행에 의한 자금 조달과 운용에서 얻어지는 증권사의 총수입은 이 두 항목에 그치지 않는다. 〈표 7-4〉의 수익 항목 중에서 '파생상품거래 이익'이 큰 규모인데, 이 중 상당 부분은 파생결합증권으로 조달한 자금을 파생상품에 운용하면서 발생한 이익으로 알려져 있다. 또 '채권이자' 수익의 상당 부분도 파생결합증권 발행으로 조달한 자금을 회사채에 운용하면서 발생한 것으로 알려져 있다. 따라서 최근 우리나라 증권사의 최대 수익원은 파생결합증권 발행에 의한 자금 조달과 운용이라 하겠다.[2]

셋째, 투자은행 부문 수익의 경우 전통적인 투자은행 수익원인 '인수수수료', '인수합병 자문수수료(매수합병 자문수수료)'가 꾸준히 성장하였다. 그런데 비전통 수익원인 '채무보증 관련 수수료'의 성장세도 급격하였다. 사실 '채무보증 수수료' 수입의 급성장은 증권업 전체로 볼 때 2015~2020년 기간 가장 두드러진 현상이

2. '파생결합증권 상환이익', '파생결합증권 평가이익' 등은 위탁매매 부문 수익으로 분류되는 것으로 보인다. 앞의 [그림 7-2]에서 위탁매매 부문 수익의 비중이 높은 원인 중 하나는 파생결합증권 관련 수익이 많다는 것이다. 파생결합증권 관련 수익이 위탁매매 부문으로 분류되는 이유는 파생결합증권이 증권사의 위탁매매 부문에서 일반 개인투자자들에게 판매되고 있기 때문으로 추측된다.

었다. [그림 7-3]은 우리나라 증권업 투자은행 부문 수익의 구성을 보인 것이다. 2015~2020년 기간 '기타 수익'의 급성장이 확인되는데, 대부분이 '채무보증 수수료' 수입의 증가에 기인하였다.

그림 7-3 우리나라 증권업 투자은행 부문 수익 구성

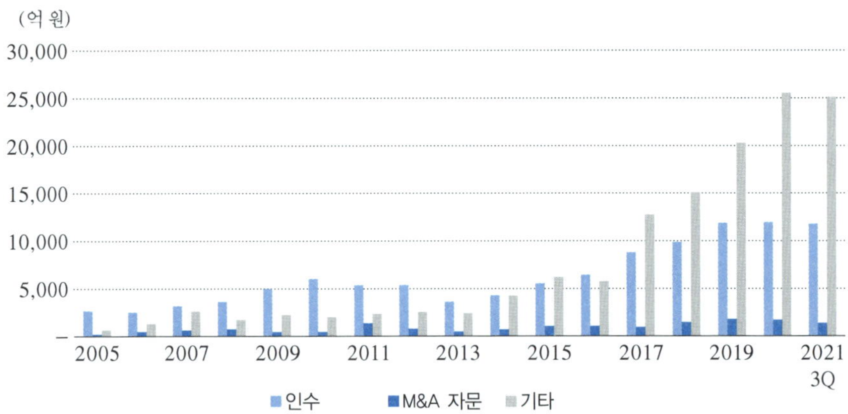

자료 : 자본시장연구원, 내부 자료.

〈좀 더 알아보기 7-6〉 우리나라 증권사의 채무보증 업무

채무보증은 기업대출에 대한 지급보증이나 어음 약정매입 등을 조건으로 증권사가 수수료를 받는 것으로 전통 투자은행 업무는 아니다. 그러나 미국 투자은행이 부수업무로 수행하여 온 업무인 까닭에 투자은행 사업에 속하는 업무로 간주된다.

■ 우리나라 증권사 사업 모형에서 채무보증 업무의 역사

우리나라 증권사의 채무보증은 1990년대 회사채에 대하여 활발하였다. 그러나 1997년 외환위기 발발과 함께 증권사 채무보증에 의한 회사채 과잉발행이 외환위기 원인의 하나였다는 감독당국 등의 인식을 배경으로 회사채에 대한 보증업무는 이후 중단되었다. 2015년 이후 부동산PF(project financing) 관련 유동화증권 발행 업무라는 새로운 사업분야에 증권사들이 적극 참여하면서 채무보증이 다시 증가하였다. 그러므로 채무보증은 우리나라 증권사 사업 모형에서 완전히 새로운 부문은 아니다. 그렇지만 과거 채무보증이 일반 회사채에 대한 채무보증이었다면, 최근 채무보증이 부동산PF 유동화증권에 대한 채무보증이라는 점은 차이이다.

▪ **최근 채무보증의 형식**

이 사업에 적극적인 증권사들은 부동산PF를 기초자산으로 한 자산담보부기업어음, 즉 ABCP 발행의 인수인으로 역할하면서 동시에 채무보증을 제공하는 업무를 담당한다. 인수수수료와 채무보증 수수료가 수입인데, 채무보증 수수료의 비중이 크다. 이는 이 업무에 참여하는 증권사의 유인이 채무보증에 있음을 시사한다.

증권사들이 제공하는 채무보증은 크게 '신용 공여(매입확약)' 유형과 '유동성 공여(매입보장 또는 매입약정)' 유형으로 나뉜다. '매입확약'은 어떤 이유가 되었든 유동화증권 투자자에게 약속된 현금흐름이 지급되지 못하면 증권사가 대신 이를 이행하겠다는 계약이다. 유동화증권에 대한 완전 채무보증 계약이다. '매입보장'은 예외조항을 포함한 조건부 보증이다. 예외조항이 발생하지 않는 경우에 한해 유동화증권의 채무을 보증하는 계약이다. 일반적으로 예외조항은 기초자산의 신용위험 상승(신용등급 하락 등)이다. 이 경우 증권사는 보증약속을 이행하지 않아도 된다. 신용위험에 변동이 없음에도 유동화증권이 발행에 성공하지 못하는 경우에 한해 증권사가 이를 모두 매입한다는 약정이다. 이 경우 증권사는 신용위험과는 관계없이 유동화증권이 발행되지 못하여 자금이 조달되지 못하는 위험, 즉 '유동성 위험'만을 대신 부담하는 것이므로 '유동성 공여'로 지칭된다. 반면 '매입확약' 유형에서 증권사는 유동화증권 또는 기초자산의 부도위험까지 부담하므로 '신용 공여'로 불린다.

4.2 수익의 경제적 결정요인

은행 수익의 결정요인이 신용위험, 유동성 위험, 금리위험이라는 점은 3장 은행의 사업 모형에서 배웠다. 증권사 수익이 주로 노출되어 있는 위험은 무엇일까?

(1) 전통 증권업 수익의 위험구조

전통적인 증권업의 경우 증권사 수익은 주로 '시장위험'에 노출되어 있다. 대신 '신용위험'은 전통적인 증권업 사업 모형에서는 크지 않다.

기본 업무별로 따져 보면, 먼저 인수업무는 인수가 총액인수 또는 잔액인수 형식으로 진행되므로 인수업무의 손실은 증권사가 인수업무를 제공하여 발행된 증권이 성공적으로 시장에서 소화되는지의 여부에 달려 있다. 공모가격에 발행물량이 시장에서 전액 소화되지 못하면 인수 증권사는 소화되지 못한 물량을 떠안게 된다. 이후 증권사가 보유하게 된 증권의 시장가격이 공모가격을 회복하지 못하면 증권사는 손실을 입게 된다. 그러므로 인수업무 수익은 시장위험에 노출되어 있다.

한편 증권사의 자기매매 수익이 시장위험에 영향받는다는 점은 명백하다. 자기매매 수익의 정의가 매매대상 증권의 증권사 매입가격과 매도가격의 차이이므로, 매입–매도 시점 사이의 가격변동이 자기매매 수익의 결정요인이다.

위탁매매 수익은 시장위험에의 노출이 상대적으로 작다. 증권사는 매매중개서비스를 제공할 뿐 거래의 당사자는 아니기 때문이다. 그렇지만 수익의 크기가 시장상황과 연관되어 있다. 증권사의 위탁매매 수익은 '위탁매매 거래량'에 '위탁매매 수수료율'을 곱하여 구한다. 위탁매매 수수료율은 단기에는 대체로 고정이므로 수익의 크기는 위탁매매 거래량에 의해 결정된다. 물론 '시장위험'은 금융자산의 가격변동에 따른 손실위험을 뜻하므로, 위탁매매 수익은 엄밀한 의미의 시장위험과는 관련이 없다. 그렇지만 시장가격의 변동성과 시장거래량은 비례하는 경향이 있다. 따라서 위탁매매 수익도 시장위험에 간접적으로 노출되어 있다고 하겠다.

(2) 최근 사업부문의 위험구조

가. 파생결합증권 수익의 위험구조

최근 우리나라 증권사의 주요 수익원이 된 파생결합증권 관련 수익은 어떨까? 증권사는 파생결합증권으로 조달된 자금을 회사채에 주로 운용하면서 일부 파생상품에 운용한다. [그림 7-4]는 파생결합증권 조달자금의 운용구조를 도시한 것이다. 회사채 역시 증권이므로 가격변동 위험, 즉 시장위험이 존재한다. 따라서 파생결합증권 관련 수익도 운용 회사채의 가격변동 위험에 노출되어 있다. 그런데 실제로는 파생결합증권 관련 수익이 노출된 보다 큰 시장위험은 운용 파생상품에서 발생하여 왔다. 우리나라 증권사는 파생결합증권의 기초자산으로 주로 해외 주가지수를 사용하고 있다. 기초자산의 변동에 따라 증권사가 투자자에게 지급해야 하는 수익률이 달라지므로, 증권사는 이를 헤지하기 위하여 해외 지수 관련 파생상품에 투자하게 된다. 결과적으로 증권사는 시장위험 중에서도 해외 지수의 변동위험과 해외 지수 연관 파생상품의 가격변동 위험에 노출된다. 지난 10년간 우리나라 증권사들의 실제 경험을 기초로 보면 파생결합증권 관련 수익의 변동성은 대부분 해외 지수 관련 시장위험에서 발생하여 왔다.

그림 7-4 파생결합증권 조달자금 운용구조

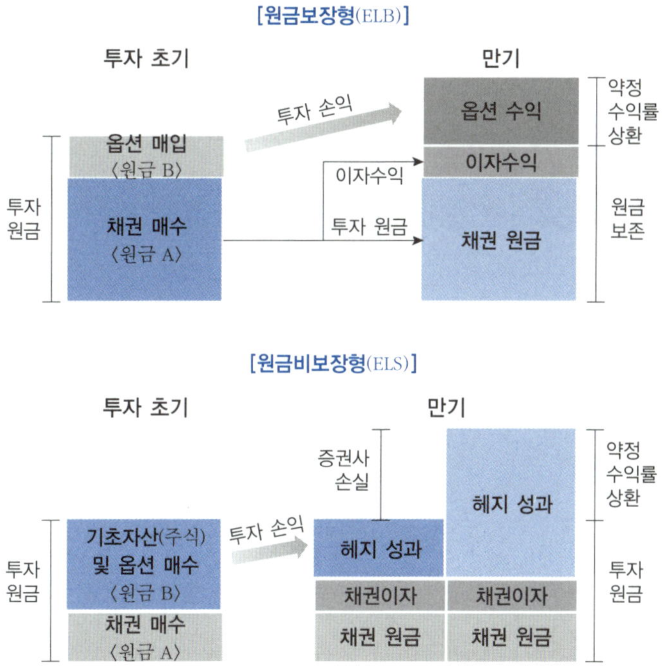

자료 : 고경철 · 김민서(2015), 「파생결합증권 발행 · 헤지운용 현황 및 시사점」, 『BOK이슈노트』, 2015-11, 한국은행.

나. 채무보증 수익의 위험구조

한편 2015년 이후 증가한 채무보증 수익은 '신용위험'에 노출된 수익이다. 특히 이 기간 증가한 채무보증 수익이 주로 부동산PF 관련이었으므로, 부동산PF의 신용위험에 노출된 수익이었다. 1997년 외환위기 이후 채무보증 업무가 증권업의 사업 모형에 포함된 것이 최근의 일이므로, 신용위험에 대한 노출은 우리나라 증권사 사업위험의 새로운 변화이다. '신용위험' 노출이 주로 부동산PF를 기초자산으로 한 ABCP 발행 업무에 대한 채무보증으로 발생하였으므로, 이 현상의 지속 여부는 최근 신규 업무 및 수익원으로 등장한 부동산PF 관련 업무의 추이에 달려 있다 하겠다.

5. 위험관리

5.1 위험 반영 경영지표

증권사 경영의 핵심도 위험관리이다. 위험관리 경영의 일차적 필요조건으로 위험을 적절히 반영한 경영지표가 요구된다. 증권사의 위험 반영 경영지표는 은행과 동일하다. 3장에서 소개한 RAROC는 본래 1980년대 미국의 뱅커스트러스트(Bankers Trust)가 시장위험 관리의 필요성 증가에 부응하여 실무적으로 개발한 기법이다. 뱅커스트러스트의 사업 모형이 투자은행 사업 모형에 가까웠고, 자기매매 업무 관련 수익이 커서 시장위험에 대한 수익의 노출이 컸기 때문이다. RAROC에 필요한 'VaR(Value at Risk, 최대 손실 예상액)' 계산 기법의 발전을 선도한 것도 이후 제이피 모건(JP Morgan) 등 미국 자본시장의 투자은행들이었는데, 사업 모형의 성격이 시장위험 관리를 요구하였기 때문이다.

그러나 아직 우리나라 증권사들의 RAROC 등 위험조정수익지표 사용은 드문 것으로 보인다. 우리나라 은행들이 RAROC 지표를 도입하게 된 계기는 바젤 규제였다. 증권업의 경우 바젤 규제가 적용되지 않으므로 위험조정수익지표를 도입하여야 할 규제환경상의 압력이 없었기 때문으로 여겨진다. 일반 ROE가 증권사들의 경영성과 지표로 쓰이고 있다.

5.2 위험관리 기법

(1) 시장위험의 구분

증권사 수익의 변동성이 대부분 시장위험에 기인하므로, 증권사 위험관리의 핵심은 시장위험의 관리이다. 시장위험은 '일반 시장위험'과 '개별 시장위험'으로 분류된다.[3] 일반 시장위험은 금리, 주가, 환율, 일반 상품의 시가 등 시장가격의 일반적 수준 변화에 따른 금융자산의 손실위험이다. 개별 시장위험은 일반적인 시장가격의 변화 외에 채권 및 주식 발행자 등의 신용위험의 변동 등에 의한 손실위험을 말한다. 그러므로 '개별 시장위험'은 결과로는 가격변동으로 나타나지만 본질에서는 신용위험의 성격이고, 그 관리는 해당 증권 발행자의 신용위험을 개별적으로 점검하고 대응방안을 모색하는 방식으로 이루어진다. 증권사 전체 자산과 부채를 대상으로 한 체계적인 관리가 필요한 것은 '일반 시장위험'이다. 이하에서 시장위험 관리는 일반 시장위험 관리를 의미한다.

우리나라 증권사를 포함하여 모든 금융기관이 시장위험 관리를 위하여 사용하는 일반적인 위험관리 기법은 '듀레이션 갭(Duration gap)' 관리와 'VaR(Value at Risk, 최대 손실 예상액)' 관리라고 할 수 있다. 이 두 가지 위험관리 기법을 소개하기로 한다.

---

3. 3장의 〈표 3-2〉를 참조하라.

(2) 듀레이션 갭[4]

일반 시장위험 관리를 위하여 금융기관은 먼저 보유 자산과 부채의 가치를 결정하는 기저 가격변수를 판별하여야 한다. 보유자산이 주식인 경우 기저 시장가격 변수는 주가, 채권인 경우에는 금리이다. 외화자산이라면 환율이 기저 시장가격 변수이다. 원유, 곡물 등 일반 상품자산이 보유자산이라면 해당 상품가격이 시장가격 변수이다.

글로벌 대형 금융기관의 경우 보유자산의 종류가 다양하므로 기저 시장가격도 다양하다. 그러나 우리나라 증권사를 포함하여 다수 금융기관들의 경우 자산과 부채에서 큰 비중을 차지하는 것은 주로 국내 자본시장의 채권이다. 따라서 자산과 부채의 큰 부분이 노출되어 있는 시장가격 변수는 금리이다. 이러한 자산부채 구조를 지닌 금융기관에서는 전통적으로 금리변동에 따른 채권가격 변동이 특히 관리가 필요한 시장위험으로 인식되어 왔다. 바로 재무관리, 투자론에서 채권의 '금리위험'으로 부르는 위험이다. 이에 금리위험의 측정 및 관리 지표인 듀레이션이 증권사 위험관리 실무에 널리 사용되고 있다.

증권사의 주요 자금조달 수단의 하나인 RP는 초단기 금융수단이다. 증권사는 RP로 자금을 조달하여 국채, 회사채를 보유하므로 부채의 듀레이션은 짧고 자산의 듀레이션은 길다. 금리가 상승하면 순자산가치가 감소하고, 하락하면 증가하는 구조이다. 금리 상승기 증권사 이익이 감소하는 패턴은 실제로 일반적으로 관찰되는 현상이다. 그러므로 증권사 금리위험 관리를 위해서는 자산과 부채의 금리변동에 따른 가치변동을 통합하여 보여주는 지표가 필요하다. 그 지표가 '듀레이션 갭'이다. 다음은 그 정의식이다.

4. 듀레이션 개념이 낯선 독자는 [부록 : 채권가격과 듀레이션]을 먼저 학습하기 바란다.

$$듀레이션\ 갭 = \frac{D_A}{1+R} - \frac{L}{A}\frac{D_L}{1+R} \tag{7.1}$$
$$= D_A^* - \frac{L}{A}D_L^*$$

A : 금리민감자산, L : 금리민감부채, R : 금리

D_A : 금리민감자산의 듀레이션, D_L : 금리민감부채의 듀레이션

D_A^* : 금리민감자산의 수정 듀레이션, D_L^* : 금리민감부채의 수정 듀레이션

듀레이션 갭은 1% 금리 상승에 따른 순자산가치 변동액을 자산액으로 나눈 값에 해당한다. 다음을 보자.

$$\frac{\Delta E(1\%)}{A} = \frac{\Delta A(1\%) - \Delta L(1\%)}{A} \tag{7.2}$$
$$= \frac{-(D_A^* \cdot A \cdot 1 - D_L^* \cdot L \cdot 1}{A}$$
$$= -(D_A^* - \frac{L}{A}D_L^*)$$

식 (7.2)에서 분자인 $\Delta E(1\%)$는 1% 금리 상승에 따른 순자산(즉, 자본금 가치)의 변동액을 뜻한다. 식 (7.2)에서 첫 번째 등식은 1% 금리 상승에 따른 순자산 변동액은 자산과 부채의 1% 금리 상승에 따른 가치변동액의 차이임을 뜻한다. $E = A - L$의 관계에서 도출된 것이다. 두 번째 등식은 1% 금리 상승에 따른 자산가치 변동액(ΔA)과 부채가치 변동액(ΔL)은 자산(A)과 부채(L)에 각각의 수정 듀레이션을 곱한 값임을 표시한 것이다.[5] 이를 정리하면 마지막 등식이 도출된다.

듀레이션 갭은 금리변동이 금융기관 순자산, 즉 자본의 시장가치에 미치는 영향의 크기를 바로 측정해 준다. 식 (7.3)에서 보듯이 듀레이션 갭에 금융기관의 자산(A)에 금리변동분(ΔR)을 곱하면 순자산 변동액(ΔE)이 구해진다.

5. 이 관계는 [부록 : 채권가격과 듀레이션]의 마지막 식에 도출되어 있다.

$$\Delta E = -\left(D_A^* - \frac{L}{A} D_L^*\right) \cdot A \cdot \Delta R \tag{7.3}$$

어느 수준의 듀레이션 갭을 유지할 것인지는 증권사의 경영전략 영역이다. 증권사의 향후 금리 추이에 대한 전망, 그리고 그 전망하에 부담할 용의가 있는 적정 위험에 대한 판단에 따라 선택이 달라질 것이다. 향후 금리 하락이 예상되고 수익 확대를 위해 높은 위험을 부담할 용의가 있는 증권사의 경우 듀레이션 갭을 확대하는 전략을 추구할 것이다. 반면 같은 전망하에서도 보수적인 경영전략을 추구하는 증권사는 듀레이션 갭 확대를 자제할 것이다.

[예제 1] 듀레이션 갭

어느 증권사의 자산과 부채의 현재 시장가치가 각각 100, 90이다. 자본금의 시장가치는 10이다. 자산의 듀레이션이 5년, 부채의 듀레이션이 4년이다.

(1) 현재 시장금리가 10%이다. 듀레이션 갭을 구하라.

(2) 시장금리가 1% 상승할 경우 이 증권사 자본금의 시장가치는 어떤 변동이 있겠는지 답하라.

해답 $\Delta E = -\left(D_A^* - \frac{L}{A} D_L^*\right) \cdot A \cdot \Delta R$에 주어진 값을 대입하면 자본금의 가치변동액이 구해진다. 먼저 자산의 수정 듀레이션은 $D_A^* = \frac{5}{1+0.1} = 4.5454$, 부채의 수정 듀레이션은 $D_A^* = \frac{4}{1+0.1} = 3.6363$이다. 따라서 듀레이션 갭은 1.2727이다. 그러므로 자본금의 변동액은 $-1.2727 \times 100 \times 0.01 = -1.2727$이다.

(3) VaR

전통적으로 금리가 기저 시장가격인 채권이 증권사의 자산부채에서 주된 금융수단이었지만, 오늘날 우리나라 대형 증권사의 자산부채는 다양해져 가고 있다. 특히 해외 주가지수와 연계된 파생결합증권 발행으로 자금을 조달하여 채권과 해외 파생상품에 운용하는 사업이 증권사 수익의 상당 비중을 차지함에 따라 해외 주가지수와 환율도 증권사 시장위험의 기저 가격변수로 등장하였다. 금리, 주가, 환율 등 여러 시장가격의 변동에 따른 위험을 통합하여 측정하는 표준적인 위험관리 지표는 'VaR(Value at Risk, 최대 손실 예상액)'이다. 우리나라 대형 증권사들은 VaR 지표도 널리 위험관리에 활용하는 것으로 알려져 있다.

가. VaR의 정의

어떤 자산의 VaR은 해당 자산에서 "일정 기간 후 발생할 수 있는, 정해진 신뢰수준하에서의 최대 손실 예상액"으로 정의된다. 이 VaR 정의를 더 구체화하기 위해서는 최대 손실 예상액의 추정을 어떤 방식으로 할 것인가가 정해져야 한다. 이 추정방법의 선택에 따라 VaR 추정방법이 달라진다. 현재 세 가지 방법이 사용되고 있다. 먼저 자산가격 변동이 정규분포를 따른다고 가정하고 손실을 추정하는 방법이 있다. '델타 노말(Delta-Normal) 방법'이라고 한다. 여기서는 좀 더 평이하게 '정규분포 기준 VaR'이라고 부르도록 하겠다. 두 번째로는 과거 자료를 활용하여 시뮬레이션 방식으로 추정하는 방법이 있다. '역사적 시뮬레이션(Historical simulation)'이라고 한다. 마지막으로는 통계학의 '몬테 카를로 시뮬레이션(Montecarlo simulation)'으로 추정하는 방법이다. 이하 '정규분포 기준 VaR'을 설명하기로 한다.

나. 정규분포 기준 VaR의 추정

주어진 자산의 가격변동률이 정규분포를 따른다고 하자. 즉, 이 자산의 어느 날(t일) 가격과 그 다음날($t+1$일) 가격 사이의 변동률이 다음과 같다.

$$\frac{V(t+1)-V(t)}{V(t)} = e \tag{7.4}$$

$V(t)$: t일 가격, $V(t+1)$: $t+1$일 가격, e : 정규분포 확률변수, $e \sim N(0, \sigma^2)$

식 (7.4)에서 이 자산가격의 1일 변동액은 $V(t) \cdot e$이다. e가 정규분포를 따르므로 1일 변동액 $V(t) \cdot e$도 다음의 정규분포를 따른다.

$$V(t) \cdot e \sim N(0, V^2(t) \cdot \sigma^2) \tag{7.5}$$

식 (7.5)로부터 정규분포의 성질에 의해 이 자산가격의 1일 하락액이 $2.33 \cdot V(t) \cdot \sigma$보다 클 확률은 1%임을 알 수 있다. 따라서 99% 신뢰수준하의 1일 최대 손실 예상액은 다음과 같다.

$$VaR(1day, 99\%) = 2.33 \cdot V(t) \cdot \sigma \tag{7.6}$$

식 (7.6)은 99% 신뢰수준 1일 VaR이다. 99% 신뢰수준하 T일 VaR은 1일 VaR에 $\sqrt{T}$를 곱하면 얻어짐을 보일 수 있다.[6]

$$VaR(T\ days, 99\%) = VaR(1day, 99\%) \cdot \sqrt{T} \tag{7.7}$$

한편 이상은 99% 신뢰수준을 전제한 VaR을 구한 것인데, 만일 95% 신뢰수준이라면 2.33을 1.65로 대체하면 된다. 신뢰수준을 변경할 경우 그에 맞는 정규분포의 계수를 사용하면 된다.

다. 포트폴리오에 대한 적용

여러 자산으로 구성된 포트폴리오의 VaR을 구하려면 자산 간 상관관계를 고려하여야 한다. 다음 예제로 학습해 보자.

---

6. 어떤 확률변수 X가 있을 때 X에 T를 곱한 TX의 표준편차는 X의 표준편차에 $\sqrt{T}$를 곱한 값이기 때문이다.

[예제 2] 포트폴리오의 VaR

A증권사 자산이 현재 코스피 ETF 100원, 국고채 100원, US달러 100원으로 평가된다. 95% 신뢰수준 10일 VaR을 구하라. 단, 코스피지수와 국고채 금리의 상관관계가 −0.3, 코스피지수와 원/달러 환율의 상관관계가 −0.2, 국고채 금리와 원/달러 환율의 상관관계가 0.2라고 하자.

포트폴리오의 VaR 추정은 4단계로 진행된다. 1단계에서는 전체 자산을 기저 시장가격별로 분류한다. 2단계에서는 분류된 자산별로 각각의 VaR을 1일 기준으로 구한다. 3단계에서는 각 자산종류별 VaR을 종합하여 전체 자산에 대한 통합 VaR을 구한다. 역시 1일 기준이다. 마지막 4단계에서는 3단계에서 구한 1일 VaR에 $\sqrt{T}$를 곱하여 최종 T일 VaR을 구한다.

그림 7-5 포트폴리오 VaR 산출의 흐름

1단계 : 전체 자산을 기저 시장가격별로 분류

↓

2단계 : 각 자산별 1일 기준 VaR

↓

3단계 : 전체 포트폴리오의 1일 기준 VaR

↓

4단계 : 전체 포트폴리오의 T일 기준 VaR

▪ **1단계**

A증권사 자산을 기저 시장가격별로 구분하면 코스피지수에 따라 가격이 변동하는 주식자산인 코스피 ETF, 금리에 따라 가격이 변동하는 채권자산인 국고채, 원/달러 환율에 따라 가격이 변동하는 외화자산인 달러자산 등 3종류가 있다.

■ 2단계

3종류 자산의 VaR을 각각 구해 보자. 이를 위해서는 자산변동률에 대한 확률분포 가정이 필요하다. 다음과 같이 가정하자.

주식변동률 : 과거 1년간 코스피지수 1일 자료로부터 코스피지수 1일 변동률은 평균 0, 표준편차 3.3%의 정규분포를 따르는 것으로 추정되었다.

환율변동률 : 과거 1년간 원/달러 환율의 1일 자료로부터 원/달러 환율의 1일 변동률은 평균 0, 표준편차 1%의 정규분포를 따르는 것으로 추정되었다.

금리변동분 : 과거 1년간 금리의 1일 변동분은 평균 0, 표준편차 0.5%의 정규분포를 따르는 것으로 추정되었다.

주식자산

주어진 가정 아래 주식자산의 95% 신뢰수준 1일 VaR은 다음과 같다.

$$\begin{aligned}\text{주식자산 } VaR(1day, 95\%) &= 1.65 \cdot V(t) \cdot \sigma \\ &= 1.65 \cdot 100 \cdot 0.033 \\ &= 5.445\end{aligned} \tag{7.8}$$

달러자산

또 달러자산의 95% 신뢰수준 1일 VaR은 다음과 같다.

$$\begin{aligned}\text{달러자산 } VaR(1day, 95\%) &= 1.65 \cdot V(t) \cdot \sigma \\ &= 1.65 \cdot 100 \cdot 0.01 \\ &= 1.65\end{aligned} \tag{7.9}$$

채권자산

채권자산의 VaR은 주식이나 달러자산과는 달리 약간의 조정이 요구된다. 주식자산이나 달러자산은 기저 가격변동을 그대로 반영하여 가치가 움직이지만, 채권가격은 금리변동을 반영하되 그대로 가치가 움직이지는 않기 때문이다. 뒤의 [부록]에서 설명하겠지만 채권가격은 1% 금리변동에 대해 수정 듀레이션만큼 움직인다. 즉, 채권가격 변동률과 금리변동 사이에는 $\frac{\Delta P}{P} = -D^{*} \cdot \Delta R$의 관계식이 있다. 따라서 금리변동분($\Delta R$)이 평균 0, 표준편차 0.5%인 정규분포를 따른다면, 채권가격의 변동률은 평균 0, 표준편차 $0.005D^{*}$인 정규분포를 따른다.

그러므로 채권자산 VaR을 구하려면 먼저 현재 시장금리하에서의 수정 듀레이션을 구하여야 한다. 수정 듀레이션이 주어지면 VaR은 식 (7.10)에 의해 즉시 얻어진다. 계산을 위해 이 국고채에 적용되는 현재 시장금리가 5%이고, 이 국고채의 듀레이션은 3이라고 하자. 그러면 수정 듀레이션은 2.857이다. 이를 염두에 두면 채권가격의 1일 VaR은 다음과 같이 구해진다.

$$\begin{aligned} \text{채권자산 } VaR(1day, 95\%) &= 1.65 \cdot V(t) \cdot \sigma \\ &= 1.65 \cdot 100 \cdot 0.005D^{*} \\ &= 2.357 \end{aligned} \tag{7.10}$$

■ 3단계

이제 3자산의 VaR을 기초로 전체 자산의 VaR을 구하여야 한다. 전체 자산의 VaR은 단순히 3자산 VaR을 합한 값이 아니다. 3자산 상호 간의 상관관계가 고려되어야 하기 때문이다. 일반적으로 X, Y, Z 자산이 있을 때 상관관계를 감안하면 전체 자산의 1일 VaR과 개별 자산의 1일 VaR 사이에는 다음의 관계식이 성립한다.

$$VaR_{(X+Y+Z)} = \sqrt{\begin{aligned} &(VaR_X)^2 + (VaR_Y)^2 + (VaR_Z)^2 + 2Corr_{X,Y} \cdot VaR_X \cdot VaR_Y \\ &+ 2Corr_{Y,Z} \cdot VaR_Y \cdot VaR_Z + 2Corr_{X,Z} \cdot VaR_X \cdot VaR_Z \end{aligned}} \tag{7.11}$$

VaR_i : i자산의 1일 VaR, $Corr_{i,j}$: i, j 사이의 상관관계

이 공식을 이용하면 A증권사의 전체 자산 95% 신뢰수준 1일 VaR은 다음과 같이 구해진다.

$$\text{전체 자산 } VaR(1day, 95\%)$$
$$= \sqrt{\begin{matrix}(5.445)^2 + (1.65)^2 + (2.357)^2 + 2\cdot(-0.3)\cdot 5.445\cdot 2.357 \\ + 2\cdot(-0.2)\cdot 5.445\cdot 1.65 + 2\cdot 0.2\cdot 1.65\cdot 2.357\end{matrix}}$$
$$= 27.410$$

▪ **4단계**

마지막으로 구해진 1일 기준 전체 자산 VaR에 $\sqrt{T}$를 곱해 T일 기준 VaR을 구한다.

$$\text{전체 자산 } VaR(10days, 95\%) = 27.410\cdot\sqrt{10} = 86.678$$

라. 정규분포 기준 VaR의 한계

정규분포 기준 VaR에는 두 가지 한계가 있다는 점이 널리 알려져 있다. 첫째, 이 추정방법은 기저 가격변수가 정규분포를 따른다는 가정에서 출발한다. 그런데 이 가정이 현실의 금융자산 가격변수의 움직임과 괴리가 있는 것으로 관찰되었다. 정규분포에서 평균 변동률과 멀리 떨어진 변동률, 즉 이례적으로 큰 변동률의 확률은 점차 0에 접근한다. 실제에서는 이례적으로 큰 자산가격 변동도 때때로 발생하여 왔다. 이를 '두꺼운 꼬리(fat tail)' 문제라고 한다. 평균에서 멀리 떨어진 확률도 0이 아니라 양(+)의 값을 유지함을 뜻한다.

둘째, 정규분포 기준 VaR 추정방법은 기저 가격변수와 추정대상 자산가격 사이에 선형관계가 성립하는 것으로 가정한다. 주식자산은 기저 가격변수인 주가에 따라 그 대로 변동한다. 채권자산은 듀레이션을 계수로 하여 기저 가격변수인 금리와 선형관계가 있다.[7] 그러나 기저 가격변수와 비선형 관계로 가격이 연계되어 있는 자산들이 있다. 파생상품자산이 여기에 해당한다.

최근 우리나라 증권사의 시장위험 관리 실패사례를 보면 이례적인 금융시장의 가격변동이 파생상품을 매개로 증권사 순자산에 큰 손실을 야기한 경우들이었다. 가장 널리 알려진 사례는 1997년 '다이아몬드 펀드' 사태이다. 가장 최근 사례로는 2020년 'ELS 관련 마진콜(Margin call)' 사태가 있다. 파생상품 관련 시장위험의 관리에는 결국 기초자산에 이례적 가격변동을 초래할 수 있는 시장환경 변화에 대한 전망이 필요하다. 우리나라를 넘어서 세계 거시경제 및 그에 따른 기초자산 시장의 환경변화에 대한 모니터링과 전망분석 능력이 요구된다. 이 측면의 위험관리 역량 구축이 궁극적인 위험관리 기법이라 하겠다.

6. 사업환경

3장에서 은행 사업환경의 구성요소로서 거시경제 환경, 규제환경, 경쟁환경을 설명하였다. 이들은 증권업의 사업환경 구성요소로서도 유효하다. 단, 각 환경요인과 증권업 수익과의 연결 메커니즘은 은행업과 증권업 사업 모형의 차이를 반영하여 차이가 있다.

7. 엄밀히 말하면 듀레이션도 상수가 아니라 금리수준에 따라 변동하므로 채권자산과 금리의 관계도 선형관계는 아니다. 이른바 채권가격의 '볼록성(convexity)' 현상이다. 그렇지만 교정이 가능한 수준이다. 이에 대해서는 표준적인 투자론 교과서를 참조하기 바란다.

6.1 거시경제 환경

'경기순환'과 전반적인 거시경제 추이는 증권업에서도 가장 중요한 사업환경이다. 은행업의 경우 거시경제 환경은 순이자마진(NIM)과 대출자산의 신용위험을 연결고리로 하여 은행 수익에 영향을 미친다. 증권업의 경우 거시경제 환경은 한편으로는 주식시장 거래량을 통해 위탁매매 수익규모에 영향을 미친다. 우리나라 상장주식의 거래량은 경기순환과 밀접하게 연관되어 큰 변동성을 보인다. 이에 따라 위탁매매 수익규모가 변동한다. 거시경제 환경은 유가증권 발행시장을 통해서 인수수수료 수입에도 영향을 미친다. 경기호황기 주식가격이 상승하는 경향이 있는데, 기업 공개와 상장을 계획하는 기업들은 주가 상승기에 신규공모발행을 하려는 유인이 있다. 이에 신규공모발행 등 유가증권 발행이 경기호황기에 집중되고, 증권사의 인수수수료 수입도 이 기간 상승하는 패턴이 나타난다.

6.2 규제환경

우리나라 증권사 사업환경 중 가장 중요한 요소는 규제환경이다. 6장에서 언급하였듯이 우리나라의 법체계는 '열거주의' 체계를 따르고 있다. 이에 증권사의 신규업무와 자본시장의 새로운 증권은 법에 의해 허용되어야 비로소 취급과 발행이 가능해진다. 증권사의 사업환경을 직접적으로 결정하는 요소는 규제환경일 수밖에 없다. 이 점은 은행업에도 공통된 사항이지만, 새로운 혁신이 자본시장을 중심으로 진행되고 있어 실질적인 영향은 자본시장과 증권업에서 크다.

현재 증권사 사업 모형의 주축을 차지하는 파생결합증권 관련 업무는 법규 개정으로 한편으로는 2002년 '장외파생거래업무'의 개념이 도입되어 증권사에 허용되고, 다른 한편으로는 2003년 '주가연계증권(Equity-linked securities ; ELS)의 개념이 도입되어 허용되면서 탄생하였다. 20세기 후반 자본시장의 새로운 흐름을 이끌고 있는 '증권화' 또는 '유동화' 현상도 우리나라의 경우 규제에 의하여 도입되었다. 1999년

"자산유동화에 관한 법률"의 제정으로 유동화증권의 법적 개념이 탄생하면서 증권사의 관련 업무와 유동화증권 발행이 시작되었다. 이처럼 신규 업무와 신규 증권의 시작이 모두 규제환경에 의존하고 있는 것이 우리나라 증권업과 자본시장의 특징이다.

한편 은행의 경우 규제환경 요인으로서 바젤 규제의 중요성을 언급하였다. 증권사의 경우에도 건전성 규제는 규제환경의 한 요소이다. 우리나라 규제당국은 증권사에 대해서는 '순영업자본 비율(Net capital ratio ; NCR)' 규제체계를 적용하고 있다. '순영업자본 비율' 규제는 본래 미국 증권사의 자본금 관리규제로 일본을 거쳐 우리나라로 이식된 것인데, 현재는 우리나라 고유의 규제체계로 진화하였다. 국제규범인 바젤 규제와 달리 우리나라 고유의 규제이므로 'NCR 규제'의 변경은 우리나라 규제당국의 자체적인 결정에 의하며, 규제당국인 금융위원회와 금융감독원은 NCR 규제를 빈번히 개정해 왔다. 빈번히 개정되는 만큼 증권사의 사업환경 변화의 중요한 요소이다.

6.3 경쟁환경

2020년 현재 우리나라 증권사는 국내사에만 한정할 때 46개이다(〈표 7-5〉 참조). 2010~2020년의 10년간 증권사 수에는 별 변동이 없었다. 모든 증권사가 단일한 사업 모형을 추구하므로 증권업의 경쟁도는 높다. 예를 들어 상위 3개 사의 시장점유율인 CR3는 자산, 자본, 수익 기준 모두 30% 내외로서 높은 경쟁도에 해당한다.[8]

표 7-5 우리나라의 증권회사 수 추이

	1990	1995	2000	2005	2010	2015	2020
국내증권사	25	33	32	39	50	46	46
외국증권사 지점	–	14	22	15	12	10	11
합계	25	47	54	54	62	56	57

자료 : 금융감독원, 『금융통계정보시스템』.

8. 금융산업경쟁도 평가위원회(2019), 『증권업 경쟁도 평가 결과보고서』.

미국의 위탁매매업 사업 모형인 증권업은 신규 진입과 퇴출이 자유롭고 실제로도 진출입이 활발하지만, 우리나라 증권업은 위탁매매업 중심의 사업 모형임에도 진입과 퇴출이 거의 없는 안정적인 경쟁구조이기도 하다. 이것은 규제정책의 효과이다. 우리나라는 감독당국이 신규 증권사의 설립을 억제하고 있다. 경제이론에서 어느 산업의 경쟁구조를 평가할 때 두 가지 기준을 사용한다. 현재 산업에서 활동 중인 기업 간 경쟁도가 하나이고, 현존 기업들이 잠재적인 신규 진입의 경쟁위협에 어느 정도 노출되어 있는지가 다른 하나이다. 우리나라 증권산업은 현존 기업 간 경쟁도 평가기준에 의하면 경쟁적인 산업이고, 신규 진입의 잠재 경쟁위협으로 평가하면 경쟁이 없는 산업이다.

6.4 종합

이상 거시경제 환경, 규제환경, 경쟁환경은 상호작용하며 우리나라 증권업의 수익성 추이를 결정하여 왔다.

(1) 변동성 요인으로서의 거시경제 환경

[그림 7-6]은 증권업 ROE를 은행 ROE와 비교해 도시한 것이다. 은행의 ROE와 증권업의 ROE가 비슷한 방향성을 보이고 있는데, 이는 두 금융업종이 모두 거시경제 환경에 따라 변동함을 말해 준다. 즉, 증권업 수익성은 경기순환과 동행한다. 그런데 은행에 비해 증권업 수익성의 변동성이 보다 높음을 볼 수 있다. 우리나라 증권업은 세계 금융위기 무렵까지 60% 이상의 수익을 위탁매매업에 의존했다([그림 7-2] 참조). 주식시장을 필두로 자본시장의 거래량은 거시경제 환경과 높은 상관관계를 갖고 있으므로, 증권업의 수익성은 거시경제 환경에 따라 높은 부침을 보이며 움직여 왔다.

그림 7-6 우리나라 증권업의 수익성(ROE) 추이

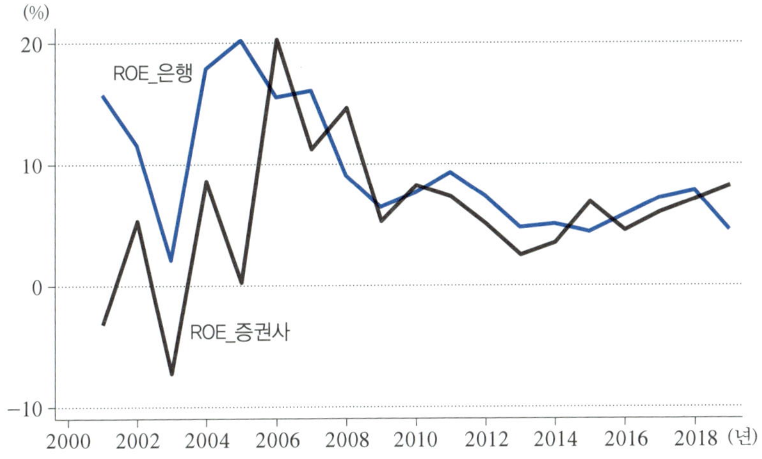

자료 : 금융감독원, 『금융통계정보시스템』.

(2) 수수료율 결정요인으로서의 경쟁환경

우리나라 증권업의 경쟁환경은 앞에서 언급하였듯이 이중적이다. 40~50개 기존 증권사는 단일 사업 모형을 가지고 상호 경쟁하며, 각 사업부문에서 높은 경쟁도를 낳는다. 반면 신규 진입은 제한되어 있다. 전자의 효과는 전통적인 증권업 영역에서 완전경쟁에 가까운 가격경쟁과 그에 따른 가격 하락을 가져왔다. [그림 7-7]에 도시한 위탁매매 수수료율의 추이가 이를 잘 보여준다. 과거 우리나라 증권사 사업 모형의 주된 업무영역이었던 위탁매매에서 40~50개의 증권사가 경쟁하면서 위탁매매 수수료율은 크게 하락하였다. 2005년 16bp 수준에서 2020년에는 4bp로 내려온 상황이다.[9] 같은 기간 위탁매매 수익 비중이 60% 이상에서 40% 내외로 하락하였는데, 가격경쟁의 결과라고 하겠다([그림 7-2] 참조).

9. 'bp'는 basis point의 약자로 0.01%를 뜻한다. 자본시장 실무에서 자주 사용되는 용어이다.

그림 7-7 위탁매매 수수료율 추이

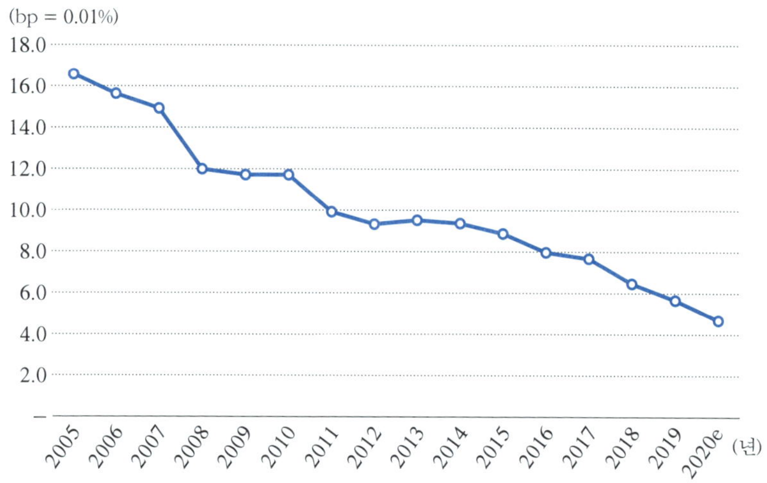

자료 : 자본시장연구원, 내부 자료.

(3) 단일 사업 모형 기반으로서의 규제환경

한편 신규 진입의 제한이라는 경쟁환경 특성은 열거주의 규제환경과 결합하여 '단일 사업 모형'이라는 우리나라 증권업의 특성을 지속시켜 왔다. 미국 증권업의 경우 새로운 업무영역을 개척한 증권사에 의해 새로운 사업 모형이 탄생하고, 그 증권사는 해당 영역에서 상당 기간 독과점 지위를 유지하는 패턴을 보여 왔다. 투자은행 사업 모형이 바로 그 예이다. 투자은행의 사업 모형이 19세기 말에서 20세기 초반 몇몇 증권사에 의해 탄생하였고, 이들은 이후 독과점적 지위를 유지하여 왔다. 우리나라의 경우 자본시장 자체가 정부 주도로 시작되었고, 이후 신규 업무와 자본시장의 신규 기법 및 상품은 정부 규제로 미국에서 이식되는 형태로 탄생하는 규제환경이다. 신규 증권사의 인가 여부도 전체 자본시장에 대한 정부 정책에 따라 결정되어 왔다. 사업 모형의 변화를 가져올 수 있는 신규 금융기법 또는 상품이 특정 증권사의 진입이나 혁신에 의해서가 아니라 모든 증권사를 둘러싼 규제환경의 변화라는 형식으로 등장하여 왔다. 정부는 자본시장의 규제환경 변화를 국민경제에서 전체 증권업의 역할, 그리고 전체 증권업의 안정성의 관점에서 접근하기 마련이다. 예를 들어 미국에서 등장하여 활성화된 금융 기법 또는 상품의 도입이 우리나라 국민경제와 증권업 전체의 발전에 바람직하다고 인정되면 규제개선의 형식으로 이를 추진한다. 그 결과 사업 모형의 변화는 특정 증권사 주도가 아니라 모든 증권사 전체에게 주어지는 공통 기회로 진행된다.

요약

1. 증권사의 기본 업무는 인수업, 자기매매업, 위탁매매업이다. 증권사의 사업 모형은 이 세 가지 기본 업무의 구성방법에 의해 결정된다.

2. 미국 자본시장에서는 인수업과 자기매매업을 위주로 한 투자은행 모형과 위탁매매업 위주의 사업 모형이 구분된다.

3. 우리나라 증권사는 인수업, 자기매매업, 위탁매매업을 모두 수행하는 종합 증권사 사업 모형을 추구하고 있다. 수익구조로 볼 때 전통적으로 위탁매매업이 중심이었으며, '위탁매매업 중심의 종합증권사' 사업 모형이라고 할 수 있다.

4. 21세기 우리나라 증권사의 사업 모형은 변화하고 있다. ELS로 자금을 조달하여 회사채와 파생상품에 운용하는 새로운 사업 모형이 만들어져 증권사 수익의 상당 부분을 차지하고 있다. 최근에는 채무보증 업무가 새로운 수익원으로 추가되어 부동산PF를 기초자산으로 한 유동화 업무가 활발하였다.

5. 증권사의 수익은 시장위험에 노출되어 있다. 시장위험 관리 기법은 듀레이션 갭과 VaR(최대 위험손실) 기법이 사용된다. 최근 실제 증권사의 위험관리 실패사례는 해외 파생상품 거래와 관련되어 발생하였다.

부록 채권가격과 듀레이션

(1) 채권가격

채권의 가격은 채권에서 발생하는 미래 현금흐름을 현재 시장금리로 할인한 현재가치이다. 채권가격 결정에 사용되는 시장금리는 실무에서 '만기수익률(Yield to maturity)'이라 불린다. 채권의 미래 현금흐름은 만기에 지급되는 원금과 만기까지 주기적으로 지급되는 원금에 대한 이자이다. 원금에 대한 지급이자금액은 채권 발행시점에 정해지기 마련인데, 지급이자를 약정하는 금리를 채권의 '표면금리' 또는 '이표금리'라고 부른다.

[예제 A1] 채권가격

표면금리 6.375%, 원금 1,000원, 만기 2027년 12월 31일인 채권이 있다. 이 채권의 이자는 6개월마다 지급된다. 2023년 1월 1일 현재 이 채권의 만기수익률(시장금리)은 5%이다. 이 채권의 현재 가격을 구하라.

주어진 표면금리는 6.375%인데 이자는 6개월마다 지급되므로 매번 지급되는 이자금액은 원금 1,000원의 3.1875%($=\frac{6.375}{2}$%)인 31.875원이다. 이 채권의 미래 현금흐름은 현재 시점부터 만기까지 6개월 단위로 지급되는 총 10번의 이자와 만기에 지급되는 원금이다. 그러므로 이 채권의 가격은 다음과 같이 계산된다.

$$P = \sum_{t=1}^{10} \frac{31.875}{(1+\frac{0.05}{2})^t} + \frac{1,000}{(1+\frac{0.05}{2})^{10}} = 1,060.17 \qquad (7A.1)$$

식 (7A.1)에서 할인율은 현재 만기수익률인 5%이다. 현금흐름 발생주기인 6개월에 맞추어 조정한 것이다.

한편 채권 중에는 주기적인 이자지급이 없고 만기에 원금과 이자가 합쳐진 금액이 상환되는 방식의 채권이 있다. 이 채권을 '할인채'라고 한다. 반면 위에서 살펴본 만기 이전에 주기적으로 이자가 지급되는 채권을 '이표채'라고 한다. 대부분의 채권은 이표채로 발행된다.

(2) 듀레이션

가. 정의

듀레이션(D)은 다소 복잡한 가중치를 사용하여 산출된 채권의 가중평균 만기이다. 다음이 정의식이다.

$$D = \sum_{t=1}^{T} t \cdot \left(\frac{CF_t}{(1+R/m)^t} \right) / P \qquad (7A.2)$$

t : 현금흐름 발생시기, m : 현금흐름 발생주기(이자지급주기), CF_t : t기 발생 현금흐름
T : 만기, P : 현재 채권가격, R : 현재 시장금리(만기수익률)

듀레이션의 정의식 (7A.2)에서 볼 수 있듯이 가중평균 만기 계산에 사용되는 가중치는 각 현금흐름 현재가치 $\frac{CF_t}{(1+R/m)^t}$의 현재 채권가격(P)에 대한 비중이다.

[예제 A2] 듀레이션

표면금리 8%, 원금 1,000원, 만기 2024년 12월 31일인 채권이 있다. 이 채권의 이자는 6개월마다 지급된다. 2023년 1월 1일 현재 이 채권의 만기수익률(시장금리)은 12%이다. 이 채권의 현재 가격과 듀레이션을 구하라.

이 채권의 듀레이션을 구하기 위해 현금흐름 발생시기(t)와 그 시기의 현금흐름(CF_t)으로 다음 표를 만든다.

t	연단위 t	CF_t	CF_t의 현재가치	가중치(W)	$W\times$ 연단위 t
1	0.5	40	37.736	0.041	0.020
2	1.0	40	35.600	0.038	0.038
3	1.5	40	33.585	0.036	0.054
4	2.0	1,040	823.777	0.885	1.770
합계			930.698	1.0	1.883

미래 현금흐름은 4번 발생한다. 6개월마다 지급되는 이자 40원이 4번 있고, 마지막 만기에는 원금 1,000원도 지급된다. 각 현금흐름의 할인금액을 구한다. 할인율은 만기수익률 12%를 현금흐름 발생주기 6개월에 맞추어 조정한 6%이다. 이 현금흐름을 모두 합한 금액 930.698원이 현재 채권가격이다. 4개의 현금흐름의 현재가치를 현재 채권가격으로 나누면 가중치(W)가 구해진다. 가중치에 연단위 t를 곱하여 합계하면 듀레이션 1.883이 얻어진다.

참고로 할인채의 듀레이션은 잔여 만기와 동일하다. 예를 들어 잔여 만기가 4년인 할인채의 듀레이션은 4년이다. 듀레이션의 공식에 할인채의 현금흐름을 대입해 보면 확인할 수 있다.

나. 수정 듀레이션

식 (7A.2)로 정의되는 듀레이션은 채권가격의 금리에 대한 탄력성을 표시함을 수학적으로 보일 수 있다. 즉, 다음 관계식이 성립한다.

$$D = -\frac{\Delta P/P}{\Delta R/(1+\frac{R}{m})}$$

이 관계식을 금리변동에 따른 채권가격의 변동률을 기준으로 정리하면 다음이 얻어진다.

$$\frac{\Delta P}{P} = -\frac{D}{(1+\frac{R}{m})} \cdot \Delta R$$

이 식을 더 간편하게 표시하기 위해 도입된 개념이 '수정 듀레이션(D^*)'이고 $\frac{D}{1+R/m}$로 정의된다. 수정 듀레이션을 기준으로 하면 어느 자산의 금리 상승(ΔR)에 따른 가치변동액은 다음과 같다.

$$\Delta P = -D^* \cdot P \cdot \Delta R$$

연습문제

1. 기본 업무

(1) 자기매매와 고유재산 운용의 차이를 설명하라.

(2) 호가주도시장과 주문주도시장의 차이를 설명하라.

2. 사업 모형

(1) 미국 투자은행의 사업 모형에서 인수업이 기업금융업으로 확대된 배경을 논하라.

(2) 미국 투자은행이 소매고객 상대 업무를 사업 모형에 추가한 배경을 논하라.

(3) 우리나라 증권사의 사업 모형이 모두 종합증권업으로 유사한 이유를 논하라.

3. 듀레이션 갭

다음은 어느 증권사의 자산과 부채 구조이다. 자산과 부채는 모두 현재 시장가격이다.

자산		부채 및 자본	
만기 3년 국고채	100만 원	만기 1년 기업어음(CP)	30만 원
만기 5년 국고채	200만 원	만기 3년 채권	150만 원
		자본금	20만 원

* 잔여 만기 3년 국고채 : 표면금리 3%, 매 6개월마다 이자 지급, 현재 만기수익률 3%
* 잔여 만기 5년 국고채 : 표면금리 4%, 매 3개월마다 이자 지급, 현재 만기수익률 4%
* 잔여 만기 3년 증권사 채권 : 표면금리 5%, 매 6개월마다 이자 지급, 현재 만기수익률 5%
* 기업어음은 만기에 이자와 원금이 동시에 지급됨.

(1) 3년 국고채, 5년 국고채의 현재 가격을 구하라.

(2) 자산 듀레이션을 구하라.

(3) 부채 듀레이션을 구하라.

(4) 이 증권사의 듀레이션 갭을 구하고 1% 금리 상승이 이 증권사의 수익에 미칠 영향을 설명하라.

4. VaR

어느 금융기관이 7년 만기 할인채를 보유하고 있다. 이 할인채의 현재 시장가치는 100만 원이다. 현재 시장금리(만기수익률)는 7.2%이다. 일별 시장금리 변동분의 분포는 정규분포를 따르고 평균 0, 표준편차 0.1%이다.

(1) 이 할인채의 듀레이션을 구하라.

(2) 신뢰수준 95%에서 할인채의 5일 기준 VaR을 구하라.

(3) 이 금융기관은 달러와 주식 ETF를 추가로 보유하고 있다. 달러와 주식 ETF의 95% 신뢰수준 1일 기준 VaR이 각각 9,320원과 33,000이다. 각 자산 간의 상관관계 계수는 다음과 같다.

(할인채, 달러) = −0.2, (할인채, 주식 ETF) = 0.4, (달러, 주식 ETF) = 0.1

금융기관 자산 전체의 95% 신뢰수준 5일 기준 VaR을 구하라.

5. 2020년 ELS 마진콜 사태

2019년 중 ELS(ELB 포함)는 99.9조 원이 발행되었고 연말 71.0조 원이 조기상환되지 않은 미상환 발행잔액이었다. 이 중 자체 헤지 잔액이 45.4조 원이었다. 기초자산은 전체의

85%인 85.2조 원이 해외 주가지수였는데, 비중으로 보면 Eurostoxx50, S&P500, HSCEI, Nikkei225 등의 순이었다. 2019년 중 주요국 주식시장은 지속적인 상승 추이를 보이고 있었다. 2020년 3월 주요국 주식시장은 코로나 사태의 부정적 영향에 대한 우려가 급증하면서 급락하였다. 당시 급락규모는 유례를 찾기 어려운 이례적 현상이었다(아래 표 참조). 미국 파생상품 시장에서 ELS 헤지를 위하여 파생상품 거래를 하였던 우리나라 증권사들이 마진콜로 유동성 위기에 직면하였다. 이 사건에 대하여 다음 질문에 답하라.

ELS 발행 잔액 및 주가지수 하락률

(단위 : 조 원, %)

	ELS 발행 잔고	주가지수 변동률
EuroStoxx50	41.1	−26.1
S&P500	39.8	−26.0
HSCEI	30.3	−18.4
Nikkei225	17.9	−20.8

주 : 해외 지수별 발행잔고는 복수 지수가 기초자산인 경우 각 지수에 모두 포함하였음. 주가지수 변동률은 2020년 3월 5일 대비 3월 23일 변동률.

자료 : 이승호(2020), 「국내증권사의 외화유동성 위기에 대한 평가와 과제」, 『자본시장 포커스』 2020-16호, 자본시장연구원.

(1) 풋옵션과 콜옵션의 수익구조를 그림으로 설명하라. ELS 투자자의 수익구조가 풋옵션 매도자의 수익구조와 유사함을 설명하라.

(2) 2019년 중 해외 주가지수 연계 ELS 발행이 활발하였던 이유를 논하라.

(3) 우리나라 증권사가 2020년 2월경 정규분포 기준 VaR을 추정하였다면, 이 추정치에 2020년 3월의 위기 발생 징후가 나타났을 것인지 논하라.

(4) 미국 주식시장의 폭락이 우리나라 증권사에 대한 마진콜을 야기한 메커니즘을 설명하라.

증권사의 이론

8장

1. 개요 / 2. 신규공모시장의 정보비대칭성 문제 / 3. 미국 공모시장의 수요예측제도
4. '명성 인수인' 이론 / 5. 최근 비판과 우리나라 시장에의 적합성

1. 개요

금융학자들은 자본시장 선진국인 영미, 특히 미국에서 투자은행의 역할이 남다르다는 점에 주목하여 왔다. 역사적 사실에서 보았듯이 미국 투자은행과 자본시장의 발전은 동전의 양면 관계를 보이기 때문이다. 이에 투자은행이 무언가 자본시장의 정보비대칭성 완화에 역할이 있고 그 덕분에 미국 자본시장의 성장이 가능하였던 것이라는 추측을 많은 학자들이 공유하게 되었다. 1980년대 후반 이 추측을 전제로 이를 이론화하는 한편 실증분석으로 검증하는 데 학계의 연구가 집중되었고, 현재 주류 학계의 증권사 이론이 그 과정에서 형성되었다. 이 장에서는 이 증권사 이론을 학습한다.

7장에서 미국의 투자은행은 인수업무가 핵심 업무인 사업 모형을 영위하는 금융중개기관이라 하였다. 즉, 투자은행의 기원은 증권의 발행시장이다. 그러므로 금융학자들은 투자은행이 자본시장의 정보비대칭성을 완화한다고 할 때, 구체적으로 증권의 발행시장에서 투자은행의 인수인 기능에 주목하였다. 학계의 주류 견해는 인수인의 경제적 기능을 증권의 발행시장에서 정보비대칭성 문제를 완화하여 원활한 증권 발행을 가능하게 하는 것이라고 보고 있다. 오랜 기간의 활동으로 시장참가자들의 신뢰 또는 명성을 쌓은 투자은행이 자본시장 참가자들의 정보 생산을 유인하고 이를 취합하여 신규 발행되는 증권의 적정 가격을 정하고 기업과 투자자를 연결하는 모든 과정을 총괄함으로써 발행시장의 운영자 역할을 한다는 것이다. 이를 '명성 인수인' 이론 또는 '문지기(gatekeeper)' 이론이라고 한다.[1]

---

1. '명성 인수인' 이론은 여러 학자들의 기여로 형성되었다. 다음 논문들이 대표적이다. Benveniste, L., and P. Spindt, (1989), "How Investment Bankers Determine the Offer Price and Allocation of New Issues," *Journal of Financial Economics* 24, 343-361 ; Chemmanur, T., (1993), "The Pricing of Initial Public Offerings : A Dynamic Model with Information Production," *Journal of Finance* 48, 285-304 ; Sherman, A. and S. Titman, (2002), "Building the IPO Order Book : Underpricing and Participation Limits with Costly Information," *Journal of Financial Economics* 65, 3-29.

'명성 인수인' 이론은 증권의 발행시장 중에서도 기업의 최초 공모발행시장인 신규공모(IPO)시장을 중점 연구대상으로 하여 형성되었다. 기업이 최초로 일반 대중에게 정보가 공개되는 시점이므로 정보비대칭성이 가장 높은 상황일 것이라는 전제에서이다. 그러므로 '명성 인수인' 이론을 이해하려면 다음과 같은 세 단계의 접근이 요구된다. 먼저 신규공모시장의 정보비대칭성 문제를 구체화하여야 한다. 신규공모시장의 실제 시장구조를 배경으로 시장참가자의 유형을 구체화하고 이들 사이에 어떤 형태의 정보비대칭성이 존재하는지를 명확히 하여야 한다. 투자은행이 정보비대칭성 문제를 완화한다면, 완화의 대상이 무엇인지를 분명히 하여야 할 것이기 때문이다. 2절에서 다룰 주제이다. 다음으로는 미국 투자은행이 신규공모시장에서 인수인으로서 수행하는 업무 방법 또는 관행을 살펴보아야 한다. 미국 투자은행은 '수요예측제도(book-building)'라는 독특한 업무방법을 사용하여 발행시장의 인수인 업무를 수행한다. 미국 발행시장에서 '수요예측제도'는 미국 투자은행이 인수인 업무 수행과정에서 역사적으로 시장진화의 결과로 만들어낸 시장관행이다. 본래 미국의 시장관행이었지만 20세기 후반 각국으로 확산되어 지금은 대부분 시장경제에서 공통된 공모발행의 절차가 되었다. 우리나라도 증권의 공모발행은 '수요예측제도'의 절차에 의해 이루어진다. '명성 인수인' 이론은 '수요예측제도'를 발행시장의 정보비대칭성 문제 완화를 위하여 투자은행이 만들어낸 제도적 혁신으로 평가한다. 그러므로 '명성 인수인' 이론을 이해하려면 우선 '수요예측제도'의 중요 요소가 무엇인지에 대한 지식이 요구된다. 3절에서 다룰 주제이다. 마지막으로는 종합이다. 신규공모시장 정보비대칭성 문제가 구체화되고 수요예측제도에 대한 지식이 구축되면, 이를 바탕으로 '명성 인수인' 이론의 개요를 설명할 수 있다. 4절에서 다룰 주제이다.

한편 '명성 인수인' 이론은 증권사에 대한 주류 금융이론이지만, 두 가지 측면에서 비판적 이해가 필요하다. 첫째, '명성 인수인' 이론은 1980년대 등장하여 1990년대 각광을 받았다. 당시 미국 자본시장과 투자은행의 성장과 호황을 배경으로 이를 긍정적으로 평가하는 학문적 배경이 되기도 하였다. 2008년 세계 금융위기 이후 '명성 인수인' 이론이 경시하였던 자본시장에서 투자은행의 부정적 역할에 대한 비판이

나오고 있다. 이 비판에 대한 고려가 필요하다. 둘째, 우리나라의 수요예측제도는 미국에서 전파되었지만, 제도의 중요한 요소에서 차이가 있다. 또한 우리나라 증권사의 인수인 기능은 미국 투자은행의 그것과 비교할 때 '명성 인수인' 이론이 예측하는 것과 차이가 있다. 미국 자본시장과 투자은행의 역사를 배경으로 만들어진 '명성 인수인' 이론의 현실 정합성이 우리나라에는 한계가 있을 수 있음을 염두에 두어야 할 필요가 있다. 이에 대해서는 5절에서 논의한다.

2. 신규공모시장의 정보비대칭성 문제

2.1 신규공모시장의 저평가 현상

(1) IPO 저평가

2020~2021년 한국의 주식시장은 신규공모발행 주식, 즉 'IPO 주식' 투자열풍으로 뜨거웠다. 다음 기사는 그 열풍의 이유를 보여준다.

"코스피 최초 '상장 후 3연상' SK바이오팜, 거래대금 1.5조 원 넘어" (조선비즈, 2020. 7. 6.)

SK바이오팜이 상장 후 첫 3거래일 연속 상한가를 기록했다. 상장 첫날부터 연속해서 3거래일 연속 상한가를 기록한 것은 유가증권시장에서 SK바이오팜이 유일하다. 6일 거래대금은 1조 5,000억 원이 넘어 이날 유가증권시장 전체 거래액의 13%를 차지했다.

SK바이오팜은 지난 2일 상장 첫 날 '따상(공모가 2배 시초가 형성, 이후 상한가를 뜻하는 은어)'을 기록한 이후 3거래일 만에 주가가 공모가(4만 9,000원)보다 4배 이상 올랐다. 공모가 대비 수익률은 337.7%다.

기업은 보통 신규공모공발행과 상장을 동시에 추진한다.[2] SK바이오팜도 2020년 7월 주식을 신규공모발행하면서 동시에 한국거래소의 유가증권시장에 상장하였다. 상장되어 최초 거래된 날 거래가격이 신규공모발행가격(공모가)의 3배 이상 상승하였다. 이 같은 엄청난 수익률은 예외적 현상이다. 기사에서도 언급하였듯이 2020년 7월 기준 우리나라 유가증권시장의 신규공모 사례에서 처음 발생한 현상이었다. 그렇지만 300%까지는 아니어도 신규공모주의 상장 후 수익률이 높은 현상은 SK바이오팜이 처음이 아니었고, 예외적 현상도 아니었다.

신규공모주의 상장 후 시장가격이 공모가격을 크게 초과해 양(+)의 초과수익률을 기록하는 것은 예외적인 현상이 아니라 오히려 평균적인 현상이다. 영미에서는 자본시장의 기록이 존재한 과거부터 현재까지 오랜 기간 지속되어 온 현상이었다. 또 이제는 전 세계 주식시장에서 관찰되는 확립된 사실이다. 이 현상을 'IPO 저평가(IPO underpricing)' 현상이라 한다. [그림 8-1]은 2012~2014년 기간 신규공모발행 주식들의 공모가 대비 최초 거래일의 거래가격을 기준으로 IPO 저평가 현상을 나타

그림 8-1 IPO 저평가 국제비교(2012~2014년)

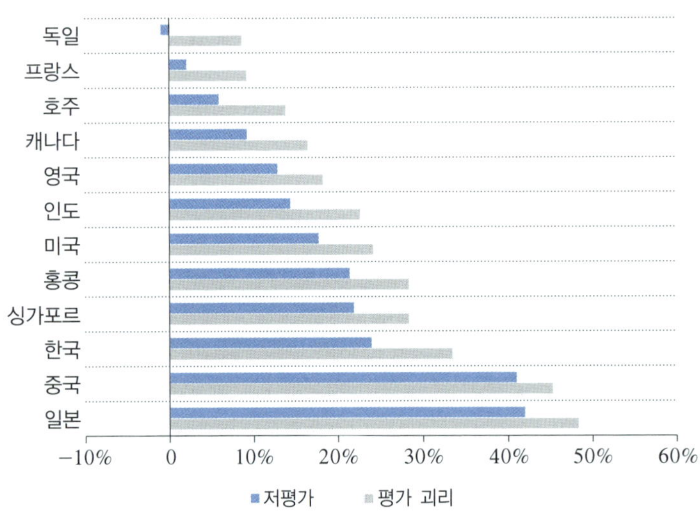

자료 : 신인석 등(2016), 『한국 신규공모시장의 구조분석』, 연구총서 16-02, 자본시장연구원.

2. 이에 대해서는 6장에서 설명하였다.

낸 것이다. 독일을 제외한 모든 국가에서 최초 거래가격이 공모가를 상회했음을 알 수 있다.

(2) IPO 저평가 현상과 '효율적 시장 가설'

1980년대 등장하여 현재까지도 금융학자들이 자본시장을 바라보는 기본 전제의 역할을 하고 있는 이론이 있다. 바로 '효율적 시장 가설(Efficient market hyopthesis)'이다. '효율적 시장 가설'은, 자본시장은 기본적으로 합리적인 시장참가자들에 의해 주도되며, 정보는 원활하게 유통되어 가격에 즉시 반영된다는 이론이다. IPO 저평가 현상은 이 '효율적 시장 가설'과 배치된다. 효율적 시장 가설과 배치되는 현상을 금융경제학자들은 '시장이례 현상(Market anomaly)'이라고 부르는데, IPO 저평가 현상은 대표적인 시장이례 현상이다.

어째서 IPO 저평가가 시장이례 현상인지 살펴보자. 기업은 신규공모발행가격, 즉 공모가를 책정할 때 인수인의 도움을 받아서 적정 가격을 책정한다. 기업 경영진(주주)이 합리적이라면 이들은 최대한 높은 공모가격을 선호할 것이다. 인수인도 합리적이라면 인수수수료 수입의 극대화를 추구할 것이고, 인수수수료는 공모가격에 인수수수료율을 곱하여 결정되므로 역시 가능한 한 높은 공모가격을 선호할 것이다. 그런데 효율적 시장 가설이 성립한다면, 투자자들은 기업가치를 넘어서는 공모가격에 이 기업의 주식에 투자하려고 하지 않을 것이다. 따라서 신규공모가격은 당시에 존재하는 이 기업 주식의 가치와 관련된 정보가 모두 반영되어 적정 기업가치 수준에서 결정될 것이다. 그런데 상장 후 거래가 시작된 뒤 거래가격이 공모가격을 초과한다면, 이는 애초에 공모가격이 기업가치에 비해 낮게 책정되었음을 뜻한다. 그래서 이 현상이 IPO 저평가로 불리는 것인데, 기업의 주주와 인수인이 합리적이고 시장이 효율적이라면 잘 이해되지 않는 현상이다.

2.2 신규공모시장의 정보비대칭성 문제

(1) 공통가치 경매와 '승자의 저주'

IPO 저평가 현상의 원인은 무엇일까? 금융학자들은 신규공모시장의 정보비대칭성 문제와 연관된 것으로 생각하고 있다. 신규공모시장에 존재하는 정보비대칭성 문제를 구체화하기 위해 신규공모발행 증권이 '경매'로 가격이 결정되고 판매되는 경우를 생각해 보자.

가. 개별가치 경매와 공통가치 경매

경매에는 경매대상 재화의 성격에 따라 '개별가치 경매'와 '공통가치 경매'의 두 가지 종류가 있다. '개별가치 경매(Private value auction)'는 경매에 참여하는 참가자들에게 대상 재화의 가치가 각각 다른 경우이다. 예술품 경매가 그 예이다. 예술품의 가치는 개개인의 주관적 평가에 의존하므로 그 가치가 각자에게 다르다. 반대로 '공통가치 경매(Common value auction)'는 경매대상 재화의 가치가 참가자 모두에게 동일한 상황이다. 다음의 돼지저금통 경매가 그 예이다.

[예제 1] 밀봉된 돼지저금통의 최고가격 경매

강의실에서 밀봉된 돼지저금통이 발견되었다. 주인을 찾을 수 없어 100명의 수강생들을 대상으로 경매하기로 하였다. 최고가격을 제시하는 사람에게 낙찰된다. 각자 돼지저금통을 한 번씩 흔들어 보고 자신의 응찰가격을 교수에게 제시한다. 어떤 결과가 벌어질까?

해답 저자가 500원짜리 동전이 15개(즉, 7,500원 금액) 들어 있는 저금통으로 두 그룹의 금융기관론 수강생을 대상으로 실험하였다. 학생들은 저금통을 흔들어 몇 개의 금액이 들어 있는지 정보를 수집한 뒤 자신의 제시가격을 결정하였다. 각 실험에 참여한 학생들은 각각 65명 내외였다. 한 그룹에서는 2명이 14,000원을 제시하여 최고가격 응찰자가 되었다. 다른 그룹에서는 3명이 12,000원을 제시하여 최고가격 응찰자가 되었다. 응찰자에게 유인을 주기 위하여 최고가격 응찰자에게는 제시가격보다 2,000원 낮은 가격에 저금통에 담긴 동전을 주겠다고 사전에 예고하였다. 2,000원 낮게 받아간다 하여도 낙찰자들은 손해를 보았다. 흥미롭게도 각 그룹 학생들이 제시한 가격의 평균은 7,500 내외로서 실제 금액에 가까웠다.

돼지저금통의 가치는 안에 들어 있는 돈의 총량이다. 모두에게 동일하다. 밀봉된 상황이므로 아무도 정확한 금액은 모른다. 각자 자신의 정보를 가지고 가치를 추정하여 응찰할 수밖에 없다. 아무도 정확한 가치를 알지는 못하지만, 그 경제적 가치는 모두에게 동일하다. 이것이 '공통가치 경매' 상황이다. 신규공모발행 증권을 경매로 판매한다고 하면, '공통가치 경매'에 해당될 것이다. 기업가치를 정확히 알고 있는지와는 별도로 모든 경매참가자에게 주식의 가치는 동일하기 때문이다.

나. 승자의 저주

'공통가치 경매'에서 낙찰가격은 실제 가치 대비 어떤 수준에서 결정될까? 위의 돼지저금통 사례를 가지고 생각해 보자. 100명의 학생들이 각자 관찰을 통해 저금통의 가치에 대해 어떤 정보를 받을지는 무작위일 것이다. 특별한 신기가 있어서 저금통을 꿰뚫어 보는 사람은 없다는 말이다. 각자 무작위로 얻게 되는 정보(사실 느낌이 보다 정확한 표현일 것이다)는 정규분포를 따른다고 하자. 그러면 i학생이 생각하는 저금통의 가치(b_i)는 다음의 식으로 표현할 수 있다. 각 학생이 생각하는 저금통 가치는 실제 가치에 각자 어떤 이유로 갖고 있는 느낌의 합이다.

$$b_i = v + \varepsilon_i \qquad (8.1)$$

단, $\varepsilon_i \sim N(0, \sigma^2)$이고, v는 저금통의 실제 가치

각자 자신이 생각하는 가치를 그대로 응찰가격으로 써내면 낙찰받는 수강생은 이익을 얻을까? 그렇지 않다. 경매의 낙찰가격은 최고 입찰가격으로 결정될 것이다. 가장 높은 낙찰가격을 써낸 학생은 돼지저금통의 가치를 가장 과대평가한 학생이다. 그러므로 낙찰자는 손해를 입게 되어 있다.

실제 경제생활에서도 최고 호가로 낙찰가격이 정해질 경우 공통가치 경매의 낙찰자가 손실을 볼 가능성이 높은 것으로 알려져 있다. 즉, 최고 호가제에서는 경매대상물의 실제 가치를 과대평가할 가능성이 높고, 그로 인해 낙찰자는 손실을 입을 가능성이 높다. 이 현상을 공통가치 경매에서 나타나는 '승자의 저주(Winner's curse)' 현상이라고 한다.

(2) 신규공모시장과 '승자의 저주'

신규공모시장은 승자의 저주가 적용되는 시장일까? 일단 신규공모주식을 개별가치 재화가 아니라 공통가치 재화로 보아야 함은 분명하다. 또한 위의 돼지저금통의 예와 마찬가지로 신규공모주식의 투자자들은 신규공모주식의 가치를 정확하게 알지 못한다고 보아야 할 것이다. 사실 신규공모주식의 가치, 즉 신규공모기업의 가치는 예비투자자만이 아니라 기업의 경영진도 정확하게 안다고 할 수 있는지는 의문이다. 그러므로 밀봉된 돼지저금통의 예처럼 신규공모주식의 가치는 누구도 정확히 모른다고 보는 것이 사실에 가까울 것이다. 그런데 신규공모시장과 위의 돼지저금통 경매의 차이는 인수인의 존재이다. 인수인의 존재로 인해 투자자 간 정보대칭 상황과 정보비대칭 상황에 따라 '승자의 저주' 현상은 발생할 수도 있고 아닐 수도 있다.

가. 시장참가자 간 정보대칭의 경우

증권의 공모시장에서는 인수인이 발행기업과 협의해 공모가격을 책정한다. 인수인은 경매방식으로 공모증권을 매각하면서도 승자의 저주 문제를 해결할 수 있을까?

만일 위의 돼지저금통 경매의 예처럼 신규공모시장에 참여하는 모든 투자자가 동질적이라면 문제가 해결될 수도 있다. 여기서 '동질적'이라 함은 모든 투자자 사이에 근원적인 정보비대칭성은 없다는 것이다. 구체적으로 모든 투자자는 신규공모주식의 가치에 대해 각자의 정보를 갖고 있다고 가정하자. 이 정보는 실제 주식가치(v)에 무작위 정보(ε_i)가 결합된 것이다. 신규공모기업 주식의 실제 가치는 100인데 어떤 투자자는 90, 다른 투자자는 100, 또 다른 투자자는 110 등 각자의 정보를 갖고 있는 상황이다. 각자 다른 정보를 갖게 되는 이유는 투자자의 능력과 관계가 없고 완전히 무작위이기 때문이다. 투자자 사이에는 정보수집 능력, 정보분석 능력에 차이가 없다. 능력은 동질적이나 그때그때 운에 따라 좀 더 정확한 정보, 부정확한 정보를 갖고 있을 뿐이다.

위의 돼지저금통 상황과 동일한 상황이다. 이 상황에서 어느 기업의 신규공모발행 주식을 경매방식으로 투자자에게 매각한다면, 위에서와 마찬가지로 '승자의 저주' 문제가 발생할 것이다. 그런데 증권의 신규공모는 인수인의 주도로 진행된다. 인수인은 다음과 같은 방식으로 경매를 진행할 수 있다. 먼저 예비투자자들에게 자신들의 예측가격 또는 투자의사가격 제시를 요청한다. 실제 경매 이전에 예비경매를 진행하는 것이다. 투자자들이 각자의 정보대로 예측가격을 내놓는다고 가정하면, 인수인은 무작위 정보(ε_i)가 더해진 주식가치의 분포, 즉 $v + \varepsilon_i$를 알게 된다. 무작위 정보가 위에서처럼 평균 0인 확률분포라고 하면 대수의 법칙에 의해서 충분히 많은 예비투자자로부터 정보를 모으면 실제 가치 v를 알 수 있다. 신규공모발행증권의 실제 가치를 파악한 뒤 인수인은 이 가격으로 최종 공모가격을 정한다. 그리고 이 가격을 최종 공모가격으로 하여 이 가격에 예비투자자들로부터 투자 지원을 받는다. 투자자들이 인수인의 이와 같은 행태를 알고 신뢰한다면, 투자자들은 제시된 공모가격에 발행주식을 매입할 것이고 공모는 성공할 것이다.

실제로 신규공모발행이 이 방법에 의해 운영되기도 한다. 인수인이 가격을 사전에 지정하고 지정된 가격에 투자자의 지원을 받아 신규공모를 진행하는 방법이다. 이를 '고정가격 입찰(fixed-price bid)'이라고 한다. 고정가격 입찰은 경매와 유사하지만 다르다. 가격은 지정하고 물량만을 경매에 붙이는 방식이다. 그렇지만 인수인이

고정가격을 결정하는 과정이 임의적이지는 않을 것이다. 위에서 가정한 대로 인수인이 사전에 투자자의 가격정보를 취합하여 이를 근거로 고정가격을 정하는 예비정보 취합과정이 인수인의 신규공모발행 업무에 포함되어 있다고 보아야 할 것이다.

나. 시장참가자 간 정보비대칭성의 경우

그런데 과연 모든 투자자가 갖고 있는 신규공모주식의 가치에 대한 정보가 돼지저금통에서처럼 무작위일까? 금융학자들은 정확한 가치를 아는 사람은 없어도 좀 더 실제 가치에 가까운 정보를 갖고 있는 투자자와 그렇지 못한 투자자가 있을 것으로 생각한다. 즉, 정보비대칭성이 있을 것으로 본다. 다음과 같은 상황이다.[3]

어느 기업이 신규공모시장에서 주식 발행을 기획하고 있다. 이 기업의 가치는 두 가지 중 하나라고 하자. 우량기업(*H*)인 경우와 비우량기업(*L*)인 경우이다. 우량기업(*H*)의 기업가치는 [그림 8-2]의 우측에 있는, 평균이 120원인 정규분포를 따른다. 비우량기업(*L*)의 가치는 좌측의 평균 80원인 정규분포를 따른다.

그림 8-2 두 유형의 기업

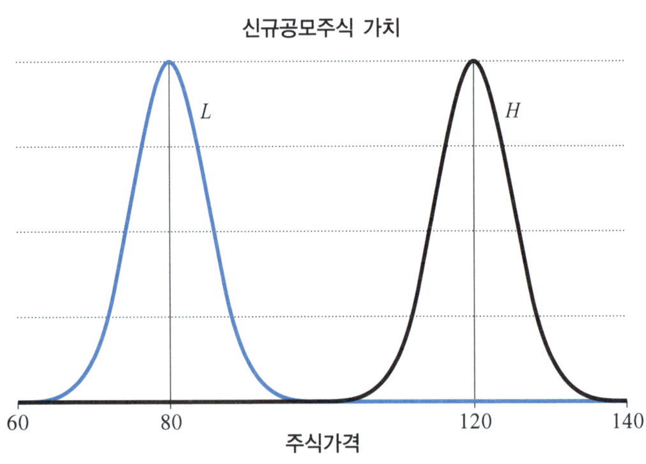

3. 이하는 로크(K. Rock)의 이론을 간단하게 설명한 것이다. (Rock, K., (1986), "Why new issues are underpriced," *Journal of Financial Economics* 15, 187-212)

그런데 신규공모에 참여를 고려하고 있는 예비투자자들은 동질적이지 않다. 시장의 투자자들은 두 그룹으로 나누어진다. '정보우위 투자자'와 '정보열위 투자자'이다. 두 그룹 투자자 모두 신규공모주식의 가치가 정규분포 L 또는 H의 하나에 해당한다는 것을 안다. 그런데 정보우위 투자자는 어느 기업이 신규공모시장에 등장하든 정보 수집과 분석을 통해 그 기업이 L과 H 중 어디에 해당되는지를 알 능력이 있다. 물론 정확한 가치는 모르지만 평균적으로 좀 더 가치가 높은 기업인지 아닌지는 안다. 정보열위 투자자는 그 같은 능력이 없으며 그저 L과 H 중 하나라는 것만 알 뿐이다. 요컨대 두 투자자 사이에는 근원적인 정보능력의 차이가 있고, 이에 정보비대칭성이 있다.

지금 묘사한 이 상황이 위의 투자자 동질성 가정에 비하여 신규공모시장의 정보구조에 보다 근사할 것이다. 즉, 신규공모시장은 정보비대칭성이 존재하는 시장일 것이다. 이제 투자자 그룹 사이에 정보비대칭성이 존재한다고 할 때, 인수인이 고정가격입찰제도로 신규공모주식시장을 운영하면 어떤 일이 벌어질까? 이 문제에 대해 답하려면 좀 더 시장구조를 구체적으로 설정하여야 한다. 다음과 같이 가정하자.

정보우위 투자자와 정보열위 투자자로 구성된 신규공모시장의 구조 설정

(1) 신규공모시장에 참여하는 기업은 G와 B의 두 종류가 있다. G기업은 유망기업이고 실제 주식가치는 H의 확률분포를 따른다. B기업은 위험기업이고 실제 주식가치는 L의 확률분포를 따른다. 투자자는 정보우위와 정보열위의 두 투자자 그룹이 있어서 정보비대칭성이 있다. (이상은 이미 위에서 가정하였다.)

(2) 각 기업은 100개의 주식을 신규공모발행하려 한다. 정보우위 투자자와 정보열위 투자자의 두 그룹에 각 60명의 투자자들이 있고, 각 투자자는 100원의 투자자금을 갖고 있다. 만일 최종 공모가격 100원에 100개의 신규공모주식 발행에 성공하려면 최소 100명의 투자자가 필요하다. 즉, 두 그룹의 투자자가 같이 참여하여야 한다.

(3) 고정가격 입찰의 운영은 다음과 같다. 인수인이 제시한 최종 공모가격에 입찰물량을 제시한 투자자는 전체 입찰물량이 공급물량 이하면 자신의 입찰물량 전량을 배정받는다. 만일 전체 입찰물량이 공급물량을 초과하면 입찰물량에 비례하여 배정받는다. (이 조건은 새로운 가정은 아니다. 제도의 물량배정 방식을 명확히 설명한 것이다.)

이 시장구조에서 인수인이 위에서 설명한 방식으로 고정가격 입찰 방법의 시장 운영을 시도하였다고 해보자. 인수인이 투자자들에게 신규공모시장에 등장한 기업 주식의 예상가치(주가)를 제시해달라고 요청하면, 정보열위 투자자는 신규공모시장에 등장한 기업이 어떤 종류의 기업인지를 모르므로 100원이라고 답할 것이다. 정보우위 투자자는 어떨까? 이들은 조사분석을 통해 G와 B 여부를 안다. G는 120, B는 80이라고 예상 주가를 답해야 한다. 문제는 정보우위 투자자가 자신만이 보유한 정보를 인수인에게 전달할 유인이 있느냐이다.

정보우위 투자자가 정보를 전달하지 않는 경우 두 그룹의 개별 투자자의 기대수익을 따져 보자. 이들이 예상가치를 정보열위 투자자와 마찬가지로 100이라고 하면 인수인은 이를 실제 가치로 수용하고 최종 공모가격을 100에서 정할 것이다. 만일 정보열위 투자자들이 이 가격을 신뢰한다면 60명이 각각 100원(1개의 주식 투자)을 입찰할 것이다. 정보우위 투자자들은 다르다. 실제 기업가치를 알고 있으므로 100원의 공모가격에 대해 G기업이라면 60명이 각각 100원을 전액 입찰하겠지만, B기업이라면 아무도 공모에 참여하지 않을 것이다. 이 상황을 가정할 때 두 그룹의 개별 투자자를 기준으로 한 신규공모 참여의 기대수익은 다음과 같다.

표 8-1 투자자 그룹별 1인당 기대수익(정보우위 투자자의 정보 은폐 상황)

	정보열위 투자자		정보우위 투자자	
	B기업	G기업	B기업	G기업
투자의사금액	100	100	0	100
배정 비율	1	100/120	0	100/120
실제 투자금액(A)	100	100×(100/120)	0	100×(100/120)
실제 주식가치(B)	80	120×(100/120)	0	120×(100/120)
투자수익(B−A)	−20	20×(100/120)	0	20×(100/120)
기대수익	−1.67%		16.67%	

만일 정보우위 투자자가 정보를 인수인에게 전달한다면 최종 공모가격은 실제 기업가치 수준에서 책정될 것이다. 인수인이 각 투자자의 기회비용수익률(예를 들어 5%)을 보장하기 위해 최종 공모가격을 기업가치보다 살짝 낮게 책정한다면 각 투자자는 기회비용수익률을 얻게 된다. 이것은 위의 정보비대칭성이 없을 때의 상황과 같다. 그러나 정보우위 투자자의 기대수익률은 정보 은폐 시 더 높다. 그러므로 정보우위 투자자가 정보를 인수인에게 전달할 유인은 없다.

문제는 정보열위 투자자도 자신의 정보열위 상황을 알고 있다는 데 있다. 정보열위 투자자는 합리적 경제주체인 정보우위 투자자가 정보우위를 이용하여 이익극대화를 추구할 것을 예상할 것이다. 그리고 정보우위 투자자의 합리적 행동은 정보 은폐임을 예측할 것이다. 이에 정보열위 투자자는 신규공모시장에 아예 참여할 유인이 없다. 이들의 신규공모시장 참여의 기대이익은 음(-)이기 때문이다. 입찰에 참여하여 공모주를 배정받을 경우 이것은 이익기회가 아니라 '승자의 저주'이다.

그러므로 인수인이 정보취합 기능을 수행한다고 하여도 고정가격입찰제도로 운영되는 신규공모시장은 시장실패의 위험이 있다.

3. 미국 공모시장의 수요예측제도

신규공모시장에서 정보비대칭성 정보가 있는 투자자들이 인수인에게 정보를 전달하도록 할 수 있는 방법이 있을까? 다수의 금융학자들은 그 방법이 있으며, 미국 투자은행이 역사적으로 사용하여 온 공모시장의 인수제도인 '수요예측(Book-building)'제도가 바로 그것이라고 주장한다.

미국에서 신규공모주식의 발행은 경매방식에 의한 경우도 없지 않으나 예외적이고, 대부분 수요예측제도를 통해 이루어져 왔다. 미국 수요예측제도의 핵심은 모든 중요 사항의 결정이 '인수인 재량'이라는 것이다. 공모참여 투자자 범위, 공모가격 결정방식, 공모물량 배정방식이 모두 인수인의 재량에 의해 정해진다.

인수인은 먼저 신규공모주식의 수요예측에 참여할 투자자 범위를 재량적으로 결정한다. 미국의 경우 통상 인수인과 오랜 관계가 있는 기관투자자들이 수요예측에 참여하는 것으로 알려져 있다. 이들 투자자들에게 인수인은 자신이 생각하는 신규공모주식의 대략적인 가치를 내놓는다. 보통 가격의 범위로 제시된다. 그러면 수요예측에 초청된 각 기관투자자는 인수인에게 비공개적으로 해당 주식에 대한 자신의 수요가격과 물량을 제시한다. 수요예측을 통해 얻어진 시장의 수요정보를 기반으로 인수인은 최종적으로 공모가격과 각 투자자들에 대한 배정물량을 '재량'적으로 결정한다.

수요예측제도에서 인수인이 행사하는 절대적 역할은 '경매(auction)'나 위에서 설명한 '고정가격 입찰' 방식과 비교할 때 드러난다. 만일 신규공모가 경매 또는 고정가격 입찰에 의해 이루어진다면 시장 참여 투자자의 범위에는 제한이 없어야 한다. 또 공모가격과 배정물량은 경매 참여자가 제시하는 경매가격과 입찰물량에 의해 자동 결정될 것이다. 수요예측에서는 모든 것이 반대이다. 인수인이 수요예측에 초대하지 않은 투자자는 아예 배제된다. 인수인이 초대한 폐쇄적인 투자자 그룹을 중심으로 공모과정이 처음부터 진행된다.

4. '명성 인수인' 이론

미국 금융학계의 주류 견해, 이른바 '명성 인수인' 이론에 따르면 수요예측제도는 공모시장의 정보비대칭성 문제를 해소하기 위한 시장의 자연발생적 진화의 결과이다. 위에서 보았듯이 신규공모시장의 효율적 작동에는 신규공모주식의 가치평가 능력이 있는 정보우위 투자자들이 분석을 통해 정보를 생산하고, 생산된 정보를 인수인에게 제시하는 것이 필요하다. 이 같은 정보의 생산과 제공을 유인하기 위하여 인수인이 운영하는 정보 생산 및 수집 장치가 수요예측제도라는 것이 이 이론의 골자이다. 이

이론에 의할 때 수요예측제도에는 세 가지 요소가 포함되어 있다. 정보 제공 투자자에 대한 보상 및 징벌 장치, 인수인에 대한 신뢰 메커니즘, 인수인의 보상장치 등이다.

4.1 정보 제공 투자자에 대한 보상 및 징벌 장치

미국의 수요예측제도에서 인수인은 수요예측에 참여할 투자자의 범위를 재량적으로 정한다. 역사적 사례에 의하면 미국 공모시장에서 인수인은 오랜 기간 장기적인 관계를 맺어 온 기관투자자들만을 수요예측에 참여하도록 초대한다. 참여 투자자 범위를 제한하는 것은 정보생산시장에서 참여자의 도덕적 해이, 즉 무임승차자 문제를 방지하기 위함이다. 가치 없는 정보를 인수인에게 제시한 투자자는 향후 거래에서 배제되어 장기 관계가 단절되는 징벌을 감수해야 한다. 동시에 가치 있는 정보를 생산해 제공한 투자자에게는 보다 많은 신규공모주식의 물량을 배정하여 보상을 제공한다. [그림 8-3]은 명성 인수인 이론의 관점에서 해석한 수요예측제도를 도시한 것이다.

그림 8-3 명성 인수인 이론의 투자은행 기능

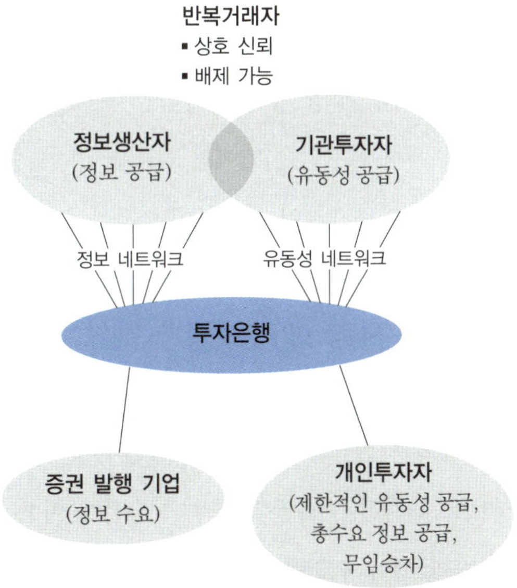

자료 : Morrison A., and W. Wilhelm, Jr., (2007), *Investment Banking*, Oxford : Oxford University Press.

신규공모주식의 물량배정이 보상이 되려면 신규공모가는 실제 기업가치에 비하여 일정 정도 저평가되어야 한다. 명성 인수인 이론은 신규공모시장에서 일반적으로 관찰되는 '신규공모주 저평가 현상'을 인수인의 정보 생산 투자자에 대한 보상 메커니즘으로 해석한다. 공모대상 기업과 현재 시장여건 분석을 통해 공모기업 주식의 적정 가치에 대한 정보를 생산한 투자자들이 자신만의 '사적(private) 정보'를 인수인에게 제공하면, 인수인은 제공받은 사적 정보가 긍정적 정보일 경우 정보 제공 투자자를 보상하기 위하여 이를 공모가격에 전부 반영하지 않는다는 것이다. 그 결과 공모주 저평가 현상이 발생하게 된다. 때문에 '명성 인수인' 이론은 '부분조정 가설(partial adjustment hypothesis)'로 지칭되기도 한다. 긍정적 정보를 가격에 '부분'만 반영한다는 뜻이다.

예를 들어 인수인이 최초에 수요예측 참여 투자자들에게 제시한 가격의 범위가 100~120원이었다고 하자. 투자자들의 정보를 종합할 때 해당 주식을 모두 매각할 수 있는 공모가격이 140원이라고 하자. 인수인은 140원으로 공모가격으로 '조정'하는 대신 정보를 솔직히 제공한 투자자들에게 보상을 제공하기 위하여 최종 공모가격을 130 정도에서 결정한다. 이 주식이 상장되어 거래되면 적정 가격인 140원으로 상승할 것이므로 결과적으로 신규공모주 저평가 현상이 발생한다는 설명이다. 물론 투자자들이 제시한 정보를 종합한 적정 가격이 인수인 제시가격 범위를 하회할 경우, 즉 예를 들어 90원인 경우에는 인수인은 얻어진 정보를 '모두' 반영하여 최종 공모가격을 결정한다. '부분조정'은 투자자들이 제공한 정보가 긍정적인 경우에 한정된다.

4.2 인수인에 대한 신뢰 메커니즘

수요예측제도로 운영되는 신규공모시장의 효율성은 인수인에 대한 투자자들의 신뢰에 의존한다. 정보를 취득하여 제공할 경우 인수인이 이에 대해 적절한 보상을 제공할 것이라는 신뢰가 있어야 수요예측에 초대받은 투자자는 정보를 사실대로 인수인에게 전달할 것이다. 인수인에 대한 신뢰 메커니즘은 무엇인가? 명성 인수인 이론은 '명성(reputation)' 메커니즘을 내세운다. 이 주장은 다음과 같이 세 단계로 구성되어 있다.

첫째, 수요예측제도를 통해 이루어지는 신규공모시장에서의 인수인과 투자자들 사이의 거래관계는 반복 거래관계이다. 신규공모 사례는 계속하여 발생한다. 만일 신규공모가 경매 등 참여 투자자의 범위 제한 없이 이루어진다면 인수인과 신규공모 주식 투자자 사이의 관계는 일회성 거래에 그칠 수도 있다. 그러나 수요예측제도에서 인수인은 신규공모시장 참여자를 특정 투자자 그룹으로 한정한다. 이들은 인수인의 재량에 따라 반복하여 신규공모시장에 참여하게 되므로 인수인과 이들 투자자 사이의 관계는 반복 거래관계가 된다.

둘째, 반복 거래관계를 통해 인수인은 명성을 쌓아갈 수 있다. 인수인이 운영하는 수요예측제도가 인수인과 투자자 사이의 암묵적 기대대로 운영된다는 사례를 축적해 가는 것이다. 과거 사례를 통해 쌓아갈 수밖에 없으므로 '명성'의 형성에는 시간과 비용이 수반된다. 시간과 비용이 수반되므로 명성을 축적하여 성공적인 인수인 역할을 신규공모시장에서 수행하는 증권사는 소수이다. 미국 신규공모시장에서 인수업을 사업 모형으로 하는 투자은행이 소수인 이유이다. 이들은 과거 길게는 19세기 후반부터 '명성'을 축적하여 왔다.

셋째, 일단 '명성'을 쌓은 인수인은 이 명성을 유지할 유인이 있다. 소수의 증권사가 신규공모시장에서 인수인 업무를 수행하므로 이 시장은 과점시장이다. 과점시장으로서 인수인은 인수서비스에 대해 높은 수수료를 부과할 수 있다. 높은 수수료에도 불구하고 다른 증권사들이 인수인 시장에 진입하기는 어렵다. 신뢰할 수 있다는 '명성'을 축적한 것이 없기 때문이다. 과점시장의 높은 수수료는 과거에 시간과 비용을 들여 축적한 명성자본의 대가인 셈이다. 현재 높은 수수료 수입이 있으므로 일단 명성 인수인의 지위를 획득한 증권사는 이 지위를 유지할 유인이 있다. 그러기 위해서는 계속하여 수요예측제도를 투자자의 암묵적 기대대로 운영하여야 한다.

명성을 기반으로 한 신뢰 메커니즘 유지라는 이 주장은 미국 투자은행의 행태를 관찰하여 도출된 논리이다. 실제로 미국의 유명 투자은행들은 각각 별도의 정보네트워크를 관리한다고 알려져 있다. 각 인수인이 관리하는 정보네트워크의 질, 신인도에 대한 명성이 각 인수인의 시장경쟁력을 좌우한다. 신규공모시장에서 기업의 인수인 선택은 가격(인수수수료율)보다는 인수인의 명성을 기준으로 이루어진다. 명성 인수인은 가격경쟁에 임하기보다는 질 높은 서비스의 대가로서 오히려 보다 높은 가격을 요구한다. 미국 신규공모시장은 가격경쟁이 극히 제한적인 것으로 유명하다. 인수수수료율이 세계적으로 가장 높은 수준인 7%에서 장기간 변하지 않고 있어 '7% 룰(rule)'이 미국 시장의 가격결정 메커니즘으로 회자되어 왔다.

표 8-2 '명성 인수인' 이론의 미국 신규공모시장 구조

분류	특성
시장운영 방식	- '수요예측제도' - 인수인 재량에 의한 가격결정과 공모주 배정 - 인수인이 장기 관계 기관투자자로 구성된 정보네트워크를 활용하여 공모주 가치에 대한 정보의 생산과 전달을 유인
경쟁구조	- 과점구조 - 비가격경쟁 : 높은 수수료율('7% 규칙')
경쟁수단	- 역량 있는 기관투자자와의 장기 신뢰관계 - 정보분석가 서비스 - 상장 후 시장조성 활동
시장효율성	- 상대적으로 작은 신규공모주 저평가 - 정보비대칭성이 높은 기업의 용이한 상장

자료 : 신인석 등(2016), 『한국 신규공모시장의 구조분석』, 연구총서 16-02, 자본시장연구원.

4.3 명성 인수인의 유통시장 유동성 공급 역할

상장주식, 국채 등 일부 증권을 제외하면 유통시장에서 증권의 거래가 항상 가능한 것은 아니다. 증권의 수요자와 공급자가 동시에 존재하는 상황은 예외적이기 때문이다. 상장주식, 국채의 경우에도 종류에 따라 거래상대방을 찾는 것이 쉽지 않은 예가 적지 않다. 이 경우 증권사는 거래상대방이 되어 유통시장의 원활한 작동을 가능하게 한다. 이것이 증권사의 '자기매매' 업무의 기원이다. '자기매매'는 본래 시장조

성 또는 시장유동성 공급 행위라고 7장에서 설명한 바 있다.

명성 인수인 이론의 지지자들은 미국 자본시장에서 활발한 자기매매로 유통시장에서 유동성 공급자 역할을 하는 증권사들이 바로 명성 인수인 역할을 하는 투자은행들이라고 주장한다. 투자은행들은 자신들이 인수인으로 발행한 증권에 대하여 언제든지 거래를 책임지는 행태를 보여 왔다. A기업이 발행한 주식 또는 회사채의 거래를 원하는 투자자가 거래상대방을 찾지 못할 경우 인수인이었던 투자은행은 자신이 거래상대방이 된다. 이를 인수인의 '시장조성(market making)' 기능이라고 한다. 그러므로 미국 시장을 기준으로 할 때 유통시장에서 증권사의 유동성 공급은 인수인 기능에서 파생된 기능인 셈이다. '명성 인수인' 이론에 의하면 명성 인수인은 발행시장에서 증권의 발행을 가능하게 할 뿐 아니라 동시에 유통시장에서는 유동성 공급 기능을 제공한다.

자본시장이 간접금융시장과 다른 점은 가격이 있는 금융수단, 즉 유가증권이 자금거래의 매개체라는 점이다. 그런데 증권의 가격은 시장거래가 원활히 이루어질 때 비로소 발견되는 것이다. 정보의 생산과 취합, 유동성의 공급 등에 의해 증권사는 발행시장과 유통시장이 원활히 작동되도록 한다. 그 결과 자본시장의 간접금융시장과 차별되는 기능인 가격 발견을 가능하게 한다. 자본시장의 가격 발견은 국민경제의 효율적인 자원배분에서 중요한 의미가 있다. 경제에 발생하는 새로운 충격과 기업의 의사결정을 적절히 반영하여 주식과 채권의 가격이 결정되는 과정은 바로 경제의 자원이 효율적으로 재배분되는 과정이기 때문이다. '명성 인수인' 이론에 의하면 명성 인수인은 발행시장에서 시장에 산재해 있는 정보를 취합하여 효율적인 증권의 발행가격 결정을 돕고, 유통시장에서도 유동성을 공급하여 효율적인 가격 발견이 가능하도록 지원한다. 시장경제의 자원배분에서 핵심 역할을 수행하는 것이다.

5. 최근 비판과 우리나라 시장에의 적합성

5.1 비판 : 인수인과 기관투자자의 담합

다음 신문기사를 읽고 '명성 인수인' 이론에 대해 다시 생각해 보자.

IPO 시장의 조작("Rigging the IPO game", Joe Nocera, *New York Times*, March 9, 2013)

"1999년 5월 'e토이즈(eToys)'가 신규공모주식을 발행하였다. 공모가는 20달러에 책정되었다. 당시 시장이 인터넷 버블로 과열된 상태라 주가는 상장되어 거래가 시작되자 78달러로 치솟았고 결국 상장일 주가는 77달러로 마감되었다. 신규공모로 e토이즈는 1억 6,400만 달러의 자금을 조달하였지만, 최초 시장가격인 77달러로 공모되었다면 조달하였을 금액에 비하면 30%에 불과하였다. 인수인은 골드만삭스였다.

이후 시장과열이 사라진 후 e토이즈는 자금부족으로 파산하였다. e토이즈의 채권자들은 골드만삭스를 고소하였다. 고소인들은 골드만삭스가 인수인으로서 e토이즈의 이익을 최대화하여야 하는 의무를 위반하였다고 주장한다. 고소인들은 골드만삭스가 신규공모가를 의도적으로 낮게 책정하였는데, 그 이유는 신규공모주를 배정받은 기관투자자들이 이익을 얻도록 하기 위함이었다고 주장한다. 이들 기관투자자들은 골드만삭스와 다른 거래관계가 있었다고 한다. 당시 골드만삭스의 담당자는 이 주식이 80달러는 될 것이라고 평가하였음에도 자신들과 다른 거래관계가 있는 기관투자자에게 그 이익이 돌아가도록 하였다는 것이다. 골드만삭스는 이를 부인하고 있다."

2008년 세계 금융위기 이후 세계 유수 투자은행에 대한 비판적 여론이 높아지는 가운데 '명성 인수인' 이론에 대한 비판도 적지 않다. 투자은행의 도덕적 해이 가능성에 대한 비판이다. 인수인 투자은행이 저평가된 IPO 주식의 배정에서 특혜를 준 펀드들이 반드시 정보를 제공한 펀드들이 아니라 투자은행의 다른 영업에 이익을 준 펀드들이었다는 주장이다. 영미 자본시장에는 예전부터 'Quid Pro Quoa(서로 편의

봐주기)'라는 관용구가 있다. 투자은행의 이해상충 행동을 비꼬는 말이다. 흔히 미국 투자은행의 'Quid Pro Quoa' 행태로 거론되는 사례가 다음과 같은 투자은행과 펀드와의 결탁이다. 어느 펀드가 펀드 운용과 관련하여 증권매매 주문을 특정 투자은행에 집중한다. 심할 경우는 펀드 운용에 필요한 수준의 주문이 아니라 필요 이상의 매매를 하기도 한다. 증권사에게 위탁매매 수수료 수입을 높여주기 위해서이다. 증권매매 수수료 수입을 얻은 투자은행은 자신이 인수인 역할을 하는 신규공모의 수요예측 과정에서 이 펀드를 초대한다. 인수인으로서 신규공모주식을 저평가하고, 많은 물량의 주식을 그 펀드에게 배정한다. 이때 저평가의 정도는 명성 인수인 이론이 주장하는 수준보다 과도할 것이다. 정보 취득에 대한 보상이 아니라 펀드로부터 받은 특별한 혜택을 보상하기 위한 목적이기 때문이다. 결국 저평가 신규공모주식에서 충분한 수익이 발생하면 펀드는 손해를 본 것이 없다. 증권사 역시 이익이다. 펀드와 증권사의 이익은 모두 과도하게 저평가된 공모가에 주식을 발행한 기업의 주주가 부담한 것이다.

최근 한 연구에 의하면 2008년 세계 금융위기 전후 기간 투자은행이 인수수수료로 얻은 수입에 비해 신규공모주식을 배정한 펀드들로부터 얻은 다른 부문의 수입이 9배에 달했다고 한다.[4] 투자은행이 '명성 인수인'으로서 인수인 시장에서의 과점 이익을 지속하려고 노력하기보다는 다른 이익기회를 추구한다는 비판이 있는 배경이다.

명성 인수인 이론에서 '명성'을 이용하여 투자은행이 이해상충 행위로 보다 큰 이익을 도모하지 않는 유일한 이유는, 명성이 훼손되면 이후 인수인 시장에서 이익기회를 상실할 수 있다는 것이다. 투자은행이 인수업이 아니라 다른 업무에서 얻을 수 있는 이익기회가 존재한다고 하자. 이 이익기회를 활용하는 이해상충 행위에서 얻는 이익의 크기가 이해상충 행위로 손상되는 인수인 시장에서의 '명성'의 경제적 손실을 능가한다면 '명성 인수인'의 행태는 달라질 가능성이 높다. 1990년대 이후 미국 투자은행의 사업 모형은 과거와 달라졌다. 전통적인 인수인 업무 이외에 새로운 업무의

4. Jenkinson, T., H. Jones, and F. Suntheim, (2018), "Quid Pro Quo? What Factors Influence IPO Allocations to Investors?," *Journal of Finance* 13, 2303–2341.

이익 비중이 높아졌다. 투자은행의 유인체계에 변화가 생겼을 가능성이 있다. 이에 '명성 인수인' 이론의 현실 정합성이 낮아졌다는 비판이 학계에서 제기되고 있다.

5.2 우리나라 시장에의 적합성

20세기 말 자본시장의 세계화를 배경으로 미국의 수요예측제도가 신규공모시장의 운영 모범으로서 각국에 전파된다. 이 흐름 아래 우리나라도 1997년 수요예측제도를 신규공모시장의 운영제도로 도입한다. 비록 미국식 제도를 원형으로 하고 있지만 한국의 수요예측제도는 두 가지 점에서 미국의 그것과 큰 차이를 지니고 있다. 먼저 역사적 배경의 차이이다. 미국에서 명성 인수인의 존재는 자본시장의 발전과 궤를 같이하면서 19세기 말에서 20세기를 거치며 점진적으로 진행된 진화의 결과로 이해되고 있다. 반면 한국의 자본시장은 공공부문의 관리 아래 발전하여 왔다는 미국과는 상이한 역사적 배경을 지니고 있다. 두 번째 차이는 우리나라의 수요예측제도가 시장관행이 아니라 규제로서 도입되었으며 세부적인 제도의 내용에서 인수인의 재량권에 제약이 있다는 점이다. 우리나라 수요예측제도는 금융투자협회 규정에 의해 운영된다.[5]

다음은 현재 우리나라와 미국의 수요예측제도 운영방식을 간략히 비교한 것이다. 우리나라의 수요예측제도는 인수인에게 재량권을 허용하지 않는다. 무엇보다도 인수인은 수요예측에 참여할 투자자의 범위를 스스로 정할 권한이 없다. 수요예측에 참여할 수 있는 투자자의 범위와 자격은 규제로 정해진다.[6] 현재 수요예측에 참여할 수 있는 투자자는 모든 증권사, 펀드 등 대부분의 기관투자자가 망라되어 있다. 이들 기관투자자는 모든 신규공모주식의 수요예측에 인수인이 누구든 참여할 수 있다. 인수인이 관여할 여지는 없다. 그러므로 수요예측 참여자가 정해지는 방식에서 우리나

---

5. 금융투자협회 "증권인수업무 등에 관한 규정"과 "기업공개 수요예측 모범 규준"이다.
6. 금융투자협회 "증권인수업무 등에 관한 규정"의 2조 8항에서 수요예측 실시 대상 투자자의 범위를 정하고 있다.

라 수요예측제도는 경매와 차이가 없다. 수요예측 참여자의 범위를 인수인이 제한할 권한이 없으므로, '명성 인수인' 이론의 근거인 인수인과 수요예측 참여자 사이의 장기 거래관계가 형성될 기반이 우리나라 신규공모시장에는 없다.

또 공모주식을 누구에게 얼마의 양을 배정할 것인지를 정하는 물량배정 권한도 제한적이다. 공모물량 배정방식은 빈번한 규제변경으로 인수인의 권한이 변동되어 왔는데, 그동안 인수인의 재량배정은 미미하였다. 최근 2020년 무렵부터 원칙적으로는 인수인의 재량배정이 허용되었는데, 수요예측 참여자의 범위를 인수인이 정하지 못하므로 수요예측에 참여하여 최종 공모가 이상의 가격에 매입의사를 밝힌 투자자에게는 일단 모두 배정이 되고 있는 것으로 알려져 있다.

표 8-3 한국과 미국의 수요예측 운영방식 비교

	한국 신규공모시장	미국 신규공모시장
가격결정	공모가 산정 방식 상세 공시	인수인 자율
수요예측 참여 투자자	규제로 참여자 범위 관리	인수인 자율
물량배정	규제로 배정방식 관리	인수인 자율

자료 : 신인석 등(2016), 『한국 신규공모시장의 구조분석』, 연구총서 16-02, 자본시장연구원.

인수인의 재량이 제한되어 있으므로 '명성 인수인' 이론은 우리나라 자본시장에는 적용되기가 어렵다. 그럼에도 앞에서 보았듯이 우리나라 신규공모시장은 나름 활발한 시장이다. 정보비대칭성의 문제, 특히 앞에서 거론한 승자의 저주 문제는 어떤 메커니즘에 의해 해결되고 있는 것일까? 영미와 비교할 때 신규공모 과정에서 인수인의 재량적 역할이 없는 이유는 그 자리를 규제가 차지하고 있기 때문이다. 이 규제의 제개정과 집행은 금융감독당국의 역할이다. 또 신규공모는 대부분 상장과 동시에 진행된다. 영미 거래소의 상장과정과 비교할 때 우리나라의 경우 상장과정에서 인수인의 역할은 작고 상대적으로 거래소의 상장심사 기능은 크다. 그러므로 우리나라의 신규공모시장의 관리 및 운영자 역할은 영미 시장과 비교할 때 영미에서 인수인의 역할을 상당 부분 감독기구와 거래소가 대신한다고 할 수 있다. 투자자가 신규공모시장에서 직면하는 정보비대칭성 문제가 감독기구와 거래소에 의해 완화되는 방식이다.

우리나라 신규공모시장에서 인수인의 상대적으로 작은 역할을 방증하는 것이 인수수수료율과 신규공모기업의 특성이다. [그림 8-4]는 우리나라와 미국 등 주요국의 인수수수료율을 비교한 것이다. 우리나라 수수료율의 수준이 현저히 낮다. 수수료율이 인수인의 서비스에 대한 시장의 가치평가를 반영한다고 할 때 인수인의 기능이 상대적으로 낮음을 시사한다. 명성 인수인 이론에서 미국 투자은행의 높은 인수수수료율은 '명성 자본'을 축적한 소수 투자은행이 받아가는 과점 수수료율로 설명된다. 7장에서 우리나라는 모든 증권사들이 인수시장에서 경쟁하고 있음을 보았다. 특별히 명성을 축적한 증권사가 없으므로 모든 증권사들이 치열한 가격경쟁으로 시장점유율을 높이려는 경쟁구조로 설명될 수 있겠다.

그림 8-4 인수수수료 국제비교

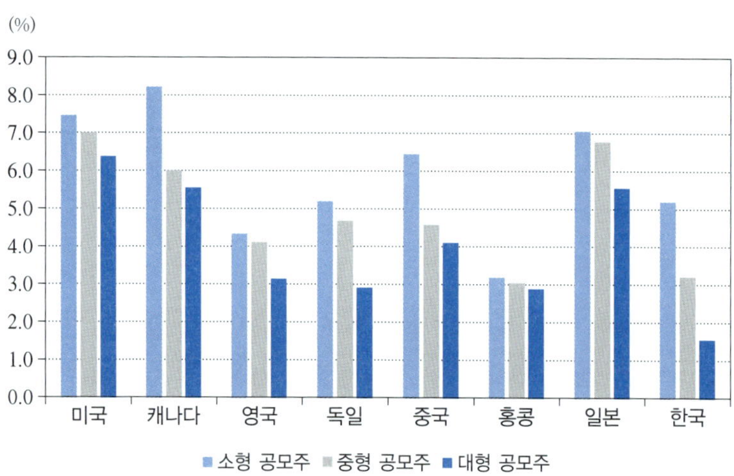

주 : 2001~2014년 신규공모기업 평균

자료 : 신인석 등(2016), 『한국 신규공모시장의 구조분석』, 연구총서 16-02, 자본시장연구원.

다음은 신규공모기업의 특성이다. [그림 8-5]는 각국 신규상장기업의 상장 직전 수익성을 비교한 것이다. 영국, 캐나다 등 같은 영미 자본시장에서도 적자 기업들의 상장이 활발하다. 기업가치가 현재의 수익성보다는 미래 성장성에 의존한 기업들이다. 불확실한 미래 성장성이 기업가치의 원천이므로 그만큼 정보비대칭성이 큰 기업들이라고 하겠다. 이 경우 명성 인수인의 역할 없이는 상장이 어려울 것이다. 반면 우리나라 신규상장기업은 이들 국가에 비해 상장 직전 수익성이 양호한 기업들이다. 기업가치평가가 상대적으로 미국 및 유럽에 비해 비교적 용이한 표준화된 기업들이라고 하겠다. 기업가치에 대한 투자자 간 정보비대칭성이 상대적으로 작다. 따라서 명성 인수인의 역할이 작은 기업들이 주로 신규공모와 상장기업이 되고 있음을 시사한다.

그림 8-5 신규상장기업 수익성(상장 직전) **국제비교**

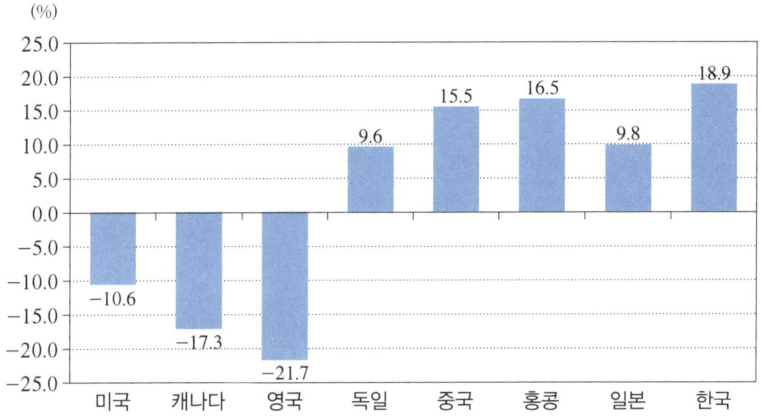

주 : 2001~2014년 신규공모기업 평균

자료 : 신인석 등(2016), 『한국 신규공모시장의 구조분석』, 연구총서 16-02, 자본시장연구원.

미국형 투자은행 중심 자본시장은 혁신기업의 발굴에 유리할 것이다. 대신 투자은행의 도덕적 해이 또는 이해상충 행위 가능성이 열려 있어 일반 투자자의 이익침해 가능성이 높다. 우리나라와 같은 공공인프라 중심 자본시장은 시장의 안정성과 투자자 보호에 유리하다. 반면 혁신기업 발굴에는 한계가 있을 수 있다.

증권업의 경영 측면에서 보면, 미국에서는 과거 '명성 자본'을 축적한 소수의 투자은행들이 인수업과 인수업에서 파생된 사업부문에서 과점기업의 이익을 누려 왔다. 우리나라에서는 '명성 자본'이 부재한 가운데 비슷한 지위에 있는 40~50개의 증권사들이 전통적인 사업부문에서 경쟁하여 왔다. 가격경쟁이 치열하므로 전통 증권업 부문에서의 수익성이 낮다. 따라서 비전통적인 신규 사업부문과 수익기회를 지속적으로 모색할 유인이 있다. 이것이 21세기 들어 국내 증권사들이 파생결합증권 관련 사업, 2015년 이후 부동산PF 관련 사업 등 비전통적 사업부문에 역량을 집중한 배경이라 하겠다.

요약

1. 신규공모주의 상장 후 시장가격이 공모가격을 크게 초과하여 양(+)의 초과수익률을 기록하는 'IPO 저평가 현상'은 효율적 시장 가설과 배치되는 이례현상이다.

2. 신규공모시장은 정보비대칭성이 존재하는 시장으로 경매방식으로 운영될 경우 '승자의 저주' 문제로 시장실패가 발생할 위험이 높다. 명성 인수인 이론은 신규공모시장의 실패 문제 해소를 미국 투자은행의 존재 이유로 설명한다.

3. 미국 자본시장에서 인수인은 수요예측제도에 의해 발행시장을 운영한다. 수요예측제도에서는 공모참여 투자자 범위, 공모가격 결정방식, 공모물량 배정방식이 모두 인수인의 재량에 의해 정해진다.

4. 명성 인수인 이론은 인수인의 재량으로 운영되는 수요예측제도에 정보 제공 투자자에 대한 보상 및 징벌 장치, 인수인에 대한 신뢰 메커니즘, 인수인의 보상장치가 내재되어 있다고 본다.

5. 2008년 세계 금융위기 이후 '명성 인수인' 이론에 대한 비판이 적지 않다. 1990년대 이후 미국 투자은행의 사업 모형은 과거와 달라졌다. 전통적인 인수인 업무 이외에 새로운 업무의 이익 비중이 높아졌다. 투자은행의 유인체계에 변화가 생겼을 가능성이 있다. 이에 '명성 인수인' 이론의 현실 정합성이 낮아졌다는 비판이 제기되고 있다.

6. 미국과 달리 우리나라 자본시장에서 인수인의 재량은 제한적이다. 이에 '명성 인수인' 이론은 우리나라 자본시장에는 적용되기가 어렵다. 우리나라의 신규공모시장은 공적 기구의 역할이 크다.

연습문제

1. 다음 개념을 설명하라.

(1) 개별가치 경매

(2) 공통가치 경매

(3) 승자의 저주

2. IPO 저평가

IPO 저평가 현상이 효율적 시장 가설과 배치되는 이유를 설명하라.

3. 신규공모시장의 실패

신규공모시장이 고정가격입찰제도로 운영될 경우 시장실패가 발생할 수 있음을 설명하라.

4. 명성 인수인 이론

명성 인수인 이론에서 인수인의 도덕적 해이를 제어하는 요소가 무엇인지 설명하라. 이 제어장치가 1990년대 이후 약화되었다면, 그 이유가 무엇인지 논하라.

5. 우리나라 신규공모시장

우리나라 수요예측제도가 어떤 점에서 명성 인수인 이론과 일치하지 않는지 설명하라.

펀드의 사업 모형

9장

1. 개요 / 2. 펀드제도의 정의 / 3. 펀드제도의 유형 / 4. 펀드제도의 구성기관
5. 펀드제도 구성기관의 사업 모형 / 6. 펀드제도 구성기관의 수익구조

1. 개요

은행, 보험사, 증권사 등 전통적인 금융중개기관은 하나의 사업체이다. 그 경제적 기능이 무엇이든 하나의 기업 또는 사업체가 금융중개기관이 되어 해당 기능을 수행한다. '펀드'는 다르다. 전통적 금융중개기관과는 달리 하나의 사업체 또는 금융중개기관이 아니다. '펀드'는 자금이 모집된 기구를 의미할 뿐이다. 펀드의 자금 모집, 모집된 자금의 운용, 관리 등 제반 서비스를 제공하는 금융중개기관들—운용사, 판매사, 수탁사 등—이 각 기능별로 별도로 존재한다. 즉, '펀드'는 금융중개기관이 아니라 그 기능의 수행을 위해 여러 금융중개기관이 관여하는 '금융중개제도'이다.[1]

그러므로 펀드의 사업 모형, 수익구조 및 관련된 사업위험을 논의하기 위해서는 먼저 '펀드'라는 금융중개제도가 무엇인지를 정의하여야 한다. 이에 2절에서는 먼저 경제적 기능을 기준으로 펀드라는 금융중개제도를 정의한다. 3절에서는 펀드제도의 유형을 설명한다. 펀드의 사업 모형은 4절에서 설명한다. 펀드는 그 자체가 금융기관이 아니고 복수의 금융기관이 참여하는 간접금융상품이다. 그러므로 펀드의 사업 모형 논의는 펀드제도를 구성하는 각 금융기관의 사업 모형을 설명함을 뜻한다. 이들 각 금융기관의 사업 모형을 설명한 뒤 이를 근거로 한 펀드제도 구성기관의 수익구조와 사업위험은 5절과 6절에서 다룬다.

한편 '펀드'는 실무에서 사용되는 용어이고, 법규 등에서는 보통 '집합투자기구(Collective Investment Vehicle)'라는 개념이 사용된다. 그래서 '펀드제도'를 뜻하는 법규의 용어는 '집합투자제도(Collective Investment Scheme)'이다. 이하에서는 주로 '펀드', '펀드제도'라는 용어를 사용할 것인데, '집합투자기구', '집합투자제도'도 같은 의미의 용어임을 언급해 둔다.

1. 이하에서도 '펀드'는 금융중개제도, 즉 '펀드제도'를 뜻하는 의미로 사용되는 경우가 많을 것이다. 때로는 말 그대로 자금이 모집된 기구를 뜻하는 경우도 있다. 맥락에 따라 이해하면 되겠다.

2. 펀드제도의 정의

2.1 펀드제도의 정의

'펀드제도' 또는 '집합투자제도'를 경제적 기능을 기준으로 정의해 보자. 펀드제도는 '복수의 투자자를 대상으로 주식의 성격을 지닌 유가증권을 판매하여 기금(즉, 펀드)을 조성한 뒤, 이 기금을 전문운용인이 투자자의 이익을 위하여 금융자산 또는 실물자산에 투자하는 제도'를 뜻한다.[2] 정의를 살펴보면 '간접투자', '운용손익의 투자자 귀착', '집합투자' 등 세 가지 특성이 요건이다. 이하 이들 특성을 좀 더 살펴보자.

(1) 간접투자

미래 수익을 목적으로 금융자산 또는 실물자산에 투자하는 경우 직접투자와 간접투자의 두 가지 방법이 있다. 직접투자는 투자자가 직접 적합한 자산을 찾아 투자하는 방법이다. 주식시장의 투자에서 흔하다. 또 부동산시장의 투자에서도 흔하다. 간접투자는 투자자가 투자자금을 대리인에게 맡겨서 이들이 투자자의 이익을 위하여 자금을 운용하도록 하는 방법이다. '펀드'는 대리인에게 맡겨 간접투자를 하는 경로이다.

(2) 운용손익의 투자자 귀착

펀드의 투자자에게는 '주식의 성격을 지닌 유가증권'이 발행된다. 우리나라의 경우 '수익증권'이라고 불린다. 여기서 주식의 성격을 지닌 유가증권이란 자금을 공급

2. 이 정의를 포함하여 이 장의 서술은 신인석(2002), 『집합증권투자 규제 연구』, 연구보고서 2002-05, 한국개발연구원을 많이 참조하였다.

한 투자자가 펀드의 운용결과에 대하여 잔여권리(residual claim)만을 보유함을 의미한다. 달리 말하면 펀드제도에서 투자자는 펀드라는 주식회사의 주주에 해당한다. 주식회사와 펀드가 다른 점은 펀드는 오로지 자산투자만을 목적으로 운영된다는 점이다. 주식회사의 주주는 회사 경영으로 100의 매출액이 발생하였을 때 각종 임금비용과 채권자에 대한 이자지급 등이 모두 완료된 뒤의 순이익에 대해서만 권리를 갖는다. 마찬가지로 펀드의 투자자는 펀드 운용과정에서 소요된 모든 경비를 제외하고 발생한 모든 순손익에 대해 권리를 갖는다.

(3) 집합투자

펀드는 1인 투자자가 아니라 복수 투자자의 간접투자 수단이다. 복수의 투자자가 단일한 기금, 즉 펀드를 형성하고, 해당 기금의 운용은 단일 전문운용인이 맡는 방식이다. 펀드를 법적으로 '집합투자기구'로 정의하는 이유는 복수의 투자자가 관여됨을 강조하기 위함이기도 하다.

2.2 다른 금융중개제도와의 차이

(1) 은행과 펀드의 차이

은행과 펀드의 근본 차이는 운용손익의 투자자 귀착 여부에 있다. 은행은 채권형 금융수단인 예금을 발행하여 자금을 조달하고, 펀드는 주식형 유가증권인 수익증권으로 자금을 조달한다. 예금은 은행의 부채이므로 은행의 수익성과 관계없이 약속된 예금이자가 예금자에게 지급된다. 펀드는 주식형 유가증권의 속성에 의해 펀드의 운용성과에 따라 자금공급자인 투자자의 수익성과가 달라진다. 펀드의 운용성과와 자금공급자의 수익성과가 직접 연계되어 있다는 점이 은행과 펀드의 근본 차이이다.

다음으로 은행과 펀드는 자산구조에도 차이가 있다. 은행은 예금으로 조달한 자금을 주로 대출에 운용한다. 펀드는 주로 유가증권에 운용한다. 실물자산에 투자하는 펀드도 있지만, 펀드산업의 성장은 주로 주식, 채권 등 자본시장의 증권에 자산을 운용하는 펀드에 의해 주도되어 왔다.

(2) 투자일임과 펀드의 차이

간접투자의 방법에는 펀드 이외에 '투자일임'이 있다. 펀드와 투자일임의 차이는 집합투자의 여부이다. 투자일임은 투자자가 자신을 대신하여 투자서비스를 제공할 운용자와 1대 1의 투자위탁 계약을 맺는 것이다. 우리나라의 경우 증권사에서 제공하는 '랩어카운트(wrap account)' 상품이 대표적인 투자일임 상품이다.

3. 펀드제도의 유형

3.1 규제환경에 의한 구분

(1) 공모펀드와 사모펀드

자본시장의 현장에서 펀드는 '공모펀드'와 '사모펀드'로 흔히 대별된다. 이 구분은 규제환경에 따른 구분이다. 펀드제도는 1920년대 본격적으로 영미의 자본시장에 등장하였다. 1920년대 영미에서 펀드가 대거 설립될 무렵 영미의 시장경제는 자유방임주의가 지배하고 있었고, 펀드제도에 대한 공적 규제는 없었다. 미국에서 1929년 대공황 이후 활황기에 설정되었던 다수 펀드에서 투자자 보호 문제가 대두되었고, 사회적으로 공적 규제의 필요성이 제기되었다. 이후 장기간의 논의를 거쳐 펀드의 체계적인 규제체계가 미국에서 마련되었다. 미국은 1940년 펀드 규제법으로서 "투자회사법(Investment Company Act)"을 제정하였는데, 이후 현대 펀드 규제체계의 준거가 되었다.

"투자회사법"에 의한 미국의 펀드 규제는 먼저 규제대상 펀드와 비규제펀드의 구분에서 시작된다. 이는 비슷한 무렵 도입된 유가증권 발행 및 유통 시장에 적용된 규제철학과 맥락을 같이 한다. 6장에서 1933년 제정된 미국 "증권법"과 1934년 제정된 "증권거래소법"의 규제철학이 불특정 다수의 일반 투자자를 대상으로 한 증권 발행(공모발행)에 국한하여 공적 규제를 적용하고, 소수의 투자자를 대상으로 한 증권 발행(사모발행)은 시장의 자율 영역으로 침해하지 않는 것임을 설명하였다. 이를 펀드에 대해서도 그대로 반영하여 불특정 다수의 일반 투자자를 대상으로 설정된 펀드(공모펀드)에 국한하여 공적 규제를 적용하고, 그 이외의 펀드(사모펀드)는 완전한 시장의 자율 영역으로 남겨두었다. 그러므로 미국을 기준으로 한다면 공모펀드는 '규제펀드(regulated fund)', 사모펀드는 '비규제펀드(unregulated fund)'인 셈이다. 우리나라의 규제체계는 미국과 달라 규제를 받지 않는 펀드는 없다. 비규제는 아니지만 사모펀드는 공모펀드에 비해 규제수준이 약하다.[3]

(2) 펀드 규제의 목적과 주요 내용

가. 펀드 규제의 목적

펀드 규제는 펀드의 사업 모형에 결정적으로 영향을 끼쳐 왔다. 20세기 후반 이래 펀드산업이 크게 성장하고 있는 가운데, 그 과정에서 규제받는 공모펀드와 규제가 없거나 약한 사모펀드는 각각 사업 모형과 경제적 기능에서 차이를 보이며 진화되는 모습이다. 이에 두 펀드 유형 구분의 기준이 되는 공모펀드 규제의 주요 내용은 펀드산업의 과거 추이의 이해, 나아가 현재 현황 및 미래 전개방향을 논의하는 데 있어서

3. 좀 더 자세한 내용은 11장 사모펀드 설명에서 다루어진다.

필요지식이다. 먼저 펀드 규제의 목적을 설명하고 목적 달성을 위한 주요 규제원칙을 다음 항에서 소개한다.

펀드는 투자자가 전문운용인의 운용서비스를 활용하는 제도이다. 이 기본 속성으로 인해 펀드제도에는 투자자와 운용인 사이의 대리인 문제가 내재되어 있다. 전문운용인이 펀드의 현재 및 미래 가치에 대해 투자자보다 정보우위에 있다고 보아야 할 것이기 때문이다. 정보우위를 활용해 펀드의 운용인은 투자자의 이익보다는 자신의 이익을 추구할 도덕적 해이의 유인이 있다. 펀드제도의 법규에서는 이 도덕적 해이 행태를 흔히 '이해상충 행위'라고 지칭한다. 투자자의 이익과 운용인의 이익이 충돌하는 행위라는 의미이다.

특히 펀드는 복수의 투자자와 운용인(그리고 다른 펀드제도 구성 금융기관) 사이의 관계이므로 운용인의 대리인 문제를 시장 자율, 즉 투자자 스스로 해결하기 어려울 수 있다. 복수의 투자자 사이에는 '집합행동의 문제'가 있어 운용인의 행태를 감시하기 위한 협조가 어려울 것이기 때문이다. 따라서 운용인의 투자자에 대한 대리인 문제 해소를 위한 공적 개입이 정당화된다. 법적으로는 이를 '투자자 보호'라 표현한다.

나. 펀드 규제의 주요 원칙

미국의 펀드 규제의 근간인 "투자회사법"은 유가증권에 투자하는 증권펀드가 대상이다. 이에 미국 "투자회사법"이 전형이 되어 확립된 공모펀드 규제 원칙은 증권에 투자하는 공모펀드를 기준으로 한 것이다. 공모펀드 규제는 일일 시가평가, 주요 정보 공시, 차입 금지, 이해상충 행위의 열거 금지, 3자에 의한 운용자 감시, 성과보수 금지 등 6대 원칙으로 정리된다. 현재 우리나라의 펀드 규제도 이 원칙이 적용된다. 이들 규제는 ① 투자자 관점에서 펀드 운용의 투명성을 높여 정보비대칭성 자체를 완화하고, ② 운용사의 이해상충 행위 유인을 제어하는 것이 목적이다. 일일 시가평가와 주요 정보 공시는 ①에 해당된다. 차입 금지를 제외한 나머지 규제는 운용사의 이해상충 행위 유인을 약화시키는 효과가 있다. 차입 금지는 두 가지 목적을 동시에 지니고 있다.

■ 일일 시가평가

'일일 시가평가(Daily Marking to Market)' 원칙은 펀드의 보유자산 유가증권을 시장가격(또는 시장가격이 없는 경우 공정가격)에 의해 매일 평가하고 그에 따라 펀드의 순자산가치(Net Asset Value)를 계산하여야 함을 말한다. 펀드가 발행한 수익증권의 가격은 이렇게 계산된 순자산가치를 반영하여 매일 갱신된다. 매일 시가평가에 의하여 평가된 수익증권의 가격은 '기준가격'이라 불린다. 기준가격 산출을 규제에 의해 의무화하는 이유는 투자자가 참조할 수 있는 운용성과 기초정보가 최대한 실시간으로 생산되도록 하기 위함이다.

■ 주요 정보 공시

공시가 일반 주식회사의 공모발행 증권에 대해서도 적용되는 기본 규제원칙이라는 점은 앞에서 설명하였다. 펀드도 기본적으로 수익증권이라는 주식형 증권을 발행하여 투자자로부터 자금을 모집하므로 같은 방식의 규제가 적용된다. 모든 공모펀드는 투자자에게 투자권유 시 '투자설명서'를 제공하여야 한다. '투자설명서'는 펀드의 운용전략, 수익증권의 매입 및 환매 정보, 자산평가 방식 등 정보를 담도록 규제된다. 또 수익증권 매입으로 펀드에 자금을 제공한 투자자에게 운용인은 매분기 펀드운용결과를 설명하는 '자산운용보고서'를 제공하여야 한다. '자산운용보고서'에는 일일 시가평가로 평가된 펀드의 운용성과와 주요 투자종목 등이 포함된다. 이 규제의 목적은 명백하다. 정보전달을 강제함으로써 투자자와 운용인 사이 정보비대칭성을 최소화하기 위함이다.

■ 차입 금지

'차입 금지'는 펀드의 차입을 금지하는 것이다. 이 규제로 인해 공모펀드의 자금조달 수단은 수익증권 발행이 유일하고, 펀드의 자본구조는 모든 자금이 수익증권으로 조달된 자본금으로 한정된다. 자본구조를 이렇게 단순화하는 이유는 한편으로는 펀드의 투명성을 높이기 위함이다. 미국에서 펀드가 성행하기 시작한 1920년대 당시 펀드를 운용한 금융기관들은 다양한 방식의 차입으로 펀드의 규모를 키웠는데, 그 결과 펀드의 자본구조는 대단히 복잡한 모습을 띠게 되었다고 한다. 1940년 "투자회사법" 제정을 위한 조사연구로서 1935년 미국 SEC가 행한 '투자신탁 연구(Investment Trust Study)'가 지적한 개선사항 중 한 가지가 차입에 의한 복잡한 자본구조였다. 복잡한 자본구조가 투자자 관점에서 펀드의 투명성을 저해하여 운용사들의 이해상충 행위를 용인하도록 하였다는 것이다. 차입이 금지되므로 펀드의 총자산가치는 수익증권의 총가치와 동일해지고, 자산가치가 계산되면 수익증권의 가격이 바로 도출된다.

차입 금지의 또 하나의 취지는 운용사의 이해상충 행위 약화이다. 운용사의 보수는 운용자산의 규모에 비례한다. 운용손익은 투자자에게 귀착되므로 운용사는 가능한 한 운용자산 규모를 키우려는 유인이 있다. 투자위험이 높은 펀드의 주주인 투자자의 이익 관점에서는 투자가 적절하지 않은 경우에도 운용사는 차입으로 투자를 실행할 유인이 있다. 차입 금지는 이러한 고위험 투자 유인을 약화시키는 효과가 있다.

▪ 이해상충 행위 열거 금지

'이해상충 행위 열거 금지'는 운용인이 투자자의 이익이 아니라 자신의 이익을 추구할 가능성이 있다고 여겨지는 특정 행위들을 구체적으로 열거하여 금지하는 규제방식을 말한다. 이해상충 행위는 개념적으로는 자산운용사가 투자자의 이익이 아니라 자신의 이익을 추구하기 위하여 범하는 모든 행위를 지칭한다. 따라서 그 모든 행위가 사전적으로 개념화될 수는 없다. 그렇지만 이미 과거 경험에 의하여 이해상충 행위의 소지가 높은 행위는 열거해서 명시적으로 금지하겠다는 접근방식이다.

▪ 3자 감시장치

공모펀드 규제에서 독특한 것은 3자에 의한 감시장치의 구축이 법규에 의하여 세밀하게 요구되고 있다는 점이다. 펀드제도에서 3자 감시장치는 '회사형'과 '신탁형' 사이에 차이가 있다.[4] 회사형 펀드제도의 경우 이사회에 3자 감시장치가 설치된다. 미국의 "투자회사법"은 모든 펀드에 의무적으로 이사회를 설치하고 이 이사회의 일정 비율 이상은 운용사와 이해관계가 없는 '독립이사(Independent Director)'로 구성할 것을 규정하고 있다. 그리고 이 독립이사들에게 운용사가 투자자의 이익에 충실하게 투자기금를 운용하는지의 여부를 감시할 책임과 의무를 부여하고 있다.

신탁형 펀드제도에서는 수탁회사가 감시장치이다. 신탁형 펀드제도의 기원국인 영국의 경우 자산운용사에 대한 감시 의무는 '수탁회사'에 부여되어 있다. 비록 감시기구의 형태가 다르지만 수탁회사가 수행하여야 할 의무로 법규가 규정하고 있는 내용은 미국 "투자회사법"의 경우와 대동소이하다. 우리나라의 펀드 규제도 영미의 예를 수용하여 신탁형 펀드제도인 투자신탁 제도에서는 수탁회사, 회사형 펀드제도인 투자회사제도에서는 독립이사에게 운용사에 대한 감시 의무가 부여되어 있다.

▪ 성과보수 금지

공모펀드의 운용사는 성과보수 계약이 금지되어 있다. 운용사는 펀드 설립 시에 정한 운용수수료율에 펀드의 운용자산 규모를 곱한 금액을 운용보수로 받는다. 운용자산 규모에 따라 보수금액이 달라지지만 운용성과에 따라 보수금액을 변동시킬 수는 없도록 되어 있다. 성과보수는 운용사가 운용보수 극대화를 위하여 과도한 위험추구를 할 유인을 낳을 수 있다. 성과보수 금지 규제는 이 유인의 제거가 목적이다.

---

4. 회사형과 신탁형 펀드제도는 다음 3.2절에서 설명한다.

3.2 펀드의 법적 존재 형태에 의한 구분

(1) 펀드의 법적 형태

펀드제도가 금융제도로 본격 등장한 것은 1920년대 미국과 영국에서의 일이다. 당시 자본시장의 호황을 배경으로 펀드가 일반인의 투자경로로 각광을 받으며 설립 붐이 조성되었다. 특별한 규제가 없는 상황에서 두 나라의 펀드제도는 기존 법제를 활용하여 설립되었다. 미국은 펀드가 회사의 법적 형식을 취하여 설립되는 '회사형'으로 발전하였고, 영국은 신탁제도를 활용한 '신탁형' 펀드제도로 발전하였다.[5] 두 유형의 펀드제도는 오늘날에도 이어지고 있다.

회사형 펀드제도는 집합투자기구가 회사의 설립 형식을 취하여 결성되는 유형을 말한다. 집합투자기구가 주식회사, 유한회사, 합자회사, 합자조합 등 일반 회사의 다양한 법적 조직체(법인) 형식을 빌려 설립되는 경우이다. 회사형으로 설립된 집합투자기구는 당연히 법적으로 회사의 지위를 갖게 된다. 1920년대 이후 미국의 펀드산업은 회사형 집합투자기구를 중심으로 성장하였다. 미국의 펀드 규제법에서 펀드를 '투자회사'로 지칭하는 이유이기도 하다.[6]

한편 신탁형은 신탁계약의 형식을 빌어 설립된 집합투자기구를 말한다. 신탁계약에는 위탁자(Trustor), 수탁자(Trustee), 수익자(Beneficiary) 3자가 존재한다. 예를 들어 A가 B에게 토지를 맡기면서 C의 이익을 위해 토지를 관리해 줄 것을 내용으로 계약을 맺게 되면 A가 위탁자, B가 수탁자, C가 수익자인 신탁계약이 되며, 토지는 이 신탁계약의 대상인 '신탁재산'이 된다. 신탁계약으로 집합투자기구가 설립될 경우 집합투자기구는 법적으로 '신탁재산'의 형식을 취하게 된다.

---

5. '신탁형' 펀드제도는 '계약형'이라 불리기도 하는데, 여기서는 신탁형이라 부르기로 한다.
6. 미국에서 펀드를 지칭하는 실무 및 일상 용어는 '뮤추얼 펀드(Mutual fund)'이며, 법적 용어는 '투자회사'이다.

(2) 회사형과 신탁형의 지배구조

회사형 집합투자기구는 일반 회사와 유사한 지배구조 형식을 취하게 된다. 주식회사의 형식을 취한 집합투자기구를 예로 들면, 투자자들은 주주이고 이사회가 존재한다. 그러므로 투자자들은 주주총회를 통해 집합투자기구의 주요 결정에 관여할 수 있고, 집합투자기구의 실제 운영상 중요 결정은 이사회의 책임이다. 회사형 집합투자기구가 가장 번성한 미국의 사례를 보면, 집합투자기구의 운용을 책임질 자산운용사와의 계약, 운용자산의 보관과 관리를 책임질 자산보관회사와의 계약 등이 모두 이사회의 권한과 책임이다. 이때 이사회의 독립이사는 투자자를 대신하여 운용사를 감시하는 역할을 담당한다. 2절에서 설명한 펀드 규제 원칙 중 '3자 감시' 기능이 이사회의 독립이사에게 부여되어 있는 것은 회사형 펀드에서는 이사회가 펀드제도의 중심기구이기 때문이다.

신탁형 펀드제도에서 투자자를 대신한 운용사에 대한 감시 기능은 수탁회사에게 부여되어 있다. 수탁회사는 신탁재산인 집합투자기구 자산의 보관과 관리는 물론이고 수익자의 이익을 위하여 최선을 다하여야 하는 법적 의무가 있다. 이 의무에는 자산의 안전한 보관과 관리는 물론이고, 위탁자인 자산운용사의 운용지시가 애초 수익자에게 약속한 운용지침에 어긋나지 않는지의 여부를 감시하는 것도 포함된다.

(3) 우리나라 펀드의 존재 형태

영미에서 집합투자제도가 자본시장의 발전과정에서 자연발생적으로 등장하였던 것과는 달리 우리나라의 집합투자제도는 다른 금융제도와 마찬가지로 국가에 의해 도입되었다. 1969년 일본의 투자신탁제도를 준거로 하여 관련법이 제정되면서 집합투자제도가 만들어졌고, 자산운용사도 정부 주도로 설립되었다. 일본의 제도가 영국식의 신탁형 집합투자기구였으므로 우리나라의 집합투자산업도 신탁형으로 출발하였고, 이후 오늘날까지 우리나라의 펀드제도는 신탁형으로 성장하여 왔다. 오늘날 우리나라의 일상 경제생활에서 집합투자기구를 지칭하는 용어로 '투자신탁'이 주로 사용되는 이유이기도 하다.

신탁형 펀드제도만이 법적으로 가능하였던 법환경은 외환위기 이후 1998년 회사형 펀드제도를 허용하는 법규가 제정되며 변화되었다. 이에 현재 우리나라에서는 법환경을 기준으로 하면 회사형과 신탁형 펀드제도가 공존한다. 그러나 역사적 발전 경로에 따라 우리나라의 펀드는 여전히 대부분 신탁형 펀드로 설립·운영되고 있다.

〈좀 더 알아보기 9-1〉 신탁형과 회사형 펀드제도 분기의 이유

1920년대 미국과 영국에서 각기 다른 집합투자기구 제도가 진화한 배경은 무엇이었을까? 아마도 당시 두 나라의 금융산업의 구조 차이가 원인이었다고 보인다. 다음 관련 연구를 참조해 보자.

"수탁회사를 3자 감시기구로 하는 유닛 트러스트(Unit Trust, 영국의 신탁형 집합투자기구)의 성장은 투자자에게 신인도가 높은 수탁회사의 존재를 필요조건으로 한다. 수탁회사가 신인도가 없을 경우 3자 감시기구로 수탁회사를 설정하는 것의 의의가 사라지기 때문이다. 실제로도 미국과 영국 모두에서 신인도가 높은 수탁회사의 선임이 유닛 트러스트에 투자자를 유인하는 데 중요한 요인으로 작용하였던 것으로 보인다. 미국에서 유닛 트러스트가 대공황 직후인 1930년대 잠시 빠른 성장을 보이다가 이후 성장이 정체된 것은 그 당시 수탁회사를 맡을 신인도 높은 은행의 수가 적었던 것이 중요한 요인이었다는 기록이 있다. 영국의 경우에도 역사 기록을 보면 '잘 알려져 있고 평판이 좋은 수탁회사(well-known and respected trustee)'를 선임하는 것이 유닛 트러스트에 투자자를 유인하기 위한 필수요건이었다고 한다. 바로 이 '신인도 높은 수탁회사의 존재 여부'라는 조건에서 1930년대 당시 미국과 영국 사이에는 차이가 있었던 것으로 생각된다. 수탁회사는 신탁업을 영위하는 금융기관이 할 수 있는 업무이므로, 두 나라 모두 유닛 트러스트에 대하여 수탁회사 역할을 할 수 있는 금융기관은 은행이었다. 영국의 은행산업은 제1차 세계대전 이전에 은행 간 흡수합병이 활발히 이루어진 결과 1914년 이후에는 과점구조를 이루고 있었다. 1917년을 기준으로 할 때 소위 런던의 '5대 은행(Big Five)'이 은행산업에서 차지하는 비중이 예금 기준 75% 이상이었다. 이들 5대 은행에 대한 일반 대중의 신인도는 자연히 높을 수밖에 없었다. 1930년대 유닛 트러스트가 등장하여 성장할 당시 수탁회사를 담당한 금융기관이 바로 이들 5대 은행이었다. 과점적인 은행산업을 배경으로 신인도가 높은 대형 은행이 수탁회사 역할을 할 수 있었던 영국에 비할 때 미국의 상황은 차이가 있었다. 미국의 은행은 역사적으로 지점을 설치하는 것이 제약되어 왔다. 그 결과 미국의 은행산업 구조는 영국의 과점적 구조와는 달리 소규모의 다수 은행이 존재하는 구조를 띠고 있었다. 1920년 당시 미국 3대 은행이 전체 은행산업에서 차지하는 비중은 자산기준 10.4%에 불과하였다. 이처럼 은행산업이 영세했기 때문에 미국 은행은 경기침체가 있을 때마다 영국 등에 비교할 때 항상 파산은행이 다수 발생하였다. 따라서 은행 파산이 정기적으로 발생하는 미국에서 은행의 신인도가 특별히 높았을 것으로 보기는 어렵다. 이상은 영국이 1920년대 수탁회사를 3자 감시장치로 하는 지배구조의 성장이 미국에 비하여 보다 용이할 수 있는 객관적인 조건을 갖추고 있었음을 시사한다. 또한 이러한 초기 여건의 차이를 배경으로 두 나라 집합투자기구의 지배구조가 상이한 경로를 걷게 되었다는 추론이 가능하다." (신인석(2003), 『집합증권투자 규제 연구』, 연구보고서 2002-05, 한국개발연구원)

3.3 펀드제도의 기타 구분

(1) 투자자산 기준 유형

펀드의 투자자산을 기준으로 한 구분이다. 은행, 보험사 등 간접금융기관과 비교할 때 펀드는 특정 자산에 특화하여 투자하는 특성을 갖고 있다. 유가증권에 투자하는 유가증권 펀드와 부동산, 선박 등 실물자산에 투자하는 실물펀드가 그것이다. 1920년대 펀드의 본격 등장기부터 최근까지 펀드의 성장을 주도한 것은 유가증권 펀드이다.

(2) 만기 기준 유형

펀드는 만기를 기준으로 '개방형(open-ended)'과 '폐쇄형(closed)'으로 구분되기도 한다. 개방형은 만기가 따로 없고 자금의 유출입이 자유로운 유형을 말한다. 폐쇄형은 만기가 있어 만기 동안은 투자자금의 환수가 금지된 펀드를 말한다. 개방형, 폐쇄형은 투자자산의 유동성과 밀접하게 연관된다. 개방형 펀드는 투자자의 자금환수 요구에 응하기 위해 유동성이 높은 자산에 투자하는 경향이 있다. 이에 유동성이 높은 유가증권에 주로 투자하는 펀드는 개방형으로 설정된다. 반면 유동성이 낮은 자산에 투자하는 펀드는 폐쇄형으로 설정되는 것이 보통이다. 대부분의 실물자산 펀드가 그러하고, 유가증권 펀드 중에서도 비상장증권 투자펀드는 폐쇄형으로 설정되는 예가 많다.

4. 펀드제도의 구성기관

복수 투자자의 간접투자를 매개하는 금융중개제도로서 펀드가 존속되기 위해서는 누군가 자금을 모집하고, 모집된 자금으로 구성된 펀드를 운용하며, 관련된 관리 업무를 수행하여야 한다. 이 기본 기능은 각기 다른 금융기관이 담당한다. 자금의 모

그림 9-1 펀드제도의 구성기관

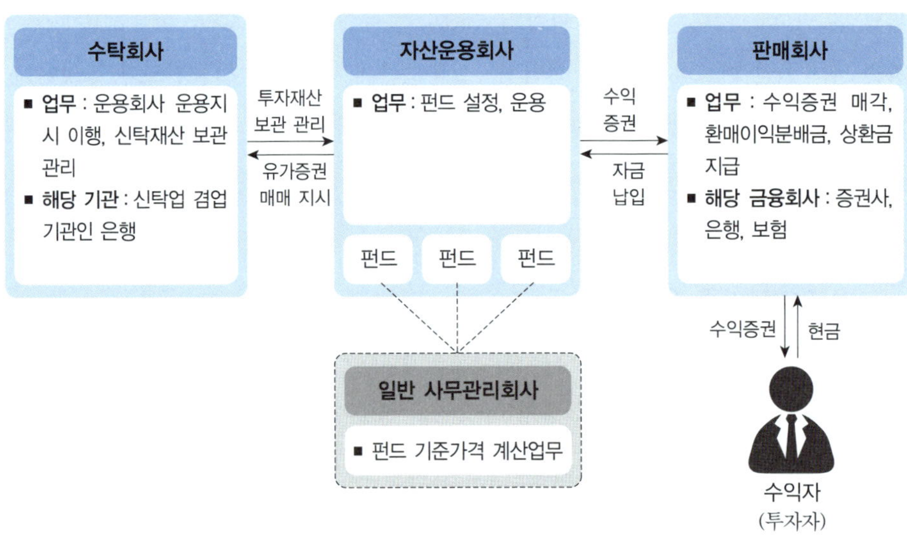

집은 '판매사', 펀드 운용은 '운용사', 3자 감시 및 관리 업무는 '수탁기관' 또는 '수탁회사'가 담당한다. 이들 펀드제도의 구성기관을 알아보자.

4.1 자산운용사

펀드의 운용을 담당하는 금융중개기관은 '자산운용사'이다. 우리나라의 "자본시장법"에서는 '집합투자업자'라 부른다. 자산운용사는 펀드 운용을 유일한 업무로 하는 금융기관이다. 자본금 또는 고유재산을 기반으로 한 업무가 없으므로 자산운용사의 업무는 재무적 위험에 노출된 것이 없다. 이에 자산운용업은 우리나라 금융업 중 규제당국이 진입규제를 가장 먼저 완화한 업종이다. 〈표 9-1〉이 보이듯이 2000년 이미 24개로서 경쟁자 수를 기준으로 할 때 상당히 경쟁적인 산업이다. 자산운용사 수는 이후에도 지속적으로 증가하여 2010년에는 80개에 이르렀다. 2015년에는 사모펀드 규제가 대폭 완화되면서 사모펀드 운용에 전업하는 자산운용사('전문사모집합투자업자'로 지칭)에 대해서는 진입을 완전 자유화하였다.[7] 이 조치로 이들 그룹의 자산운용사가 급증하여 2020년 총 자산운용사 수가 326개가 되었다.

표 9-1 자산운용사 수 추이

	1990	1995	2000	2005	2010	2015	2020
자산운용사 수	8	8	24	46	80	93	326

주 : 2000년까지는 투자신탁(운용)회사 기준이며, 2004년부터 기존의 투자신탁(운용)회사 및 구(舊)자산운용회사가 자산운용회사로 일원화됨에 따라 2005년 이후 수치는 구(舊)자산운용회사(2003년 말 기준 13개)를 포함.
자료 : 2015년 이전은 한국은행(2018), 『한국의 금융제도』. 2020년은 금융감독원, 『금융통계정보시스템』.

7. 규제심사 없이 '등록'만으로 설립 가능하도록 하였다.

4.2 판매사

수익증권을 판매하여 펀드의 자금조달을 중개하는 역할을 하는 금융기관이 판매사이다. 수익증권의 판매로 펀드의 자금조달을 담당하는 판매사는 펀드제도의 초기에는 '증권사'가 담당하였다. 수익증권은 유가증권의 일종이므로 수익증권의 판매는 유가증권의 인수 또는 중개로 볼 수 있기 때문이다. 그런데 미국에서 수익증권 판매는 전반적인 금융자유화의 흐름에 의해 1990년대 중반 은행이 취급할 수 있는 업무로 허용되었고, 이에 영향받아 우리나라에서도 공모펀드의 수익증권 판매가 1998년 은행, 2005년에는 보험사에도 허용되었다. 그 결과 현재 은행, 증권, 보험 등 3대 전통 금융중개기관이 모두 펀드 수익증권의 판매사로 경쟁하고 있다.

미국의 규제체계를 기준으로 하면 판매사는 '공모펀드'에 한하여 존재한다. 불특정 다수를 대상으로 한 수익증권 판매는 '공모펀드'에 국한되어 허용되기 때문이다. 미국에서 사모펀드의 자금조달은 운용사 또는 운용사의 법적 대리인이 직접 투자자를 접촉하여 공모규제에 저촉되지 않는 방식으로 이루어진다. 그런데 우리나라의 경우 사모펀드의 규제환경을 설계하면서 사모펀드에 대해서도 판매 개념을 도입하였다. 펀드와 '판매사' 계약을 맺은 금융기관은 공모펀드와 마찬가지로 사모펀드의 수익증권을 판매하여 자금을 모집한다. 공모펀드와 사모펀드 모두 판매사가 존재한다는 점은 우리나라 펀드제도의 독특한 특성이다.[8]

규제에서 증권사, 은행, 보험사가 모두 판매사 업무를 담당할 수 있지만, 실제 판매현황을 보면 보험사의 판매사 실적은 미미하다. 공모펀드의 경우 은행과 증권사가 대략 60대 40의 비중 추이를 보여 왔다 ([그림 9-2] 참조). 사모펀드의 경우에는 증권사의 비중이 절대적으로 높은 것으로 알려져 있다.

---

8. 이에 대해서는 11장에서 좀 더 살펴본다.

그림 9-2 펀드 판매사 비중 추이

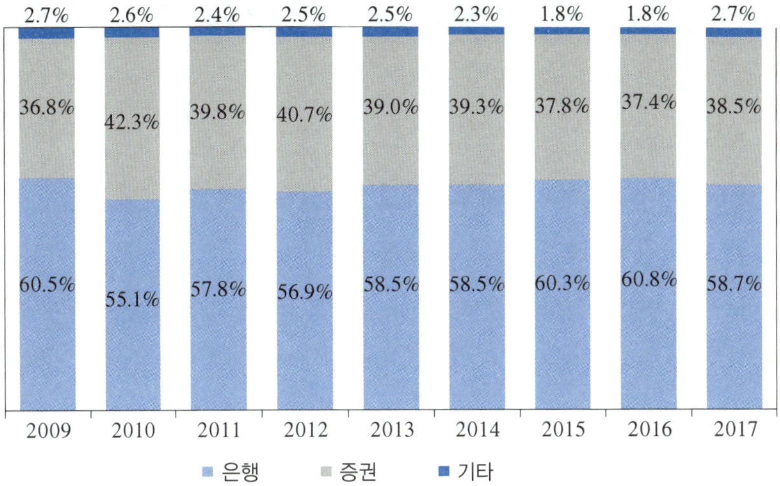

주 : 주식형 공모펀드 기준임.

자료 : 김종민(2018), 『국내 주식형 공모펀드 판매양상의 특징 및 성과분석』, 연구보고서 18-04, 자본시장연구원.

4.3 수탁회사

마지막 펀드제도의 구성기관은 수탁회사(회사형의 경우 자산보관회사)이다. 수탁회사는 펀드의 모든 자산을 보관·관리한다. 자산운용사가 운용계획을 결정하여 수탁회사에 운용지시를 보내면, 자산을 보관하고 있는 수탁회사는 이 지시에 따라 자산을 매도 또는 매입한다. 또한 신탁형 펀드제도에서 수탁회사는 감시장치로서 운용지시가 법규와 투자자에게 제공된 투자설명서와 어긋나지 않는지를 확인한다. 수탁회사는 법적으로 신탁업이 허용된 금융기관이 수행할 수 있는데, 우리나라의 경우 대체로 은행의 신탁부서가 담당하고 있다.

5. 펀드제도 구성기관의 사업 모형

펀드제도 구성기관의 사업 모형은 공모펀드와 사모펀드 사이에 큰 차이가 있다. 사모펀드는 차입이 가능하고 성과보수가 존재하므로 공모펀드와 운용보수 결정구조가 다르다. 보수 결정구조가 다르므로 운용사의 유인체계가 다르고, 따라서 사업 모형이 달라진다. 이에 여기서는 공모펀드를 기준으로 펀드제도 구성기관의 사업 모형을 논의한다. 또 공모펀드 중에서도 펀드산업의 대종인 유가증권 대상 펀드를 기준으로 설명하기로 한다.

5.1 펀드보수의 배분

공모펀드의 경우 운용사, 판매사, 수탁회사 등 각 펀드제도의 구성기관에게 돌아가는 수익은 각각 운용보수, 판매보수 및 판매수수료, 수탁보수이다. 이 중 수탁보수는 미미하다. 펀드의 운용자산에 보수율이 곱해져서 결정되는데, 수탁보수율이 0.05%에 불과한 것으로 알려져 있다. 수탁회사 기능은 은행의 신탁부서가 주로 담당하는데, 은행 전체 수익 대비 의미 있는 수익이 아니므로 수탁회사의 사업 모형은 논의할 만한 대상이 아니다. 펀드제도에 구성기관으로 참여하여 수익을 얻는 것이 사업 모형의 의의가 있는 금융기관은 운용사와 판매사이다. 투자대상 자산의 성격, 운용방식 등에 따라 보수율에 차이가 있어 일률적으로 말하기는 어렵다. 대표적인 펀드 유형인 적극적 운용 전략[9]의 주식형 펀드를 기준으로 하면 2009~2017년 기간 사이 평균 운용보수율이 0.65%, 평균 판매보수율이 1.05%였다.[10] 판매보수율이 운용보수율을 초과하였는데, 역사적으로 지속되어 온 현상이다. 이하 운용사와 판매사

9. '적극적 운용'은 바로 아래에서 설명된다.

10. 김종민(2018), 『국내 주식형 공모펀드 판매양상의 특징 및 성과분석』, 연구보고서 18-04, 자본시장연구원.

의 사업 모형을 차례대로 논의하기로 한다.

5.2 운용사의 사업 모형

공모펀드 운용사의 운용보수 결정 구조는 단순하다. 운용자산에 운용보수율을 곱하여 구한다.

$$\text{운용보수} = \text{운용자산} \times \text{운용수수료율} \tag{9.1}$$

또 운용서비스를 제공하는 자산운용사는 펀드의 자산운용이 유일한 업무이다. 그러므로 운용사의 사업 모형은 운용보수 극대화이다. 운용보수 극대화를 위해 운용사가 실제 선택하여 온 전략, 즉 사업 모형에는 크게 세 가지가 주목된다. 소극적 운용 전략, 적극적 운용 전략, 그리고 유동성 제공 전략이다.

(1) 소극적 운용 전략

가. 지수펀드

소극적 운용은 '기준지수(benchmark index)'를 정하고 펀드의 수익률이 이 지수 수익률을 추종하도록 운용한다. 소극적 운용 전략을 추구하는 펀드의 자산운용사는 펀드의 출범과 함께 기준지수를 구성하는 주식종목에 투자한다. 각 주식종목에 대해 투자하는 비중은 지수에서 각 종목이 차지하는 비중과 같다. 이후 포트폴리오의 구성 변경은 시장포트폴리오 구성의 변동을 추적하는 수준으로 최소화된다. 지수구성에 변동이 없는 한 펀드 자산의 빈번한 매매가 필요하지 않으므로, 소극적 운용 펀드는 '매입 후 보유(buy and hold)' 방식의 운용이다. 기계적인 운용이므로 펀드매니저가 아니라 컴퓨터 프로그램에 의해서도 운용이 가능하다. 소극적 운용 펀드는 '지수

펀드' 또는 '인덱스 펀드'로 불린다. 대표적인 소극적 운용 펀드는 '시장지수(market index)'를 기준지수로 하여 운용되는 펀드이다. 예를 들어 우리나라의 경우 한국거래소의 시장지수인 '코스피200지수'를 기준지수로 운용되는 코스피200지수 펀드가 대표적인 소극적 운용 펀드이다.

소극적 운용 전략은 적극적 운용 전략에 비하여 운용보수율이 낮다. 운용인의 노력과 운용비용이 상대적으로 낮기 때문이다. 소극적 운용 전략 펀드를 제공하는 운용사는, 펀드의 수익률은 시장수익률 이상을 추구하지 않는 대신 펀드의 보수와 비용을 최대한 절감하는 데 주안을 둔다.

나. 상장지수펀드(Exchange Traded-Fund ; ETF)

운용사의 소극적 운용 전략은 과거에는 지수펀드가 유일한 상품이었다. 21세기 들어 소극적 운용 전략에 의거한 새로운 유형의 상품이 등장하였다. '상장지수펀드', 또는 실무에서 흔히 ETF로 약칭되는 펀드이다. 공모펀드의 자금 모집은 판매사를 통한 수익증권 판매가 유일한 경로였다. 투자자의 입장에서는 판매사에게 판매보수 또는 판매수수료를 지불하여야 펀드투자가 가능하므로, 판매비용이 발생하는 경로이다. 이 전통적인 펀드투자 경로와 달리 투자자가 직접 투자하는 경로의 펀드로 등장한 것이 ETF이다.

ETF의 수익증권은 일반 주식처럼 거래소에 상장되며, 투자자는 일반 기업의 주식에 투자하는 방식과 동일하게 ETF 발행 수익증권을 매매하여 펀드에 자금을 투자하고 또 투자자금을 회수한다. 이 같은 투자경로의 차이가 지니는 가장 큰 경제적 의미는 투자비용의 차이이다. 판매사가 존재하지 않으므로 ETF의 보수는 일반 공모펀드에 비하여 저렴하다. ETF는 소극적 운용 방식의 펀드이다. 소극적 운용 전략을 택하므로 정해진 지수를 추종하여 그에 따라 포트폴리오가 구축된다. 그러므로 ETF는 '지수펀드'인 동시에 상장된 지수펀드이다. '상장지수펀드'로 불리는 이유이다.

미국의 경우 최근 ETF는 가장 각광받는 펀드로 떠올랐다. 그 이유는 한편으로는 보수가 저렴하여 투자비용이 작다는 것이고, 다른 한편으로는 지난 20년간 다양한 지수가 등장하여 이제는 세분화된 자본시장별로 지수가 존재한다는 것이다. 과거 전체 주식시장의 움직임을 추종하는 시장지수가 있었음에 비해 오늘날에는 개별 산업 주가지수, 단기자금시장 지수 등 투자자의 선호별로 선택할 수 있는 자본시장의 부분지수가 존재한다. 이에 이들 지수를 기반으로 한 지수펀드의 등장이 가능하였던 것이다.

(2) 적극적 운용 전략

적극적 운용은 자산운용사가 시장수익률을 상회하는 초과수익률 달성을 목표로 하는 운용전략을 말한다. 적극적 운용 전략을 추구하는 펀드의 경우, 자산운용사는 시장상황과 상황별 개별 주식의 향후 전망을 예상하며 그에 따라 펀드 포트폴리오의 구성을 수시로 변경하게 된다. 펀드매니저는 시장흐름을 분석하여 전반적인 주식시장의 상승–침체 국면을 예측하는 '시장타이밍(market timing)' 전략을 활용하기도 하고, 향후 수익률이 높을 것으로 예상되는 유망 주식 종목을 발굴하여 투자하는 '주식 종목 선별(stock picking)' 전략을 활용한다. '매입 후 보유' 방식인 소극적 운용과는 달리, 적극적 운용 펀드는 보유자산 구성을 자주 변경하게 된다. 펀드매니저의 운용 노력이 요구되고 펀드 운용에 자산 매매비용도 많이 발생하므로, 적극적 운용 펀드는 소극적 운용 펀드에 비하여 운용비용과 운용보수가 높다.

미국 공모펀드의 역사를 보면 적극적 운용 전략의 펀드가 먼저였다. 1920년대 공모펀드가 처음으로 일반 투자자에게 소개되었을 때 모두 적극적 운용 펀드였다. 소극적 운용 펀드를 사업 모형으로 내세운 운용사는 1970년대 중반에서야 등장하였다.

〈좀 더 알아보기 9-2〉 보글(Bogle)의 뱅가드500지수펀드(Vanguard 500 index fund)

오늘날 지수펀드와 ETF는 일반 경제주체의 간접투자의 최대 경로이다. 그렇지만 최초의 지수펀드가 등장한 것은 1975년이었다. 현재 뱅가드(Vanguard) 그룹의 창업자인 존 보글(John Bogle)이 소극적 운용 전략에 기초한 최초의 지수펀드 상품인 '뱅가드500지수펀드'[1)]를 미국 자산운용업계에 도입했다. 당시 기존 자산운용사들의 반응은 냉소적이었다. 그러나 점차 지수펀드로 자금유입이 증가하자 1980년대 중반부터 여타 자산운용사들도 속속 소극적 운용 전략의 지수펀드를 내놓기 시작하였다. 미국 자산운용업계의 사업 모형은 이후 적극적 운용 일변도에서 소극적 운용 위주의 모형으로 전환해 왔다. 보글(Bogle)은 철저한 소극적 운용 전략의 신봉자였는데, 소극적 운용 사업 모형으로 뱅가드 그룹을 미국 최대의 자산운용사로 성장시켰다.

1) 출범시점에는 '퍼스트 인덱스 인베스트먼트 트러스트(First Index Investment Trust)'였으나 1981년 명칭을 바꾸었다.

* **참고자료** : Bogle, J., (2018), *Stay the Course : The Story of Vanguard and the Index Revolution*, Wiley.

(3) 고유동성(예금유사 유동성) 제공 전략

운용사가 제공하는 유가증권 공모펀드는 실무에서는 '증권펀드'와 '단기금융시장 펀드(Money Market Fund ; MMF)'로 나누어진다(〈표 9-1〉 참조). 증권펀드는 주식형 펀드, 채권형 펀드 등 자본시장의 증권에 투자하는 모든 펀드를 포괄한다. MMF는 기업어음(CP), 환매조건부매매(RP) 등 단기금융시장의 금융수단에 투자하는 펀드이다. 투자대상이 장단기 증권으로 다르기도 하지만, 두 펀드 사이에는 투자자에게 제공하려는 펀드의 속성에서 차이가 있다. 증권펀드는 수익성을 펀드의 속성으로 추

표 9-2 우리나라 증권펀드와 단기금융시장 펀드 추이 (단위 : 천억 원)

	2009	2011	2013	2015	2017	2019	2021
증권펀드	1,324	1,044	1,034	1,110	1,210	1,389	1,694
단기금융시장 펀드	652	514	642	861	726	741	1,032

자료 : 금융투자협회, 『펀드통계』.

구하는 반면, MMF는 은행 예금과 유사한 고유동성이 펀드가 제공하려는 속성이다.

위의 적극적 운용과 소극적 운용 전략은 대조되는 운용전략이지만, 투자자에게 제공하려는 펀드의 속성이 수익성을 우선한다는 점에서 동일하다. 반면 MMF의 사업 모형은 은행 예금과 유사한 고유동성 제공에 있으므로 운용전략이 전혀 다르다. MMF의 운용목표는 '원금손실 없이 즉시 유동화가 가능한 자산구조 유지'에 있다. 이를 위해 우량 단기자산 위주로 운용이 이루어진다.

5.3 판매사의 사업 모형

판매사 기능을 수행하는 금융기관은 증권사와 은행이라는 점은 이미 언급하였다. 이들 금융기관은 본래의 사업 모형이 따로 존재하므로, 이들에게 판매사 사업 모형은 부수입 사업 모형이다. 이들 금융기관에게 수익증권 판매업은 부수입 사업 모형으로서 두 가지 장점이 있다.

첫째, 시너지 효과이다. 이것은 대형 증권사와 주요 시중은행에 해당된다. 우리나라의 대형 증권사는 위탁매매 업무를 위하여 전국적인 지점망과 영업인력을 운영하여 왔다. 시중은행 역시 지점망과 대규모 수신 영업인력을 운영하고 있다. 더불어 이들 인적 및 물적자원을 기반으로 각각 위탁매매 고객과 수신고객을 보유하고 있다. 본래의 사업 모형으로 보유하고 있는 인적 및 물적자원을 활용하여 기존 고객을 대상으로 수익증권 판매업무를 수행할 수 있다. 전형적인 시너지 효과를 기대할 수 있는 상황이다.

둘째, 기존 업무 수익과의 상관관계가 낮다. 이 점은 특히 은행에 해당되는 장점이다. 2장에서 은행 수익은 순이자마진(NIM)에 의존함을 보았다. 순이자마진의 결정요인과 수익증권 판매수익과는 특별한 상관관계가 있다고 볼 근거가 없다. 또한 투자자의 관점에서 예금과 펀드는 대체관계가 있다고 볼 수 있으므로, 순이자마진에 자산이 곱해져 정해지는 은행의 수익규모와 수익증권 판매수익 사이에는 음(−)의 관계가 있다고도 볼 수 있다. 2장에서 순이자마진의 지속적인 하락으로 은행업은 수익성의 하락 추이 문제에 봉착하였음을 보았다. 이에 우리나라 은행은 비이자수익원의 발굴에 노력하고 있는 것이 최근의 추세인바, 수익증권 판매는 이 경영전략의 핵심 방안에 해당된다.

〈좀 더 알아보기 9-3〉 판매보수와 판매수수료

판매사의 수익증권 판매서비스에 대한 대가는 '판매보수'와 '판매수수료'의 두 가지 방식으로 책정된다. '판매보수'는 운용보수와 마찬가지로 운용자산에 판매보수율이 곱해져 결정된다. 투자자가 수익증권을 매입하여 투자가 이루어진 시점으로부터 판매사에 수익증권을 환매하여 투자금을 회수할 때까지 지속적으로 판매보수가 판매사에게 지급된다. 반면 '판매수수료'는 판매액에 판매수수료율이 곱해져 정해진다. 판매시점에 판매수수료를 받는 선취수수료 방식과 환매시점에 수수료를 받는 후취수수료 방식으로 다시 나누어지는데, 우리나라의 경우 대부분 선취수수료 방식이다. 선취수수료 방식의 판매사 보상체계로 운영되는 펀드를 A클래스 펀드, 판매보수 방식의 보상체계로 운영되는 펀드를 C클래스 펀드로 실무에서 지칭한다.

판매사에 대한 적절한 보상체계를 둘러싼 논란은 계속되어 왔다. 판매보수가 지급되는 펀드의 경우 판매사의 판매서비스에 대한 보상이 펀드투자가 지속되는 동안 지속적으로 발생하는 점에 대한 문제제기가 있어 왔다. 판매서비스가 완료되었는데 보상이 계속되는 이유에 대한 의문이 있기 때문이다. 이에 비해 선취수수료 방식의 판매보상은 판매사에게 '회전판매'의 유인을 낳는 효과가 있다. 선취수수료는 투자자의 입장에서 투자기간이 길어질수록 투자금액당 지급액이 낮아지는 효과가 발생하고, 단기 투자인 경우 높아지는 효과가 발생한다. 반면 판매사의 입장에서 선취수수료 수입을 극대화하는 방법은 새로운 펀드로 갈아타기를 유도하는 것이기 때문이다.

6. 펀드제도 구성기관의 수익구조

6.1 수익의 회계적 결정요인

운용사와 판매사의 회계적 수익구조는 단순하다. 운용사는 '운용자산'에 운용보수율이 곱해져 수익규모가 결정된다. 판매사 역시 '운용자산'에 판매보수율이 곱해져 수익규모가 결정된다. 물론 판매수수료 방식의 보상체계일 경우 판매액에 판매수수료율이 곱해져 수익규모가 결정되지만, 판매액은 운용자산 규모와 유사한 수치이다. 그러므로 운용사와 판매사 모두 보수율과 운용자산 규모가 회계적인 수익구조 결정요인이다.

6.2 수익의 경제적 결정요인

(1) 운용사

가. 투자자의 펀드 선택 기준

운용보수율은 경직적이다. 펀드가 설립될 시점에 결정되어 변동되지 않는다. 또 펀드산업 전체에서 보수율의 수준은 적극적 운용 펀드와 소극적 운용 펀드 사이에는 차이가 있지만, 같은 전략을 추구하는 펀드 사이에는 큰 차이가 없다. 즉, 운용사 사이에 동일 전략의 경우 보수율을 대상으로 한 가격경쟁은 관찰되지 않는다. 이에 운용보수의 크기는 운용자산 크기에 의해 결정된다. 운용자산 규모는 투자자의 자금유입에 달려 있으므로, 결국 운용사 수익의 경제적 결정요인은 투자자가 어떤 기준으로 펀드를 선택하는지에 의존한다. 학계의 연구에 의하면 펀드의 최근 운용성과와 운용사의 평판이 중요한 결정요인이다.

▪ 최근 운용성과

위험기피 선호를 지닌 합리적 경제주체라면 펀드 선택 요인은 위험을 감안한 수익극대화가 될 것이다. 자신의 위험기피도에 비추어 적정 위험수준이면서 그 위험수준에서 가장 높은 수익이 기대되는 펀드를 선택할 것이다. 학계의 관련 연구에 따르면 실제 펀드 선택 시장에서 투자자는 어느 정도 합리적인 투자자로 행동하지만, 완벽하게 합리적인 투자자로 행동하지는 않는 것으로 나타났다.

모든 실증분석 연구는 펀드로의 투자자금유입에서 가장 중요한 요인은 펀드의 최근 운용 수익률이라는 공통된 결과를 보고하였다. 최근 운용성과가 가장 중요한 투자결정요인이라는 점은 합리성과 어긋나지 않는다. 합리적 경제주체는 위험을 감안한 미래 투자수익이 우수한 펀드에 투자할 것이다. 미래 투자수익은 알 수가 없으므로 예측할 수밖에 없는데, 최근 운용성과로 미래 성과를 예측한다는 것은 그럴듯한 추정방법이기 때문이다. 그런데 투자자의 펀드 투자자금 흐름은 펀드의 수익이 노출되어 있는 위험에는 잘 반응하지 않는 것으로 연구되었다. 연구자들이 다양한 위험지표를 사용하여 분석하였으나, 현재까지의 대부분 연구에서는 투자자금흐름이 위험을 감안하여 결정된다는 증거는 잘 발견되지 않았다.[11] 이 점은 합리적 경제주체의 행태로는 설명이 어렵다.

▪ 평판

한편 학계 연구에 따르면 운용사가 우수한 성과의 펀드를 운용하고 있는 경우, 해당 운용사의 다른 펀드에도 보다 많은 투자자금 흐름이 유입되는 것으로 나타났다. 흔히 '스타펀드(Star fund) 효과'라고 지칭되는 현상이다.[12] 이 현상은 투자자들의 펀드 선택 시장에서 '평판'이 중요함을 시사한다. 우수한 운용성과 펀드의 운용실적

---

11. 이 주제와 관련해서는 많은 연구가 있다. 최근 연구로는 다음을 참조하라. Barber, B, X. Huang, and T. Odean, (2016), "Which Factors Matter to Investors? Evidence from Mutual Fund Flows," *Review of Financial Studies* 29, 2600-2642.

12. Nanda, V., Z. Wang, and L. Zheng, (2004), "Family Values and the Star Phenomenon : Strategies of Mutual Fund Families," *Review of Financial Studies* 17, 667-698.

이 있는 운용사는 투자자들 사이에 운용능력이 있는 운용사라는 평판이 형성되고, 이 평판이 향후 다른 펀드의 선택에도 영향을 미치는 경로가 존재함을 뜻하기 때문이다.

나. 자본시장의 속성

투자자의 펀드 선택에서 최근 운용성과가 가장 중요한 요인이라는 점, 그리고 운용사는 적극적 운용과 소극적 운용이라는 대조적인 사업 모형을 택하고 있다는 점을 결합해 보자. 그러면 운용사 수익의 결정요인으로서 자본시장의 속성, 보다 정확하게는 '효율적 시장 가설(Efficient market hypothesis)'의 성립 여부가 중요해짐을 알 수 있다.

'효율적 시장 가설'은 자본시장의 정보전달과 처리는 신속하게 이루어진다는 이론이다. 가격 측면에서 보면 새로운 정보가 발생하였을 때 이 정보는 가격에 '즉시' 반영된다는 의미를 지닌 가설이다. 여기서 즉시 반영되는 정보의 범위를 어느 수준까지로 보느냐에 따라 약형(weak form), 준강형(semi-strong form), 강형(strong form) 등 세 가지 유형이 있다. '약형'은 과거의 거래가격과 거래물량 등 거래정보에 담겨 있는 가격에 유용한 정보는 현재 가격에 이미 반영되어 있다고 본다. '준강형'은 과거 거래정보에 더하여 공표된 재무정보는 공표 즉시 가격에 반영된다고 본다. '강형'은 공표되지 않은 내부 정보라도 가격에 유의미한 정보는 어떤 식으로든 가격에 즉시 반영된다고 본다.

적극적 운용은 이 세 가지 중 어떤 유형이든 효율적 시장 가설이 성립하지 않을 때 정당화될 수 있다. 효율적 시장 가설이 약형에서도 성립하지 않는다고 믿는 운용사(펀드매니저)는 '기술적 분석(technical analysis)'을 통해 초과수익이 예상되는 주식 종목을 찾으려고 할 것이다. 효율적 시장 가설이 약형에서는 성립한다 하여도 준강형에서는 성립하지 않는다고 생각하는 펀드매니저는 거시경제 및 기업 재무정보에 대한 '기본적 분석(fundamental analysis)'을 통해 기업의 내재가치를 구하고, 실제 시장가격이 내재가치에 비해 저평가된 주식을 찾으려고 할 것이다.

반면 만일 시장이 효율적이라고 믿는다면 최선의 운용전략은 소극적 운용이다. 현재 시장가격은 이미 정보를 반영하여 형성되어 있기 때문이다. 시장이 효율적이므로 현재 시장의 시가총액으로 구성된 '시장포트폴리오(market portfolio)'는 효율적인 포트폴리오이다. 운용사가 할 일은 시장포트폴리오에 맞추어 펀드 자산을 구성하고, 시장포트폴리오의 변동에 맞추어 자산구성을 조정하는 것이다. 즉, 시장지수를 추종하는 펀드 운용이다.

〈좀 더 알아보기 9-4〉 '기술적 분석(technical analysis)'과 '기본적 분석(fundamental analysis)'

19세기 말 미국 주식시장의 성장 초기 과거 거래가격과 물량의 움직임을 통해 미래 가격이 예측 가능하다고 주장하는 전문 투자자들이 있었다. 그 분석기법이 '기술적 분석'이며, 주로 그래프를 기반으로 하였으므로 이 기법을 활용하는 투자자를 '차트주의자(chartist)'라고 부르기도 한다. 효율적 시장 가설과는 정면으로 배치되지만 오늘날까지도 실무에서 애용되고 있다. '기본적 분석'은 거시경제 추이, 기업의 재무정보를 분석하여 기업의 본질 가치를 찾아내려는 접근법이다. 기업의 본질 가치를 알아내면 현재 시장가격 대비 저평가 또는 고평가 여부를 판단할 수 있으므로 그에 따라 투자방향이 얻어질 것이다.

(2) 판매사

가. 운용성과 이외의 펀드 선택 요인

투자자의 펀드 선택에 관한 연구에서 학자들이 발견한 흥미로운 패턴은 펀드의 운용성과에 대한 펀드 투자자금 흐름의 민감도이다. 펀드의 과거 운용성과와 그 펀드로의 투자자금 흐름 사이에는 양(+)의 관계가 있다. 즉, 앞에서 언급한 대로 투자자는 과거 높은 운용성과를 거둔 펀드에 투자한다. 그런데 그 양의 관계는 비선형인 것으로 나타난다. 과거 성과가 가장 높은 펀드그룹에 자금이 몰리지만, 반대로 수익이 중간인 펀드그룹의 경우 과거 운용성과와 자금흐름 사이에 양(+) 관계가 크지 않다. 펀드의 과거 운용성과와 현재 유입자금의 관계를 운용성과를 X축에 놓고 도시하면, 양(+)의 기울기이면서 아래로 볼록한 곡선이 나타난다. 여기서 판매망의 역할이 있게 된다. 일부 성과가 최상위인 펀드의 경우 펀드의 운용성과에 의해 자금유출입이 결정된다. 나머지 펀드의 경우 운용성과 이외에 다른 요인에 의해 투자 선택이 이루어지는 것이 된다.[13]

판매사는 물론 펀드의 과거 운용성과에 대한 정보도 투자자에게 전달하는 역할을 수행할 것이다. 그렇지만 이 역할은 반드시 판매사가 필요한 역할은 아니다. 전체 펀드산업에서 현재 기준으로 최근 과거성과가 우수한 펀드의 정보는 쉽게 구해진다. 판매사는 투자자의 운용성과 이외의 펀드 선택 요인에 관여한다고 하겠다. 예를 들어 최근 ESG(Environment, Society, Governance) 투자에 대한 관심이 높아졌다. ESG 펀드 투자에 관심이 있는 투자자에게 관련 정보를 제공하는 역할은 판매사가 수행할 것이다. 또 판매사는 기존 고객의 성향을 파악하고 있을 것이므로, 단순히 과거 운용성과가 아니라 투자자의 위험선호에 맞는 펀드를 추천하는 역할을 수행할 수 있을 것이다.

판매사가 펀드 운용자산 규모 결정에서 담당하는 역할을 짐작할 수 있는 방증으로서 '계열사 펀드 판매 현상'이 있다. 우리나라 은행과 대부분의 증권사는 계열사로 자산운용사를 소유하고 있다. 은행과 증권사가 계열관계에 있는 자산운용사가 운용하는 펀드를 집중하여 판매하는 현상을 '계열사 펀드 판매 현상'이라고 한다. 현재 이 현상은 완화되었다. 규제의 효과이다. 2013년 4월 판매사의 자기 계열 펀드 비중을 50%로 제한하는 규제가 처음 도입되었고, 이후 강화되어 2018년 45%, 2020년 35%, 2021년 30%, 2022년 25%로 제한되었다. 규제 이전인 2013년 이전 증권사의 자기 계열 펀드 판매 비중은 50%를 넘었다. 은행의 자기 계열 판매 비중은 이보

---

13. Chevalier, J., and G. Ellison, (1997), "Risk Taking by Mutual Funds as a Response to Incentives," *Journal of Political Economy* 105, 1167–200 ; Sirri, E. R., and P. Tufano, (1998), "Costly Search and Mutual Fund Flows," *Journal of Finance* 53, 1589–1622.

다 낮았는데, 2013년까지 꾸준히 높아지는 추세였다. 은행의 경우 자산운용사 설립이 늦었고, 이에 초기에는 내세울 만한 자기 계열의 펀드가 적었기 때문으로 보인다. 이처럼 자기 계열 펀드의 판매 비중이 높은 현상은 투자자의 펀드 선택이 운용성과만이 아니라 판매사의 역량에 따라 유도되는 측면이 있음을 시사한다.

그림 9-3 자기 계열 펀드 판매 비중

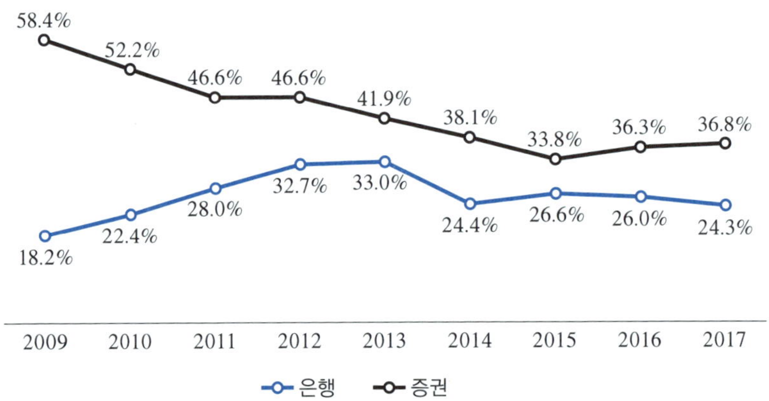

주 : 주식형 공모펀드 기준임.

자료 : 김종민(2018), 『국내 주식형 공모펀드 판매양상의 특징 및 성과분석』, 연구보고서 18-04, 자본시장연구원.

나. 평판위험

판매사는 대형 증권사와 은행의 사업 모형임을 보았다. 이들 금융기관은 시너지 이익 추구의 차원에서 펀드의 판매사 사업 모형을 추구한다. 그러므로 판매사 수익의 경제적 결정요인은 시너지 이익의 경제적 결정요인과 시너지 이익 추구 과정에서 야기될 수 있는 위험요인이다.

투자자 관점에서 판매사의 역할은 위험 대비 수익이 우수할 것으로 예상되는 펀드정보를 제공하는 것이다. 그러므로 판매사의 판매수익은 투자자의 판매사에 대한 신뢰 여부에 달려 있다. 즉, 판매사의 '평판'이 판매사 시너지 수익의 결정요인이다.

한편 판매사가 수익증권 판매업무로 부담하는 재무적인 손실위험은 없다. 펀드의 운용손익은 모두 투자자에게 귀착되기 때문이다. 증권사나 은행이 판매사 업무에서 부담하는 사업위험은 '평판위험'이다. 막상 펀드투자의 성과가 좋지 않거나, 특히 판매사가 이해상충 행위를 범하며 판매수익을 추구하였을 경우 평판의 손실이 있을 수 있다. 평판손실은 향후 판매사의 수익증권 판매수익을 감소시키는 요인이 될 뿐만 아니라 수익증권 사업이익을 넘어서 본업의 수익에도 영향을 미칠 수 있다. 2019~2020년 사회적으로 큰 논란을 일으키며 일부 대형 증권사와 은행 경영진의 법률위험으로까지 확대되었던 '사모펀드 불완전판매 사건'은 평판손실의 좋은 예이다.

요약

1. 펀드제도는 '간접투자', '운용손익의 투자자 귀착', '집합투자' 등 세 가지 특성을 요건으로 정의되는 금융중개제도이다.

2. 펀드제도는 규제환경을 기준으로 공모펀드와 사모펀드로 구분된다. 미국을 기준으로 한다면 공모펀드는 '규제펀드', 사모펀드는 '비규제펀드'이다. 우리나라의 규제체계는 미국과 달라 규제를 받지 않는 펀드는 없다. 비규제는 아니지만, 사모펀드는 공모펀드에 비해 규제수준이 약하다.

3. 공모펀드 규제는 일일 시가평가, 주요 정보 공시, 차입 금지, 이해상충 행위의 열거 금지, 3자에 의한 운용자 감시, 성과보수 금지 등 6대 원칙으로 정리된다. 펀드 운용의 투명성을 높여 정보 비대칭성 자체를 완화하는 목적 또는 운용사의 이해상충 행위 유인을 제어하는 목적이다.

4. 펀드제도에서 자금의 모집은 '판매사', 펀드 운용은 '운용사', 3자 감시 및 관리 업무는 '수탁기관' 또는 '수탁회사'가 담당한다. 운용사와 판매사가 펀드제도 운영에서 발생하는 보수의 대부분을 수취한다.

5. 운용사의 사업 모형에는 소극적 운용 전략, 적극적 운용 전략, 그리고 예금 유사 유동성 제공 전략이 있다. 소극적 운용과 적극적 운용은 효율적 시장 가설의 성립 여부가 운용성과 결정 요인이다.

6. 판매사는 은행과 증권사가 주로 담당하고 있으므로 기존 업무와의 시너지 효과 추구가 사업 모형이다. 평판위험이 사업의 위험요인이다.

연습문제

1. 펀드제도

(1) 펀드제도의 세 가지 특성을 설명하라.

(2) 공모펀드와 사모펀드의 차이를 설명하라.

(3) 신탁형(계약형)과 회사형 펀드제도의 차이를 설명하라.

2. 공모펀드 규제

공모펀드의 주요 규제원칙을 열거하고 그 목적을 설명하라.

3. 운용사 사업 모형

소극적 운용과 적극적 운용을 정의하라. 효율적 시장 가설의 관점에서 두 운용전략을 평가하라.

4. 판매사 사업 모형

2010년 이후 은행이 수익증권 판매업에 적극적으로 임하였다. 은행이 본업에 수익증권 판매업을 추가하는 사업 모형을 추구한 배경을 논하라.

5. 펀드판매시장 투자자 행태

펀드 투자자금이 과거 펀드 운용성과에 민감하게 반응한다는 사실에 대해서 금융학자들 사이에 상반된 평가가 있다. 투자자 합리성과 펀드판매시장의 효율성에 배치된다는 해석이 있고, 반면 운용사의 운용능력에 대한 정보가 투자자에게 알려지지 않은 정보비대칭성 상황을 가정하면 배치되지 않는다는 해석도 있다. 두 관점의 해석을 각각 정당화하여 보아라.

펀드의 이론 10장

1. 개요 / 2. 펀드의 전통 이론 / 3. 펀드의 최근 이론

1. 개요

공모펀드는 1990년 이후 지난 30년 미국 자본시장의 양적 성장과 궤를 같이 하였다. 그 결과 1980년 무렵 미미하였던 미국의 공모펀드는 1990년대 말 은행산업과 자산규모에서 대등한 금융산업이 되었다([그림 10-1] 참조). 2008년 세계 금융위기로 공모펀드의 자산규모가 잠시 감소하였으나, 이후 오히려 성장이 가속되어 은행산업을 넘어 현재는 미국 금융중개기관 중 최대 규모의 지위를 차지하고 있다.

그림 10-1 미국 공모펀드의 성장

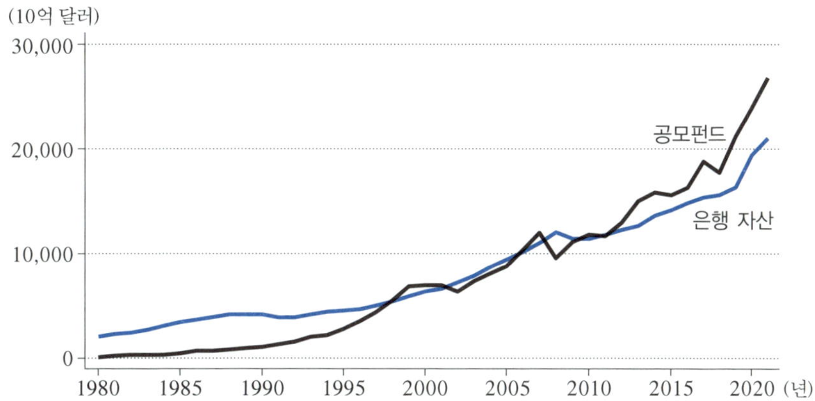

자료 : FRB, *Flow of Funds* ; ICI, *Investment Company Fact Book*.

미국에 비하면 우리나라 공모펀드는 성장속도가 완만했고, 금융시스템에서의 위상이 전통 금융중개기관에 미치지 못한다([그림 10-2] 참조). 2020년 일반은행 총자산이 약 1,930조 원인데 공모펀드 자산은 약 275조 원에 불과하다. 우리나라 공모펀드는 1997년 외환위기 이후 공모펀드 본연의 체제를 갖추고 성장하기 시작하였는데, 미국과는 달리 은행의 성장속도를 넘지 못하고 있다. 비록 금융시스템에서의 위상이 미국의 경우에 미치지 못하지만 우리나라에서도 공모펀드는 현재 투자자의 자본시장 간접투자경로로서의 자리는 확고히 하고 있다. 더불어 공모펀드를 운용하는 자산

운용산업도 금융산업의 공고한 한 축을 차지하게 되었다.

그림 10-2 한국 공모펀드의 성장

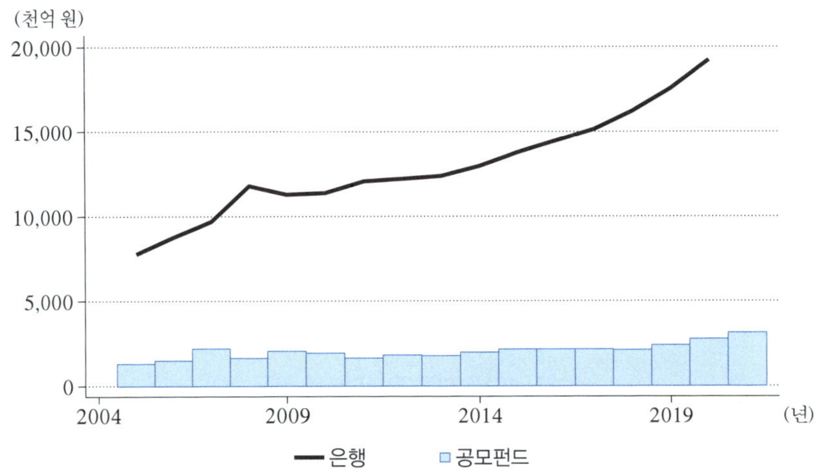

자료 : 은행연합회, 『은행경영통계』; 금융투자협회, 『펀드통계』.

공모펀드는 일반 경제주체들이 운용사에게 위탁하여 주로 자본시장의 유가증권에 간접투자하는 경로이다. 경제주체는 언제나 유가증권에 '직접 투자'하는 경로를 선택할 수도 있다. 공모펀드의 성장은 일반 투자자들이 직접투자 대비 펀드를 통한 간접투자를 선호하는 이유가 있음을 말해 준다. 직접투자 대비 펀드를 통한 간접투자가 투자자들에게 제공하는 효용은 무엇일까? 요컨대 시장경제에서 공모펀드가 담당하는 경제적 기능은 무엇일까? 세 가지 기능이 학계에서 논의되어 왔다.

공모펀드의 경제적 기능에 대한 기본 이론은 펀드가 본격적으로 성장하기 이전인 1970년대 이미 존재하였다. 펀드의 기능은 '효율적 포트폴리오' 제공에 있다는 이론이었다. 1952년 마코위츠(H. Markowitz)의 분산투자 이론을 초석으로 하여 1970년대 머튼(R. Merton) 등에 의해 '펀드 정리(Mutual Fund Theorem)'가 등장하였다. 경제주체들은 펀드에 투자함으로써 각자 자신의 선호체계에 적합한 최적의 포트폴리오를 만들 수 있다는 이론이었다. 현재까지도 펀드의 경제적 기능을 설명하는 대표 이론이다.

공모펀드의 또 하나의 경제적 기능은 예금과 유사한 유동성 제공이다. 단기금융시장 펀드(MMF)가 수행하는 경제적 기능이다. MMF는 단기금융시장 금융수단에 자산을 운용하면서 예금 유사 유동성 제공을 목적으로 탄생한 펀드이다. 그러므로 MMF의 경우 그 경제적 기능이 무엇인지에 대한 논의는 필요하지 않다. 논의가 필요한 부분은 MMF가 어떤 방법으로 이 목적을 달성하는지, 즉 MMF의 유동성 창출 방법이다. 예금 유사 유동성의 제공은 결국 은행 예금이 직면하는 인출사태 위험을 내포할 가능성이 높다. 과연 이 가능성은 실재하는지, 또 이에 대한 대비장치가 무엇인지 등이 설명이 필요한 주제이다.

펀드의 경제적 기능으로서 학계에서 논의되어 온 마지막 주제는 펀드의 기업 지배구조에서의 역할이다. 경제주체의 자본시장 금융수단에 대한 간접투자 지원이 펀드의 본래 역할이지만, 그 결과 펀드는 기업 지배구조에서 지위를 얻게 된다. 주식형 펀드의 경우 기업의 주주이고, 채권형 펀드는 기업의 채권자이다. 펀드의 양적 성장이 지속되자, 펀드가 기업 지배구조에서 차지하는 지위를 활용하여 기업 지배구조의 문제점을 개선하는 역할을 담당할 수 있다는 가설이 학계에 등장하였다. 1990년대에는 '적극적 주주' 역할 가설이 있었고, 최근에는 'ESG(Environment, Society, Governance) 펀드'의 역할에 대한 논의가 있다.

펀드의 경제적 기능은 지난 20년간 가장 활발히 학계의 연구가 전개되어 온 분야이다. 미국 자본시장에서 펀드의 급속한 성장으로 실제 행태자료가 축적되어 왔고, 다른 한편으로는 2008년 세계 금융위기 이후 등장한 새로운 현상들이 있었기 때문이다. 이에 설명의 편의를 위해 위의 세 주제에 대해 2절에서는 대략 2000년대 이전의 논의를 소개하고, 3절에서는 이후 펀드의 행태에 대한 실제 자료와 연구가 축적되면서 펀드에 대한 이론 또는 가설이 어떻게 진화하고 있는지를 소개하도록 한다.

2. 펀드의 전통 이론

2.1 효율적 포트폴리오 제공

펀드의 경제적 기능에 대한 기본 이론은 1952년 마코위츠(H. Markowitz)의 분산투자 이론으로 첫 발이 놓였다. 다음으로는 1970년대 머튼(Merton) 등이 내놓은 '펀드 정리'에 의해서 완성되었다.

(1) 마코위츠의 분산투자 이론

가. 위험기피 선호와 분산투자

어떤 경제주체가 자본시장의 금융자산에 투자하려 할 경우 이 투자자가 풀어야 하는 문제는 무엇일까? 자본시장의 금융자산은 무수하다. 세계 전체는 물론이고 우리나라 자본시장, 또 그중에서도 상장주식에만 국한한다 해도 2022년 현재 그 수가 2,500개에 달한다. 이처럼 수많은 금융자산 중에서 어느 자산에 얼마를 투자하여야 하는 것일까? 이것이 투자자가 풀어야 하는 문제이다. 금융학자들은 이를 "최적 투자 포트폴리오(portfolio)" 선택의 문제라고 부른다. 이 문제에 대해 1950년대 해리 마코위츠(Harry Markowitz)가 체계적인 해답을 제시하였다. 지금은 마코위츠의 "분산투자 이론"으로 불리며 재무 교과서에서 빠지지 않는 기초이론이 되어 있다.[1]

마코위츠(Markowitz)는 최적 투자 포트폴리오 선택의 문제에 대한 답을 모색하는 데 있어서, 투자전문가들이라는 사람들도 흔히 잘못된 지점에서 문제 풀이를 시작하는 경우가 많음을 지적한다. "수많은 금융자산 중 어느 자산에 각각 얼마를 투자할

1. Markowitz, H., (1952), "Portfolio Selection," *Journal of Finance* 7, 77–91.

때 최적의 포트폴리오가 될 것인지"를 묻기보다는 "어느 자산이 가장 높은 기대수익을 줄 것인지"를 문제의 출발점으로 설정하는 경우가 많다는 것이다. 사실 1950년대만이 아니라 오늘날에도 자주 우리가 범하는 오류이다. 여러분 스스로도 생각해 보라. 주식투자를 생각할 때 "어느 주식이 많이 오를까"라는 질문으로 시작하는 사람들이 적지 않을 것이다. 이 질문에는 무엇이 잘못된 것일까?

만일 우리의 선호체계가 위험중립이라면 문제가 없다. 위험중립 투자자는 투자의 기대수익에 의해서만 효용이 결정된다. 그러나 위험기피 선호의 경제주체라면 답이 크게 달라진다. 위험기피 투자자의 효용은 기대수익만이 아니라 위험에도 영향을 받는다. 만일 투자자가 "향후 1년간 2,500개의 주식 중 어느 주식이 가장 높은 기대수익을 줄까"라는 질문에서 출발한다면, 그가 얻는 해답은 당연히 어느 특정 종목, 한 개의 주식이 될 것이다. 이 투자자가 기대수익 극대화를 추구하는 위험중립 선호라면, 최적 투자방법은 기대수익이 가장 높을 것으로 기대되는 한 개의 주식에 대한 몰빵 투자이다. 그러나 위험기피 선호 투자자에게 이 방식의 몰빵 투자는 최적 포트폴리오가 될 수 없다. 위험에 대한 고려가 빠져 있기 때문이다.

논의를 구체화하기 위해 위험기피 투자자의 선호체계가 '평균-분산 선호'로 표시될 수 있다고 가정해 보자. 다음과 같은 효용함수로 표시될 수 있는 선호체계를 말한다.

$$U(E(R), \sigma) = aE(R) - b\sigma^2 \qquad (10.1)$$

$$\text{단, } a > 0,\ b > 0$$

이 투자자의 효용은 금융수단의 기대수익($E(R)$)이 높으면 증가하고, 변동성인 표준편차 또는 분산(σ^2)이 높으면 감소한다. 즉, 위험을 변동성의 지표인 표준편차로 측정하는 투자자이다.

이 위험기피 투자자는 투자의 기대수익은 높이는 것이 좋지만, 같은 기대수익이라면 변동성을 줄이려고 할 것이다. 이러한 위험기피의 투자자에게는 분산투자가 최적이다. 이것이 유명한 분산투자 이론이다.

나. 효율적 변경(Efficient Frontier)

분산투자 이론을 직관적으로 이해하기 좋은 방법은 (기대수익, 표준편차) 평면에 경제주체의 포트폴리오 선택을 도시해 보는 것이다.[2]

현실에는 수많은 금융자산이 있다. 투자대상 금융자산의 수가 N개이고 자산 i의 수익률, 기대수익률과 표준편차가 R_i, $E(R_i)$, σ_i라고 하자. 그러면 자산 i에 투자되는 자금의 비중이 w_i인 포트폴리오 P의 기대수익률 $E(R_P)$과 표준편차 σ_P는 통계학의 기본 원리에 의해 다음과 같다.

$$E(R_P) = \sum_{i=1}^{N} w_i E(R_i) \tag{10.2}$$

$$\sigma_P = \left(\sum_{i=1}^{N} w_i^2 \sigma_i^2 + 2\sum_{j=1}^{N}\sum_{k=1}^{N} w_j w_k \rho_{j,k} \sigma_j \sigma_k\right)^{\frac{1}{2}} \tag{10.3}$$

단, $\rho_{j,k}$는 j, k자산 수익률의 상관계수 ; σ_j, σ_k는 j자산, k자산 수익률의 표준편차

예를 들어 $N=10$이고 10개의 금융자산에 투자하는 포트폴리오를 생각해 보자. 각 자산의 기대수익률 $E(R_i)$과 표준편차 σ_i가 주어져 있다. 식 (10.2)와 (10.3)에 의해 모든 가능한 w_i값에 대해 그에 해당하는 기대수익률과 표준편차를 구하면 모든 가능한 포트폴리오의 기대수익률과 표준편차를 얻게 된다. 이를 그림으로 도시하면 [그림 10-3]과 같다. 이 그림은 3개의 자산에 대해 그린 것인데 자산 수를 늘려간다고 해도 기본 모양은 동일하다.[3] [그림 10-3]은 무수히 많은 포트폴리오의 기대수익과 표준편차는 (기대수익, 표준편차) 평면에서 위로 볼록한 영역의 모양으로 도시됨

2. 분산투자 이론의 수학적 증명은 재무관리 또는 투자론의 표준적인 교과서에서 다루는 주제이므로 여기서는 따로 설명하지 않는다.

3. 3개 자산의 기대수익률이 각각 2, 5, 7이고 표준편차는 각각 1, 1.5, 2로 가정하였다. 세 자산 간의 상관계수는 −0.5, 0.3, −0.7로 설정하였다.

을 알려준다. 이 영역은 투자자가 선택할 수 있는 투자기회집합을 표시한다.

그림 10-3 마코위츠(Markowitz) 효율적 변경

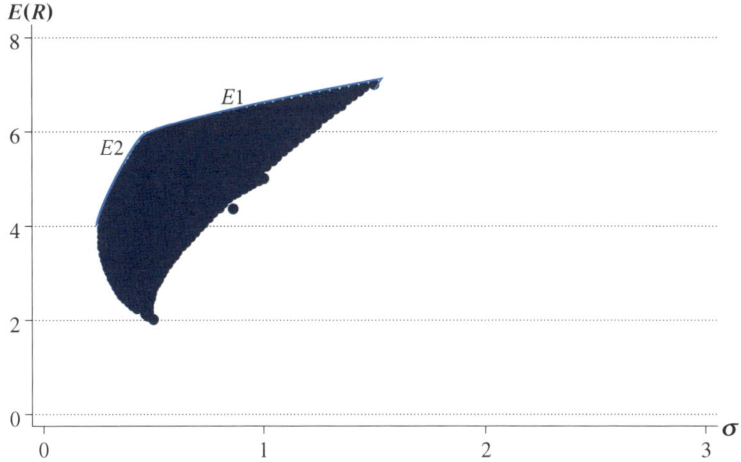

이 투자기회집합에서 위험기피의 합리적 투자자라면 청색 곡선으로 표시된 경계선에 해당하는 포트폴리오 중에서 한 점을 택할 것이다. 이 곡선은 동일한 기대수익률을 얻을 수 있는 포트폴리오 중에서 가장 작은 표준편차, 또 동일한 표준편차의 포트폴리오 중 가장 높은 기대수익률의 포트폴리오들의 집합이다. 같은 기대수익률을 얻을 수 있는 포트폴리오 중 가장 낮은 위험을 감수하는 투자 선택이라는 의미로 "효율적 포트폴리오(Efficient Portfolio)"라고 부른다. 또 효율적 포트폴리오로 구성된 이 곡선을 "효율적 변경(Efficient Frontier)"이라고 한다. 위험기피 투자자는 효율적 변경에 있는 효율적 포트폴리오 중에서 자신의 효용을 최대화해 주는 점을 선택할 것이다.

(2) 펀드 정리

마코위츠(Markowitz)는 위험기피 투자자는 효율적 변경에서 자신에게 최적인 효율적 포트폴리오를 선택할 것임을 보였다. 그런데 현실의 투자자에게는 남는 문제가 있다. [그림 10-3]의 효율적 변경은 3개의 금융자산으로 도출한 것이다. 불과 3

개의 금융자산에 대해서도 이 효율적 변경의 도출은 컴퓨터의 도움이 없으면 불가능하다. 현실 금융시장에는 수백, 수천의 금융자산이 있다. 최적 포트폴리오를 선택하려면 효율적 변경을 알아야 하는데 현실에서 투자자들이 어떻게 효율적 변경을 찾을 수 있을까? 먼저 선택 가능한 수백, 수천의 금융자산에 대한 정보를 구하는 것부터가 거의 불가능에 가까운 일이다. 또 이것을 통계적으로 처리하여 효율적 포트폴리오들을 찾는 것 역시 불가능에 가까운 일이다. 요컨대 일반 투자자에게 효율적 변경을 찾는 '정보비용'은 막대하다.

1970년대 금융학자들은 현실에서 "펀드"가 이 정보비용 문제를 해결하는 장치가 될 수 있다는 이론을 내놓았다.[4] 현재 "펀드 정리(Mutual Fund Theorem)" 또는 "펀드 분리 정리(Fund Separation Theorem)"로 불리는 이론이다.

펀드 정리

어떤 두 개의 효율적 포트폴리오가 주어져 있으면, 이 두 포트폴리오로부터 효율적 변경을 도출할 수 있다.

펀드 정리는 효율적 변경을 얻기 위해 투자자가 모든 효율적 포트폴리오를 구할 필요가 없음을 뜻한다. 필요한 것은 단 두 개의 효율적 포트폴리오이다. 예를 들어 [그림 10-3]에서 투자자가 *E*1과 *E*2에 해당하는 두 효율적 포트폴리오를 찾았다고 하자. 그러면 *E*1, *E*2를 하나의 금융자산으로 간주하고 각 자산에 투자자금을 나누는 포트폴리오를 만들면 이 포트폴리오는 효율적 변경에 있는 효율적 포트폴리오가 된다.

펀드 정리가 성립한다면 이제 투자자에게 필요한 것은 두 개의 효율적 포트폴리오를 찾는 일이다. 그렇지만 여전히 수많은 금융자산에 대한 정보수집이 여전히 필

4. Cass, D., and J. Stiglitz, (1970), "The Structure of Investor Preferences and Asset Returns, and Separability in Portfolio Allocation : A Contribution to the Pure Theory of Mutual Funds." *Journal of Economic Theory* 2, 122–160 ; Merton, R., (1972), "An Analytic Derivation of the Efficient Portfolio Frontier," *Journal of Financial and Quantitative Analysis* 7, 1851–1872.

요하므로 두 개의 효율적 포트폴리오를 찾는 것도 쉬운 일은 아니다. 그 일을 대신하는 금융기관이 자산운용회사이다. 자산운용회사는 투자자를 대신하여 효율적 포트폴리오를 찾아 "펀드"라는 금융자산으로 제공한다. 효율적 포트폴리오의 제공— 이것이 "펀드 정리"가 시사하는 펀드산업의 기능이다. 투자자는 여러 펀드 중 자신이 볼 때 위험 대비 적정한 수익이 기대되는 펀드, 즉 효율적 포트폴리오로 여겨지는 펀드 두 개를 선택하면 된다. 그리고는 이 두 개의 펀드에 투자자금을 자신의 선호에 맞추어 나누면 된다.

〈좀 더 알아보기 10-1〉 펀드 정리의 실제 적용 : 두 펀드에 60대 40 투자하기

펀드 정리는 단순히 이론에 그치지 않는다. 미국 자본시장에서는 '주식 펀드'와 '채권 펀드'에 투자자금을 60대 40으로 배분하는 포트폴리오가 최적인 것으로 오랜 기간 알려져 왔고, 실제 연기금의 자산배분원리로 사용되었다. 투자자는 자신이 볼 때 우수한 주식 펀드와 채권 펀드 하나씩을 찾아 두 펀드에 60대 40으로 투자하면 최적 포트폴리오를 구성할 수 있다는 자산배분전략이다. 다음 기사를 참조하라.

"60대 40 포트폴리오는 투자자산의 60%를 주식, 40%를 채권에 투자하는 투자 준칙이다. 채권의 안정성과 주식의 수익성을 결합해 최적의 투자수익을 올리는 포트폴리오 이론을 적용했다. 주로 수조 달러 규모의 자산을 운용하는 기관투자가들이 활용한다. 대규모 연금을 장기 운용할 때 수익성과 안정성을 동시에 확보할 수 있기 때문이다. 미국의 자산운용사 뱅가드에 따르면 1926년부터 2020년까지 95년 동안 60대 40 포트폴리오의 연평균 수익률은 9.1%를 기록했다. 60대 40 포트폴리오는 경제위기에도 건재한 투자법이었다. 주가가 내려갈 때 채권가격이 올라 손실을 메웠기 때문이다. 뉴욕대 스턴경영대학원의 연구에 따르면 1931년 경제 대공황 당시 S&P500지수는 1년간 43% 추락했다. 같은 기간 투자자산의 60%를 S&P500에, 40%를 미국 10년 만기 국채에 투자했을 경우 수익률은 -27.3%다. 글로벌 금융위기가 터진 2008년에도 S&P500지수는 35% 빠졌지만, 60대 40 포트폴리오는 13% 하락하는 데 그쳤다. 자산운용사 KKR은 "2010년대 60대 40 포트폴리오는 '황금 비율'이라 불렸다"고 했다." (오현우, "인플레 · 경기침체 공포 겹치니 … 전통의 '6대 4 투자법' 안통하네," 2022년 6월 20일, 한국경제신문. https://www.hankyung.com/finance/article/2022062032531)

2.2 단기금융시장 펀드의 경제적 기능

(1) 유동성 자산으로서의 단기금융시장 펀드

미국 공모펀드 역사에서 지속적인 성장동력을 제공한 것은 단기금융시장 펀드(Money Market Fund[5], 이하 MMF로 약칭)였다. 이 점은 우리나라에서도 마찬가지이다. 9장에서 언급하였듯이 MMF는 주식형 펀드 등 여타 유가증권 펀드와는 다른 사업 모형으로 개발된 펀드상품이다. MMF는 일반 유가증권 펀드와는 달리 1970년대 뒤늦게 등장하였다. 1972년 미국의 자산운용업계가 새로운 사업 모형으로서 만들어낸 상품이었는데, 도입시점부터 예금과 유사한 유동성을 제공하면서 예금보다 우월한 수익성을 지향하는 것이 목표였다. 일반 유가증권 펀드가 펀드의 위험 대비 수익이 투자자에게 강조되는 선택기준이라면 MMF는 유동성이 장점이다.

2장과 3장에서 예금자산이 일반 가계 보유자산에서 가장 큰 비중을 차지해 온 역사적 사실을 보이고, 이를 근거로 유동성은 경제주체의 금융자산 선택기준에서 역사적으로 항상 우선되어 온 특성이었음을 논의하였다. 유동성 제공 금융상품을 원하는 경제주체들의 선호가 변하지 않는 상태에서 20세기 후반 자본시장이 성장하자 자본시장을 활용한 예금과 유사한 유동성 제공 금융상품을 금융산업이 만들어낸 것은 시장의 자연스러운 진화였다고 하겠다.

(2) MMF의 유동성 창출 방법

예금과 유사한 유동성 제공을 위하여 MMF는 두 가지 방법을 사용한다. 장부가 평가와 투자대상의 제한이다.[6]

---

5. 단기금융시장 펀드는 미국에서 'Money Market Mutual Fund' 또는 MMMF로 불린다. 우리나라에서는 Money Market Fund 또는 MMF로 불린다. 미국 명칭에 'Mutual'이 있는 것은 미국 펀드제도가 회사형이기 때문이다. 여기서는 우리나라 기준에 따라 MMF를 단기금융시장 펀드의 용어로 사용하기로 한다.
6. MMF가 예금과 유사한 유동성 창출을 위하여 사용하는 장부가 평가와 투자대상 제한은 미국의 펀드 규

첫째, MMF는 일반 증권펀드와는 달리 자산가치 평가방법으로서 시가평가가 아니라 '장부가 평가'를 사용하였다. 9장에서 '일일 시가평가'가 유가증권 펀드 규제의 기본 원칙임을 보았다. MMF는 이 원칙의 예외이다. 시가로 평가하게 되면 자산가치 변동에 따라 수익증권의 가격은 매일 변동할 수 있다. 투자자는 미래 자금회수 시점에 원금회수의 가능성이 불확실하다. 예금은 원금의 손실 없이 현금으로 즉시 전환할 수 있다. 그러므로 예금과 유사한 유동성 제공을 위해서는 MMF도 최소한 원금회수를 보장하는 것이 중요하였다. 이에 MMF는 장부가 평가를 기준가격 평가방법으로 채택하였다. 장부가 평가로 수익증권의 기준가격을 계산함으로써, MMF는 예금과 마찬가지로 원금을 사실상 보장한다. 자산에서 발생하는 수익은 수익증권의 배당금으로 투자자에게 지급하는 방식을 취한다. 예금의 이자와 다를 바가 없다.

장부가 평가 방식으로 수익증권 기준가격을 설정할 수 있지만, MMF 역시 운용손익이 투자자에게 귀착된다는 펀드의 기본 속성은 다르지 않다. 그러므로 운용자산의 시장가치가 장부가로 평가된 수익증권 가격을 하회하는 일이 발생할 수 있다. 수익증권 가격과 실제 자산가치의 차이가 일정 수준을 넘어서면 수익증권 가격을 실제 자산가치에 맞추어 조정하는 것이 불가피하다. 수익증권 가격을 반드시 실제 자산가치에 맞추어 재조정해야 하는 괴리율 수준은 규제에 의해 0.5%로 정해져 있다. 괴리율이 높아져 기준가격이 하락하는 사건은 MMF 운용에서는 '운용실패'로 간주된다. 예금과 유사한 유동성 제공에서 기본인 원금보장에 실패하는 것이기 때문이다.

둘째, 투자대상의 제한이다. 실제 자산가치가 하락하여 수익증권 기준가격이 하향 조정될 위험이 존재한다면 MMF의 예금 대비 경쟁력은 손상된다. 이를 피하기 위해 MMF는 투자대상을 우량 신용위험, 단기 만기 자산에 한정한다. MMF는 이름이 시사하듯이 단기금융시장의 금융수단에 투자한다. 단기국채, 기업어음(CP), 양도성예금증서(CD), 환매조건부매매(RP) 등이다. 자산운용사 스스로 위험관리 차원에서

제당국인 SEC(Securities and Exchange Commission)가 1983년 제정한 SEC Rule 2a-7으로 확립되었다. 이하 설명은 이에 근거한 것이다. 우리나라의 MMF 제도는 미국 MMF 규제를 모범으로 하였으므로 우리나라의 MMF에도 그대로 적용되는 사항이다.

이들 금융수단에 주로 운용하는 것이기도 하지만, MMF에 대해서는 안정성을 위하여 자산운용규제가 부여되어 있다. MMF는 일정 신용등급 이하의 금융자산, 일정 만기 이상의 금융자산에 대한 투자가 제한되어 있다.

(3) MMF의 인출사태 위험

MMF는 예금에 버금가는 유동성을 제공한다. 그러면 MMF도 예금이 유동성으로 인해 부담하는 인출사태 위험에 노출되어 있는 것은 아닐까? 예금과 유사한 유동성을 창출하기 위하여 MMF가 사용하는 장부가 평가방법은 인출사태의 가능성에 노출되어 있다. 투자자들이 어떤 이유로 MMF의 실제 자산가치 하락 가능성을 우려하는 상황이라고 해보자. 자산가치의 하락으로 기준가격과의 괴리율이 0.5%를 초과하게 되면 기준가격의 하향 조정이 있을 것이다. 이를 예상하는 투자자의 최적 행동은 기준가격 조정 이전에 자금을 회수하는 것이다. 다수 투자자들이 똑같은 예상으로 인출을 동시에 요구하게 되면 단기금융자산이 대량 매도될 것이다. 이른바 '파이어 세일(Fire Sale)'이다. 대량 매도가 해당 자산가격의 폭락을 야기하면 패닉이 유발될 위험도 있다. 다음과 같은 시나리오다. "대량 환매요구 → 환매자금 마련을 위해 MMF 자산인 단기금융자산 대량 매도 → 대규모 매도로 해당 자산의 시장가격 급락 → MMF 자산가치 큰 폭 하락 → 기준가격 하락 예상 → 환매요구"의 악순환이 발생하는 시나리오이다.

이 시나리오의 가능성에도 불구하고 2008년 세계 금융위기 이전 MMF 인출사태를 주제로 한 정책논의나 학계의 논의는 찾기가 어렵다. 그만큼 2008년 이전 학자들은 이 시나리오의 실현 가능성을 낮게 보았다고 볼 수밖에 없다. 여기에는 두 가지 이유가 있었다고 추측된다. 첫째로는 미국 단기금융시장의 효율성에 대한 신뢰이다. 미국의 주식시장에서 '효율적 시장 가설'이 성립하는지의 여부는 학계에서 뜨거운 연구대상이자 논란의 대상이었다. 그렇지만 자본시장에서 효율적 시장 가설이 성립하는 영역이 있다면 단기금융시장이 그 영역이라는 인식이 학계에 있었다고 보인다. 단기국채, 기업어음(CP), 환매조건부매매(RP) 등이 거래되는 단기금융시장은 기관투자자의 시장이다. 그러므로 단기금융시장은 자본시장에서 유동성이 가장 높은 시장이고 전문가들이 참여하는 시장이다. 금융시장 중 시장효율성이 가장 높다고 보는 것이 자연스러웠다. 이에 시장패닉의 가능성은 가장 낮은 시장이라는 인식이 있었다고 생각된다.

둘째는 2008년 세계 금융위기 이전까지 MMF의 실제 경험이다. 1972년 탄생 이후 2008년 세계 금융위기가 발생할 때까지 미국 MMF에서 인출사태는 단 1차례도 없었다. 기준가격이 하향 조정된 사건도 단 1회에 불과하였다.[7] 실제 경험이 이러하였으므로 MMF에 인출사태의 위험이 없다는 인식이 팽배하였다고 생각된다.

2.3 펀드의 기업 지배구조에서의 역할

펀드의 마지막 이론적 기능으로 1990년대 잠시 거론되었던 것은 적극적 주주 역할이다. 현대 시장경제의 대규모 주식회사에서 주주는 대체로 다수의 소액주주로 구성된다. 대부분의 소액주주는 경영진 임명, 주요 사업 결정 등 기업의 주주총회 안건이 되는 사안 결정에 적극적으로 참여하는 데 소극적이다. 주주의 경영감시 기능이 약하므로 회사의 경영은 경영진이 독자적으로 수행하게 된다. 소액주주 위주로 구성되는 대기업 주식회사에서 나타나는 '소유와 경영의 분리' 현상이다.

주식회사 구조의 대기업에서 나타나는 소유와 경영의 분리 현상이 학계에 처음 알려진 것은 일찍이 벌(A. Berle)과 민즈(G. Means)에 의해서였다. 이후 기업 재무 연구자들은 이 현상을 '벌-민즈 기업(Berle and Means corporation)'이라 부르면서 시장경제가 성숙해 가면서 나타난 현상으로 해석하였다.[8] 오랜 기간 인지되어 온 현상이

---

7. Baba, N., R. McCauley, and S. Ramaswamy, (2009), "US Dollar Money Market Funds and Non-US Banks," *BIS Quarterly Review*. 30여 년간 MMF의 자산가치 하락 사건이 전혀 없었던 것은 아니었다. MMF에서 자산가치 하락으로 기준가격 하향 조정 필요가 발생한 경우가 145건 있었는데, 자산운용사가 자금을 투입하여 기준가격과 실제 자산가치의 괴리를 흡수하였다고 한다.

8. Berle, A. and G. Means, (1932), *The Modern Corporation and Private Property*. 기업 소유구조는 성장과정에서 분산화되어 대기업이 되면 다수 소액주주 소유 기업이 되며, 다수 소액주주는 경영감시 유

었지만, 소유와 경영의 분리가 기업가치에 부정적 영향을 미칠 수 있다는 문제의식은 1980년대 미국 학계에서 다시 한번 주목되었다. 1970년대 후반 미국 경제는 구조적인 침체기에 진입하는데, 자동차, 전자, 철강 등 전통 제조업 분야에서 미국 기업이 국제경쟁력을 상실하고 있다는 우려가 미국 사회와 학계에 확산되었다. 이때 미국 기업이 부진에 빠진 한 원인을 경영자의 대리인 문제가 심화되었기 때문으로 보는 견해가 대두되었기 때문이다.

이와 더불어 1980년대 미국 자본시장에 나타난 새로운 현상으로 기업 인수합병 시장의 활성화가 있었다. 과거 금기시되었던 적대적 인수합병도 나타났고, 이를 사업 모형으로 하는 '차입인수 사모펀드(Leveraged buyout fund)'도 등장했다. 젠슨(M. Jensen)은 기업의 대리인 문제에 대한 대응장치로서 기업 인수합병 시장의 등장을 긍정적으로 평가하는 견해를 내놓았는데, 대체로 학계의 주류 입장을 대변한 것이었다.[9]

그런데 1990년대 기업 인수합병 시장이 침체되자 일군의 학자들을 중심으로 기업 인수합병 시장을 대신하는 경영자의 대리인 문제 해결장치로서 기관투자자의 역할을 기대하는 주장이 등장하였다.[10] 이들은 1980년대 이후 펀드의 성장을 배경으로 주식형 펀드를 경영자의 대리인 문제를 감시하는 적극적 주주의 역할이 가능한 경제 주체로 보았다. 소액주주가 소극적 주주에 머무는 것은 전문성 부족, 집합행동의 문제 등이 장애요인으로 작용하기 때문으로 지적되어 왔다. 기관투자자는 상대적으로 이 장애요인의 정도가 약할 것이므로 적극적 주주의 가능성이 높다는 주장이다. 이들의 주장은 주로 당시 적극적 주주의 면모를 보였던 일부 연기금 펀드를 기반으로

인이 없어 기업 경영은 경영진에 의해 주주의 감시 없이 이루어진다. 그 결과 대기업은 소유와 경영이 분리된다. 벌(A. Berle)과 민즈(G. Means)는 1932년 저서에서 이 현상을 처음 기록하고 시장경제의 일반적인 기업 지배구조의 패턴으로 가설화하였다. 이후 '벌-민즈 기업'은 소유와 경영이 분리된 모습의 기업 지배구조를 지칭하는 개념이 되었다.

9. Jensen, M., (1989), "Eclipse of the Public Corporation," *Harvard Business Review* 67, 61–74.

10. Black, B., (1992), "Institutional Investors and Corporate Governance : The Case for Institutional Voice," *Journal of Applied Corporate Finance* 5, 19–32 ; Pound, J., (1993), "The Rise of the Political Model of Corporate Governance and Corporate Control," *New York University Law Review* 68, 1003–1071.

한 것이었지만, 논리는 대형 주식형 펀드에도 적용될 수 있는 것이었다.

3. 펀드의 최근 이론

3.1 펀드의 기본 기능을 둘러싼 논쟁

(1) 적극적 운용 펀드의 존재가 제기하는 의문

효율적 포트폴리오 제공이 펀드의 기본 기능이라는 점에 대해서는 학계의 이론이 없다. 이에 1980년대 이후 주식형 펀드 등 펀드의 급성장이 지속되자 과연 펀드가 이 기본 기능을 충실히 수행하는지가 우선적인 연구초점이 되었다. 그런데 1990년대 펀드가 급성장하면서 관찰된 흥미로운 현상은 적극적 운용과 소극적 운용이라는 두 대조적인 운용전략의 공존이었다. 만일 소극적 운용 전략의 펀드만이 존재하였다면 펀드의 실제 행태가 이론적 기능과 부합되는지의 문제는 쉽게 해결될 수 있었다. 아마도 다음과 같은 해석이 가능하였을 것이다.

> "자본시장은 효율적 시장 가설이 성립한다. 즉, 정보는 시장에서 즉시 확산되어 가격에 반영되므로 누구도 정보우위를 갖기 어렵다. 운용사도 예외가 아니므로 정보우위를 기반으로 운용하려는 시도는 하지 않는다. 효율적 포트폴리오는 현재 시장에 존재하는 주식에 현재 시장가치의 비중만큼 분산투자하여 구축되는 '시장포트폴리오(Market portfolio)'이다. 운용사는 시장포트폴리오를 충실히 추적하는 소극적 운용 펀드를 제공한다. 운용사와 펀드의 역할은 분산투자 시장포트폴리오 구축에 소요되는 거래비용을 낮추어 투자자의 시장포트폴리오 투자를 가능하게 하는 데 있다."

그런데 적극적 운용 펀드의 존재는 펀드산업이 시장포트폴리오 제공 이외의 역할을 하고 있음을 말한다. 그 '이외의 역할'이 무엇인지가 학계의 논쟁 대상이 되었다. 명백히 반대되는 두 가지 가능성이 있었다. 최소한 일부 적극적 운용 펀드는 시장의 다른 투자자들을 앞서는 정보우위가 있을 가능성, 그리고 반대로 적극적 운용 펀드 역시 일반 투자자와 마찬가지이고 특별한 정보우위가 없을 가능성이었다.

(2) '대리인 문제' 관점의 해석

가. 펀드 운용성과의 추정

적극적 운용 펀드의 정보우위 여부에 답하기 위하여 학자들은 펀드의 운용성과를 분석하는 방법을 택하였다. 분석방법의 개념은 간단하다. 투자자가 적극적 운용 펀드 i에 투자하여 얻는 수익률을 R_i^N라고 하자. 또 적극적 운용 펀드의 성과를 평가하기 위하여 비교대상으로 사용할 효율적 포트폴리오를 선정하고, 이 포트폴리오의 수익률을 기준 포트폴리오 수익률 R^B라고 하자. 그러면 적극적 운용 펀드의 투자자 수익률과 기준수익률의 차이가 다음 식의 α로 정의된다. 이를 적극적 운용 펀드의 '초과성과'라고 한다.

$$R_i^N = R^B + \alpha_i \tag{10.4}$$

실제 적극적 운용 펀드의 수익률 자료와 기준 포트폴리오 수익률을 통계분석해 식 (10.4)의 α_i를 추정하면 적극적 운용 펀드 i의 초과성과 여부에 대한 평가가 가능하다.

식 (10.4)를 사용한 초과성과 α_i의 추정에서 핵심은 기준 포트폴리오 수익률 R^B를 어떻게 설정할 것인가이다. 이 기준 포트폴리오 수익률의 설정 방법론에 따라 초과성과의 추정 결과는 달라지기 마련이다. 연구자들은 '자산가격이론'을 활용하였다. 금융이론에는 현재 복수의 자산가격이론이 있다. 이들 이론은 공통된 논리구조에 기반을 두고 있다. 그리고 그 논리구조에는 두 가지 구성요소가 있다. 첫 번째 구성요소는 금융자산의 수익률은 무위험자산에 그 금융자산의 '위험프리미엄'이 더해져 정해진다는 것이다. 두 번째 구성요소는 각 금융자산이 갖고 있는 위험의 크기는 시장 전체의 시스템 위험요인과의 상관 정도에 의해 측정된다는 것이다. 두 요소를 결합하면 금융자산의 수익률은 다음과 같은 식으로 표현될 수 있다.

$$R_i - R_F = \text{시스템 위험과의 상관 정도} \times \text{시스템 위험요인의 위험프리미엄} \quad (10.5)$$

R_i : i자산 수익률 ; R_F : 무위험자산 금리

식 (10.5)에서 좌변은 금융자산 i의 위험프리미엄이다. 우변에서 시스템 위험과의 상관 정도가 이 자산의 위험의 양이다. 시스템 위험요인의 위험프리미엄은 위험 1단위 가격이라고 볼 수 있겠다.

다양한 자산가격이론 사이의 차이는 시스템 위험요인을 구체적으로 어떤 변수로 설정하느냐에서 발생한다. 1990년대 이전의 펀드 운용성과 추정 연구에서는 당시 지배적인 자산가격이론이었던 '자본자산가격 모형(Capital Asset Pricing Model)', 즉 CAPM에 의한 이론적 수익률이 사용되었다.[11] CAPM은 시스템 위험요인을 '시장 위험요인'으로 측정할 수 있다고 보았다. CAPM에 의하면 어느 금융자산 i가 있을 때 그 이론적인 수익률은 다음과 같다.

$$R_i = R_F + \beta_i[E(R_M) - R_F] \quad (10.6)$$

R_F : 무위험자산 금리 ; R_M : 시장포트폴리오 수익률 ; $\beta_i = \dfrac{Cov(R_i, R_M)}{VaR(R_M)}$

식 (10.6)에서 $[E(R_M) - R_F]$는 '시장위험 프리미엄(Market Risk Premium)'이다. 시장포트폴리오의 수익률이 무위험자산 수익률을 초과하는 부분인데, 그 초과분은

11. CAPM은 모든 표준적인 재무관리 교과서 또는 투자론 교과서에 자세히 설명되어 있다. 그러므로 여기서는 간략히 소개하기로 한다.

시장포트폴리오가 지니고 있는 위험, 즉 시장위험요인에 대한 보상이다. 식 (10.6)에서 β_i는 금융자산 i의 시장위험요인과의 상관 정도를 보여주는 지표이다. 시장위험요인이 금융자산 i에 어느 정도 포함되어 있는지를 측정하는 지표이고, 금융자산 i가 갖고 있는 시장위험요인의 크기로 해석된다. 그러므로 CAPM은 금융자산 수익률이 그 금융자산이 지니고 있는 시장위험요인의 크기에 시장위험요인의 프리미엄을 곱하여 산출된다는 이론이다.

이제 CAPM을 이용해서 펀드 A의 운용성과를 평가할 경우 식 (10.6)은 다음과 같이 표현된다.

$$R_i^N = \alpha_i + R_F + \beta_i[E(R_M) - R_F] \quad (10.7)$$

β_i : 펀드 i 수익률의 베타

식 (10.7)에서 α_i가 0이라면 펀드 i의 운용성과는 CAPM이 예상한 이론적 수익률과 동일하다. α_i가 양(+)이라면 펀드 i는 CAPM이론의 예상수익률을 초과한 것이고, 음(−)이면 그에 미치지 못한 것이다.

CAPM은 1960년대 개발된 이론이다. 이후 실증분석에서 CAPM이 자료와의 정합성이 떨어지는 것으로 나타나면서, 1990년대 새로운 자산가격이론으로 파마-프렌치(Fama-French)의 '3요인 모형(3 Factor Model)'이 개발되었고, 이후 펀드 운용성과의 분석은 주로 3요인 모형에 의해 이루어지고 있다.

〈좀 더 알아보기 10-2〉 3요인 자산가격 모형

CAPM은 시장위험요인이라는 단일 위험요인으로 금융자산의 수익률을 설명하는 이론이다. 파마(E. Fama)와 프렌치(K. French)는 시장위험요인에 두 개의 위험요인을 추가할 때 금융자산 수익률의 보다 더 정확한 예측이 가능하다고 주장하였다. 이들이 내세운 두 개의 위험요인은 '규모요인(Size Factor)'과 '가치요인(Value Factor)'이다. 두 위험요인의 프리미엄은 다음과 같이 정의된다.

규모요인 프리미엄 : SMB = 시가총액 기준 소기업 주식 수익률 − 대기업 주식 수익률
가치요인 프리미엄 : HML = 시장가 대비 장부가 비율이 높은 기업 주식 수익률
− 시장가 대비 장부가 비율이 낮은 기업 주식 수익률

규모요인 프리미엄은 시가총액을 기준으로 소기업과 대기업을 나눈 뒤의 소기업 주식의 평균수익률과 대기업 주식의 평균수익률 차이로 정의된다. 정의를 반영하여 SMB(Small Minus Big)로 지칭된다. 가치요인 프리미엄은 주식의 시장가격 대비 장부가격 비율을 기준으로 이 비율이 높은 기업과 낮은 기업의 평균 주식 수익률의 차이로 정의된다. 역시 정의를 반영하여 HML(High Minus Low)로 지칭된다. 시장위험요인과 추가된 두 위험요인으로 금융자산의 이론적인 수익률이 구성되므로, 3요인 모형에 의할 때 금융자산 수익률은 다음과 같다.

$$R_i = R_F + \beta_i[E(R_M) - R_F] + b_s \cdot SMB + b_v \cdot HML$$

이 식에서 b_s, b_v는 각각 규모요인, 가치요인과 금융자산 i 수익률의 상관 정도를 측정한 지표이다. 시장위험요인과의 상관 정도 측정 지표인 β_i와 동일한 역할이다. 그러므로 3요인 모형을 사용한 펀드의 초과성과 추정식은 다음과 같다.

$$R_i^N = \alpha_i + R_F + \beta_i[E(R_M) - R_F] + b_s \cdot SMB + b_v \cdot HML$$

* 참고 : Fama, E. and K. French, (1992), "The Cross-Section of Expected Stock Returns," *Journal of Finance* 47, 427–465.

나. 초과성과 추정 결과와 해석

펀드의 초과운용성과 추정은 최초로는 젠슨(M. Jensen)이 펀드산업 초기 자료에 대해 시도한 바 있고, 이후 현재까지 많은 연구자들에 의해 다양한 기준 포트폴리오 수익률을 사용하여 계속되어 왔다.[12] 대부분 연구자들은 α_i가 음(−)의 값인 것으로 추정하였다. 적극적 운용 펀드에 투자하는 투자자들은 평균적으로 기준 포트폴리오

12. Jensen, M., (1968), "The Performance of Mutual Funds in the Period 1945–1964," *Journal of Finance* 23, 389–416. 최근 연구로는 Fama, E., and K. French, (2010), "Luck versus Skill in the Cross-Section of Mutual Fund Returns," *Journal of Finance* 65, 1915–1947.

에 미치지 못하는 수익률을 얻는다는 추정 결과였다.

학계에서는 이 결과를 적극적 운용 펀드의 존재는 운용사와 투자자 사이에 대리인 문제가 존재함을 의미하는 것으로 해석하였다. 이 해석을 이해하기 위해서는 펀드투자자의 수익률 R_i^N은 다음과 같이 계산된다는 점에 유의하여야 한다.

$$R_i^N = R_i^G - f_i \tag{10.8}$$

식 (10.8)에서 R_i^G는 펀드의 총수익률이고, f_i는 펀드의 보수이다. 투자자에게 지급되는 펀드의 수익이 펀드의 총수익에서 보수를 지급한 뒤의 순수익임을 표시한 것이다. 식 (10.8)을 식 (10.7)에 대입하면,

$$R_i^G - f_i = R^B + \alpha_i \tag{10.9}$$

그러므로 α_i가 음(−)의 값으로서 $R_i^N < R_i^G$이라는 것은 다음의 관계를 의미한다.

$$R_i^G - f_i < R^B \tag{10.10}$$

펀드의 보수 f_i는 항상 양수이므로 식 (10.10)의 부등호는 두 가지 경우에 기인할 것이다. 펀드의 총수익률 R_i^G가 기준수익률 R^B에 미치지 못하는 경우, 또는 R_i^G가 R^B보다는 크지만 펀드 보수가 그 차이를 초과하는 경우($f_i > R^B - R_i^G$)이다. 전자는 펀드 운용사의 운용능력이 기준 포트폴리오에도 미치지 못하는 경우이다. 후자는 운용사의 운용능력이 기준 포트폴리오에 비하면 우위지만 그 운용능력에 대한 보수가 과하여 투자자는 이익이 없는 경우이다.

학자들은 두 경우 모두 펀드투자자와 운용사 사이에 대리인 문제가 존재함을 의미하는 것으로 보고 있다.[13] 두 경우 모두 결국 투자자 입장에서는 기준 포트폴리오

13. 펀드의 보수는 운용보수와 판매보수의 합이므로 엄밀하게 말하면 대리인 문제는 투자자와 운용사 사이

수익률을 얻을 수 있는 소극적 운용 펀드에 투자하는 것이 최선인데 적극적 운용 펀드에 투자하여 상대적 손실을 입는 것이 된다. 기준 포트폴리오 투자 대비 손실임에도 적극적 운용 펀드가 지속적으로 성장하여 왔다면, 이것은 투자자와 운용사 사이에 정보비대칭성이 있음을 말해 준다. 즉, 투자자는 적극적 운용 펀드의 투자성과와 행태에 대한 충분한 정보가 없다. 이로 인해 정보비대칭성을 이용한 운용사의 이익 추구라는 대리인 문제가 펀드산업에 존재하며, 이 대리인 문제의 존재로 적극적 운용 펀드가 존재한다는 해석이다.

(3) '합리적 펀드투자자와 경쟁적 펀드판매시장' 관점의 해석

적극적 운용 펀드의 존재를 대리인 문제로 해석하는 관점은 지난 수십 년간 학계의 주류 견해로 되어 있다. 그런데 이 견해에 대한 반론이 최근 등장하여 상당한 반향을 일으키고 있다. 버크(J. Berk)에 의해 제시된 합리적 펀드투자자와 경쟁적 펀드판매시장 모형이다.[14] 그는 적극적 운용 펀드의 운용사에 대해 두 가지 가정을 한다.

첫째, 적극적 운용 펀드 중 일부는 정보 생산 및 분석 능력이 우수하여 기준 포트폴리오 수익률 대비 양(+)의 초과성과를 지속적으로 얻을 수 있는 운용역량이 있다. 즉, 이들의 경우 $\alpha_i > 0$이다.

둘째, 펀드 운용에 소요되는 비용이 있으며 이 비용은 운용자산 규모가 커질수록 급속하게 증가한다. 즉, 주식의 매매규모가 커질수록 매매비용이 급속히 커진다. 다시 말해, 펀드 i의 운용자산 규모를 Q_i라고 하면 운용비용은 Q_i의 비선형 함수이다. 예를 들어 $C(Q_i) = aQ_i^2$, $(a > 0)$과 같은 형태의 함수이다.

이 두 가정을 적용하면 식 (10.9)는 다음과 같이 변형된다.

만이 아니라 투자자와 판매사 사이에도 존재한다. 여기서는 운용사와의 대리인 문제로 통칭하기로 한다.

14. Berk, J., and R. Green, (2004), "Mutual Fund Flows and Performance in Rational Markets," *Journal of Political Economy* 112, 1269–1295.

$$R_i^G - f_i = R^B + \alpha_i - C(Q_i) \quad (10.11)$$

식 (10.11)을 보면 초과성과가 양($\alpha_i > 0$)이어도 투자자의 수익률($R_i^N = R_i^G - f_i$)은 음(−)일 수가 있다. 운용비용 $C(Q_i)$의 존재 때문이다.

특히 버크(Berk)는 합리적 투자자와 경쟁적 펀드판매시장을 가정하면 운용능력 우수 펀드라 해도 펀드판매시장의 균형상태에서는 모든 펀드의 투자자 수익률(R_i^N)이 기준 포트폴리오의 수익률과 차이가 없을 것으로 예측한다. 왜냐하면 합리적 투자자는 양(+)의 초과성과를 달성할 수 있는 운용능력 우수로 추정되는 펀드에 투자자금을 늘릴 것이고, 이 펀드는 자산규모가 커지면서 운용비용이 빠르게 증가할 것이며, 이 운용자산 규모의 증가는 그에 따른 운용비용 증가가 양(+)의 초과성과를 모두 잠식할 때까지 진행될 것이기 때문이다. 따라서 투자자의 자금조정이 완료된 균형상태에서는 운용능력 우수 펀드($\alpha_i > 0$)와 그렇지 않은 펀드($\alpha_i = 0$) 사이에 투자자 수익률(R_i^N)의 차이는 없다. 이러한 이유로 버크(Berk)는 펀드규모에 따른 운용비용의 차이를 무시하고 사후적으로 투자자 수익률(R_i^N)과 기준 포트폴리오 수익률(R^B)을 기계적으로 비교하면 잘못된 결론에 도달할 수 있다고 비판한다.

한편 버크(Berk)는 기존 연구에서 흔히 $R_i^N = R^B$가 아니라 $R_i^N < R^B$의 관계가 나온 것에 대해서는 기준 포트폴리오 수익률 설정의 문제를 제기한다. 위에서 언급하였듯이 기존 연구는 기준 포트폴리오 수익률을 자산가격 모형에서 이론적으로 도출한다. 이 수익률에는 실제 포트폴리오 구축에 소요되는 거래비용(매매비용 등)이 포함되지 않는다. 그러므로 실제 R^B는 거래비용을 감안하게 되면 작아져야 한다는 것이다. 그는 기준 포트폴리오 수익률을 이론 모형에 의한 수익률이 아니라 인덱스펀드 수익률로 설정하여 펀드 성과를 분석하면 $R_i^N = R^B$가 성립함을 보였다.[15]

15. Berk, J., and J. Binsbergen, (2015), "Measuring Skill in the Mutual Fund Industry," *Journal of Financial Economics* 118, 1–20.

3.2 펀드의 새로운 기업 지배구조 역할

(1) 행동하지 않는 공모펀드

펀드가 적극적 주주로서의 역할을 할 수 있을 것이라는 일부 학자들의 기대와는 달리 1990년대 이후 현재까지 관찰된 실제 공모펀드의 행태는 일반 개인주주와 마찬가지로 '소극적 주주'의 행태를 보인다는 것이 학계의 합의된 의견이다.[16] 공모펀드는 기업 지배구조에서의 역할 수행보다는 경영 행태에 문제가 있을 경우 해당 주식을 매각해버리는 이른바 '월가(街) 규칙(Wall Street Rule)'[17]을 따른다는 것이 일관되게 관찰되었다. 이처럼 공모펀드가 적극적 주주의 행태를 보이지 않는 현실을 목도하며 학자들은 그 이유를 몇 가지로 제시하였다.

첫째, '공모펀드의 소액주주적 지위'이다. 공모펀드는 분산투자로 운용된다. 펀드 규모가 상당하다 하여도 개별 기업에 대해 가지고 있는 지분은 크지 않은 경우가 대부분이다. 소액주주 지위라는 점에서 개인투자자와 다르지 않고, 집합행동의 문제가 공모펀드에 대해서도 적용된다는 것이다.

둘째, '공모펀드의 단기투자 성향'이다. 공모펀드는 개방형 펀드이다. 즉, 항상 최종 투자자가 환매를 요구할 수 있는 구조의 상품이다. 이 같은 환경하에서 효과가 장기적으로 실현될 수밖에 없는 적극적 주주권 행사를 통한 기업가치 제고는 펀드의 운용전략으로서 적합하지 않다는 설명이다.

마지막으로 '거래관계의 존재'이다. 미국의 경험에 의하면 기관투자가의 주주로서의 적극성은 공적 연기금이 가장 높고, 은행신탁 등이 가장 낮은 것으로 알려져 있다. 이 같은 기관투자가 사이의 차별성에 대한 설명이자 일부 기관투자가의 소극성

16. 이 단락은 신인석(2001), 「투신사의 의결권 행사 실태와 정책대응」, 『정책연구 시리즈』 2001-02, 한국개발연구원을 참조하였다.

17. 경영진의 잘못된 경영 행태가 있을 때 적극적 주주로서 주주총회 등을 통해 시정하려 하기보다는 바로 주식을 매각하여 해당 기업을 투자포트폴리오에서 '퇴출(exit)'시키는 전략을 흔히 '월가 전략'이라고 부른다. 월가 금융회사들의 일반적인 행태라는 의미에서이다.

의 원인으로 제시되는 것이 기업과의 거래관계 존재이다. 예컨대 어느 기업과 대출관계에 놓여 있는 은행의 신탁은 기업과의 마찰을 피하기 위하여 의결권 행사에 무관심한 태도를 취하든지 행사할 경우 우호지분으로 참여한다는 것이다. 같은 설명이 공모펀드를 운용하는 자산운용사에 대해서도 적용될 수 있다. 자산운용사는 기업과 현재 또는 잠재적인 거래관계가 있을 수 있다. 예를 들어 기업의 퇴직연금을 운용하고 있거나 연금계약을 얻고자 하는 자산운용사는 그 기업의 경영진과 대립되는 행동을 취하기가 곤란할 것이다. 또 자산운용사는 은행, 증권사, 보험사 등 다른 금융기관과 계열관계인 경우가 많다. 이들 계열관계 금융기관은 기업과 고객관계에 있거나 미래 거래관계를 기대하고 있을 수 있다. 이 역시 자산운용사의 적극적 주주 역할에 장애요인이 될 것이다.

(2) 최근 쟁점 : ESG 펀드

주주권 행사에서 개인투자자와 공모펀드 사이에는 별다른 차이가 없다. 공모펀드는 기업의 경영감시자로서의 역할이 미미하다는 이 시장 현실은 최근까지도 지속되었다. 그런데 2010년 이후 최근 10년 사이에 공모펀드의 기업 경영감시자 역할을 둘러싼 새로운 논란이 등장하였다. 'ESG 펀드'이다. 미국의 대표 펀드평가사인 모닝스타(Morningstar)에 따르면 2019~2020년 한 해 동안만 미국에서 ESG 공모펀드의 수는 50% 증가하였다.

ESG 펀드는 적극적인 주주권 행사를 목적으로 하지는 않는다. 그렇지만 간접적인 방식으로 기업 지배구조에의 참여를 목표로 한다. 경영 행태의 'ESG 기준' 부합 여부를 해당 기업에 대한 투자 여부 심사에서 고려함으로써, 해당 기업의 경영 행태에 영향을 미치는 것을 지향하기 때문이다.

ESG 펀드의 급성장은 공모펀드의 경영감시자로서의 기능에 대해 새로운 쟁점을 가져왔다. 여러 가지 다양한 연구주제가 등장하고 있지만, 무엇보다도 ESG 펀드를 운용하는 자산운용사는 과연 ESG 경영 행태가 우수한 기업을 판별할 능력이 있는지,

그리고 그 경우 ESG 펀드가 기업의 경영 행태에 영향을 미칠 수가 있는지가 쟁점이 되고 있다. ESG 펀드의 성장이 극히 최근 현상이므로 이 질문에 대한 답은 미래의 일이다.

3.3 MMF의 불안정성

(1) 2008년 MMF 인출사태

앞에서 언급하였듯이 2008년 세계 금융위기 시점까지 미국의 MMF는 특기할 만한 불안정성을 보인 예가 없었다. 예금과 유사한 유동성을 제공하면서, 공적 예금보험의 안전장치가 없이도 인출사태 위험으로부터 자유로운 금융상품이라는 인식이 시장에 팽배하였다. 이에 MMF 운용자산 규모가 꾸준히 성장하였다. 그러나 2008년 미국의 금융위기 발발로 이 인식은 순식간에 뒤집어진다.

2008년 리먼브라더스(Lehman Brothers) 파산으로 촉발된 미국 금융위기에서 위기 확산 메커니즘의 결정적인 연결고리 역할을 하였던 것이 대규모 MMF 인출사태였다. 2008년 9월 15일 리먼브라더스가 파산하자 리먼브라더스가 발행한 기업어음(CP)를 대량 보유하고 있던 대형 MMF '리저브 프라이머리 펀드(Reserve Primary Fund)'에 9월 15일 오후 투자자들의 인출 요구가 빗발친다.[18] 자산가치의 부실화로 수익증권 가격과 자산가치의 괴리율이 0.5%를 초과하게 되면 수익증권 가격이 곧 하향조정될 것이라고 우려한 것이었다. 수익증권 가격의 하향조정 이전에 인출하고자 하는 시도였다. 그 다음날인 9월 16일 실제로 리저브 프라이머리 MMF는 수익증권의 기준가격을 0.03% 하향조정한다. 그러자 인출사태는 곧 다른 MMF로 확산된다. 불과 며칠 만에 미국 MMF에서 3,000억 달러 규모의 환매가 발생한다. 대규모 환매요구에 응하기 위해 MMF 운용사는 보유자산을 단기금융시장에 대량 매각하게

18. '리저브 프라이머리 펀드(Reserve Primary Fund)'는 가장 오래된 MMF이기도 하다. 그러므로 당시 이 펀드에서의 인출사태는 시장에 큰 충격이었다.

되고, 단기금융자산 가격이 급락함에도 이들 자산을 사겠다는 투자자는 사라지면서 미국 단기금융시장은 패닉 위험에 처한다. 유동성 고갈로 MMF 자산의 시장가치가 폭락할 위험이 고조되면서 3조 달러 규모의 미국 MMF 산업 전체로 인출사태가 확대될 조짐이 나타났다. 결국 역사상 초유의 MMF 인출사태를 진정시키기 위하여 미국 정부는 9월 19일 미국 금융시장의 전체 MMF에 대하여 무제한 예금보험을 제공하겠다는 긴급조치를 발표한다.[19]

2008년 세계 금융위기 발발 시점까지 예금과 유사한 유동성을 제공하면서도 인출사태 위험은 통제 가능할 것으로 믿어졌던 MMF 제도의 안정성에 대한 신뢰는 이 사건으로 붕괴되었다.

(2) 새로운 쟁점 : 단기금융시장 효율성의 한계와 대응방안

2008년 미국 MMF 인출사태로 단기금융시장의 효율성에 대한 학계와 정책담당자들의 인식은 대전환을 맞게 되었다. 미국을 넘어서 EU 지역에서도 세계 금융위기를 전후하여 MMF의 불안정성을 경험하면서 MMF 제도의 개선은 선진제국의 초미의 과제로 떠올랐다. 마치 1929년 대공황기 은행 예금의 인출사태 빈발이 미국에서 공적 예금보험제도라는 공적 제도의 등장을 가져왔듯이 MMF 제도의 안정성 제고를 위한 혁신방안 모색이 계속되고 있다.

미국의 경우 일단 2014년 규제당국인 SEC가 기관투자자로부터 자금을 모집하여 일반 기업 및 금융기관 발행 단기금융상품에 투자하는 MMF에 대해서는 장부가 평가를 금지하고 일반 펀드와 마찬가지로 시가평가를 의무화하는 방안을 도입하였다. 국채에 주로 투자하는 MMF와 개인고객 대상 MMF는 장부가 평가가 계속하여 허용되었는데, 이들 펀드는 인출사태 위험이 크지 않다고 평가되었기 때문이다. 이 조치에 영향받아 우리나라도 2019년 인출사태 위험이 우려되는 일부 법인형 MMF

---

19. Kacperczyk, M., and P. Schnabl, (2013), "How Safe are Money Market Funds?," *Quarterly Journal of Economics* 123, 1073-1122.

에 대해 시가평가를 의무화하였다.[20]

그렇지만 MMF 제도의 불안정성 문제는 2014년 제도개선 이후에도 해소되지 않은 것으로 드러났다. 2020년 3월 코로나 사태가 발발하자 미국 MMF는 또다시 인출사태에 직면하였다. 누적 유출규모가 2019년 말 MMF 산업 전체 자산의 22%에 달하는 대규모였다.[21] EU 자본시장의 MMF도 유사한 불안정성을 겪었다. 이에 MMF 제도의 개선은 다시금 논의되고 있는 현안이 되어 있다.

요약

1. 펀드의 기본 기능은 효율적 포트폴리오 제공이다. 현실에서는 소극적 운용 펀드와 적극적 운용 펀드가 공존하고 있다. 적극적 운용 펀드의 존속이 운용능력에 기초한 정보우위 운용사의 존재를 의미하는 것인지, 아니면 대리인 문제의 존재를 의미하는 것인지를 둘러싸고 논쟁이 계속되고 있다.

2. 공모펀드의 성장은 기업 지배구조 개선을 위해 펀드가 역할을 수행할 수 있다는 기대를 끊임없이 낳고 있다. 1990년대의 적극적 주주 가설은 지난 30년간 관찰된 펀드의 행태를 통하여 현실 정합성이 없다는 점이 확인되었다.

3. 최근 급부상한 'ESG 펀드'는 기업 경영감시자로서 공모펀드의 역할을 둘러싼 새로운 논쟁점이 되고 있다. 과연 자산운용산업이 재무적 기준만이 아니라 사회적 가치에 부합되는 방향으로 기업 경영을 유도할 수 있는 경영감시자의 역할을 수행할 수 있을 것인지가 21세기의 관심사이다.

4. MMF는 단기금융시장의 유가증권에 투자하여 예금과 유사한 유동성을 제공하는 기능을 수행하여 왔다. 2008년 세계 금융위기와 2020년 코로나 사태의 MMF 인출사태를 계기로 MMF의 안정성에 대한 신뢰는 약화되었다. MMF의 인출사태 위험 관리를 위한 규제 개입 필요성이 인정된 가운데 새로운 제도 모색이 활발하다.

---

20. 국채, 통안채, 은행 예금 등 상대적으로 안정적인 자산의 편입 비율이 30% 이하인 법인 MMF가 대상이다. (금융위원회 보도자료, "비은행권 거시건전성 관리방안 마련," 2019년 1월 24일)

21. Cipriani, M., and G. Spada, (2020), "Sophisticated and Unsophisticated Runs," *Federal Reserve Bank of New York Staff Reports*, no. 956.

연습문제

1. 분산투자

위험기피 투자자의 선호체계가 '평균-분산' 선호라고 하자. 즉, 이 투자자는 어떤 금융자산의 위험을 표준편차로 평가한다. 기대수익이 높으면 효용이 높지만, 기대수익 이외에 표준편차로 평가하는 위험이 높으면 효용이 낮아진다. 구체적인 효용함수는 $U(E(R_P), \sigma_P) = E(R_P) - 4\sigma_P^2$이다. 이 투자자는 기업 A와 B의 주식으로 최적 포트폴리오를 구성하려 한다. $E(R_A) = 2$, $E(R_B) = 6$이고, A주식의 수익률 R_A, B주식의 수익률 R_B의 기댓값과 표준편차는 $E(R_A) = 2$, $E(R_B) = 6$, $\sigma_A = 0.5$, $\sigma_B = 1$이다.

(1) 두 주식의 수익률은 완전상관관계이다. 즉, $\rho_{AB} = 1$이다. 이 투자자가 최대 효용을 얻는 포트폴리오는 B주식에 몰빵투자하여 기대수익률 6, 표준편차 1을 얻는 것임을 보여라.

(2) $\rho_{AB} < 1$이다. 이 투자자는 분산투자로 몰빵투자에 비해 기대효용을 높일 수 있음을 보여라.

2. 펀드 운용성과 평가

두 펀드 A, B가 있다. 두 펀드의 운용수익률을 비교하는 방법에 대해 논의해 보자.

(1) A펀드의 지난 10년간 연간 평균수익률은 10%, B펀드는 6%였다. A펀드의 운용성과가 우수하다고 말할 수 있는지 논하라.

(2) 펀드 운용성과의 우수 여부를 판단하는 기준은 무엇이어야 하는지 논하라.

3. 자산가격 모형과 펀드 운용성과 평가

어느 경제의 무위험자산 금리가 5%, 시장포트폴리오 기대수익률이 8%, 규모요인 프리미엄(SMB)이 2%, 가치요인 프리미엄(HML)이 3%이다. 어느 펀드의 수익률이 8%이다. 이 펀드의 β가 0.5, b_s가 0.6, b_v가 0.3이다.

(1) CAPM에 의해 기준 포트폴리오 수익률을 추정할 경우 이 펀드의 초과성과를 구하라.

(2) 3요인 모형에 의하여 기준 포트폴리오 수익률을 추정할 경우 이 펀드의 초과성과를 구하라.

4. MMF

(1) MMF 인출사태의 이론적인 메커니즘을 논하라.

(2) MMF 수익증권 평가방법을 장부가 평가에서 시가평가로 변경하면 인출사태 위험이 제거되는 것인지 논하라.

5. 펀드의 지배구조 역할

(1) 벌-민즈(Berle-Means) 기업의 개념을 설명하라.

(2) 공모펀드가 소극적 주주의 행태를 보이는 이유를 논하라.

사모펀드의 이론

11장

1. 개요 / 2. 사모펀드의 법적 개념 / 3. 사모펀드의 경제적 특성 / 4. 사모펀드의 경제적 기능
5. 사모펀드의 실제 행태와 쟁점

1. 개요

20세기 후반이 공모펀드의 시대였다면 21세기는 사모펀드의 시대라고 하여도 과언이 아니다. 미국을 필두로 전 세계적으로 공모펀드 대비 사모펀드의 성장세가 두드러진다. 우리나라의 경우 금융시스템에 사모펀드가 본격적으로 등장한 것은 2010년 이후의 일이다. 여기에는 규제환경이 원인으로 작용하였다. 미국에서 사모펀드는 시장 자율의 비규제펀드이다. 완전한 사적 자치의 영역이다. 이에 반해 우리나라의 규제체계는 시장 자율의 비규제펀드 영역을 허용하지 않는다. 그러므로 우리나라에서 사모펀드의 등장과 성장은 일차적으로 법적 허용이 있어야 한다.

사모펀드는 운용 행태를 기준으로 할 때 벤처캐피탈, 헤지펀드, 차입인수펀드 등으로 유형이 구분된다. 벤처캐피탈에 대해서는 비교적 사회적 논란이 적다. 기술 기반의 신생 혁신기업 대상 금융중개 기능의 활성화는 대체로 모든 경제주체들이 바람직하게 보기 때문이다. 이러한 사회적 인식을 배경으로 벤처캐피탈은 1986년 "창업지원법"[1]이 제정되면서 우리나라에서 가장 일찍이 허용된 사모펀드였다.

반면 차입인수펀드와 헤지펀드 유형의 사모펀드에 대해서는 역기능에 대한 논란이 많다. 구조조정 기능의 제공으로 기업가치를 제고한다는 것이 차입인수펀드의 이론적 순기능이지만 여전히 그에 동의하지 않는 논자들이 없지 않다. 기업가치 제고와는 별도로 기업의 구조조정 과정에서 대량해고로 고용의 안정을 저해하고 사회적 안정을 해친다는 비판도 자주 제기된다. 헤지펀드의 경우 시장변동성을 높이는 역기능이 있다는 주장이 계속된다. 차입인수펀드와 헤지펀드에 대한 비판과 우려는 학계를 벗어나 일반인 그룹으로 오면 한층 높다. 이로 인해 우리나라에서 사모펀드는 제도의 마련이 최근이었고 여전히 규제환경의 변천을 겪고 있다. 간략히 규제연혁을 보면, 2004년 구조조정 촉진을 위해 제한된 범위의 차입인수펀드가 허용되었으나

1. 2020년 "벤처투자촉진법"으로 개정되었다.

활성화되지는 않았다. 이어서 2011년 헤지펀드에 해당되는 유형의 사모펀드 제도가 도입되었는데, 비로소 모든 유형의 사모펀드가 허용된 셈이었다. 이후 2015년에는 전반적으로 규제가 완화되는 방향으로 사모펀드 법제가 정비되었다. 마지막으로 2021년 사모펀드 불완전판매 사태 후 투자자 보호 강화 목적의 제도정비가 있었다.

그러므로 사모펀드는 우리나라에서는 이제 뿌리를 내리는 중이라 하겠다. 그럼에도 지난 몇 년간 사모펀드의 성장세는 공모펀드를 크게 앞섰다(〈표 11-1〉 참조). 2013~2021년 기간 공모펀드 운용자산이 약 130조 원 성장하였는데, 사모펀드는 370조 원 증가하였다. 현재 사모펀드는 공모펀드를 능가하여 펀드산업의 주류가 되고 있다. 전체 금융시스템에서 차지하는 위상은 아직 작지만 성장세로 보면 우리나라 사모펀드는 세계적인 급증세와 차이가 없다.

표 11-1 사모펀드의 성장 추이 (단위 : 조 원)

	2013	2014	2015	2016	2017	2018	2019	2020	2021
공모펀드	184.4	198.1	213.8	212.2	217.5	213.6	242.3	274.7	312.0
사모펀드	144.0	173.2	199.8	250.2	289.3	330.6	416.4	442.7	517.1
합계	328.4	371.4	413.6	462.4	506.8	544.3	658.8	717.4	829.2

자료 : 금융투자협회, 『펀드통계』.

사모펀드는 소수의 투자자가 자금을 제공하지만 공모펀드와 마찬가지로 간접투자의 경로라는 점에서 큰 의미의 경제적 기능은 동일하다. 그런데 어떤 이유로 최근 들어 사모펀드를 간접투자의 경로로 선택하는 투자자들이 급격히 증가한 것일까? 이 질문에 답을 찾기 위해서는 먼저 사모펀드의 경제적 특성이 공모펀드와 어떤 점에서 차이가 있는지를 찾아야 한다. 다음으로 이러한 사모펀드의 경제적 특성이 어떤 경로로 투자자에게 공모펀드가 제공할 수 없는 새로운 효용을 줄 수 있는지에 대해 이론적인 설명을 생각해 보아야 한다.

이 장에서는 2절에서 먼저 사모펀드의 개념을 분명히 정의한다. 이어서 우리나라 사모펀드 개념이 비규제펀드가 아니라는 점에 유의하여 우리나라의 사모펀드 규제의 핵심을 소개한다. 다음으로 3절에서 사모펀드의 경제적 특성을 살펴본다. 마지막으로 4절에서 사모펀드의 경제적 기능에 대한 학계의 현 단계 논의를 살펴본다.

2. 사모펀드의 법적 개념

2.1 미국 법규의 사모펀드 개념

(1) 사모펀드 개념의 탄생

모든 자본시장 규제가 그러하듯이 우리나라를 비롯하여 많은 나라에게 펀드 규제의 준거를 제공하고 있는 것은 미국이다. 9장에서 언급하였듯이 미국의 펀드 규제 도입은 1940년 "투자회사법"의 제정에 의해서이다. 9장에서 설명한 펀드 규제의 6대 기본 원칙이 이 법에 의해 설정되었다. "투자회사법"은 1933년 "증권법", 1934년 "증권거래소법"과 더불어 미국 자본시장 규제체계의 한 축이다. 1933년 "증권법"이 모든 유가증권 발행을 규제하려고 하지 않았듯이 "투자회사법"도 모든 펀드를 규제대상에 포괄하려 하지 않았다. 1933년 "증권법"이 사모발행 유가증권에 대해서는 규제 적용을 면제하였듯이, 1940년 "투자회사법"도 100인 이하의 소수 투자자로 결성된 펀드[2]에 대해서는 규제 적용을 면제하고 시장 자율과 사적 자치를 보장하였다. 이후 미국 법조계는 "투자회사법"의 적용을 받는 규제펀드는 '공모 투자회사(Public investment company)', 규제 적용이 면제되는 펀드는 '사모 투자회사(Private investment company)'라 부르며 구분하게 되었다. '투자회사'는 펀드를 지칭하는 미국의 법규 용어로 '사모펀드'라는 용어가 사용되게 된 것도 이 때문이다. 그리고 그

2. 정확하게는 100인 이하의 투자자로 결성되고 공모방식으로 수익증권을 발행하지 않는 펀드여야 한다.

의미는 "투자회사법"의 적용이 면제되는 '비규제펀드'이다.

(2) 21세기 사모펀드 개념의 진화

"투자회사법"이 제정된 1940년은 '정보비대칭성', '대리인 문제' 등 현대 금융경제학의 개념이 등장하기 이전이었다. 그렇지만 공모펀드와 사모펀드를 구분하고 사모펀드에 대해 규제 적용을 면제한 배경에는 비록 용어가 사용되지는 않았지만 정보비대칭성과 그로 인한 대리인 문제가 심각하지 않아 규제 개입에 의한 투자자 보호가 필요하지 않은 펀드에 대해서는 시장 자율 원칙을 존중한다는 철학이 있었다. 투자자의 운용사에 대한 정보열위가 크지 않고 운용사의 대리인 문제가 심각하지 않은 펀드라면 시장 자율 영역으로 존중하겠다는 철학이다.

그런데 1940년 설정한 100인 이하, 즉 '소수 투자자'가 규제 개입 필요성 여부를 판정하는 운용지침으로서 과연 적절한지는 논란의 여지가 있었다. 어떤 펀드의 전체 투자자가 예를 들어 500인이라 하여도 모든 투자자들이 전문성에서 운용사와 차이가 없다면, 이 펀드의 자율 운용에 규제당국이 개입할 필요가 있을까? 정보비대칭성과 대리인 문제의 심각성은 투자자의 소수 여부만이 아니라 투자자의 전문성을 기준으로 하여야 하는 것이 아닌가? 이들 쟁점은 특히 1990년대 미국 자본시장에서 기관투자자의 역할이 점증하고 펀드투자자에서도 기관투자자의 비중이 높아지자 현실의 자본시장에서 실무자들에 의해 빈번히 제기된다. 기관투자자, 그리고 기관투자자에 못지 않는 거액의 개인투자자로 결성된 펀드의 경우 자유로운 펀드 운용을 허용하는 것이 투자자 이익에 부합된다는 주장이 높아졌다.[3]

이러한 배경 아래 1996년 "투자회사법"이 개정된다. 본래의 사모펀드 판정 기준인 100인 이하 '소수 펀드'는 유지되었다. 이에 더해 '적격투자자(Qualified purchaser) 펀드'의 개념이 만들어졌고, '적격투자자'만으로 결성된 펀드는 투자자 수

3. SEC, (1992), *Protecting Investors : A Half Century of Investment Company Regulation.*

와 관계없이 "투자회사법" 적용이 면제되는 비규제펀드가 되었다. '사모펀드'의 개념이 '소수 펀드'와 '적격투자자 펀드'의 두 범주로 확대 구분된 것이다. 여기서 다시 쟁점이 되는 것은 '적격투자자'의 기준인데, 적격투자자는 현재 2,500만 달러 이상 투자자산을 보유한 기관투자자와 5백만 달러 이상 투자자산을 보유한 거액 개인투자자로 정의되어 있다.

그런데 '소수 펀드'의 경우에도 실제로는 일반 투자자가 아니라 기관투자자와 거액 개인투자자들로 설립되고 있다. "증권법"의 규제를 피하기 위해서이다. 이 점은 다소 설명이 다소 복잡한데, 아래 박스를 참조하기 바란다.

〈좀 더 알아보기 11-1〉 미국 사모펀드의 실제 투자자 구성[1)]

현재 미국 법규의 사모펀드는 100인 이하 투자자의 '소수 펀드'와 '적격투자자 펀드'이다. 그런데 미국 자본시장에서 사모펀드를 운영하는 자산운용사들의 행태를 보면 100인 이하 '소수 펀드'라고 해서 일반 투자자들로 구성되는 것이 아니다. 미국에서 펀드가 투자자로부터 자금을 모집하기 위하여 발행하는 '수익증권'은 "증권법"의 규제대상인 유가증권으로 간주된다. 따라서 완전히 규제에서 면제되려면 "투자회사법"의 규제 면제 조건만이 아니라 "증권법"의 등록 및 공시규제 면제 조건(정확하게는 SEC Regulation D에서 정한 조건)도 충족하여야 한다. "증권법"의 규제 면제 조건은 다양하지만, 기관투자자 또는 "일정한 자격"을 갖춘 개인투자자(accredited investor로 불린다)들을 대상으로 하여 유가증권을 모집할 경우 규제가 면제된다. 실제 사모펀드들이 사용하는 방법이다. 여기서 "일정한 자격"을 갖춘 개인투자자는 순자산 100만 달러 또는 연소득 20만 달러(부부 기준은 30만 달러) 이상인 투자자를 말한다. 그러므로 미국 자본시장 현실에서 소수펀드로 설립되는 사모펀드라 하여도 일반 투자자로 결성되는 것은 아니다. 정리하면 "투자회사법"과 "증권법"을 동시에 면제받기 위해 미국 자본시장에서 사모펀드는 다음의 두 가지 중 하나로 설립되고 있다 : ① 순자산 100만 달러 또는 연소득 20만 달러(부부 기준은 30만 달러) 이상의 개인투자자 및 기관투자자로 설립되고 전체 투자자의 수가 100인 이하

1) Badway, E., J. Horn, B. McCoy, S. Reid,, and S. Romaszewski, (2016), "Private Equity and Hedge Funds : Regulatory Analysis and Structural Overview," *White Paper*, Fox Rothschild LL.을 참조하였다.

인 '소수펀드' ; ② 2,500만 달러 이상 투자자산을 보유한 기관투자자와 5백만 달러 이상 투자자산을 보유한 거액 개인투자자, 즉 "투자회사법"의 적격투자자들로 설립된 '적격투자자 펀드'[2)]

2) 한편 적격투자자 펀드의 경우에도 '증권거래소법(Securities Exchange Act)'의 공시규제를 면제받기 위해서는 투자자의 수가 2,000인 이하여야 한다. 이 조건 만족을 위해 일반적으로 2,000인 이하의 투자자로 설립되고 있다.

결국 현재 규제체계에 의할 때 미국 자본시장에서 사모펀드는 과거와 마찬가지로 규제 면제 펀드를 의미하되, 규제가 면제되기 위해서는 단순히 소수 투자자 조건이 아니라 기관투자자와 거액 개인투자자 조건이 충족되어야 하는 펀드를 말하는 것이 되었다.

2.2 우리나라 법규의 사모펀드 개념

우리나라의 규제기준 사모펀드 개념은 미국과 다르다. 누차 언급하였듯이 우리나라 법제에는 '공적 규제'의 적용이 면제되는 펀드, 즉 '비규제펀드'의 개념이 없다. 대신 사모펀드는 투자자 범위가 제한된 펀드로서 공모펀드 대비 완화된 규제를 적용하는 펀드로 정의된다. 앞에서 설명하였듯이 여러 차례 제도개편이 있었고, 가장 최근의 제도개편은 2021년 10월이었다. 그에 따른 현재 법규의 사모펀드 개념을 정리한 것이 〈표 11-2〉이다.

표 11-2 **우리나라의 사모펀드 규제**(2022년 법제 기준)

		일반 사모펀드	기관 전용 사모펀드
투자자 범위		■ 전문투자자, 최소 투자금액(3억 원, 레버리지 200% 초과 시 5억 원) 이상의 일반 투자자 ■ 총 100인 이하, 일반 투자자 49인 이하	■ 기관투자자* * 금융회사, 연기금, 공제회, 특수법인, 일정 요건을 갖춘 주권상장법인 등 ■ 총 100인 이하
3자 감시장치		일반 투자자 대상 사모펀드 : ■ 판매사 : 투자설명서 적정성 감시 ■ 판매사·수탁사 : 운용사 감시 의무	-
정보 제공	업무보고서	월별 제출	해당 없음
	펀드보고서	분기별 제출	반기별 제출
차입규제		차입 비율 400% 이하	

자료 : 금융위원회 보도자료, "사모펀드 제도 전반이 금년 10월부터 대폭 변경됩니다", 2021년 8월 3일.

미국의 사모펀드는 "투자회사법"의 적용 자체가 모두 면제된다. 우리나라의 사모펀드는 공모펀드에 비해 일부 규제의 적용을 면제하고, 적용규제의 경우에도 정도가 완화되어 있다. 구체적으로 운용에 대한 제한규제, 성과보수 금지 규제가 없다. 정보 제공, 펀드 지배구조(3자 감시장치), 차입을 일정 수준 이하로 제한하는 규제는 존재한다. 또 자를 기준으로 사모펀드를 기관투자자로만 구성되는 '기관 전용 사모펀드'와 그 이외의 '일반 사모펀드'의 두 유형으로 구분하고, 기관 전용 사모펀드에 대해서는 한층 완화된 규제가 적용된다. 3자 감시장치 규제, 업무보고서 제출 규제는 일반 사모펀드에만 적용된다.

미국 사모펀드는 완전히 규제 적용이 면제되고 우리나라 사모펀드는 완화된 규제가 적용된다는 관점에서 바라보면, 우리나라 사모펀드 규제체계는 미국에 비해 엄격하다. 그런데 두 가지 측면에서 우리나라 사모펀드 규제는 미국 규제와 비교해 완화되어 있기도 하다.

첫째, 투자자 범위이다. 특히 일반 투자자의 사모펀드 참여 여부이다. 미국의 경우 사모펀드 개념에 '적격투자자 펀드'와 '소수 펀드'가 있지만, '소수 펀드'의 경우에도 결국은 기관투자자와 거액 개인투자자로 결성된 펀드를 의미함을 위에서 설명하였다. 우리나라 법규에도 미국 "투자회사법"과 비슷한 개념으로 '전문투자자'가 있다. 그런데 우리나라 사모펀드 규제에서는 전문투자자 이외에 일반 투자자도 사모펀드 결성에 참여할 수 있는 경로가 있다. 투자자의 구분 없이 '최소 투자금액' 조항이 있기 때문이다. 즉, 일반 투자자도 투자금액이 3억 원 이상이면 사모펀드의 투자자로 참여할 수 있다.

둘째, 판매경로이다. 미국에서 사모펀드의 자금 모집은 사모펀드의 운용사가 직접 투자자와 접촉하여 이루어진다. 운용사의 대리인으로 계약된 증권사가 자금 모집을 지원하기도 하지만, 법적으로는 결국 운용사가 자금을 모집한다. 즉, 공모펀드에서의 수익증권 판매 개념이 사모펀드에는 존재하지 않는다. 반면 우리나라의 규제체계에서 사모펀드는 공모펀드와 같은 방식으로 자금을 모집한다. 펀드의 판매사로 설정된 은행 및 증권사가 사모펀드의 수익증권을 매개로 자금을 모집한다. 공모펀드와의 차이는 사모펀드의 투자자 범위가 〈표 11-2〉의 조건을 충족하도록 판매되어야 한다는 점이다. 그러므로 우리나라의 사모펀드는 미국에 비해 은행 및 증권사를 통해 보다 다양한 판매경로를 활용할 수 있다.

일반 투자자의 사모펀드 규제가 용이하다는 우리나라 규제의 특성은 2019~2020년의 '사모펀드 불완전판매 사태'로 논란의 대상이 된 바 있다. 2021년 규제개편은 이 논란에 의해 촉발되었다. 그 개편의 주요 내용은 일반 투자자를 대상으로 자금이 모집된 사모펀드에 대해 3자 감시장치 규제를 부여한 것이다. 〈표 11-2〉에서 보듯이 일반 투자자 사모펀드의 경우 수탁사와 판매사에 공동으로 운용감시 의무를 부여하였다. 또 판매사에 대해서 투자설명서의 적정성 감시 의무를 부여하였다. 판매사에 대한 의무 부여는 공모펀드에도 없는 규제로서 독특한 규제이다. 공모펀드와 달리 여타 규제가 완화되어 있는 사모펀드의 경우 일반 투자자에 대한 자금 모집 펀드에서는 이해상충 행위의 위험이 보다 크다는 문제의식이 반영된 규제변화였 다고 하겠다.

3. 사모펀드의 경제적 특성

3.1 펀드구조의 특성

미국 자본시장에서 '사모펀드'는 대체로 '합자회사(limited partnership)'의 구조로 결성되며 운용업자와 투자자의 관계는 당사자 간의 자율적인 사적 계약에 의해 정해진다. '합자회사'로 조직되므로 합자회사의 용어가 사용되는데, 투자자는 LP(limited partner), 운용사는 GP(general partner)로 불린다. 이 용어는 이제 전 세계적으로 사모펀드에서 투자자와 운용사를 부르는 용어로 자리를 잡았다. 20세기 말 이후 급성장하는 과정에서 사모펀드의 운용사와 투자자 사이 계약관계는 대체로 일정한 패턴을 보여 왔다. 이에 이 패턴은 공모펀드 대비 사모펀드의 구조적 특성으로 널리 시장에서 거론되게 되었다. 성과보수, 차입(leverage), 환매제한 등이다.

(1) 성과보수

공모펀드는 성과보수가 규제로 금지되어 있음에 반해, 대부분 사모펀드에서는 운용계약에 성과보수가 명시되어 있다. 성과보수 계약은 일반적으로 사전에 기준수익을 정해 두고, 이 기준수익을 운용수익이 초과할 경우 초과수익의 15~25%를 운용보수로 지급하는 방식이다. 초과수익에 대해서만 성과보수가 정의된다. 그러므로 성과에 대해서만 보수가 발생한다. 기준수익을 하회하는 낮은 운용성과가 발생하였다 해서 그에 대해 운용사가 보상을 제공하는 것은 아니다.

(2) 차입

사모펀드는 차입 또는 공매도 등을 통해 차입의존도를 높여 수익을 극대화하는 경향이 있다. 차입의 정도는 사모펀드의 운용전략에 따라 편차가 크다. 비상장 주식에 투자하는 비상장주식 펀드(Private Equity Fund ; PEF)보다는 헤지펀드가 높은 차입의존도를 보인다.

(3) 환매제한

공모펀드에 비하여 사모펀드는 대체로 '장기투자', '환매제한' 등의 특징을 보인다. 투자기간과 환매제한의 정도도 사모펀드의 운용전략에 따라 상당한 차이가 있다. 유동성이 낮은 비상장주식에 주로 투자하는 PEF는 장기(5~7년 등)의 투자기간을 가지고 폐쇄형 펀드로 운용된다. 반면 헤지펀드는 유동성이 높은 자산을 대상으로 운용되므로 사전 통보를 전제로 환매가 허용되는 예가 많다. 그러나 헤지펀드의 경우 공모펀드의 경우에서처럼 상시 환매가 허용되는 개방형 펀드로 운용되는 것은 아니며 분기별 또는 연도별 등 주기를 정해 두고, 정해진 절차에 따라 환매가 허용되는 것이 일반적이다.

3.2 운용 행태의 특성

(1) PEF와 헤지펀드

현대 자본시장에서 사모펀드는 운용 행태를 기초로 하여 크게 '비상장주식 펀드(Private Equity Fund, 이하 PEF로 통칭)'와 '헤지펀드(Hedge Fund)' 두 그룹으로 구별할 수 있다. 1990년대 미국 자본시장에서 사모펀드가 급성장할 때 구별되는 두 가지 형태의 운용 행태가 나타난 것인데, 주로 유동성이 낮은 '비상장주식'에 투자하는 사모펀드와 유동성이 높은 다양한 자산에 투자하면서 공매도, 차입 등을 활용하여 투자자의 수익 제고를 추구하는 사모펀드가 시장에서 대별되며 성장하였다. 전자는 주로 비상장주식(private equity)에 투자한다는 특성을 반영하여 'PEF'로 지칭되었고, 후자의 경우 해당 운용방식으로 크게 성공한 초기 펀드들이 스스로를 '헤지펀드'로 부르면서 현재까지 이 명칭이 사용되고 있다.

〈좀 더 알아보기 11-2〉 '헤지펀드' 명칭의 기원

흔히 최초의 성공적인 '헤지펀드'로 거명되는 것이 1949년 알프레드 존스(Alfred Jones)가 설립한 펀드이다. 이 펀드는 공매도로 펀드의 레버리지를 높여 주식에 투자하였다. 캐롤 루미스(Carol Loomis)가 1966년 포춘(Fortune)誌에서 존스 펀드의 수익률을 극찬하며 그의 운용방식을 '헤지펀드'라는 용어로 정의하였다. 이후 레버리지를 사용하여 단기차익매매 이익을 극대화하는 사모펀드들을 지칭하는 개념으로서 헤지펀드가 업계에 자리 잡게 되었다.

* **참고자료** : Edward, F., (1999), "Hedge Funds and the Collapse of Long-Term Capital Management," *Journal of Economic Perspectives* 13, 189-210.

(2) PEF의 세부 유형

PEF는 세부 운용전략과 그에 따른 운용자산의 세부 특성을 반영하여 다음의 네 가지 유형으로 구분되는 경향이 있다. 먼저 '벤처캐피탈(Venture Capital)'이다. 아마도 가장 잘 알려져 있는 PEF인데, 신생 창업기업의 비상장주식에 투자하면서 동시에 경영자문을 제공하며 적극적으로 경영에도 관여하는 펀드이다.

다음으로 '차입인수펀드(Leveraged Buyout fund ; LBO 펀드)'가 있다. 차입으로 자금을 마련하여 회사지분을 100% 인수함으로써 경영권을 장악한 뒤 구조조정으로 기업가치를 제고하고, 그후 매입가격보다 높은 가격으로 보유 주식을 되팔아 운용수익 달성을 추구하는 펀드이다. 투자대상 기업이 상장기업인 경우 차입인수펀드가 인수하게 되면 소액주주는 사라지게 되고 비상장기업이 된다. 이를 흔히 사모펀드에 의한 '사유화(privatization)'라고 한다. 보유 주식의 처분은 비상장기업으로 사유화된 기업을 다시 상장하면서 'IPO'를 통해 일반 투자자에게 매각하는 방법, 다른 LBO 펀드에게 재매각하는 방법, 다른 기업에 매각하는 방법 등이 있다.

세 번째로 '메자닌 펀드(Mezzanine fund)'가 있다. 이 펀드는 주식이 아니라 주식과 채권의 중간 형태인 금융수단, 예를 들어 전환사채(convertible bond) 등에 투자하는 펀드이다. 성장 단계에 있어 자금수요가 있으나 주식 발행으로 소유지배구조가 분산되는 것은 원하지 않는 비상장기업이 주된 자금수요자이고, 투자대상이다.

마지막으로 '부실기업 투자 펀드(Vulture fund 또는 Distressed private equity fund)'가 있다. 기업이 부실화되면 해당 기업 발행 채권 가격은 흔히 기업 자산의 가치보다도 낮은 수준으로 하락한다. '파산비용'의 존재 때문이다. 부실기업 투자 펀드는 이들 채권을 기존 채권자들로부터 매입하여 주요 채권자가 된다. 이후 기존 주주 및 경영진 대상의 소송, 기업 주요 자산의 매각 등 다양한 방법으로 자금을 회수하여 펀드의 운용수익을 달성한다. 이 유형의 펀드는 기업만이 아니라 부실화된 후진국 국채에 투자하기도 한다.

(3) 헤지펀드의 세부 유형

'헤지펀드'의 운용방식에 따른 유형 구분은 PEF에 비하여 보다 복잡하며 시장에서 통용되는 일반적인 유형 구분은 존재하지 않는다. 헤지펀드의 성장을 바탕으로 미국에서는 헤지펀드 운용실적 자료를 데이터베이스로 구축하여 상업적 목적으로 제공하는 회사들이 활동하고 있다. 이들 회사들이 제각기 운용방식을 정의하고 유형을 구분하고 있어 참조할 수 있는데, 〈표 11-3〉은 그중 많이 사용되고 있는 데이터베이스 제공기관의 구분이다.[4]

4. TASS 데이터베이스의 구분이다.

표 11-3 **헤지펀드 유형**

유형	운용전략
전환사채 차익거래 (Convertible Arbitrage)	CB에 대해 매수(long) 포지션을 취하고 동일 회사의 주식에 대해 매도(short) 포지션을 취하는 전략으로, 원금은 보존하는 가운데 수익을 추구
주식공매도 (Dedicated Shortseller)	주로 주식 또는 주식 관련 파생상품을 대상으로 순수한 매도(short) 포지션을 취하며 수익을 추구
신흥시장 (Emerging Markets)	신흥시장 주식 또는 채권에 투자하는 헤지펀드로 일부 신흥시장의 경우 파생상품, 공매도 등을 허용하지 않으므로 일반적인 공모펀드와 유사하게 매수(long) 포지션만으로 수익을 추구
주식시장 중립 (Equity Market Neutral)	주식시장 비효율성에 따른 차익거래 기회가 발생할 때 저평가 주식과 고평가 주식에 대해 각각 매수(long)-매도(short) 포지션을 동시에 취하여 차익을 추구하는 전략
사건 의존 (Event Driven)	기업가치에 큰 영향을 줄 수 있는 사건(인수합병, 구조조정, 청산, 부도 등)에 따른 주가변동에서 이익을 취할 수 있도록 포트폴리오를 구축하는 전략
채권차익 (Fixed Income Arbitrage)	금리 간의 차익거래 기회를 활용하는 투자전략으로, 예를 들어 미국 국채금리와 외국 국채금리 간의 차익거래 기회를 활용하는 전략
세계 거시(Global Macro)	특정국의 거시변수에 초점을 두고 운용하는 헤지펀드
공격형 주식 (Long/Short Equity)	주가방향에 대한 예측을 기초로 매수(long) 또는 매도(short) 포지션를 취하여(시장중립형 포트폴리오가 아니라) 수익을 추구
선물(Managed Futures)	금융선물 및 실물자산 선물에 투자
복수전략(Multi-Strategy)	위의 운용전략을 사용하는 헤지펀드에 상황에 따라 자금을 옮기며 투자하는 전략이며 모자펀드(Fund of funds) 구조를 활용

4. 사모펀드의 경제적 기능

4.1 효율적 포트폴리오 제공

사모펀드는 금융지식이 충분하여 자기 보호가 가능한 투자자로 펀드가 결성되므로 비규제 또는 규제가 약한 펀드라는 점에서 공모펀드와 차이가 있다. 그렇지만 근본적으로는 복수의 투자자에게 간접투자의 경로를 제공한다는 점에서는 공모펀드와 근본 속성이 다르지 않다. 그러므로 공모펀드의 근본적인 경제적 기능인 효율적 포트폴리오의 제공이 사모펀드의 본질적인 경제적 기능이기도 하다. 본질적인 경제적 기능은 동일하지만 사모펀드와 공모펀드 사이에는 포트폴리오 제공 기능에서 두 가지 차이가 있다. 먼저 투자대상 시장의 차이이다.

(1) 투자대상 시장의 확대

사모펀드 중에서 PEF는 '비상장주식'이 투자대상이다. 10장에서 살펴보았던 분산투자 이론에서 '효율적 포트폴리오'는 자본시장의 모든 금융수단을 대상으로 하여 구성된 포트폴리오 중에서 위험 대비 수익이 가장 높은 포트폴리오들을 말한다. 그렇지만 현실에서 공모펀드는 상장기업의 주식과 채권만을 대상으로 포트폴리오를 구성한다. 그 이유는 비상장기업의 유가증권은 정보비대칭성이 높아 공모펀드를 운용하는 자산운용사라 하여도 투자대상에 포함하기에는 정보비용이 과도하기 때문이다. 또한 비상장증권은 유동성이 낮아 개방형 펀드로 운용되는 공모펀드의 경우 높은 거래비용이 발생하기 때문이다. PEF는 높은 정보비용과 거래비용으로 투자자의 접근이 제한되어 있는 비상장기업의 유가증권에 투자할 수 있는 간접투자 경로를 제공하는 역할을 한다.

물론 정보비용이 크지만 일반 투자자가 비상장기업 유가증권에 직접 투자하는 것이 불가능하지는 않다. 그렇지만 투자자가 개별적으로 비상장기업 유가증권의 '효율적 포트폴리오'를 구축하는 것은 어렵다. PEF의 이론적인 경제적 기능은 정보비용이 높은 비상장기업 유가증권을 투자대상으로 하여 효율적 포트폴리오를 제공하는 것이라고 하겠다. 투자자는 공모펀드와 사모펀드를 결합하여 투자함으로써 전체 자본시장에 대한 효율적 포트폴리오에 투자하는 효과를 얻게 된다.

(2) 제약이 없는 포트폴리오 제공

사모펀드 중에서 헤지펀드는 상장 유가증권에 투자한다. 그러므로 헤지펀드와 공모펀드는 투자대상이 중복된다. 동일한 투자대상인 공모펀드에 대비할 때 헤지펀드의 차별되는 역할은 '제약이 없는 포트폴리오'의 제공이다. 공모펀드는 규제로 인해 차입과 공매도가 제한된다. 그러므로 공모펀드가 투자자에게 제공하는 포트폴리오는 차입과 공매도가 '제약된 포트폴리오'이다. 분산투자 이론에서 효율적 포트폴리오는 차입과 공매도가 제약되지 않은 상태에서 자유롭게 구성된 포트폴리오 중에서 위험 대비 수익이 우월한 포트폴리오이다. 공모펀드는 차입과 공매도가 제약된 포트폴리오이므로 효율적 포트폴리오가 아닐 수 있다. 헤지펀드는 차입과 공매도의 활용이 운용전략의 핵심이다. 사모펀드는 포트폴리오 구성방법에 제약이 없으므로 공모펀드에 비해 보다 더 우월한 포트폴리오를 제공할 수 있는 여건을 갖추고 있다.

(3) 정보생산자

공모펀드의 운용 행태를 설명할 때 '소극적 운용'과 '적극적 운용'이 있음을 보았다. 사모펀드의 운용 행태는 모두 '적극적 운용'에 해당한다. 모든 PEF의 투자전략은 결국 현재 저평가되어 있는 비상장주식을 찾아 투자하여 양(+)의 초과성과를 추구하는 것이다. 헤지펀드는 투자대상이 다르지만 운용전략은 마찬가지이다. 저평가된 주식은 매입하고 고평가된 주식은 공매도하는 것이 기본 전략이다. 이러한 운용전략은 사모펀드의 운용사인 GP가 시장의 다른 투자자들에 비해 정보우위라는 전제하에 정당화될 수 있다. 이 전제가 성립한다면 사모펀드는 자본시장의 정보생산자 기능을 담당하고 있는 것이 된다. 스스로가 정보생산자여야만 정보우위를 지속할 수 있을 것이기 때문이다.

4.2 적극적 주주

공모펀드는 경영감시 능력이 있지만 실제로는 적극적 주주로 행동하지 않는다. 그 이유는 소액주주 지위, 단기투자 성향, 기업과의 거래관계 존재 등 때문이라고 10장에서 설명하였다. 비상장주식에 투자하는 사모펀드, 즉 PEF는 주주로서의 행태가 공모펀드와는 상이하다. 특히 벤처캐피탈과 LBO 펀드는 펀드의 운용전략 자체가 적극적 주주로 행동하여 기업가치를 제고한다는 것이다. 벤처캐피탈은 경영에 관여하여 경영주주를 도와 기업가치를 제고하고자 하고, LBO 펀드는 스스로가 경영주주가 되어 기업가치 제고를 목적으로 기업의 사업구조와 재무구조를 조정한다. 벤처캐피탈과 LBO 펀드는 펀드의 존속기간이 5년 이상이고, 주요 주주(벤처캐피탈의 경우) 또는 대주주(LBO 펀드의 경우)에 해당하는 지분을 보유한다. 공모펀드가 적극적 주주가 될 수 없는 경제적 여건과 반대의 조건에 맞추어 행동하는 셈이다. 그러므로 사모펀드는 자본시장의 자원배분효율성에 필요한 주주의 경영감시 기능을 제공하는 역할을 한다고 볼 수 있다.

특히 주목되는 것은 이들 사모펀드의 투자대상 기업들은 잠재적인 대리인 문제가 큰 기업들이라는 점이다. 벤처캐피탈이 투자하는 신생기업은 주로 기술 기반의 창업기업들이었다. 기술 기반 신생기업은 주요 자산이 무형자산인 기술이다. 무형자산은 유형자산에 비하여 가치평가가 어려우므로 기술 기반 창업기업은 외부 투자자와 창업 경영대주주 사이에 기업가치에 대한 정보비대칭성이 어느 기업보다도 높다. 한편 LBO 펀드는 대체로 기업의 보유자산 가치 또는 잠재적으로 창출 가능한 미래

가치에 비해 현재 가치가 상대적으로 가장 낮은 기업 중에서 경영진의 대리인 문제가 그 이유인 기업을 투자대상으로 한다. 스스로 경영을 담당하여 기업가치를 제고할 여지가 가장 큰 기업들이기 때문이다. 즉, 성숙기업 중에서 경영진의 대리인 문제가 심각한 기업들을 투자대상으로 하여 이 문제의 해소를 통해 기업가치를 제고하는 것이 LBO 펀드의 전략이라고 해석할 수 있다.

이렇게 보면 이론적으로는 벤처캐피탈, LBO 펀드 등 PEF는 자본시장에서 기업가치 제고를 위하여 적극적 주주 기능이 가장 필요한 기업들을 대상으로 그 역할을 제공하는 것이라고 볼 수 있다.

4.3 차익거래자

자본시장이 과연 '효율적 시장 가설'이 성립하는 시장인지는 학계의 지속적인 논쟁 대상이다. 학자들은 '효율적 시장 가설'이 성립한다면, 그 시장의 투자자 구성은 다음 세 가지 중 하나에 해당하는 모습일 것으로 생각하고 있다.[5]

세 가지 유형의 효율적 시장

(1) 모든 시장참가자가 합리적인 경우 : 만일 자본시장의 모든 참가자들이 합리적이라고 한다면 자본시장은 효율적일 수밖에 없을 것이다.

(2) 시장참가자 중 일부는 합리적 투자자이고 나머지는 비합리적인 투자자이나 의사결정이 독립적으로 이루어지는 경우 : 비합리적인 투자자들의 의사결정이 상호 무관하게 결정된다면 시장가격은 합리적 투자자의 의사결정에 의해 지배되고, 시장은 효율적일 것이다. 왜냐하면 비합리적 투자자들은 임의적(random)으로 투자결정을 내리고 거래할 텐데, 그 의사결정이 상호 독립적이므로 가격에 미치는 영향은 상호 상쇄될 것이기 때문이다.

(3) 두 번째 경우와 마찬가지로 시장참가자 중 일부는 합리적 투자자이고 나머지는 비합리적인 투자자인데, 비합리적 투자자의 의사결정이 상호 연관되어 있지만 합리적 투자자 중 '무제한

5. Shleifer, A., (2000), *Inefficient Markets*, New York : Oxford University Press의 1장 참조.

의 차익거래자'가 있는 경우 : 예를 들어 비합리적 투자자들은 군집행동(herding)의 행태를 보인다고 해보자. 즉, 이들은 다른 투자자의 행동을 보고 그에 따라 투자결정을 내린다. 이러한 시장도 합리적 투자자 중에서 제약 없이 '차익거래(arbitrage trading)'를 할 수 있는 시장참가자가 있다면 시장은 효율적이 된다.

위의 세 유형의 효율적 자본시장 중 모든 시장참가자가 합리적 투자자인 경우는 비현실적이다. 실제 자본시장은 일부 합리적 투자자와 일부 비합리적 투자자가 공존하는 모습이라고 보아야 할 것이다. 또 비합리적 투자자들의 의사결정이 상호 독립적으로 이루어진다는 두 번째 유형의 가정도 비현실적이다. 현실에서 비합리적 투자자들은 흔히 군집행동을 보이기 때문이다. 세 유형 중 가장 현실의 자본시장과 비슷한 것은 마지막일 것이다. 이렇게 보면 '차익거래자의 존재 여부'는 현실의 자본시장에서 과연 '효율적 시장 가설'이 성립하는지의 여부를 결정할 핵심 요건이다.

헤지펀드는 바로 이 차익거래자의 역할을 수행함으로써 시장의 효율성을 제고하는 기능을 제공한다고 볼 수 있다. 헤지펀드의 운용전략은 시장에 존재하는 차익거래의 기회를 포착하고 이를 활용하여 수익을 창출하는 전략으로 해석할 수 있다. 모든 헤지펀드의 운용전략은 ① 투자대상 가격의 미래 움직임에 대한 운용자의 독자적 견해를 기초로 해서 ② 차입과 공매도로 가격 하락 예상 종목에 대해서는 매도 포지션을, 가격 상승 예상 종목에 대해서는 매수 포지션을 최대화하는 것이기 때문이다. 즉, 전형적인 차익거래 전략인 셈이다. 헤지펀드 운용자의 가격전망이 정보를 적절히 반영하여 합리적으로 형성된 것이라면 헤지펀드는 차익거래로 시장가격이 본질가격으로 수렴하도록 촉진하는 역할을 수행하는 것이 된다.

5. 사모펀드의 실제 행태와 쟁점

5.1 사모펀드의 운용성과

사모펀드가 정보생산자로서 시장의 다른 참가자들보다 정보우위가 있고, 이를 기초로 펀드의 투자자에게 이익을 제공하는지의 여부는 공모펀드에서와 마찬가지로 사모펀드의 운용성과를 분석함으로써 확인할 수 있다. 모든 사모펀드는 아니라 해도 최소한 일부의 사모펀드는 양(+)의 초과성과를 거두는 것이 확인되어야 한다. 또 양(+)의 초과성과가 단순한 운이 아니라 사모펀드 운용사인 GP의 정보 생산 능력에 의한 것이라면, 양(+)의 초과성과를 지속적으로 달성하는 사모펀드가 있어야 한다.

사모펀드의 운용성과 평가는 어렵다. 어느 나라도 사모펀드 산업 전체의 운용자료는 정리된 데이터베이스로 존재하지 않기 때문이다. 이 자료 문제는 우리나라의 경우 아직 의미 있는 연구가 존재하지 않을 만큼 심각하다. 미국에서는 제한된 자료를 사용하여 실증분석이 꾸준히 이루어지고 있지만 분석결과가 과연 시장의 실제 모습을 보여주는 것인지 논란이 항상 따른다. 그럼에도 제한된 자료로 현재까지 얻어진 미국의 분석결과들 중 상당수에 따르면 사모펀드 산업에는 양(+)의 초과성과를 꾸준히 달성하는 우수한 펀드들이 존재하였다.[6] 또 양(+)의 초과성과 지속성이 펀드의 총수익률 기준만이 아니라, GP의 운용보수 등 펀드투자 비용을 제한 뒤의 투자자 순수익률 기준으로도 성립하였다.

---

6. 헤지펀드의 경우 Jagannathan, R., A. Malakhov, and D. Novikov, (2010), "Do Hot Hands Exist Among Hedge Fund Managers? An Empirical Evaluation," *Journal of Finance* 65, 217-255 ; 벤처캐피탈의 경우 Hochberg, Y., A. Ljungqvist, and A. Vissing-Jørgensen, (2013), "Informational Hold-up and Performance Persistence in Venture Capital," *Review of Financial Studies* 27, 102-152 ; LBO 펀드의 경우 Braun, R., T. Jenkinson, and I. Stoff, (2017), "How Persistent is Private Equity Performance? Evidence from Deal-level Data," *Journal of Financial Economics* 123, 273-291.

최소한 일부는 지속적으로 양(+)의 운용성과를 기록하였다는 최근까지의 연구결과는 사모펀드가 과연 이론이 예상하듯이 정보우위를 기초로 비상장기업으로의 투자시장 확대와 제약 없는 효율적 포트폴리오 제공 기능을 담당하고 있음을 시사한다. 정보우위가 있는 펀드는 지속적으로 초과성과를 달성하였다는 추론이 얻어지기 때문이다.

최근 학계의 쟁점은 과연 양(+)의 초과성과 지속성이 시대를 넘어선 사모펀드 산업의 고유한 속성인지의 여부이다. 사모펀드 산업은 미국을 기준으로 하여도 역사가 짧다. 또 대부분의 연구결과는 세계 금융위기 이전 기간까지이다. 당연히 제기되는 쟁점이 2010년 이전까지의 미국 사모펀드의 모습이 과연 사모펀드의 고유한 속성을 반영한 것인지의 여부이다. 이미 일부 연구자들은 최근으로 올수록 사모펀드의 양(+)의 초과성과는 점차 사라진다는 주장을 내놓고 있다.

5.2 적극적 주주로서의 기업가치 제고 효과

적극적 주주로서 사모펀드의 역할에 대한 학계의 연구는 주로 '차입인수펀드'에 집중되어 있다. '차입인수펀드'의 개입이 과연 기업가치를 제고하는지를 보기 위해 학자들은 ROE 등 경영성과지표의 변동을 측정하였다. 지금까지의 연구는 '차입인수펀드'의 경영개선 효과에 대해 엇갈리는 결과를 내놓고 있다. 미국을 중심으로 한 선진국에서 '차입인수펀드'의 성장은 세 주기를 보였다. 최초의 성장기는 1980년대 미국이었다. 이 기간 KKR 등 차입인수펀드의 존재감을 보여준 최초 사모펀드 운용사들이 등장하였다. 이후 1990년 전후 성장이 주춤하였다가 2000년대 들어 회복기를 맞이하였는데, 이 회복세는 2008년 세계 금융위기로 중단되었다. 세 번째 성장기가 2015년 이후로부터 최근까지이고 역사상 가장 빠른 성장세를 보인 기간이다.

1980년대 최초 성장기의 자료를 사용한 연구들은 대체로 차입인수펀드가 개입한 기업들에서 경영성과가 개선된 것으로 보고하였다. 그러나 1990년대에서 2000년대 중반까지의 자료에 기초한 연구들에 의하면 '차입인수펀드'의 경영개선 효과는 불명확하다.[7] 한편 마지막 성장기인 2015년 이후 활동하고 있는 '차입인수펀드'의 기업가치 제고 효과가 어떠하였는지는 아직 정리되지 않았다.

그러므로 '차입인수펀드'의 기업가치 제고 효과의 실재 여부는 아직 불분명한 상태라 하겠다. '차입인수펀드'의 경영개입 활동의 경제적 효과에 대해서는 활동 초기인 1980년대부터 논란이 많았는데, 이 논란이 현재에도 진행 중인 쟁점인 셈이다. 한편에서는 '차입인수펀드'는 경영개입을 통해 기업의 재무구조 조정(financial restructuring), 지배구조 조정(governance restructuring)만이 아니라 경영구조 조정(operational restructuring)을 실행하며, 이를 통해 기업가치를 제고한다고 보는 학자들이 있다. 1989년 젠센(Michael Jensen)은 「공개기업의 쇠락」이라는 유명한 논문으로 이 주장을 대변하였다.[8] 반면 다른 한편에서는 '차입인수펀드'가 시장에서 저평가된 기업을 찾아내는 정보우위 능력은 있지만, 기업의 잠재가치 자체를 제고하는 역할을 하는 것은 아니라는 주장이 있다.[9] 이 두 주장의 대립은 1980년대부터 현재까지 계속되고 있다.

5.3 차익거래의 한계

(1) 2008년 세계 금융위기와 헤지펀드

헤지펀드는 운용전략 자체가 차익거래 기회의 활용이다. 그러므로 양(+)의 초과성과를 꾸준히 기록하는 헤지펀드 그룹이 있다는 분석결과는 이들 헤지펀드가 차익거래자로서의 기능을 수행한다는 증거이기도 하다. 여기서 주의할 점은 헤지펀드의 운용성과는 자본시장이 정상적으로 작동하고 있는 상황에서 얻어진 결과라는 점이

---

7. Kaplan, S., and P. Stromberg, (2009), "Leveraged Buyouts and Private Equity," *Journal of Economic Perspective* 23, 121–146.
8. Jensen, M., (1989), "Eclipse of the Public Corporation," *Harvard Business Review* 67, 61–74.
9. Kaplan, S., and P. Stromberg, (2009), "Leveraged Buyouts and Private Equity," *Journal of Economic Perspective* 23, 121–146.

다. 즉, 시장이 패닉에 처해 위기상황이 아닐 때 헤지펀드가 거둔 성과이다.

그런데 중요한 것은 자본시장에서 차익거래 기능이 가장 필요한 순간, 즉 시장패닉 상황에서 헤지펀드가 그 역할을 담당하느냐의 여부이다. 시장의 투자자들이 어떤 이유로 패닉에 빠져 모두 금융자산을 매도하는 상황을 생각해 보자. 많은 금융자산 가격은 본질 가치 아래로 폭락할 것인데, 가격이 정상화되면 큰 이익을 얻을 수 있으므로 이러한 시장패닉 상황은 가장 큰 차익거래의 기회이기도 하다. 헤지펀드가 시장패닉 상황에서도 차익거래자로 행동한다면 시장의 붕괴를 막는 역할을 수행하는 셈이 된다. 또 자본시장은 비합리적인 패닉으로 시장이 붕괴하는 상황에 처할 위험을 헤지펀드의 역할을 통해 스스로 제어할 수 있다는 것이 된다.

5장에서 은행산업의 시스템 위기 위험을 논의할 때 은행산업은 스스로 비합리적인 시스템 위기에 처할 위험을 제어할 수 없다고 설명하였다. 그 때문에 각종 금융안전망 제도가 존재한다고 하였다. 자본시장이 효율적이라는 것은 시장패닉 상황도 없어야 함을 뜻하며, 패닉의 위험이 있을 때 시장참가자 중 누군가는 시장가격이 정상화될 때까지 차익거래를 지속적으로 수행할 수 있어야 함을 뜻한다. 헤지펀드가 과연 패닉위험을 통제할 정도의 차익거래 기능을 제공하는지가 자본시장의 효율성 성립 여부에서 중요한 이유이다.

패닉위험 상황에서의 헤지펀드 행태는 과거에는 관찰할 수가 없었다. 신흥국 자본시장은 종종 시장패닉 상황에 처하는 일이 있었지만, 헤지펀드 산업의 주무대인 미국 자본시장은 시장패닉에 가까운 모습을 보인 사례가 없었기 때문이었다. 2008년 세계 금융위기는 새로운 계기가 되었다. 미국 자본시장이 위기에 처하면서 시장패닉 위험상황에서 미국 헤지펀드의 차익거래 기능이 어떠한지를 금융학자들이 관찰할 수 있는 기회가 생긴 것이다. 결론은 헤지펀드도 시장패닉 위험상황에서는 차익거래 기능을 제공하지 못한다는 것이었다. 영국의 전문경제잡지 "이코노미스트(The Economist)"에 따르면 2008년 7월과 8월 미국의 헤지펀드는 전체 자산 대비 11%에

달하는 규모의 금융자산을 매각하여 현금 보유를 늘렸다.[10] 시장패닉 위험상황에서 헤지펀드는 차익거래를 늘려 금융자산 수요자가 아니라 여타 투자자와 마찬가지로 금융자산의 매도자로 시장에 참여하였던 것이다.

(2) 차익거래 한계의 이유

2008년 세계 금융위기를 겪으면서 대부분의 학자들은 자본시장에서 언제든 차익거래 기능을 제공할 수 있는 시장참가자는 없다는 것을 현실로 받아들이고 있다. 차익거래 기회가 있어도 어떤 "차익거래의 한계(Limit to arbitrage)"가 있어 어느 투자자가 되었든 제한 없이 차익거래에 임하지 못하는 것이 시장의 현실이라는 인식이 금융학계의 정설로 되고 있다. 그리고 현재는 시장에서 "차익거래의 한계"가 존재하는 이유가 무엇인지를 설명하는 것이 과제이다. 특히 헤지펀드처럼 정보 생산과 분석에서 우위에 있고, 이 정보력으로 차익거래 기회를 찾게 되면 차입을 통해 공격적으로 차익거래를 활용하는 것을 운용전략으로 삼는 기관투자자들도 차익거래의 한계에 직면하게 되는 이유를 밝히는 것이 중요한 과제로 받아들여진다. 여러 가지 모형이 한창 등장하고 있다. 그중에서 비교적 초기에 등장하였고 다수의 금융학자들이 그럴듯한 설명으로 받아들여 현재 가장 유명한 설명이 쉴라이퍼와 비쉬니(Shleifer and Vishney)의 이론이다.[11]

쉴라이퍼(Shleifer)와 비쉬니(Vishney)의 차익거래 한계 모형

▪ 시장구성

시장에는 비합리적 투자자와 합리적 투자자가 있다. 비합리적 투자자를 쉴라이퍼와 비쉬니는 "잡음투자자(noisy investor)"라 부른다. 이들은 아무런 합리적 근거 없이 기분(즉, 투자심리)

10. *The Economist*, (2008), "Hedge Funds in Trouble : the Incredible Shrinking Funds," October 25, 87-88.

11. Shleifer, A., and R. Vishny, (1997), "The Limits of Arbitrage," *Journal of Finance* 52, 35-55.

에 따라 금융자산을 사고판다. 합리적 투자자에는 두 유형이 있다. 차익거래자인 펀드, 그리고 이 펀드에 투자하는 일반 투자자이다.

■ **정보비대칭성**

펀드투자자와 펀드 사이에는 정보비대칭성이 있다. 펀드투자자들은 펀드 보유자산의 정확한 가치를 알지 못한다. 펀드의 자산가치는 은행 대출에 비해서는 투명성이 높지만 여전히 투자자들이 그 가치를 완전하게 알 수는 없다. 정보비대칭성 때문에 펀드투자자들의 투자결정은 펀드의 과거 운용성과에 따라 이루어진다.

■ **차익거래의 한계**

($t = 0$ 시점) 잡음투자자들이 비관적 투자심리를 갖게 되어 어느 금융자산의 시장가격이 본질 가치에 비해 하락했다고 하자. 펀드는 차익거래 기회를 활용하기 위해 이 자산을 매입한다.

($t = 1$ 시점) 잡음투자자들의 비관적 투자심리가 이유 없이 악화된다. 펀드의 차익거래 매입은 잡음투자자의 매도물량에 미치지 못하여 이 금융자산 가격은 더욱 하락한다.

($t = 2$) 펀드의 운용수익률이 하락한다. 이에 펀드투자자들이 이 펀드에서 자금을 인출한다. 자금인출에 직면하여 펀드는 보유 금융자산을 매각하고, 금융자산의 가격은 본질 가치로부터 더욱 멀어져 하락한다.

쉴라이퍼(Shleifer)와 비쉬니(Vishney) 모형에서 "차익거래의 한계"를 낳은 요소는 세 가지이다. 비합리적 투자자(잡음투자자)의 존재, 차익거래자의 자금조달 필요, 그리고 정보비대칭성이다. 세 가지 요소가 상호작용하며 차익거래의 한계가 발생한다.

합리적 투자자이고 차익거래 기회를 포착할 수 있는 능력이 있는 투자자(펀드)가 있지만 이 투자자가 차익거래를 실행하기 위해서는 자금을 조달하여야 한다. 자금조달 여부에 따라 차익거래는 제약될 수밖에 없다. 그런데 자금공급자인 펀드투자자는 오로지 과거 운용성과에 반응하여 펀드투자 여부를 결정한다. 정보비대칭성으로 펀드의 차익거래 포착 능력을 알지 못하기 때문이다. 그런 가운데 시장에 존재하는 잡음투자자들의 비관적 심리에 기인한 자산매도가 해당 자산가격을 하락시키는 경우 차익거래를 시도한 펀드는 오히려 손실을 입을 수 있다. 또 이 손실은 해당 펀드의 자금유출을 야기하여 차익거래자가 시장에서 퇴출되는 일이 벌어질 수 있다.

쉴라이퍼(Shleifer)와 비쉬니(Vishney) 모형에서 중요한 가정은 시장의 잡음투자자 그룹이 자산의 시장가격에 영향을 미칠 수 있다는 점, 그리고 차익거래 투자자의 자금조달 필요성이다. 이를 강조하기 위하여 학계에서는 이 이론을 "잡음투자자 위험(noisy trader risk)" 모형이라 부르고 있다. 이는 잡음투자자의 존재로 인하여 시장가격이 본질 가치에서 벗어나 상당 기간 지속될 위험을 지칭하는 용어이다.

요약

1. 사모펀드는 본래 비규제펀드의 의미로 미국 자본시장에서 탄생한 용어이다. 현대 자본시장에서 사모펀드는 금융지식이 충분한 주체로 펀드의 투자자가 구성되어 투자자 스스로 자기 보호가 상대적으로 가능한 집합투자제도를 통칭하는 개념이다.

2. 우리나라의 사모펀드는 공모펀드 대비 규제가 약한 펀드의 의미이다. 판매사 개념이 존재하여 일반 투자자의 펀드투자가 보다 용이하다는 점은 우리나라 사모펀드 제도의 특징이다.

3. 사모펀드는 공모펀드 대비 성과보수, 차입, 환매제한 등의 구조적 특성을 보인다. 운용 행태를 기준으로 하면 사모펀드는 벤처캐피탈, 차입인수펀드, 헤지펀드로 구분된다.

4. 사모펀드의 기본 경제적 기능은 효율적 포트폴리오의 제공이다. 공모펀드와의 차이는 투자대상 시장을 비상장 주식시장 등으로 확대한다는 점, 차입과 공매도 등 운용방식의 제약 없이 포트폴리오를 구성한다는 점이다. 사모펀드는 적극적 주주의 역할을 수행하여 기업의 대리인 문제 해소 기능을 담당할 수 있다. 사모펀드는 차익거래자 역할로 시장의 효율성을 제고하는 기능을 담당할 수 있다.

5. 사모펀드의 경제적 기능에 대한 이론적 가설의 현실 정합성은 계속 검증되어야 할 과제이다.

연습문제

1. 사모펀드의 개념

(1) 우리나라 사모펀드 규제에서 일반 사모펀드와 기관 전용 사모펀드를 설명하라.

(2) 우리나라 사모펀드 규제에서 '전문투자자' 개념의 설정 목적을 논하라. 현재 '전문투자자' 기준의 적절성을 평가하라.

2. 사모펀드 구조의 특성

사모펀드 구조의 특성을 설명하라. 특히 공모펀드의 주요 규제원칙에 비추어 대비되는 특성이 무엇인지 논하라.

3. 사모펀드의 유형

(1) PEF의 운용전략에 따른 유형을 설명하라.

(2) 헤지펀드의 운용전략에 따른 유형을 설명하라.

4. 경제적 기능

효율적 포트폴리오 제공 기능에서 공모펀드와 사모펀드 중 어느 유형이 우월할 것인지 이론적인 관점에서 논하라.

5. 차익거래의 한계

(1) 시장에 비합리적인 잡음투자자(Noisy trader)가 있다. 그럼에도 효율적 시장 가설이 성립할 수 있음을 설명하라.

(2) 쉴라이퍼(Shleifer)−비쉬니(Vishney)의 잡음투자자 위험 모형에서 차익거래 한계를 낳는 조건을 설명하라.

참고문헌

[해외문헌]

Akerlof, G., and P. Romer, (1993), "Looting : The Economic Underworld of Bankruptcy for Profit," *Brookings Papers on Economic Activity*.

Allen, F., and A. Santomero, (1998), "The Theory of Financial Intermediation," *Journal of Banking & Finance* 21, 1461–1485.

Baba, N., R. McCauley, and S. Ramaswamy, (2009), "US Dollar Money Market Funds and Non–US Banks," *BIS Quarterly Review*.

Badway, E., J. Horn, B. McCoy, S. Reid,, and S. Romaszewski, (2016), "Private Equity and Hedge Funds : Regulatory Analysis and Structural Overview," *White Paper*, Fox Rothschild LL.

Barber, B, X. Huang, and T. Odean, (2016), "Which Factors Matter to Investors? Evidence from Mutual Fund Flows," *Review of Financial Studies* 29, 2600–2642.

Basel Committee on Banking Supervision, (2016), "Standards : Interest Rate Risk in the Banking Book," Bank for International Settlements.

Benston, G. and C. Smith, (1976), "A Transactions Cost Approach to the Theory of Financial Intermediation," *Journal of Finance* 31, 215–231.

Benveniste, L., and P. Spindt, (1989), "How Investment Bankers Determine the Offer Price and Allocation of New Issues," *Journal of Financial Economics* 24, 343–361.

Berk, J., and J. Binsbergen, (2015), "Measuring Skill in the Mutual Fund Industry," *Journal of Financial Economics* 118, 1–20.

Berk, J., and R. Green, (2004), "Mutual Fund Flows and Performance in Rational Markets," *Journal of Political Economy* 112, 1269–1295.

Berle, A. and G. Means, (1932), *The Modern Corporation and Private Property.*

Bernanke, B., (1995), "The Macroeconomics of the Great Depression : A Comparative Approach," *Journal of Money, Credit, and Banking* 27, 1–28.

BIS, *Debt Securities Statistics.*

___, (2005), *An Explanatory Note on the Basel II IRB Risk Weight Functions.*

___, (2013), "CoCos : a primer", *BIS Quarterly Review.*

BIS, IMF, (2009), *Report to the G–20 Finance Ministers and Central Bank Governors.*

Black, B., (1992), "Institutional Investors and Corporate Governance : The Case for Institutional Voice," *Journal of Applied Corporate Finance* 5, 19–32.

Bogle, J., (2018), *Stay the Course : The Story of Vanguard and the Index Revolution*, Wiley.

Braun, R., T. Jenkinson, and I. Stoff, (2017), "How Persistent is Private Equity Performance? Evidence from Deal–level Data," *Journal of Financial Economics* 123, 273–291.

Cameron, R., (1967), *Banking in the Early Stages of Industrialization*, New York : Oxford University Press.

Carosso, V., (1970), *Investment Banking in America*, Boston : Harvard University Press.

Cass, D., and J. Stiglitz, (1970), "The Structure of Investor Preferences and Asset Returns, and Separability in Portfolio Allocation : A Contribution to the Pure Theory of Mutual Funds." *Journal of Economic Theory* 2, 122–160.

Chemmanur, T., (1993), "The Pricing of Initial Public Offerings : A Dynamic Model with Information Production," *Journal of Finance* 48, 285–304.

Chevalier, J., and G. Ellison, (1997), "Risk Taking by Mutual Funds as a Response to Incentives," *Journal of Political Economy* 105, 1167–200.

Cipriani, M., and G. Spada, (2020), "Sophisticated and Unsophisticated Runs," *Federal Reserve Bank of New York Staff Reports*, no. 956.

Clapham, J., (1945), *The Bank of England : A History*, New York : The Macmillan

Company.

College.Cityoflondon.gov.uk

Corbett, J., and T. Jenkinson, (2002), "How is Investement Financed? A Study of Germany, Japan, the United Kingdom and the United States," *The Manchester School*, 69–93.

Diamond, D., (1984), "Financial Intermediation and Delegated Monitoring," *Review of Economic Studies* 51, 393–414.

Diamond, D., and P. Dybvig, (1983), "Bank Runs, Deposit Insurance, and Liquidity," *Journal of Political Economy* 91, 401–419.

Diamond, D., and R. Rajan, (2001), "Liquidity Risk, Liquidity Creation, and Financial Fragility: A Theory of Banking," *Journal of Political Economy* 109, 287–327.

Edward, F., (1999), "Hedge Funds and the Collapse of Long–Term Capital Management," *Journal of Economic Perspectives* 13, 189–210.

Fama, E. and K. French, (1992), "The Cross–Section of Expected Stock Returns," *Journal of Finance* 47, 427–465.

__________, (2010), "Luck versus Skill in the Cross–Section of Mutual Fund Returns," *Journal of Finance* 65, 1915–1947.

FRB, *Flow of Funds*.

Gennaioli, N. A., Shleifer, and R. Vishny, (2015), "Negelcted risk : the Psychology of Financial Crises," *American Economic Review : Papers & Proceedings*, 310–314.

Goldman Sachs, (2021), *Earning Report*.

Goodhart, C., (1988), *The Evolution of Central Banks*, Cambridge : The MIT Press.

Gorton, G., (1988), "Banking Panics and Business Cycles," *Oxford Economic Papers* 40, 751–781.

__________, (2009), *Slapped in the Face by the Invisible Hand : Banking and the Panic of 2007*, New York : Oxford University Press.

Greenwood, R., S. Hanson, A. Shleifer, and J. Sorensen, (2022), "Predictable Financial Crises," *Journal of Finance* 77, 863–921.

Guill, G., (2016), "Bankers Trust and the Birth of Modern Risk Management," *Journal of Applied Corporate Finance* 28, 19–29.

Hastings, L., (1920), "The Work of an Investment Banking House," *The Annals of the American Academy of Political and Social Science*.

Hochberg, Y., A. Ljungqvist, and A. Vissing-Jørgensen, (2014), "Informational Hold-up and Performance Persistence in Venture Capital," *Review of Financial Studies* 27, 102–152.

Hull, J., (2018), *Risk Management and Financial Institutions*, Wiley.

ICI, *Investment Company Fact Book*.

Jagannathan, R., A. Malakhov, and D. Novikov, (2010), "Do Hot Hands Exist Among Hedge Fund Managers? An Empirical Evaluation," *Journal of Finance* 65, 217–255.

Jenkinson, T., H. Jones, and F. Suntheim, (2018), "Quid Pro Quo? What Factors Influence IPO Allocations to Investors?," *Journal of Finance* 13, 2303–2341.

Jensen, M., (1968), "The Performance of Mutual Funds in the Period 1945–1964," *Journal of Finance* 23, 389–416.

_________, (1989), "Eclipse of the Public Corporation," *Harvard Business Review* 67, 61–74.

Jensen, M., and W. Meckling, (1976), "Theory of the Firm : Managerial Behaviour, Agency Costs and Ownership Structure," *Journal of Financial Economics* 3, 305–360.

Kacperczyk, M., and P. Schnabl, (2013), "How Safe are Money Market Funds?," *Quarterly Journal of Economics* 123, 1073–1122.

Kaplan, S., and P. Stromberg, (2009), "Leveraged Buyouts and Private Equity," *Journal of Economic Perspective* 23, 121–146.

Kindleberger, C. P., (1978), *Manias, Panics, and Crashes : A History of Financial*

Crises, New York : Basic Books.

Krugman, P., (1999), "What Happened to Asia," In : Sato, R., Ramachandran, R.V., Mino, K. (eds) *Global Competition and Integration*, Research Monographs in Japan–U.S. Business & Economics, Vol. 4. Springer, Boston, MA.

La Porta, R., F. Lopez–de–Silanes, A. Shleifer, and R. Vishny, (1997), "The Legal Determinants of External Finance," *Journal of Finance* 52, 1131–1150.

Laeven, L., and F. Valencia, (2018), "Systemic Banking Crises Revisited," *IMF Working Paper*, WP/18/206.

Lucas, R., (2002), "The Industrial Revolution : Past and Present," in *Lectures on Economic Growth*, Cambridge : Harvard University Press.

Markowitz, H., (1952), "Portfolio Selection," *Journal of Finance* 7, 77–91.

McKinsey, (2011), *The Use of Economic Capital in Performance Management for Banks*, McKinsey&Company.

Merton, R., (1972), "An Analytic Derivation of the Efficient Portfolio Frontier," *Journal of Financial and Quantitative Analysis* 7, 1851–1872.

Morrison A., and W. Wilhelm, Jr., (2007), *Investment Banking*, Oxford : Oxford University Press.

Nanda, V., Z. Wang, and L. Zheng, (2004), "Family Values and the Star Phenomenon : Strategies of Mutual Fund Families," *Review of Financial Studies* 17, 667–698.

Nocera, J., (2003), "Rigging the IPO game", *New York Times*, March 9, 2013.

North, D. and B. Weingast, (1989), "Constitutions and Commitment : The Evolution of Institutions Governing Public Choice in Seventeenth–Century England," *Journal of Economic History* 49, 803–832.

Pound, J., (1993), "The Rise of the Polit ical Model of Corporate Governance and Corporate Control," *New York University Law Review* 68, 1003–1071.

Rajan, R. and L. Zingales, (2003), "The Great Reversals : The Politics of Financial Development in the 20th Century," *Journal of Financial Economics* 69, 5–50.

Rock, K., (1986), "Why new issues are underpriced," *Journal of Financial Economics* 15, 187–212

Roe, M., (2003), *Political Determinants of Corporate Governance*, Oxford : Oxford University Press.

SEC, (1992), *Protecting Investors : A Half Century of Investment Company Regulation*.

Sherman, A. and S. Titman, (2002), "Building the IPO Order Book : Underpricing and Participation Limits with Costly Information," *Journal of Financial Economics* 65, 3–29.

Shiller, R., (2000), *Irrational Exuberance*, Princeton University Press.

Shleifer, A., (2000), *Inefficient Markets*, New York : Oxford University Press.

Shleifer, A., and R. Vishny, (1997), "The Limits of Arbitrage," *Journal of Finance* 52, 35–55.

Sirri, E. R., and P. Tufano, (1998), "Costly Search and Mutual Fund Flows," *Journal of Finance* 53, 1589–1622.

Stulz, R., (2019), "FinTech, BigTech, and the Future of Banks," *NBER Working Paper*.

The Economist, (2008), "Hedge Funds in Trouble : the Incredible Shrinking Funds," October 25, 87–88.

Tversky, A., and D. Kahneman, (1983), "Extensional versus Intuitive Reasoning : The Conjunction Fallacy in Probability Judgment," *Psychology Review*.

White, E., (1997), "The Legacy of Deposit Insurance : The Growth, Spread and Cost of Insuring Financial Intermediaties," *NBER Working Paper* 6062.

World Bank, *Data Bank*.

[국내문헌]

고경철 · 김민서(2015), 「파생결합증권 발행 · 헤지운용 현황 및 시사점」, 『BOK이슈노트』 2015-11, 한국은행.

금융감독원, 『금융통계정보시스템』.

________, "은행업감독규정".

________, "은행업감독업무시행세칙".

금융산업경쟁도 평가위원회(2019), 『증권업 경쟁도 평가 결과보고서』.

금융위원회 등(2020), "파생결합증권시장 건전화 방안".

금융위원회 보도자료, "사모펀드 제도 전반이 금년 10월부터 대폭 변경됩니다", 2021년 8월 3일.

금융투자협회, 『펀드통계』.

김종민(2018), 『국내 주식형 공모펀드 판매양상의 특징 및 성과분석』, 연구보고서 18-04, 자본시장연구원.

문지웅, "증권사 과징금 논란 … 시장조성자 제도 파행 위기", 2021년 9월 9일, 매일경제신문. https://www.mk.co.kr/news/stock/10022616

신인석(2000), 「금융구조조정과 공적 자금」, 『국가예산과 정책목표』, 한국개발연구원.

_____(2001), 「투신사의 의결권 행사 실태와 정책대응」, 『정책연구 시리즈』 2011-02, 한국개발연구원

_____(2002), 『집합증권투자 규제 연구』, 연구보고서 2002-05, 한국개발연구원

_____(2005), 「Bagehot의 진의 : 역사적 맥락에 의한 최종대부자론의 재해석」, 『정책연구 시리즈』 2005-01, 한국개발연구원.

_____(2007), 「1930년대 겸업은행 위기와 20세기 후반의 금융시스템」, 『금융학회지』, 제12권 제3호, 101-131.

신인석 · 김갑래 · 김준석 · 이석훈(2016), 『한국 신규공모시장의 구조분석』, 연구총서 16-02, 자본시장연구원.

양동휴(2004), 「세계화의 역사적 조망」, 『경제발전연구』, 제10권 제1호, 1-31.

오현우, "인플레 · 경기침체 공포 겹치니 … 전통의 '6대 4 투자법' 안통하네," 2022년 6월 20일, 한국경제신문. https://www.hankyung.com/finance/article/2022062032531

은행연합회,『은행경영통계』.

이승호(2020),「국내증권사의 외화유동성 위기에 대한 평가와 과제」,『자본시장 포커스』 2020-16호, 자본시장연구원.

차현진(2001),「우리나라 자산유동화증권(ABS) 시장의 현황과 발전방향」,『금융시스템 리뷰』, 한국은행.

통계청,『가계동향조사』.

한국은행,『자금순환통계』.

_______(2018),『한국의 금융제도』.

_______(2021),『한국의 금융시장』.

_______(2022), "2021년 자금순환".

한영철(2008),「바젤 표준방법의 일반화 모형을 이용한 국내은행의 금리리스크 측정 및 시사점」, 한국은행.

찾아보기

ㄴ

ㄷ

ㅅ

ㅇ

ㅈ

ㅊ

숫자 및 영문

신인석

서울대학교 경제학과에서 1987년 학사, 1989년 석사 학위를 취득하였다. 1992년 미국 스탠포드(Stanford)대학교로 유학하여 1997년 경제학 박사 학위를 취득하였다. 1997년부터 2006년까지 한국개발연구원(KDI)에서 부연구위원, 연구위원으로 재직하며 주로 금융분야의 정책연구를 담당하였다. 2006년 중앙대학교 경영학부 교수로 이직하여 대학 교육에 종사하기 시작하였다. 이후 2014~2016년 자본시장연구원장, 2016~2020년 한국은행 금융통화위원을 역임하였다. 2020년 중앙대학교 경영학부에 교수로 복귀하여 현재 재직 중이다. 다수의 금융분야 연구서와 학술논문을 저술하였다.

금융기관론

초판 1쇄 인쇄 2023년 2월 20일
초판 1쇄 발행 2023년 2월 28일

지은이 신인석
펴낸이 박기남
기획 · 영업 박정헌
펴낸곳 **율곡출판사**
08590 서울시 금천구 가산디지털1로 84(에이스하이엔드 8차), 803호
전화 (代) 02) 718-9872/3
팩스 02) 718-9874
홈페이지 http://www.yulgokbooks.co.kr
이메일 yulgokbook@naver.com
등록 1989.11.10. 제2014-000031호
ISBN 979-11-91812-40-4 93320

정가 32,000원